U0909392

交流·转化·创新

『岭南佛教与宗教中国化』学术交流会论文集

释耀智　何方耀◎主编

宗教文化出版社

图书在版编目（CIP）数据

交流　转化　创新：岭南佛教与宗教中国化学术交流会论文集 / 释耀智，何方耀主编. -- 北京：宗教文化出版社，2025.5

ISBN 978-7-5188-1529-6

Ⅰ. ①交… Ⅱ. ①释… ②何… Ⅲ. ①佛教史—广东—学术会议—文集②宗教—中国—学术会议—文集 Ⅳ. ① B949.2-53 ② B929.2-53

中国国家版本馆 CIP 数据核字 (2024) 第 012211 号

交流　转化　创新

—— 岭南佛教与宗教中国化学术交流会论文集

释耀智　何方耀　主编

出版发行：宗教文化出版社
地　　址：北京市西城区后海北沿 44 号（100009）
电　　话：64095215（发行部）64095362（编辑部）
责任编辑：王鸣明
版式设计：贺　兵
印　　刷：河北信瑞彩印刷有限公司

版本记录：787 毫米 ×1092 毫米　16 开　33 印张　550 千字
2025 年 5 月第 1 版　2025 年 5 月第 1 次印刷
书　　号：ISBN 978-7-5188-1529-6
定　　价：98.00 元

目录

第一部分　爱国主义与佛教中国化

第二部分　岭南佛教与中外交流

第三部分 都市佛教与社会责任

第一部分
爱国主义与佛教中国化

太虚的世界佛教运动与文明论述

——以1920年代为中心

中山大学　龚　隽

提要： 论文立足于思想史的视野与方法，对太虚在1920年代的世界佛教运动及其文明论述进行缜密的讨论与分析。文章分别从三方面来开展论述。首先，把太虚的东西文明论放置在1920年代中国思想界有关东西文明与文化论争这一脉络中来加以审查，以深入理解太虚相关论述的思想史处境。其次，论文详细讨论了太虚欧美布教中的文明论论述，特别阐释他是如何"格义"佛教与西方的科学、哲学而另立新说。最后，对太虚佛教世界化的文明论述进行评论，阐析其论述背后复杂的思想面向，特别是他的文明论述中所隐含的东方主义及其民族主义观念。

关键词： 太虚；世界佛教；东洋文明；西洋文明；东方主义

从20世纪20年代起，一直到40年代末，太虚曾经远赴东亚（日本）、欧美及东南亚等各地弘布大乘佛教，这些活动构成了中国近代世界佛教运动中最为重要的标志性事件。太虚所到之处广为演讲结友，致力于阐明他有关佛教世界化的理想与规划。从太虚佛教世界化运动的几个阶段来看，他于1920年代末的欧美之行所开展出的文化内涵较为丰富，成果也蔚然可观，值得我们再做思想史的分析。

1920年代的中国思想文化界经过五四新启蒙运动的洗礼，就有关中西文化与文明的议题展开了热烈的论辩，这一股风潮亦在佛教界激起反响，一时法海扬澜，特别是以太虚为代表的武昌佛学院一系积极地参与了这场文化论争，并立足于佛法为本位，力图以新时代的判教方式去融贯东西文明，阐释和确立佛教，尤其是大乘佛教在现代社会文化系统中的“圆教”位置。而此时也正值太虚筹划和逐步实现其佛教世界化运动的主要时期，可以说，太虚为推动世界佛教化运动所作的思想论述，受此风化而大都以文明论述为基调而开展出来。历来有关太虚与世界佛教运动的研究多偏重历史的描述，而于太虚世界佛教运动背后所包含的文化意识或文明论述却讨论不足，本文则旨在探究太虚于1920年代的世界佛化运动背后所表现出的文明论意旨。

太虚的文明论述与新文化运动

五四新文化运动引发了文化界关于中西文化的论争，而有关中西文化的特征、旨趣及其文化主体性等议题都成为论述的焦点，论战的中心问题大都设定在东/西文明的二元性和对比性的结构里，围绕着东西方文明的优劣高下来展开。1920年代是中国思想界就东西方文明讨论最为活跃的时期，太虚积极地以佛教的立场参与了这场文化大论辩。太虚后来在《新与融贯》（1937年）一文中总结道：“根据佛法的常住真理，去适应时代性的思想文化，洗除不合时代性的色彩，随时代以发扬佛法之教化功用，这在四悉檀中叫作世界悉檀，即是佛法活跃在人类社会或众生世界里，人人都欢喜奉行。"[①]他的这种以佛理"契机"的观念，几乎表现在他对佛教思想文化、制度及世界弘化等观念论述的各方面。

新文化运动中的激进主义对于中国传统文化进行了严厉批判，而佛教亦常在横扫之列。如陈独秀于1919年《新青年》（第6卷3号）上发表的《抵抗力》一文，就批判传统中国思想缺乏"强梁敢进之思"，而其中也批评"佛说空无"为一弊害。[②]胡适在五四前后发表的论文与演说中也多有批判佛教的地方，他甚至把佛教等同于迷信神教，提出要"毁除神佛"。他在讲到"哲学与人生"的时候，就特别表示自己的说法"有许多地方和佛家意见不合"。[③]面对文化激进论对于佛教的批判，太虚一系极力从文明论的方面来进行护教之辩，而他论究文明议题的方式，仍然还是在当时新文化运动所设定的议题与论述结构中进行的。

新文化运动的先驱们强调观念在社会变革中所具有的决定性意义，他们认为只有改变观念，才能够进行社会改革。[④]于是，他们关注于从文化或文明的高度来提供解决社会问题的方案，这种文明决定论的倾向，贯穿在他们许多问题的论述当中。如对太虚文明论产生过直接启发的梁漱溟，在其名著《东西方文化及其哲

① 《太虚大师全书》第一编（以下简称《全书》），台北：善导寺佛经流通处，1980年版，第451页。

② 《独秀文存》，合肥：安徽人民出版社，1987年版，第22页。

③ 分别参考胡适《论毁除神佛》《哲学与人生》两文，选自《胡适全集》第21卷、第7卷，合肥：安徽教育出版社，2003年版。

④ 费正清编：《剑桥中华民国史：1912–1949年》上卷，北京：中国社会科学出版社，1994年版，第411页。

学》中就把东西方文化与哲学看作是“绝重大的问题”，而提出近代中国改革的根本既非坚甲利兵，也非政治制度，而“实实在在是两文化根本不同的问题”。[①]太虚的佛教文明论就受此观念影响，他对当时佛教复兴诸种问题的议论中也充实了这种思想、文明决定论。1920年代太虚为了因应当时的文化论争，而本于佛教的立场写了不少的文化论述与评论。就在五四运动的第二年，他撰著《佛乘宗要论》（1920年），其中特别指出，于当今社会的中华民族及整个世界都有“佛法的需要”。[②]他对这一理想观念的阐明时刻不离文明与文化的论述，他甚至提出“佛教问题即人文问题”[③]的说法。他于1924年冬又作《人生观的科学》以对当时思想界之科玄论战做出佛教立场的回应；而当梁漱溟于1921年年底出版《东西方文化及其哲学》，太虚就及时写出书评予以批判。1920年代太虚在庐山等地举办各类佛学讲座，他的演讲主题也大抵在“佛法与东西洋文化”的范围里来开展。他于这段时期所著《大乘与人间两般文化》（1924年冬）与《佛法救世主义》（1927年夏）都可以说是在当时中西文明论的大脉络下来处理佛教与时境的问题。

欧洲一战之后，中国一批具有文化保守主义的学人开始反思欧洲的文明传统，并重新确认“东西方文明”的本质与价值定位，他们在文化上“振奋自己往后的精神”，似乎从西方一战的历史

① 梁漱溟：《东西方文化及其哲学》导言，《梁漱溟全集》第一卷，济南：山东人民出版社，1989年版，第254、256页。太虚于1921年11月所写《论梁漱溟〈东西文化及其哲学〉》一文，一面称赞此作“真近年有新文化运动以来第一之杰作也。梁君以深细精锐之思，成此不朽之文，恐透彻了解者殊不易多得”。同时，也批判了梁漱溟文化论上的“排佛以期孔化”观念，《全书》第十六编，第301、307页。

② 《全书》第一编，第140–146页。

③ 《佛乘宗要论》，《全书》第一编，第220页。

经验中找回了某些东方文明的自信，并试着以东方内在化的精神文明去克服西方近代物质文明所产生的危机。梁启超于1919年所发表的《欧游心影录》就酝酿于这样一种历史文化的语境，而在当时中国的思想界产生了相当的影响力。梁启超就称西方的文明是"物质文明"，指出其具有侵略、好战的本性。虽然按梁氏的看法，他在文明论上还是秉持一种中西文明调和论的主张，他以为中国当时的文化责任即"是拿西洋的文明来扩充我的文明，又拿我的文明去补助西洋的文明，叫他化合起来成一种新文明"。同时他还特别强调了中国式精神文明在"内在领域"所具有的重要价值。值得注意的是，他在书中特别光扬了一下中国大乘佛教于世界的文明价值："佛教虽创自印度，而实盛于中国。现在大乘各派，五印全绝，正法一脉，全在支那。欧人研究佛学日盛一日，梵文所有经典，差不多都翻出来，但向梵文里头求大乘能得多少。我们自创的宗派更不必论了，像我们的禅宗，真可以算得应用的佛教。世间的佛教，的确是要印度以外才能发生。"①

应该说，这一东方文明论的观念激发了太虚对于大乘佛教，特别是中国大乘佛教的信心。太虚在东/西文明论结构下所论述的大乘佛教，正是以高屋建瓴的方式统摄着东西文明。太虚的《佛乘宗要论》（1920年）中就提出中国虽然物质文明凋敝，而文化上却可以成为"世界文化之中心"："现今之中国，已为世界文化之中心。然而旧有之儒学道法以与欧化不能相融洽故，已呈破坏之相，不足以收拾人心。以言西欧，耶教早已失其信仰，科学

① 《欧游心影录》下篇之十三，北京：商务印书馆，2014年版。

则经欧战以后世人早知其不足恃，其余宗教学派亦无可凭。微细观察，可以代表东亚之文化者、唯有佛教，可以融摄西欧之文化者、亦唯有佛教，世之高明之士多见及之。故佛教问题，实为全世界人文之所系，应时行化，不容缓矣。”①

在文明论述的架构方面，近代中国的东西文明论者大都采取了割离文化的领域，以精神与物质，道与技术的二元性分离方式来阐明东方思想的价值所在，旨在以东方文明超越地统摄和克服近代西方文明的没落。这类东/西文明论述结构的背后其实隐含了一种东方主义的文明优越论。从太虚于1920年代所发表的如《大乘与人间两般文化》（1924年）、《西洋文化与东洋文化》（1924年）及《佛法救世主义》（1927年）等重要的有关东西文明的论述来看，他大都是要把大乘教义放置于东西二元文化的构架里来进行阐明。正如其所言：“此人间之两般文化，以横的空间分别之，似可言东西洋文化。甲为东洋文化，乙为西洋文化”，“佛法之在人间流布者，固亦为人间范围内文化之一，而大乘之在佛法范围内，更不待言。今既抽出大乘与人间两般文化对裁。”他在这“两般文化”间进行抉择，而具有挑战意味地欲以一决高下，“故以现在世界文化而言，可称为东亚与西欧二者。然于二者之间，其可以圆摄长宙轨范寰球者谁欤？”太虚应用当时思想界所惯用的物质/文化二元性结构，指出西方文明“仅物质上呈一时之美观”，而“反观东亚文化”，唯有中国文明才足以在精神层面“会归其极”“翕然成化”，而“其力足以建立世界唯一之统一大国，维持数千年于不坠，远近

① 《全书》第一编，第220页。

邻邦无不同化（以上均就文化言非就统治权言），广博宏大莫可与伦，诚足以表率人群，模范世界而无遗憾”。[①]这种文化大国主义的观念，在他西行布教时更得以充分开展。

五四以来的文化论争，无论是主张中西文明对立或调和论者，都普遍地强化了中西文明间的异质性面向。太虚也沿着当时东西文化讨论的结构来开展自己的论述，他曾经对梁漱溟、李大钊，乃至当时中国文化界耳熟能详的泰戈尔、白璧德的人文主义东西文化论调都进行了评破[②]，而试着提出他的“两般文化”说。虽然他有时候想替代当时文明论述中以东西、新旧、动静、精神与物质、向上与向下等二元性观念来论究文明差异的做法，但仍然跳脱不出东西文明二元论的结构巢穴。太虚不断在近代中国思想文明论争的脉络里来建构与塑造他有关东西方文明的概念，并有意无意间强化了东/西文明的差别性，可以说，他的东西文明论是五四东西文明二元论的一种变体。

太虚1924年发表的《西洋文化与东洋文化》，就分别以“造作工具”与“进善人性”来区分东西文明的差别，[③]这与当时流行的以“物质文明”和“精神文明”来分割东西的二元论述是如出一辙的。在1927年，太虚又对东西文明的二元异质性做了较为细密的分疏，在“佛法救世主义”中，他分别从“科学之哲学”/“宗教之哲学”，“内心之修养”/“客观之经验”，进化/退化（回归），“应机”/“随执”，“著言”/“离言”等二元性概念来加以阐明。

① 《佛乘宗要论》,《全书》第一编，第144–145页。

② 详见《大乘与人间两般文化》,《全书》第十四编，第69–70页。

③ 《全书》第十三编，第30页。

实际上，东西文明的思想内涵与结构远比太虚所想象的复杂。可以说，太虚以类似传统中国佛教判教的方式，把中西文明，以及中国思想传统中儒、道、释三家学说，由浅而深，由物质而精神，凡俗而神圣，方便与究竟等做了次序高低的排序，而最终以大乘佛教置于圆极一乘，来统贯圆融一切东西文明。在论述文明史的方法方面，太虚虽然承认对包括佛学在内的文明史研究必须“参用史实之考据”，但他每每无暇于佛学思想与东西文明作细密的探究，而经常游移徘徊于学术与信仰论述的两极之间，以为要“尊重果觉之仰信”，就不能“泥执史学研究之法”。他一时无法在这两者间做出周密的抉择，这使得他所阐明的文明论图式无法经受学术史的严格勘辨，于是，他所建构出的文明论观念，只能够看作是一种文明论述中的信仰诠释学和自语式的“理想类型”了。[①]

欧美之行与文明论述

太虚一生最重要的佛教弘法活动，即在于他试图解决中国佛教现代性的问题，这包括了佛教对于西方现代性问题的回应。近代中国佛教的世界化运动中，太虚当属首屈一指的人物。不过，近代中国佛教世界化观念的提出，却是早在近代中国佛教复兴之父杨文会那里就已见端倪。杨文会在《支那佛教振兴策二》中就这样说：“设有人焉，欲以宗教传于各国，当以何为先？统地球大势论之，能通行而无悖者，莫如佛教”。“（佛教）不但与西洋各教并驾

① 参考《佛法救世主义》（1927年），《全书》第十四编，第132–133页。

齐驱，且将超越常途，为全球第一等宗教，厥功岂不伟欤。”[①]如果说佛教世界化观念在杨文会的时代还只停留在一种理想观念的话，那么太虚于1920年代所实行的佛教世界化弘布，就不仅是一场思想的运动，而可以说是一种付之行动的实践尝试了。

印顺法师指出，太虚的世界佛教运动始于1923年夏在庐山发起世界佛教会。[②]实际上，从思想的源流来看，太虚早在1917年经过日据时期的台湾而赴日游化时，就关心佛教如何世界化的问题，他当时就急切地向日本学人询问明治以来日本布教欧美之成就。根据他自述的《东瀛采真录》中载，日人熊谷非常自信地向太虚报告了日本明治以后佛教复兴的成就，并特别提到日本在佛教世界化方面的业绩已经可直敌基督教了：“日本之佛教，今传布已遍于世界，即耶稣教亦不能当佛教之英锋，而佛教制胜之道，在乎教祖释迦之人格伟大，教理深妙，远非耶稣所能及也。”[③]这些对于太虚来说是深有触动的，不过太虚并没有来得及理会与周密思考日本佛教世界化的真实经验。从太虚当时在我国台湾彰化的演讲中，可以判断，他论及佛教的世界化观念确实

① 《杨仁山全集》，合肥：黄山书社，2000年版，第332–333页。

② 释印顺：《太虚法师年谱》，北京：宗教文化出版社，1995年版，第87页。

③ 均见《全书》第十九编，第324–326页。太虚在《东瀛采真录》中说“予又询以日本佛教徒在欧、美布教之成绩”，熊谷则就明治日本佛学受欧美影响做了详细阐明：“欧、美人甚喜佛教学理，多有来留学者，且曾照会日本传大乘佛教于欧、美。予又问：日本各宗研究之佛学及其著名人物，答谓：日本佛教各宗分门研究，书籍宏富，各宗学者大概兼学他宗，应用欧、美新研究法，义甚精致。大别为龙树系之佛教，无著系之佛教，即原始佛教是也。”又介绍说：“日本佛教徒于印度哲学之研究，不依支那佛典，直讨究梵文之佛教原典，亦不劣欧、美，高楠顺次郎、木村泰贤、宇井伯寿、南条文雄、井上圆了，皆斯学之泰斗也。”（《全书》第十九编，324–326页。）可见，日本在佛教学术上真是师夷长技以制夷了，他们与欧美在佛教方面是互动，而非单向传播，于是日本近代佛教世界化的成就在佛教学术的方面是很有表现的。

有些匆忙上阵，完全没有意识到佛教学术层面的学习与建设的世界化意义，他只是从一般泛文明论的角度去思考佛教如何单向地在欧美传弘："予为说佛教为东洋文明之代表，今代表西洋文明之耶教，已失其宗教功用于欧、美，欧、美人皆失其安身立命之地，故发生今日之大战局。吾辈当扬我东洋之和平德音，使佛教普及世界，以易彼之杀伐戾气，救脱众生同业相倾之浩劫。"①

到了1920年代，太虚才开始从教行上全面开展他的世界化传教运动，而具有标志性的几个事件，如1923年他于江西庐山东林寺发起世界佛教联合会，并与日本大谷大学教授稻田圆成谈及联合布教于欧美之意，表示"中日之佛教徒，当如何设法以融化两国国民之隔碍，以发展东亚之文明，而得与欧美人并雄于世界"。②1924年7月，他又在庐山组织召开世界佛教联合会议（实际是"中日佛教联合会"），会议的主旨仍然是不离佛法西行之意，"世界佛教联合会宣告开会之宗旨"（1924年6月于庐山）开宗明义就以文明论的角度来论佛教的意义："现在世界说文明史的，要不出东西洋两大系：西洋文明系可以基督教代表之；东洋文明系可以佛教代表之。——然佛教所以能代表东方之文明者，因其余诸教，唯通行于本国境内，不得通行境外，如，印度婆罗门、中国儒、道等。唯佛教发源于印度，流布中国，由中国而朝鲜，而日本，其余暹罗、缅甸、中国西藏各地均有佛教。东亚之地，佛教几无不遍，此为佛教代表东方文明者一。"③太虚自己在

① 《采真录》，《全集》第十九编，第333–334页。

② 释印顺：《太虚法师年谱》，第87页。

③ 《全书》第十八编，第136–137页。

这次会议上发表演讲的主旨也是“西洋文化与东洋文化”，可见，他一直都在东/西文化或文明的构架中来开展世界化佛教的论述。等到1924年年底，太虚对于佛教弘化已经发生了“两种新觉悟”，而其中之一就是认为中国人崇洋媚外，一切思想信仰“系乎欧化”，于是他这时候又表示他兴教西方乃是处于一种策略上的考虑，即先“将佛法传播于国际文化，先从变易西洋学者之思想入手”，而后再迂回到国内来复兴佛教。[①]太虚自己后来把这一有些挟洋自重的策略解读为转俗向真，“今之人世，在近年能转动世界潮流者，乃在西洋，故西洋各种或好或不好之事业，皆已普遍传布世间。欲宏佛法，亦必借西洋的转动力去转动世界，以成为佛法的和平人世。因有此意，故余乃往西行，试有否成熟之机感。然此皆是俗谛，乃从俗谛上以导向真谛方面进行”。[②]

可以想见，太虚在1920年代是如何急迫地在中国乃至东亚推动世界佛化运动，世界佛化运动几乎成为他在1920年代与日本佛教界互动关系中最重要的一环。1925年太虚组团赴日参加“东亚佛教大会”，在访日期间，他仍然不忘格化西人，“传教西洋之提议”，其论调依然是东西文明论的论述：“又以欧战影响，而人民处境愈促——年来，吾东方人亦感此同等的不安者，实为崇拜西人之物质文明而起，盖所设西洋文化，即物质文明。”[③]一直到1926年，他还发表了“论华日当联布佛教于欧美”，主张日本应以退还庚款而为欧美弘法之用。[④]实际的情况是，中日联合的世

① 释印顺：《太虚法师年谱》，第103–104页。

② 《去欧讲学及经过之一斑》(1929年5月于上海)，《全书》第十八编，第258页。

③ 释东初：《中国佛教近代史》，台北：中华佛教文化馆，1974年版，第295页。

④ 释印顺：《太虚法师年谱》，第120页。

界佛教运动最终都成为一纸空文，[①]太虚在1920年代末期的欧美之行，仍然是中国佛教的世界弘法。

太虚向欧美弘布佛教，重心一直都在思想方面。他关注的是“全世界在精神层面的转化”[②]，太虚“欲依佛教主义之宣传，令欧美人改造对世界之基础观念”。[③]1920年代太虚有关佛教与世界性议题的讨论都是把问题化约为文明论问题，他解决问题的方案即是“必先改革西人之文明；而改变西洋文明，非基督教所能为力，故佛法实为救济现世界混乱之良剂也。”[④]所以在论述弘化的策略方面，他基本都是以文明论述为主轴。不过当时太虚对文明的理解还局限在一般广义的层面，虽然他朦胧地意识到欧洲近代东方学的兴起。他在给时任国民革命军总司令蒋介石的信中就这样表白他欧美之行的志趣：“今欧、美最高学者，皆已有研究东方学术之倾向，老子、孔子及印度之吠檀陀等，虽亦有人研究，但皆看为东方学术之支流。除基督教、回教以外，公认为贯通东方各民族文学、哲学、艺术、政治、风化之普遍精神，乃在佛学，且实唯佛学以具足西洋近代之科学理智，而更有最广大哲学可以笼罩一切哲学驾出于其上。若令西洋人真个了解，必能敬服而欢喜领受。由是随佛学而各种东方学术以至中国之文化思想，亦可深

① 难怪维慈（Holmes Welch）说他创建“世界佛教联合会”成为“纸上创立组织”。Holmes Welch,*The Buddhist Revival In China,*Cambridge：Harvard University Press1968，p.57。

② 白德满：《太虚：人生佛教的追寻与实现》，台北：法鼓文化事业股份有限公司，2008年版，第119页。

③ 仰止生：《民国佛教界之盟主太虚法师》，《民国佛教期刊文献集成》第165卷，北京：全国图书馆文献缩微复制中心，2006年版，第320页。

④ 分别见《发扬佛化以济现世界之恐慌》（1925年10月日本神户），《全书》第十八编，第148页。1925年11月在日本发表《应日本关系中华民国之五团体欢迎会致辞》，《全书》第十八编，第150页。

入普遍于欧、美人之心内。”①

实际上，太虚当时对于近代西方的学术并没有明确概念，特别是对西方19世纪以来东方学的专业化发展所知甚浅，于是在他的想象与论述中一直没有细密地区分西方的东方学术与一般文明观念之间的差别，而通常以文明混代了学术。我们从太虚在欧洲所作佛学演讲的资料来看，不难发现，这些演讲大都没有经过严格的学术准备，而多以大而化之的方式去点化他的西方听众。特别是当西方近代的东方学致力于经典文本的语言与历史学的考究时，他却大谈东方“广大哲学”，可谓与西方的东方之学的诉求无法“契机”了。②

① 《全集》第十七编，第212–213页。

② 为了配合太虚游讲欧美，《海潮音》于1928年第5、7期，连续刊载张慰西的“佛化西行记”，对于欧洲近代佛教学略有译介，但基本观念认为西人佛学乃初学而已，如同“东方之知有西学”。他认为佛法的“慈雨和风，尚未能沾于彼土”。又于欧洲佛学研究成果略有介绍，而于学术史的阐明则相当不足。参见其著《佛法西行记有序》，《民国佛教期刊文献集成》第170卷，第327页。太虚游讲欧美之后，对于西方佛教学术状况才略有了解，而《海潮音》1929年第4期也刊发了日本学人渡边海旭的《日人目中之欧美佛教》一文，对于欧美佛教学术史才有了较为系统的略述。太虚在回国后所作的“感想”时说：“欧、美各国关于佛教的情形，可分三种来说：其一，是各大学和宗教学院里的专门学者，他们所根据的，多是锡兰文和不很完全的梵文；锡兰文的属于小乘，梵文的属于大乘，英、德两国受锡兰文的影响较大。也有由藏文和日文来研究的，至于从中文探究的就很少了。其二，是个人各自研究，也有因此而起信行的，他们也有因为游历东方，到锡兰、中国西藏、日本等处，因一时的感动，或译书的关系而兴信仰，但这种人也不多。其三，是结为团体，以共同研究或共同信行的。”［《环游之动机与感想》（1929年5月佛教居士林），《全书》第十八编，第243–244页。］又，1929年5月他于上海也讲：“去欧以来所发生之影响：西洋先见锡兰佛教，认为佛教根本，而不知大乘。锡兰佛教为巴利文所传，为小乘三藏；而梵文大乘，于印度多已残灭，因经婆罗门教、回教破坏之也。唯据近来印度一般学者之考察云：佛生喜马拉雅山脉尼泊尔国，而此国近颇有残缺之梵文大乘经典发现，如宝积、华严等，但均不完全。西人所知乃锡兰之佛教，其次则梵文及西藏文者，从汉文而知者殊鲜。而日本学者，及中国学者之从西学者，且据西人之说以考中国佛典之误失，汉文佛教遂益不为西人所重。以西人治学，从考据入手，故将华文经典，对于据巴利文、梵文之原文，或当或不当，每加详确探讨。”（《去欧讲学及经过之一斑》，《全书》第十八编，第258–259页。）不过，我们仔细体会这一观察，多少还是含有对西方佛学贬斥的意味，而且太虚对于西方近代佛学的专业化程度也还是相当的隔膜与不了解。

太虚的格化西人，释教的方式实际源于他在国内对于东/西文明的理解构架，所以不难理解他为什么选择了“佛学与科学”及“佛学与哲学”这两组概念来作西行论述的中心概念。“科学”“哲学”与“宗教”这几个关键词在20世纪初的中国思想界所遭遇的命运是完全不同的，“科学”与“哲学”意味着新的文明启蒙观念，代表着进化与现代性。而“宗教”则被理解为一种中世纪蒙昧与落后的代名词。太虚非常敏锐地意识到这一点，几乎在太虚所有对“宗教”的表述中，宗教，特别是基督教都被解读为一种与科学对立，并为近代科学所颠覆了的文明形态。而在他早年筹划世界佛教弘传的论述时，他就试图在佛教与科学、哲学间建立起一种“对话”的关系。1923年他在庐山开启他世界佛教弘传的计划并组织佛教讲习班，他演讲的主题就围绕着“佛教与科学”“佛教与哲学”两方面来开展。[①]1924年，他赴日参加东亚佛教会议并在游日中所作演讲，亦不忘以哲学、科学这两个当时流行的“文明”语词来阐明他关于东西方文化的差别。他认为西方物质文明在哲学的表现上“侧重智与勇，而忽乎仁与德”，而“东方人则重于仁德，而智勇则次之”，唯有“佛教之全体大用”具智、仁、勇于一体，他认为这正是在中西哲学视域下所表现出的“佛法之贵”。他还从科学上来论究东西文明高下，指出：“现在西洋所充满者，曰科学，而世界人所崇拜者，亦为科学。惟佛法之精密思想，于科学实有过之无不及者。故欲斥伏西洋文化，又必先斥伏科学；科学虽有种种差别，然归纳于一句言之，曰思想精密，有

① Holmes Welch,*The Buddhist Revival In China*, 1968,p.55.

条不紊。而佛法之精密，则驾乎其上也，故斥伏科学，必须佛学，非耶、回、道等所能斥伏。科学斥伏，则好勇斗狠之欧化，亦必转为大慈大悲之美德，而世界和平可望实现。”[①]

太虚自己也明确承认他在欧洲喜“以科学、哲学、进化论比类旁通”，去格量佛教唯识学。[②]他在1928年年初到法国时所作《西来讲佛学之意趣》中就表示：“以哲学的科学的方法，洗除佛教流行各时代方土所附杂之伪习，而显出佛学真相。”[③]我们下面主要根据太虚在欧洲演讲的英译文集，[④]并结合部分中文相关材料，分别从佛教与科学以及佛教与哲学两方面，来阐释太虚欧美之行中的文明论述观念与旨趣。

1.格义科学。罗佩兹（Donolad S.Lopez）发现，在近代启蒙主义的历史脉络下，中西方的一些佛教徒都试图把佛教的传统与科学进行结盟，尽管科学与宗教间存在着某些内在的冲突对立，但是这些佛教徒努力于重新解释他们传统的某些部分以便使之看起来更加符合科学。[⑤]五四运动以来，民主、科学、自由、人文主义、革命、个人主义等都成为“中国式启蒙与文艺复兴”的思想标志。[⑥]在晚清到五四时期，有关西方文明被普遍地论定为科学文

---

① 《发扬佛化以济现世界之恐慌》(1925年10月日本神户),《全书》第十八编，第147–148页。

② 《环游记》,《全书》第十九编，第386页。

③ 释印顺:《太虚法师年谱》, 第142页。

④ 参考*Lectures in Buddhism*,Paris，the University of Chicago Libraries,1928.该文集所收太虚在法国的演讲，相当一部分内容为现存太虚中文文集中所缺，即使部分与中文重复的内容，比照起来看，也有不同的地方值得注意与研究。

⑤ Erik J.Hammerstrom,*Buddhist Discuss Science In Modern China(1895-1949),*印第安纳大学2010年博士论文，pp.62,63.

⑥ Ed.,Milezelova–Velingerova and OldrichKral,*The Appropriation of Cultural Capital*：*China's May Fourth Project*, Cambridge：Harvard University Press,2001,p.1.

明或科学文化，东/西文明论争的双方分歧只在于对科学文明的评价方面。[①]“科学”已经成为统御一切的“奇理斯玛”而占据了思想论述的合法性，大凡能够与此建立正向关系的思想教义，都会被视为先进的思想体系。

虽然近代中国的科学主义之风主要不是针对佛教而起，但是从五四前后新文化运动的主要代表如陈独秀、胡适等高举科学大旗横扫一切宗教的同时，佛教也经常受到清算。[②]这一时期中国思想界对于宗教与科学的关系还纠缠于许多复杂和不清晰的概念之中。当西方“宗教”概念被首次译介到中国，最初就是被视为与科学相对立的一个观念，到20世纪初，中国思想界普遍地把“宗教”与“迷信”两个概念混为一谈，而中国近代具有启蒙意识的佛教学者也正是试图在这一复杂的观念系统中重新阐明佛教与科学的关系。[③]如章太炎、梁启超等面对西方观念都一直强调佛法“乃智信而非迷信”，认为佛教师佛陀乃是尊师重道，反对偶像与鬼神。[④]到了二三十年代，佛教内部为了因应五四这一思想变局所开展的论述策略，通常都是把佛教解读为一种非迷信，而是智信的，可以科学精神“调和”的精神文明形态。1921年，欧阳竟无在他著名的《佛法非宗教非哲学》的演讲中，巧妙地把佛法与和科学相对立的“宗教”分别开来，指出唯有佛教之“因明”才“纯

---

① 汪晖：《现代中国思想的兴起》下卷，北京：三联书店，2004年版，第1292页。

② 参见何建明：《近代中国宗教文化史研究》（上），北京：北京师范大学出版社，2015年版，第348–356页。

③ Erik J.Hammerstrom,*Buddhist Discuss Science In Modern China(1895-1949)*, p.7.

④ 分别见梁启超：《论佛教与群治之关系》，《中国佛教思想资料选编》，第3卷第4册，北京：中华书局，1990年版，第50页。章太炎：《建立宗教论》，《章太炎全集》（四），上海：上海人民出版社，1985年版，第186–187页。

以科学证实之方法以立破邪”，“固不必惧其迷信也”。[①]当时出版的佛教宣传刊物如《海潮音》《觉音》《人海灯》《佛化新青年》等都积极在教内开展破除迷信的思想运动。

太虚在面对以西方文明为代表的现代性议题时会特别选择佛教与科学的关系来作汇通，正是有感于中国国内从19世纪末到20世纪初所发生的宗教与科学关系的论辩。太虚很早就关注到文化界的科玄论争，并撰文予以回应。[②]他以及他所领导的武昌佛学院对于五四以来的科学主义议题作出了积极的响应。如五四思想家们倾向于从心理学与进化论去理解近代科学，而武院对于佛教与科学之间所进行的“调和论”阐释，也大多沿着这两个议题为中心来开展。

太虚所思考的世界化佛教的过程从一开始就融合了佛教与科学的论述。1923年7月太虚去庐山主持暑期讲习会，这时候他也正在酝酿世界佛教弘法计划，太虚特别就佛法与科学的关系发表演讲，而表明“科学上有所发明，即宗教上便有所失据”，而“科学愈精进，则愈与佛法接近故”。[③]显然，他有意识地把佛教与一般所谓“宗教”进行了区隔，而表明只有佛教才是近代可以与科学发生关联的唯一的思想体系，因而在文明程度上显然高于基督教等一神教思想系统。而他在佛教与科学之间所持的观念，一直影响了他在欧美布讲佛教时所做的文明阐述。维慈（Holmes Welch）就发现，太虚在巴黎建立世界佛学苑，就以“佛教与科

① 欧阳竟无：《佛法非宗教非哲学》，《欧阳竟无佛学文选》，武汉：武汉大学出版社，2009年版，第2页。

② 太虚：《人生观的科学》（1924年），《全书》第十四编。

③ 《佛法与科学》（1923年8月），《全集》第十一编，第808页。

学的联合”作为佛教弘传世界的基本方向。[①]

在以佛学格义科学的具体论述方面，太虚延续了近代中国佛学传统中以唯识讲科学的法流。自晚清以来，章太炎等一批学人就提出唯识法相可通科学知识。他认为“竞重科学，言必征实，徒陈奢大，未足厌望。是故被机起信，莫如《大乘起信》《楞伽》《深密》及相宗诸论”，“佛典如《楞伽》《密严》《解深密》诸经，《大乘起信》《瑜伽师地》《摄大乘》《辩中边》诸论，言虽高妙而切理厌心，契当不易，未尝超出情量以外，此所谓通解妙达之论也。”[②]桂伯华也明确主张：“今世科学论理日益昌明，华严天台将恐听者藐藐，非法相不能引导矣。”[③]这些说法可谓开启近代佛学精英以唯识法相之学会通科学之一大法门。太虚在佛法与科学关系方面的认识就倾向于以唯识学的理论去通释科学的思想。早在1919年，他就主张以唯识去会通科学，他说：“夫科学之可贵，在乎唯征真理实事，不妄立一标格坚握之，以所知自封而拒所未知耳。若不求真是而妄排蔽，则与迷神教者亦复何异？习唯物科学者，若知佛乘唯识宗学，其贵乎理真事实，较唯物科学过无不及，则必不将佛教视同天魔畏途而相戒不游也。乃作此以忠告诸治唯物科学者！”又说：“正可因唯物科学大发达之时，阐明唯识宗学，抑亟须以唯识宗学救唯物科学之穷耳”，“必明唯识宗学，诸唯物科学乃能消归自己而成妙用焉。”[④]

---

① Holmes Welch,*The Buddhist Revival In China*, p.59.

② 章太炎：《蓟汉微言》,《蓟汉三言》，沈阳：辽宁教育出版社，2000年版，第40页。

③ 均见《自述学术次第》，石峻、楼宇列等编：《中国佛教思想资料选编》第三卷第四册，第266页。

④《唯物科学与唯识宗学》(1919年),《全集》第十三编，第821、816、819页。

他在科学与佛教间的格义处处都力图要保持佛教的本位性，反对销佛法于科学之中。如他于1925年赴日参加“东亚佛教大会”所做的发言中，就曾批评日、韩与中国台湾佛教界以佛教会通科学，而没有看到佛法超越的面向：“全国学界以科学思想为重心故，佛教徒亦以科学为本，评判佛教之义理，而失没佛法超现代科学之殊胜义，不能转科学而反为科学转。”[①]在太虚的佛教科学观中，科学相对于佛教来说还是较低级的知识形式，科学的方法只能用于证实佛教的学说，而从来不可能超越佛法。[②]他认为佛教欢迎科学的加入，科学缺乏精神元素因而是不完整的，有待于“更高的佛教科学”来充实它。他甚至指出，科学只能发现“真理的表象”（apparent Truth），而唯有佛法才能够究竟诸法实相。[③]这一点，他在巴黎演讲的中文文稿中表达得更为明确：“穷自然的蕴奥，利人事的进行，此近代科学之功绩；然于此犹未有完全洞明宇宙人生真相的希望，故终在存疑的猜度中，而不能确立彻底解决的真信。旷观于古近一切的哲学宗教，唯佛学不但不因科学而有所摧动，且得科学以为之证据及诠释，益见真确精密。其由无上正觉所完全洞明的宇宙人生真相，又立足于科学的发明上，树立合理的正解真信，以补科学之缺陷而促其进步。故当建设以科学为基础的佛学，成立科学上的最高信仰。”[④]此外，太虚在欧洲的演说还发挥旧义，以科学发现批判基督教的上帝信条（The Superstition of God）与唯物主义关于物的信条（The

① 白德满：《太虚：人生佛教的追寻与实现》，第125页。

② Holmes Welch,*The Buddhist Revival In China*, p.66.

③ *Lectures in Buddhism*,Paris,pp.7,41.

④ 《佛学源流及其新运动》（1928年10月讲于巴黎东方博物院），《全书》第一编，第936–937页。

Superstition of Reality），指出只有佛法才是完美的科学。[①]他提出近代科学的发展证明有神论宗教的终结，而更说明佛法在近代的价值。因此科学与佛教可以携手，而最后只能以佛教理论来作统领。[②]

有学者发现，晚清民国以来中国佛教与科学的关系论述中通常流行三种意见：一是主张佛教与科学发明的事实具有一致性；二是认为佛教是比科学更高明的经验论；第三种看法是从佛教对科学进行伦理的批判。[③]太虚在欧美所论佛法与科学的观念中，这三种思想都大致包含于其中。如他一面声称“科学知识证实和支持佛教的学说”，通过比较哥白尼天文学说、微观分子论及达尔文进化论等，表示佛教经典中早已经基本拥有了这些说法，因而表示“科学越发展，佛教就越受欢迎”，一面又同时指出，科学的知识有很大的局限，无法涉入生命的存在与形上学，科学只有结合佛教才能够获得道德力量的支持，“照亮生命存在的最深真理，并引导和规范着我们的进化。”[④]

由于太虚并没有很好的科学训练，他对科学与佛教间进行融合关系的阐述时，并没有充分估计到这种对话的难度和界限，以至于有学者认为，太虚以唯识学去格量西方心理学就阐解得不好，[⑤]还有人就直接指出“太虚并不非常了解科学”，他必须发展他有关“科学佛教”的理论基础。对于太虚来讲，对“教”的护持

① *Lectures in Buddhism*,Paris,p.48,49.

② *Lectures in Buddhism*,Paris,p.43.

③ Erik J.Hammerstrom,*Buddhist Discuss Science In Modern China*（1895–1949），p.10.

④ Lectures in Buddhism,Paris, pp.35–38，46.

⑤ Erik J.Hammerstrom,Buddhist Discuss Science In Modern China（1895–1949），p.48.

更胜于知识的细密考究，于是，他的佛教科学统合论就难免会出现撰拾科学以附会佛法者说的流弊了。

2.佛教与哲学。太虚西来讲学，在方法上除了试图充分展示他对西方近代科学的了解，还特别注重以哲学的方式来向欧美传授佛学。如同西方近代佛教学的奠基者布尔努夫（Eugene Burnouf）把佛陀塑造成一位反宗教性的道德意味上的“人文主义哲学家”[①]，近代中国的佛教知识精英们也力图把佛教从宗教的语词中分离出来，而与“哲学”归为同类。对于近代中国精英佛学人士来说，他们希望用他们所需要的方式“建构”出一种具有近代哲学形态的佛教学说。如章太炎、梁启超都曾努力于把佛学塑造成一种具有进步象征的“哲学”形式。梁启超早年也曾以佛学去旁通近代西方大哲康德的哲学。[②]而章太炎就说“佛法只与哲学家为同聚，不与宗教家为同聚”，故而研究佛学必须“发明一种最高的哲理出来”。[③]

这种从西方的哲学来为佛教寻找合法性根据的做法也受到过一些佛教思想家的质疑。内学院一系就担心这种哲学“建构”的法门反而会淹没佛法自身的高度，于是欧阳竟无力图表明，近代哲学虽然“诚见高明”，但“哲学家知识之范围体性”不出唯识学的六识，而“局于法尘”，仍然是一种有局限的知识。在这层

---

① Terry Logan Mazurak,Buddhism and Idolatry,Ed.,RachanaSachdev and QingjunLi,EncounteringChina：Early Modern European Responses,Lewisburg：Bucknell University Press,2012,pp.167,168.

② 参考梁启超：《近世第一大哲康德之学说》，石峻、楼宇列等编：《中国佛教思想资料选编》第三卷第四册，第59–69页。不过，要注意的是，梁启超于1920年代之后的佛学研究，反而远离哲学，而走向新史学的方向。

③ 章太炎：《论佛法与宗教、哲学及现实之关系》，《中国哲学》，第六辑，北京：三联书店，1981年。

意义上，他指出不能以哲学去揣度佛法“高明之所知”，佛法本质上是“内学”，不是哲学。[①]

我们这里不去细究近代中国有关佛教与哲学关系的论辩，太虚对于佛教与哲学的态度是有条件地开放。即是说，他一面认同以佛学去阐明哲学，而同时反对佛教的哲学化，主张佛教与哲学之间的诠释只能是佛教为本位的格义。

我们仅仅讨论太虚一系在涉及佛教世界化弘布时是如何论述佛学与哲学关系的。《海潮音》1923年第7期上曾经发表了李润生的《论佛教徒当实行中日联合以弘法欧美》一文，该文就提出西方诸种哲学流派“皆并容于佛法之中，而不能自逃于佛法之外”，作者甚至认为许多大哲学家都因此“进而为佛教徒”。[②]可见，太虚系对佛教与西方哲学的会通，充满了乐观主义的想象。1928年太虚在巴黎的演讲“就哲学言佛学与东西文明”，他提出东方一派哲学是“侧重经验的哲学”，而西方哲学则“是侧重理论的哲学”。他认为东/西方哲学各有所长与所短，如注重经验论的东方哲学，则“经验所及虽确当而不遍常，故必借理论以补充”；而偏于理论之西方哲学又“理论所及虽遍常而不确当，故必借经验以为补充”。他指出东西哲学各执一端，无法融通“遂为终古争持莫决的问题”。最后，他提出唯有佛学才是通观东西哲学，融经验、理智于一体的圆满哲学之道。他这样说：“然一深观佛学，则以调善情意为理智发达之胜缘，尤以发达理智为情意调善之要因：相应互成，共臻究竟。复次、以超脱一切分别的实智、经验，

① 欧阳竟无：《佛法非宗教非哲学》，《欧阳竟无佛学文选》，第7、9、11页。
② 《民国佛教期刊文献集成》第156卷，第400页。

到理论上绝对的遍常性，亦以巧符合各种事情的量智、理论，及经验上相对的确当性，完成了经验遍常化与理论确当化，解决了终古不决的哲学上种种的问题。故唯佛学足为陶铸两方文化与两派哲学的洪炉。创造成今后世界全人类所需求的大同文化与哲学。”[①]

太虚在欧洲的演说中还把世界哲学区分为中国、印度与西方三大思想系统，这一点就很可能出自梁漱溟《东西方文化及其哲学》的启发。他指出这三大哲学传统源流不同，思想差别也很大。[②]有趣的是，在法国的演讲中，太虚并没有详细说明中、印哲学的思想内涵，而恰恰表现他在西方哲学史方面的知识与理解。他非常宏观而又简略地从古代、近代与当代三个阶段来阐明西方不同时期哲学的特点，接着就这样批判西方的哲学，认为西方自古以来的哲学最后都把对问题的解决建立在一两个假设上面，于是，他们对宇宙本体论的讨论都如同盲人摸象，而最终导致了争论不休和失败。太虚认为西方哲学对于宇宙本源的追溯，虽然看似与佛教对于绝对意识的探究同出一辙，但是哲学是没有结论的探讨，而只有佛教才可以为哲学根本性问题找到解决的方案，因为佛教对于一切事物的认识脱离了虚妄分别，而哲学所产生的错误认识恰恰是建立在虚妄之上。另外，太虚还讨论了西方哲学传统中的虚无主义、唯物主义、进化论以及各类灵性与宗教哲学的议题，[③]最后他以佛教哲学来做统合，指出佛教中的大乘佛教哲学才

① 《佛学源流及其新运动》（1928年10月讲于巴黎东方博物院），《全书》第一编，第938-939页。

② Lectures in Buddhism,Paris,p.53.

③ Lectures in Buddhism,Paris,pp.62、64、83-87.

是一切思想的终极解决。太虚的这一说法与欧阳竟无所论“佛法非哲学”之义非常接近，甚至他有关佛教与哲学关系的许多意见，也都与欧阳竟无的论述如出一辙。

太虚就这样大而化之地以佛学去点化西方哲学，正如他讨论科学与佛学的格式一样，结论其实是预设好了的。太虚的这种“结论后之研究”方法，以东方式化约主义的论述去向西方知识界弘布佛学，确实有点轻视了他的西方听众在哲学与佛教方面的知识素养，当然他努力弘布的中国大乘佛学也无从在西方知识的土壤中植根生长。

新启蒙与“另类东方主义”

太虚于20世纪20年代远赴欧美弘布佛教，一定程度上契合了当时西方世界在文化思想方面的某种需要，弥补了西方近代文化自身所面临的空缺。自19世纪下半叶以来，欧美内部发展出一种对包括佛教在内的亚洲文化的需要与想象。正如有学者所发现的，20世纪最初20年，东方学成为西方现代性论述中一种内在的构成元素，“因为东方学有助于为经历深刻危机与信仰迷失的西方文化，提供新的表述与资产”。佛教作为一面镜子所映射的“不仅是东方，而且也反照了维多利亚时期的西方世界”。[①]

19世纪后期，具有一定理性与人文主义思想倾向的南亚上座部佛教正好满足了一批西方反基督教超验论传统的学人，他们

① J.J.Klarke,*Oriental Enlightenment*：*the encounter between Asian and Western thought*,London：Routledge,1997,p.101.

以自己的方式不断塑造他们关于亚洲佛教的种种图式。其中一类流行的观念，即把佛教理解为一种与基督教传统不同的“无神论的信仰”（faith without God），而且认为这种以“纯粹理性化的道德”为主的佛教更趋近于近代科学的观念。如著名学者卡洛斯（Paul Carus）就把佛陀称为“科学宗教的先知”（the first prophet of the Religion of Science），而一批哲学家也把佛教观念与实证主义联系起来，认为佛教是一种更为进化的思想系统。欧洲的一批思想家甚至提出，基督教应该参照和学习佛教的某些精神来改造自我。特别到20世纪初，尼采等对于基督教文明与西方启蒙主义的批判，更激发了他们对于包括东方思想在内的新的价值与世界观的探究。①

大乘佛教在19世纪欧洲佛学界的论述中，通常都是被贬低为异端化了的佛教学派，欧洲19世纪以来的佛教学研究，重于南传巴利语佛教的经典与思想历史。他们认为，只有巴利语佛教传统才保留了原始佛教的本来精神，而包括汉传佛教为代表的东亚大乘佛教，则背离了佛陀的原始法流。

太虚是一位极负传教使命的人物，他在20世纪最初20年，特别是在1917年赴日弘法后就开始感觉到他不仅对中国负有佛教复兴的使命，而且“对亚洲乃至对世界各地都负有一个重大的使命”。②他明确自己佛教传布的方向，即是中国大乘佛教的思想精神。他于20世纪20年代末的出访欧美，正是想在欧洲大乘佛教的空缺之地

---

① J.J.Klarke,*Oriental Enlightenment*：*the encounter between Asian and Western thought*,pp.80–100.

② 艾香德：《太虚生平事略》，出自其著：《重生的方丈》，基督教辅侨出版社，1959年，第167页。

打开一片天地。从各类有关他游化欧美的材料看，西方知识界最初对这位来自东亚大乘国家的大师还是充满了期待，所以太虚在欧美的演讲与访谈，开始吸引了不少西方的东方学家与学界名流参与其中，如著名佛学大家列维（Sylvain Levi）、哲学家罗素等。他甚至应邀于巴黎重要的学术圣地（东方博物院）进行讲学。可以想见，太虚的欧美之行，一时名流云集，场面上可以说是一片风光。难怪20世纪初的来华传教士艾香德就说太虚在20世纪初的声誉不仅亚洲人尊敬他，“欧美研究比较宗教学的学者，也知道他的名字，太虚在1928年游柏林、巴黎、伦敦和纽约的时候，他们当中有些人听过他的演讲”。[①]

遗憾的是，太虚并没有在欧美留下他的精神遗产，也没有让中国大乘佛教风行于西方。实际上，当太虚远布弘化，以他自己的想象而建构出的“西方”文明与现实中的西方文化间存在着很大的落差。太虚所力图传播的中国大乘佛教观念，无法达到像日本近代世界佛教布化所产生的效果，这其中缘于多方面因素。除了太虚本人无法自如地运用外文来表达东方的哲思，与出入有余地旁通西方思想外，[②]太虚并没有把他弘传大乘佛教的重心放在精致的思想与学术论述方面，而是以建立传法机构——世界佛学苑为主，于是他面对欧美知识精英最有兴趣了解的中国大乘佛教所开展的知识与思想论述，就显得相当随意和缺乏严

① 艾香德：《太虚生平事略》，出自其著：《重生的方丈》，基督教辅侨出版社，1959年，第161页。

② 这一点，在太虚赴欧美前，胡适给他的信中就已经预示了。胡在信中说“往欧美则有语言上的困难，虽有译人，终觉相隔几层，用力多而成功少”。胡适：《致太虚》，《胡适书信集》（上），北京：北京大学出版社1996年版，第401页。

谨，这后来引起西方知识界的不满。而其所致力的世界佛学苑建设，也因为缺乏持续性的学术与弘法后援，成为昙花一现，终归销迹。[①]

太虚敏感地意识到欧洲19世纪下半叶以来，科学和启蒙主义对基督教信仰的冲击，并由此而产生了西方世界在价值与思想信仰方面的某些困局。他试图向西方提供东亚文明，特别是汉传大乘佛教这副解药去加以对治。他在没有深入西方文明复杂性的同时，就仓促应对，于是在文明论述的策略上仅仅围绕着佛教与科学、哲学这两个语词为中心，去向欧美进行大乘佛教的意义阐释。但是他所旁及与解读的西方知识（科学与哲学），在当时的欧美知识界来看，都还过于肤浅而无法获得认同。维慈就认为，太虚在欧美的讲演并没有获得其顶尖知识界的接受与尊敬。[②]可以说，太虚选择了一种不合时宜和危险的文明“对话”方式，这与他同时代铃木大拙机智地在西方思想的空场之处选择了东方禅，而且以一种精明讨巧的方式迎合了西方的需要不同，太虚采取一种通俗的，而非专业性的知识形式和话语来阐明他对西方科学，乃至于哲学和宗教的认知。他确信自己在国内所掌握的西方科学与哲学知识是充分无误的。他没有意识到，他对西方文明的阐释，大多是有选择性地对那些他所偶遇的西

① 白德满就指出，太虚期待建立的一个国际性佛学研究机构一直未能实现，后来只是将其所设立的武昌佛学院图书馆改名为“世界佛学院，算是聊备一格”。白德满：《太虚：人生佛教的追寻与实现》，第143–144页。

② Holmes Welch,*The Buddhist Revival In China, 1968*,p.59. 白德满也认为，太虚在欧洲的演讲低估了大多数听众的佛学素养，西方听众是对中国佛教修行所精心整理和深刻反思过的论述，而太虚则用一套西方的科学与哲学术语去解释科学与佛法的相融性，而对于东亚文化本身却没有深入阐明。白德满：《太虚：人生佛教的追寻与实现》，第137页。

方思想与哲学家们所作的主观性解释，无法在知识的论述方面表现其细工之饰密。

实际上，欧洲自19世纪下半叶以来的东方学研究风尚，在进入帝国学科的过程中，逐渐建立起一套“为知识而知识”的专业性知识趣味，不同文明的比较，特别是比较宗教学的建立，崇尚以“一种真科学的精神”，而不是一种“业余者”（dabblers）和“半吊子的学者”（harf-scholars）的方式去“把握对于东方的知识”。于是，他们对于文明比较论所采取的学术方式，就以科学的比较语言学及历史学为重心。在他们的理解中，比较语言学（historiographical principles of comparative philology）才是比较文明论述中最为科学的一种方法与态度，而举凡哲学或神学性的理论阐述（theoretic theology）则并不被视为“高阶的知识类型”（higher knowledge）。这种文明比较论述中的反哲学化倾向，让欧洲知识界认为，太虚对于大乘佛教及其比较文明论的论述都不过是一种“业余哲学家过于草率的方式”，是一种“缺乏学者精神”的旅行者和传教士的描述。[①]太虚并没有切入到欧洲的知识语境，他反复说明和强调的那些诸如佛教中理性主义、反神秘主义等，都是亚洲佛教现代化过程中惯用的文化语词，属于近代东亚佛教改革运动的基本方式和特点。[②]但他仍然还停留于这样一种文明论述的方式，去向西方的专业学人推销东方文明与大乘佛教，确实有些无的放矢。这种文化空间

① N.J.Girardot,Max Muller’s “Sacred Books and The Nineteenth-Century Productioin of The Comparative Science of Religions”,*History of Religions*,Vol.,41,Number 1,August.2001,pp.218,223,239.

② OtaniEiichi, “A Comparative Analysis of Buddhist Nationalism in Asia”,*The Eastern Buddhist*,Vol.43,Nos.1,2,2012,p.157.

的错置，使得太虚在向西方推介大乘佛教观念时采用了失当的策略与方法，也让他的欧美之行没有在文明与思想的交错中产生出真正的火花和有深度的思想呼应。

具有传教士精神的太虚努力以中国的大乘佛教去“启蒙”与教化他想象中的西方人群，太虚并没有像胡适所期待的那样去欧美“做一个虚怀学生”，而恰恰是想“存一个宣传东方文化的使命出去”。[①]这一点，他赴欧前在上海发表的临别辞中做出了鲜明的表达。他说自己赴欧美非为学习，乃旨在弘传大乘佛教，“先到科学发达的国家，传播东方最优美的文化。或以中国人赴欧、美皆是去学欧、美人者，而太虚今乃去教欧、美，视为创举。”[②]

太虚一方面要做世界文明的普化工作，而同时又把东方大乘佛教作为唯一首选而弘传西方，表现了东方文明在精神意味上的高度优越感。从他有关佛教世界化的开示，以及对于西方知识界所展开的大乘法义的“训导”来看，太虚佛教世界化弘布中所采用的论述，背后都隐含了“另类东方主义”（secondary orientalism）与民族主义。[③]太虚虽然承认佛法“本非以国家为范

① 胡适：《致太虚》，《胡适书信集》上，第401–402页。

② 《出国宏化临别之演辞》（1928年8月于上海），《全书》第十八编，第232页。

③ “另类东方学”概念是由佛尔（Bernard Faure）提出的，他意指一种针对西方东方学立场的反向论述。萨义德在著名的《东方学》一书中发现，西方东方学家认为他们掌握有对于东方知识的发言权，表示了对东方的一种歧视。（关于此，参考爱德华·W.萨义德：《东方学》，北京：三联书店，1999年版。）而佛尔发现，不仅西方东方学对东方有傲慢的态度。实际上，东方人进行有关自己传统的论述有时候也会表现出对西方文明的不屑，这就是他所谓的“另类东方学”的立场。佛尔认为铃木等向西方所宣扬的禅，就包含了大量“另类东方学”的傲慢。参考其著，*Chan Insights and Oversights：An Epistemological Critique of the Chan Tradition*,Princeton：Princeton University Press,1993,p.67–74.

围”，“盖超脱于国家民族之封蔽”[1]，但是每当他于东/西文明论的结构下来思考与论述佛教的世界意义时，他却无法摆脱文化上民族主义的宿命。于是，他的语词中一再向西方透露，中国大乘佛教在精神文化层面上所拥有的高度与优越感。

通过仔细的审读研究将会发现，太虚向西方阐释的大乘佛教确实有意或无意地隐藏了一类民族–国家的论述。如他于1920年所作《佛乘宗要论》，就从东/西文明论的角度阐明佛教与中华“国族治华”之关系，而明确提出佛教的世界化弘布必须回归于中国为代表的大乘佛教中才能够“普利世人”。他说：“兹就佛教观察，其能昌明弘扬于当今之世亦须有藉乎中国，二者相需如鱼如水。请试言之：佛学发源于印度，今则反形衰落，——而锡兰仅有小乘，大乘佛种之不断，今则端在中国与日本。日本佛教虽盛，而于佛乘理行殆不如中国体会精深，创立各宗无大殊胜。近且专以国家为本，兼重欧化，佛教实居第三位，仅能为其国家所利用，弘扬之责当不属之。至若中国大乘八大宗派盛行已久，教理行果灿然美备，诚欲昌明佛教普利世人，舍中国外实无第二者能当斯任，愿国人勉旃！”[2]

到了1928年，太虚游法所发表的“西来讲佛学之意趣”中，这一民族主义的论调仍然表现得淋漓尽致。太虚表示他于欧美讲授佛学之态度就应“当仁不让，以攻破偏谬而显示真正”。他认为欧洲根本没有“真正佛学”，欧人所知佛学皆为“偏谬”。他还以“圣人之才”与“圣人之道”这一对观念来阐明他西行弘法的旨趣和

① 《佛乘宗要论》，《全集》第一编，第217页。

② 《全书》，第一编，第219–220页。

伟任："欧洲今富圣人之才而缺乏圣人之道，吾人今有圣人之道而乏圣人之才。——得圣人之才以授圣人之道，是为吾至欧洲讲佛学之总意趣。"[①]又在一次与德国博士的谈话中，他也高调地表示了他这种民族主义的观念："推原其故，盖以世间诸宗教、科、哲，其观察囿于一境，局于一隅，是以不免有以部分而概全体之失。虚妄分别，横计忆度，是以鲜有不流入错谬者。""以是之故，吾每欲以佛法输入欧、美各国，俾欧美之科、哲学者，得其趋正之路，尽量而同证此无上真理。——盖以印度大乘佛法，自中国唐代以降，衰落几至于绝；惟中国赖玄奘等之传译，窥基等之阐扬，人才辈出，各宗继起，是以佛法之精微奥妙，为此土所阐发无余矣。至于日本之佛教，则全由中国传去，近千年来，其关于佛法中之典籍论著，皆用汉文，即今日日人之能深究佛法者，莫不精通汉文。其故由于经论之意，深密之旨，实非由中文不能透彻也。"[②]

正如有学者研究发现，近代亚洲的佛教在世界化运动的同时，又悖论式地与民族主义、民族国家之间发生了不可分割的关联。即为了反抗具有殖民主义性质的基督教文明而兴起的佛教运动，大都试图回到自身的传统中去寻找精神资源，并把这一传统进行无限的美化。[③]

近代东亚的佛教世界化运动，在东方精神文明的自信与优越感背后其实隐藏了一种巨大的文化压力，即一种来自西方强势文

① 释印顺：《太虚法师年谱》，第142–143页。

② 《与德国乐始尔博士之谈话》，《全书》第十七编，第729–730页。

③ Otani Eiichi, A Comparative Analysis of Buddhist Nationalism in Asia, *The Eastern Buddhist*, Vol.43, Nos.1,2, 2012, p.177.

明的压力。太虚的弘布西方也多少反映了东方文明在近代“边界焦虑”处境下的一种文明论诉求。[①]太虚在1923年就自己的佛教世界化运动讲了一段意味深长的话：“而近今西洋文化盛传时代，又以为东方佛教是古旧的、陈腐的！民国十二年（1923）来，学潮澎湃，国人咸惕然兴起，始研究实学，考求真理，乃克知佛学为一簇崭全新之救世大法，不限于古代，不局于东土，尤不拘于出家之僧尼，而确有遍及现代世界各国永久不替之可能性，与现在世界上各色之人众，皆具有密切之关系焉。”[②]这正可映照他复兴佛学运动和世界佛化布教背后的一种深刻的忧患意识。

---

① 佛尔（Bernard Faure）发现，近代东西文明的交织，经常使处于不同思想交集边界的人产生一种“边界焦虑”（boundary anxiety），因而经常刻意地追求中心化。关于此，参见其著*Chan Insights and oversights*：*an Epistemological Critique of the Chan Tradition*。第二章，第一节。

② 《世界佛教联合会开会讲词》（1923年7月于庐山），《全书》第十八编，第112页。

佛教的在地化·中国化·民族化

中国社会科学院世界宗教研究所　黄夏年

内容提要： 现代化的中国表达“佛教中国化”的新境界，需要发扬与时俱进精神，充分挖掘适合现代社会，充满活力的新思想和新理论，延续开放传统，找到最好定位与契入社会的最佳方式。从理论上要继续进行佛教“在地化”或“地方化”进程，进一步推动佛教理论的中国化建设。中国化佛教是民族化代表，代表了中国佛教气象，是走向世界的重要步骤，努力吸纳现代世界与佛教相关的新理念与新思想，补充中国佛教正能量，促使佛教在现代化过程中完成华丽转身。

关键词： 宗教中国化；佛教中国化；在地化；民族化；现代化

佛教中国化是现在中国佛教界和学术界关心的热门话题。笔者一直在积极地参与“佛教中国化”的讨论，曾经撰写过《佛教“中国化”三题》等文，论述了佛教中国化的三个基本问题：一是佛教在政教关系方面，要有自觉的政治认同，与政府保持高度的一致，发挥自己的正能量。二是佛教在文化上要自觉地融合，融入社会主义核心价值观中，不断铸就中华文化新辉煌。三是佛教在社会发展中要自觉适应社会，跟上社会的发展，为社会成长作出应有的贡献。有了这三个根本认识，佛教才能在中国得到发展，才能完成自己的身份转换。本文则是在已经取得的研究成果基础上的进一步深入，试图从佛教的“在地化”到“中国化”，再到“民族化”，最后完成“现代化”这一思路对佛教中国化做一些新的研究。

一、“佛教共同体”视域下的“在地化”和“中国化”

人类社会是由多种信仰不同宗教的民族和宗教徒组成了不同的群体，各地区宗教徒在坚持同一宗教信仰旗帜下，长期保持属于自己的独立信仰，又与生活在不同地区及各个社区的同一信仰宗教徒一起和谐相处，最终形成了当代社会中所表现出的某一宗教所具有的跨国家、跨社区的大集中、小分散的特点。

以佛教为例，在古代亚洲地区，佛教是最主要的传统宗教信仰之一。当时佛教徒生活在亚洲绝大部分地区，除了西亚地区外，其他地方都有佛教存在。11世纪以后，佛教诞生地印度的佛教逐渐发生变化，乃至最后衰亡。15世纪以后，中亚，包括我国新疆等地原是受佛教影响最深的地区，陆续成为伊斯兰教的影响地，亚洲地区最终形成了现在我们所见到的东亚大乘佛教与东南亚南传佛教为主的受佛教影响的两大集中地，但是在欧美等地则出现了受佛教影响的一些亚洲佛教徒集中居住的地区。

现代佛教大集中、小分散的情况，既是民族佛教的反映，也是移民宗教的结果，例如东南亚（包括南亚的斯里兰卡）各国信仰佛教的信众，主要是一些历史上就一直信仰佛教的民族佛教徒，泰国的泰族、缅甸的缅族、柬埔寨的高棉族、老挝的老挝族等，都是一千余年来一直在佛教影响下过着与佛教信仰有关的群体。他们的民族思想理论里面充满了各种佛教元素，这些佛教徒盛行短期出家传统，每个信仰佛教的人，一生至少要到寺院里过出家生活一次，没有出家经历的人，在社会上就没有地位，被人看不起，还要影响到找工作与婚姻诸等大事。奉献布施思想流行在这些民族佛教徒中间，赕佛被视为佛教徒一生善业的最好表现。他们相信信佛一定会影响到来世生活，生前只要好好赕佛，必有好的果报。佛教也是这些国家政权用来统治和治理国家的思想基础，统治阶级的政权是否合法，必须以是否信仰佛教作为检验标准。此外，一些佛教徒还生活在欧美与东南亚伊斯兰国家及南亚与东亚，这些国家的某一地区，如马来西亚是伊斯兰国家，但该国的槟城是佛教徒移民最居中的地区，在这里聚居了以佛教徒为主的移民后裔，使这座城市的佛教气息浓厚，寺院香火旺盛。

传统与现实交织在一起出现的现代佛教大集中、小分散的格局，呈现的是既有集中，也有分散的世界佛教网络，不管是大集中，还是小分散，佛教信仰是最根本的要素，也是不可更改的现象，对信徒而言这是集传统与现实于一身、集民族与个人于一处的反映，对我们今天思考佛教中国化的理论发展有重要帮助。

“共同体”是相互依存的利益各方通过不争斗，相互借鉴、互相得利、共同发展的理念，从而走到一起的群体。这些群体可以有不同信仰，不同见解，甚至是对立的意见，但是大家的共同诉求是相通的，目的是一致的，都主张群体利益要兼顾其他群体的利益，在合理关切视角下，谋求群体利益，促进与其他群体共同发展。这是广泛适合于各个领域与地区，大到国家，小到个人，包括组织在内的各种群体，都可以建立属于自己利益的“命运共同体”。

佛教自从建立以后，就已经具备了“共同体”元素。公元1世纪，佛教逐渐成为世界宗教，“佛教共同体”即宣告形成。这个时候的“佛教共同体”，囊括了亚洲大部地区，成为丝绸之路上最重要的文化交流参与者，不管是海上丝路，还是陆路丝路，佛教徒的身影和抑扬顿挫的诵经声，始终伴随着商队的驼铃和大海的波涛并行存在，以信仰促交流是“佛教共同体”发展主线，大家拥有共同的佛教信仰，佛教信众自觉自愿地建立相互之间的联系，文化与思想的交流既是思想的交锋，也是信仰的弘扬，最终大家都得以共同成长起来，而这个成长过程就是佛教“在地化”或“地方化”的具体表现。

在“佛教共同体”的平台上，佛教在地化是最重要基础。所谓“在地化”是指外来文化进入当地以后，得到当地文化认可，并受到当地文化尊重，影响了当地文化发展，在当地扎下了根，成为具有地方特点的文化现象。例如，外来的佛教到了当地，首先就要面对如何处理与当地文化的关系，特别是像中印这两种都处在具有高层次、有体系、有多元思想文化的国家，印度佛教如何去和中国固有的传统文化发生磨合，得到中国士大夫以及百姓的认可和接受，而且是通过和平的手段，不是借助于武力来完成这件大事，并不是一件易事。

“在地化”或“地方化”，对中国文化来说，就是要让外来的文化经过交锋与磨合后，最终落地，表现出“中国化”形式。用在中国佛教的身上，就是“佛教中国化”。众所周知，佛教是在印度创生的，教祖释迦牟尼圆寂约500年后，佛教开始通过海上与陆路两条丝绸之路传入我国。佛教传入我国伊始，就开启了中国化进程，东汉交州太守牟博撰写了第一本中国佛教徒的佛教理论著作——《牟子理惑论》，鲜明地提出融通三教的倾向。牟子在佛教初传我国的时候，尽可能地将佛教义理向中国传统儒道二家思想文化靠拢，认为：“佛者，号谥也，犹名三皇神五帝圣也。佛乃道德之元祖，神明之宗绪。佛之言觉也，恍惚变化分身散体，或存或亡，能小能大，能圆能方，能老能少，能隐能彰，蹈火不烧，履刃不伤，在污不辱，在祸无殃，欲行则飞，坐则扬光，故号为佛也。”[①]佛祖释迦牟尼在中国人眼里是一位无所不能、变化无方的大师，佛教也是“威仪进止与古之典礼无异，终日竟夜讲道诵经，不预世事。老子曰：孔德之容唯道是从，其斯之谓也”。[②]牟子讲的佛教，是中国人最早理解的佛教义理，将佛陀与中国祭拜的三皇五帝等同，又把佛教仪式活动看作是与老子所说的“道”无异，这些都是在中国人还没有很好地区分出佛教与儒道二家不同的情况下，而不得不做出的选择，说明佛教一开始进入中国，就与中国文化发生碰撞，其重点不在于佛教与儒道二家的异，而在于佛教与儒道二家的同中的“格义”，佛教则在这个“格义”活动中担任了主角，主动向儒道靠拢，以此生存下来，开启了佛教“中国化”的开端。

佛教进入中国，开始“中国化”进程，这是中国佛教徒在思

① 《弘明集》卷一，《大正藏》第52册，第2页上。
② 同上。

想上表现出的自觉自愿的行为，是不以人们意志为转移的必然活动。在这个活动中，佛教主动向儒道二家示好，并且将自己置入中国传统思想文化框架内，想尽可能地混同一家，这是佛教聪明之举，不仅为以后生存打下基础，而且也为未来发展找到方向，所以“宗教中国化”不仅仅是外来宗教与中国传统文化相互磨合激荡的过程，也是外来宗教在中国给自己定位与找出路的唯一方法，选择正确的“中国化”路径，就可以保证外来宗教最终实现“在地化”或“落地化”的目标，这个过程在佛教身上表现明显，取得了成功，换言之，佛教为“宗教中国化”做出了表率，具有典型的示范意义。

佛教在中国取得“在地化”和“中国化”的成功，使“佛教共同体”拥有了新成员，中国佛教也在二千年佛教史上变成了“佛教共同体”里的最有势力、最有影响、最大地盘、最多信众、历史最长、译典最早、个性突出，仪轨多样等最大群体的中国佛教群，对整个“佛教共同体”的发展起到了决定性作用。

二、实现了佛教的“民族化”就是“中国化”

宗教交流，以及思想的交锋与融合，从来都是双向的，一方面当地文化会自觉或不自觉地接受外来思想文化的影响，另一方面当地的文化也会自觉地或不自觉地发生与外来文化之间争斗，甚至还有可能将当地文化通过外来载体而传达给对方，所以只要谈到文化交流与思想交锋，一定是呈现了多元情形，不可能只是一种主客观关系，应该是既斗争又交流的情形。

在佛教这个平台上，我们所看到的是呈现在佛教信仰旗帜下，包含了诸多个人、民族（单位）与国家等不同的元素后，最终构成了错综复杂的“你中有我、我中有你”的局面。这个局面从佛教开始传入之日就发生了，并且随着佛教不断发展与在地化立足之后愈演愈烈，直到最后完全取得立足地位，融入当地文化之中。例如中国佛教就是处理这一“你中有我、我中有你”关系的典范。汉代佛教开始“依附”儒道两家，魏晋南北朝时佛教与儒道之间发生激烈“斗争”，甚至连皇帝也参与其中，北魏太武帝在中国历史上开始第一次灭佛的活动，也没有挡住佛教的发展。到了唐代，佛教完全独立出来，与儒佛相互鼎立，最终成为传统文化的组成部分，这一历史性的格局一直保持到今天。

“佛教共同体”体现的是“你中有我、我中有你”的关系。佛祖释迦牟尼创立的佛教教义理论是佛教立世的基础，不管传到哪个地区，佛教的基础“三法印”原则是不能丢的，佛教对世界的认识，对人生的探讨，对自然的审视，这些都是佛教思想精华，也是人们之所以能够接受佛教，愿意按照佛教的要求去生活，愿意出家奉侍佛陀的根本原因，所以只要谈起佛教，人们会联想到印度的佛陀，想到了佛教的人生是苦、四大皆空、世间无常的教义，这些印度佛教的基本教义始终存在于各个国家与各个地区的佛教群体之中，被信众普遍接受。另一方面，外来的宗教文化在进入当地文化体系后，创造性地产生了带有当地文化特点的佛教文化现象。例如，中国佛教徒通过翻译与研究外来的印度佛教理论，将其与中国社会现实相结合，创造性地建立了中国特色的佛教文化体系。在佛教思想上，中国佛教徒在继承印度佛教般若空义、涅槃成佛有性的基础上，适时地与中国传统文化中儒家的“尽心知性知天”的心性哲学和道家的“无为心性”的理论结合，从而建立了“直指人心，见性成佛，以心传心”的禅宗思想，并把这种思想传到日本、越南等国，日本佛教界则强调禅宗的见性境界，把中国禅宗的思想发展成别具特色的日本禅宗。

总之，这是世界历史上最久的“佛教共同体”平台。由于有了这个平台，佛教才传到了世界各地，在亚洲大部分地区落地生根，开花结果。“佛教共同体”平台上的参与者，必须拥有独立的特性和民族文化的特点，向世人展现出最有个性的一面，否则在这个平台上就只能作为附庸而存在。例如，汉传佛教是历史上“佛教共同体”里最大的一支力量，作为中国大乘佛教主体之一的汉传佛教所表现的理论教义，乃至服装等都具有中国特色，更重要的是汉传佛教的出家人秉持的不婚与茹素两大特点，彰显了汉传佛教在世界佛教之林中的最大特色。再如，藏传佛教是中国大乘佛教中的又一主体，亦因独特的印度佛教晚期特色教义思想与独特的仪轨而独立于世界佛教论坛之中，成为当代世界另一个最有影响的佛教力量之一。

中国大乘佛教之所以能够在世界“佛教共同体”中发挥重要作用，除了中国是世界大国的独特地位与中国佛教的综合实力等诸种因素之外，笔者认为还与中国佛教的民族性有重要关系。因为民族化代表了国家，有了民族化才有国家化，推而广之只有民族的才是世界的，任何一种学说理论的推广，首先是来自民族文化的特色，然后才是代表国家文化走向世界。印度佛教能够推向世界，既是印度民族文化代表，也是印度国家软实力的表现，也与印度佛教界人士的热情宣教与不懈地弘法有重要关系，如果不是印度民族化的思想理论，佛教则不可能代表印度文化传播到各地，也不会被各国佛教界人士所接受。

印度与中国都是世界最早的四大文明古国之一，也是人类文化的创造地。五千年的中国文化，早就铸成了中国传统思想文化体系，形成了中国传统文化格局与民族文化特色。外来的印度佛教文化在中国，始终被中国佛教徒有选择地接受，那些有助于提升中国文化的思想学说，一直被中国佛教界人士，甚至教外人士看重并学习。例如大乘佛教的般若空义和唯识有义以及华严学的性相学说等，都是中国佛教徒千余年来一直在努力钻研的理论，这些认识与学习过程，就是佛教中国化的理解与创造过程。中国人努力地翻译印度佛教的思想理论著作，又不断地对此加以进行中国化的诠解与改造，乃至最后撰写出中国人的经典，完全表现了中国佛教民族化特色。另一方面，中国佛教徒对那些不适合中国国情的学说做了摒弃与改造，例如密教双修法违背中国伦理，中国佛教不提倡，甚至予以禁止。又根据中国社会特点，中国佛教徒创造性地发展了一些特别的思想与仪轨，例如宋代天台宗慈云遵式法师重视忏法，强调修行忏法是“解行全备”的重要法门，推动了忏法在中国佛教里的重要地位，忏法也成为中国佛教最显著的民族化仪轨。此外，佛教界为死去的故人超度仪式，则已经成为中国佛教民间最重要的表达孝亲观念之一。

中国佛教之所以能够二千年不衰，就是因为在它身上具有越来越多的民族化元素，它们反过来又促进了佛教中国化的深入与发展，推动中国佛教在中国化轨道上次序运转，特别是在思想上的表现日益明显，中国传统中的儒家孝亲思想与道家养生理论都被纳入到中国佛教体系之中，为佛教中国化提供了更多资粮，推动中国佛教进一步走与社会主义相适应的道路，更好地实现中国佛教的自我转换，在世界“佛教共同体”中完成更多的担当。

三、结语

外来宗教一开始进入中国，就有了中国化进程。从中国宗教史上看，凡是外来的宗教在中国扎根、传播，都面临着中国化问题，即外来的宗教怎样与中国现实相结合，或者与中国传统宗教文化相协调？宗教中国化，说到底就是宗教的理论中国化与实践中国化。理论中国化是将外来的教义思想经过消化吸收以后，成为中国宗教的思想文化，变成了民族性的宗教文化，例如佛教将传统的中国儒家思想“孝道”吸收到中国佛教理论之中，成为中国传统文化的重要组成部分。实践的中国化是将宗教中的仪轨等与社会相结合后，最终成为中国民俗中的内容。例如佛教里面一些神祇被民间信仰吸收，弥勒佛成为一方信仰，或者一些具有地方性的传统信仰，如关公信仰被中国佛教吸收，成为佛教的保护神，变成了当地的佛教信仰。

外来的宗教在中国要落地，首先要在当地能够住下来，这就是“在地化”。外来的宗教扎下根后，要与当地文化形态相结合，变成具有地方性的宗教文化，成为当地文化的形态之一，这是“本土化”。反映在实践方面，是一些宗教仪轨等活动在这个过程中被完成了，这个过程相当长，短则几百年，长则上千年。

在中国现存的各种宗教中，佛教是中国化程度最高的宗教之一，成为成功的范例。两千年中国佛教历程，已经超过印度佛教一千年历史。印度佛教的基本资料主要在中国保存下来，现在我们所见到的佛教史资料，最早的与最完整的不是用梵文写的，而是用汉文撰写的，我们有充分理由认为佛教自传入中国，就已经进行中国化实践了，并且随着佛教的发展，越来越多地被中国化。公元1世纪，佛教初传，为了能在中国立足，依附道家黄老和儒教，人们把它看作斋戒祭祀之一种。《后汉书》曾载楚王刘英“诵黄老之微言，尚浮屠之仁祠”。中国人翻译的第一部佛经《四十二章经》，其体例与儒教《孝经》相同。这种方式无疑是权宜方便之计，也是不得已而又必须采用的唯一方法和唯一道路。魏晋南北朝的汉文佛经里大量充满儒、道二家语言和思想，正在摆脱依附的地位，开始与儒、道一起三家鼎立。隋唐时期，佛教经过中国佛教徒的消化与改造，逐渐形成了中国民族化的宗教，出现了佛教八大宗派。禅宗是佛教中国化的代表，在它的身上显现了强烈的中国特色。禅宗首先是在下层社会推广的，然后才影响到上层社会。禅宗的“普请法”是汉传佛教丛林清规中最重要的规制，被看作是禅宗对印度佛教进行的最大改革之一。禅门清规是佛教中国化产物，清规又进一步推进了佛教中国化，农禅制度强化了中国佛教发展。

当前我国正处在大力复兴传统文化的时期，宗教在传统文化中的重要价值已经得到社会各界认同，习近平总书记连续三次谈到了“宗教中国化”。第一次是2015年5月召开的中央统战工作会议，习近平总书记说：“积极引导宗教与社会主义社会相适应，必须坚持中国化方向。”第二次是在2016年4月召开的全国宗教工作会议，习近平总书记指出：“积极引导宗教与社会主义社会相适应，一个重要的任务就是支持我国宗教坚持中国化方向。”第三次是2017年10月党的第十九大报告中，习近平总书记强调：“全面贯彻党的宗教工作基本方针，坚持我国宗教的中国化方向，积极引导宗教与社会主义社会相适应。”未来中国宗教的发展就是努力践行宗教中国化，让宗教在中国社会的氛围下发展起来，“宗教中国化”已经成为我国文化自信的重要助力。

现在强调宗教中国化，不是只说宗教要进一步与中国社会相结合，去适应中国社会，让宗教的身上具有更多的中国文化元素等重大问题，而是更要强调在社会主义时代的宗教要积极地走与社会主义社会相适应的道路，在未来发展道路上走出新的路子。佛教中国化就是在现代社会条件下，在政教关系方面，佛教要有自觉的政治认同，与政府保持高度的一致，发挥自己的正能量；在文化上要自觉地融合，融入社会主义核心价值观中，不断铸就中华文化新辉煌；在社会发展中要自觉适应社会，跟上社会的发展，为社会成长作出应有的贡献。还要充分发挥全球化视域下的“佛教共同体”作用，进一步搞好佛教“在地化”，由“在地化”推动“中国化”现代进程，将具有中华民族特色的“民族化”中国佛教推向世界，在世人面前充分展示“中国化”与“民族化”的中国佛教之特殊魅力。

现代佛教“中国化”与古往的佛教“中国化”是不一样的。我们正在走向现代化的中国，在经济大国的语境下表达佛教中国化的新境界。在这个新语境下，佛教界仍然需要发扬“应机发遣，博达能了，寻音答报，一切能通，智慧为宝，众德具足”[①]的与时俱进精

① 竺法护：《生经》卷二，《大正藏》第3册，第80页上。

神，努力跟上时代前进发展步伐，继承中国融合佛教传统，将具有中国特色、充分包容、充满现代气息的新中国佛教传递给世人。在中国佛教氛围中，不是要佛教丢掉自己的品格，一味地向世俗社会靠拢，而是要在保持自己特色前提下，改革旧有的传统佛教里不适合现代社会的教义教规，充分挖掘适合现代社会，充满活力的新思想和新理论，延续开放传统，努力吸纳现代世界里面适合中国佛教的新理念与新思想，补充中国佛教的正能量，在当代社会中找到最好定位与契入社会的最佳方式，促使佛教在现代中国化的过程中完成华丽转身。

关于佛教中国化的几个问题的思考

华南农业大学　廖　杨[1]

摘要：文章在梳理佛教中国化相关研究的基础上，从知识社会学的角度分析了佛教中国化的语境，并对佛教中国化的相关理论问题进行了辨析，认为人间佛教是值得参考的发展方向之一。

关键词：佛教中国化；佛教现代化；当代佛教；中国佛教；佛教研究

引　言

佛教传入我国已有两千多年的历史。起源于南亚大陆的佛教在传入我国的过程中形成了三个不同的体系：一是汉传佛教，二是藏传佛教，三是南传或上座部佛教。汉传佛教多为大乘佛教，主要分布在汉族地区，强调“佛光普照”“度人及己”；藏传佛教有密、显二宗，主要分布在藏族地区和蒙古族地区；南传或上座部佛教，主要分布在云南傣族等少数民族地区，它强调“度己及人”，故有“小乘佛教”之说。学术界运用大乘佛教和小乘佛教的概念只是为了区别，并无褒贬之意。其实，佛本一家，无论哪个宗派，中国境内的佛教都经历了入华之后与中国本土社会与时

---

① 廖杨（1972–　），男，兰州大学民族学出站博士后，美国普渡大学中国宗教与社会研究中心访问学者（2013–2014），现任华南农业大学公共管理学院教授、硕士生导师。

俱进融合发展的问题。佛教中国化是新中国成立70多年来探索宗教中国化与现代化的发展要求，也是我国积极引导宗教与社会主义社会相适应的必然结果。近年来，学术界和宗教界对佛教中国化的研究成果较多，但是佛教中国化的理论探讨仍然不够深入。因此，应该对佛教中国化的基本理论问题进行探讨。

一、国内学界对佛教中国化的相关研究

近年来，国内学界对佛教中国化的研究方兴未艾。中国知网（CNKI）的统计数据显示，截至2020年12月15日，以“佛教中国化”为短语对CNKI数据库进行篇名检索，查到文献282条。其中，20世纪80–90年代每年公开发表篇名包含“佛教中国化”的文章不超过5篇，一般是1~4篇不等，1989年为目前可知最早发表“佛教中国化”文章的年份，当年共有2篇文章发表。2004年、2006年达到5篇，2008年达12篇，此后有所回落，但即便是在2012–2014年也保持着年均7篇的发表率。2015年后兴起“佛教中国化”论文发表新高潮，具体表现为2015年13篇、2016年20篇、2017年32篇、2018年23篇、2019年41篇、2020年46篇（观测值）。其可视化的研究状况如下：

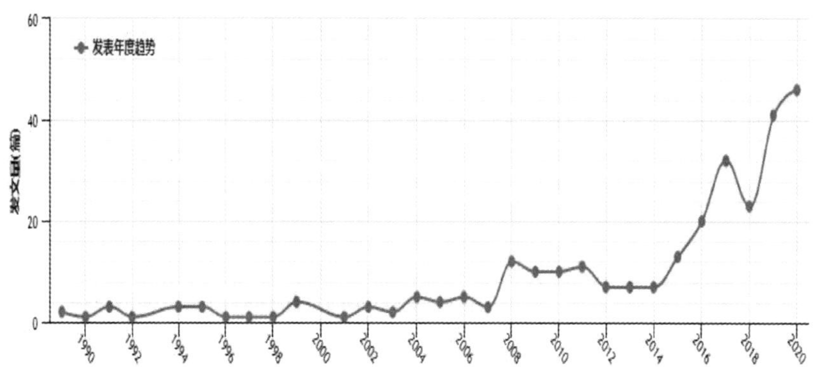

图1 1989-2020年国内学界关于“佛教中国化”的文章发表年度趋势

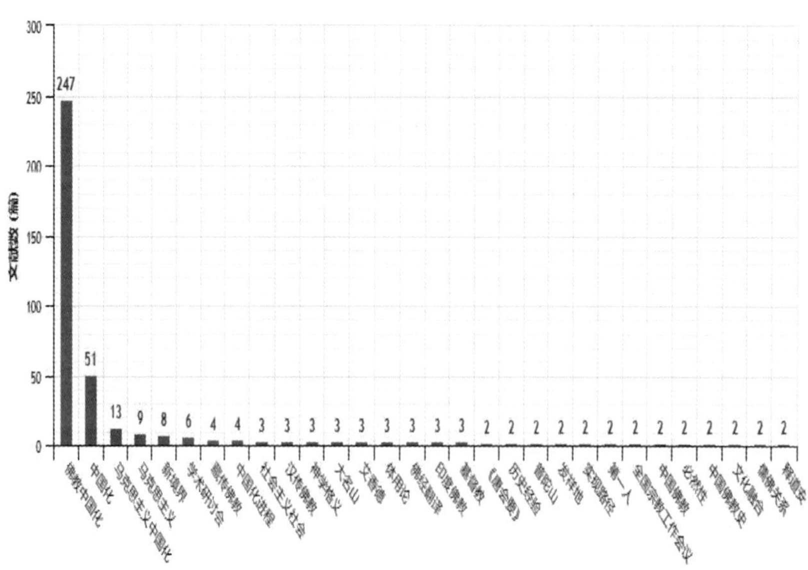

图2 1989-2020年国内学界关于“佛教中国化”主要主题分布的文献数量统计

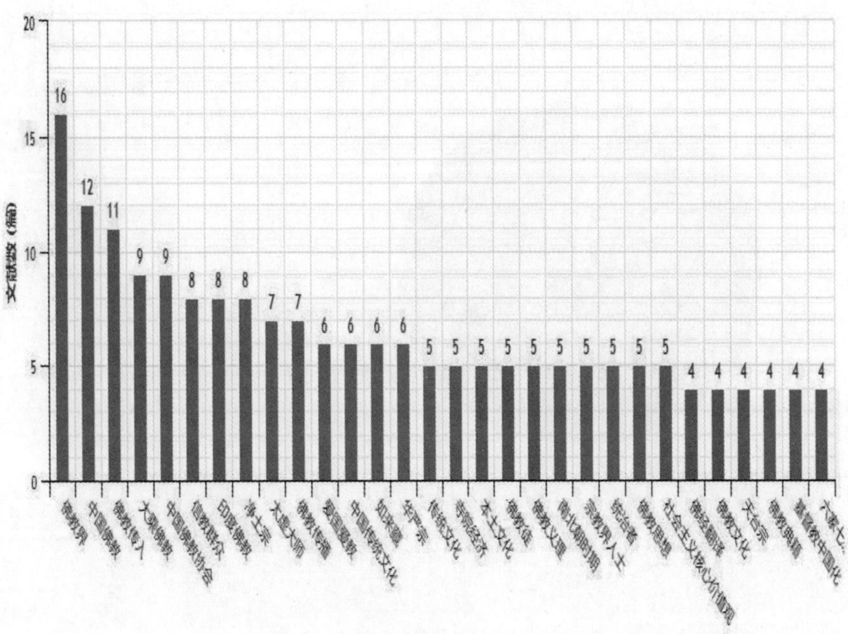

图3　1989-2020年国内学界关于“佛教中国化”次要主题分布的文献数量统计

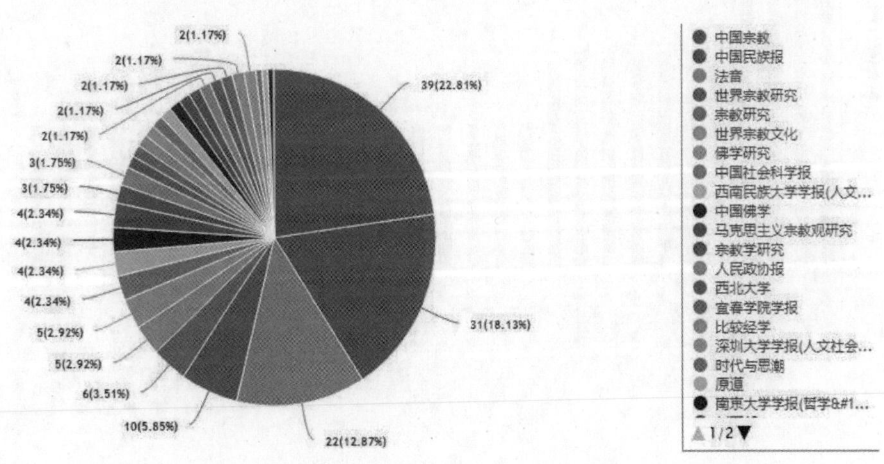

图4　1989-2020年国内学界关于“佛教中国化”文章发表的文献来源分布

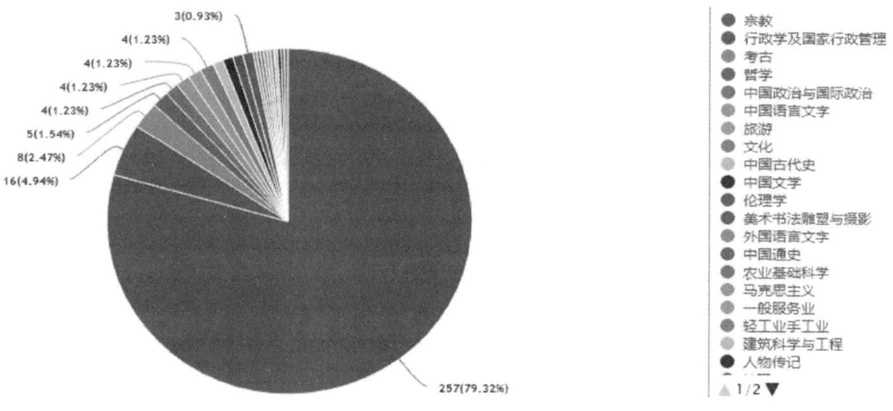

图5 1989-2020年国内学界关于“佛教中国化”文章的学科分布

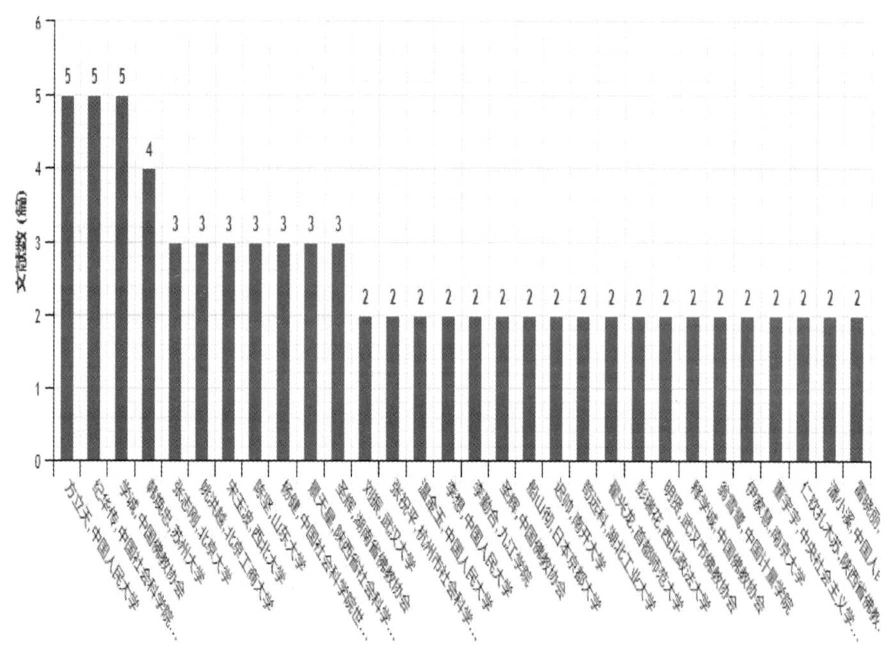

图6 1989-2020年国内学界关于“佛教中国化”文章的作者及其所属机构分布

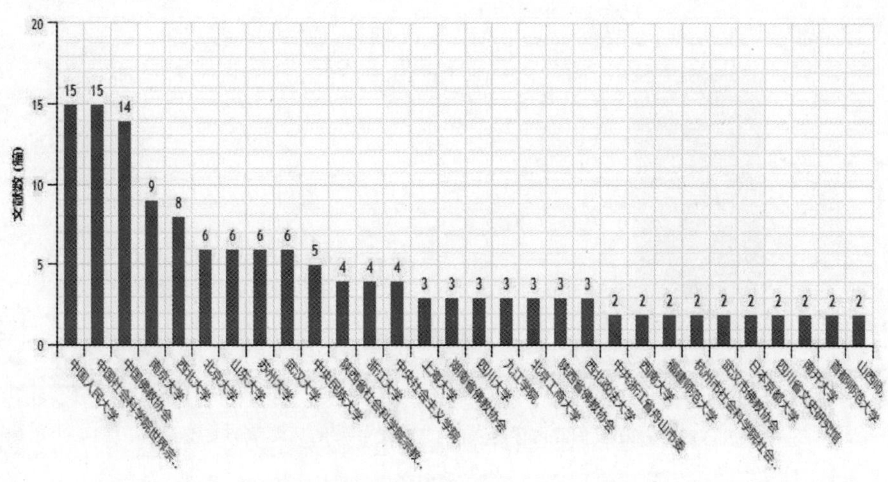

图7　1989-2020年国内学界关于“佛教中国化”文章的产权单位分布

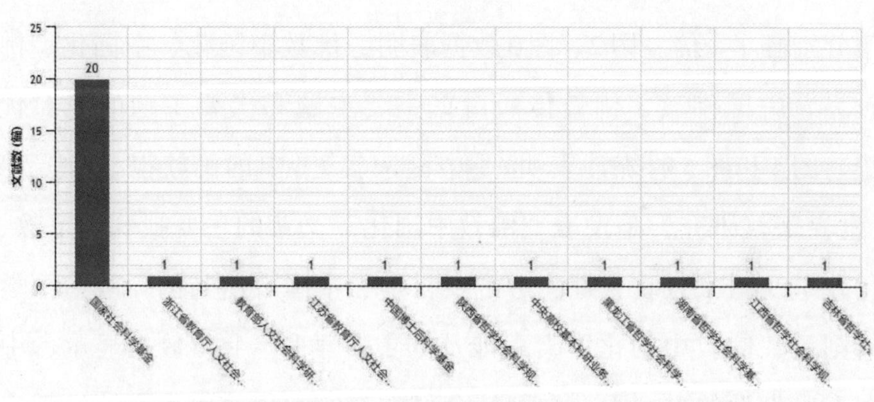

图8　1989-2020年国内学界关于“佛教中国化”文章获得的基金资助分布

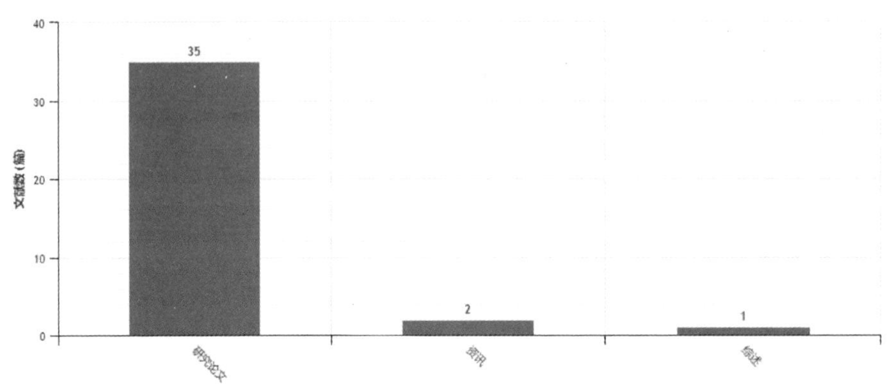

图9 1989-2020年国内学界关于“佛教中国化”文章的类型分布

图1数据显示，国内学界对于“佛教中国化”的研究，2015年后呈明显上升趋势，而且2020年的文献数量比2016年、2018年分别翻了1倍。图2、图3数据表明，佛教中国化、中国化、佛教界、中国佛教、佛教传入占据主要主题和次要主题的绝对优势。图4和图5的统计表明，《中国宗教》《中国民族报》《法音》《世界宗教研究》是发表“佛教中国化”文章的主要报刊，宗教、行政学及国家行政管理、考古、哲学、中国政治与国际政治等学科则是“佛教中国化”文章涉及的主要学科。图6数据显示，中国人民大学的方立天、中国社会科学院的纪华传等人是“佛教中国化”文章的主要产出者。图7数据表明，中国人民大学、中国社会科学院、中国佛教协会是“佛教中国化”研究的重镇。图8和图9的统计结果显示，“佛教中国化”研究获得基金资助相对较少，国家社科基金项目只有20项，其他省部级基金也凤毛麟角，研究论文类型的文章只有35篇，说明“佛教中国化”研究还有较大的拓展空间。

二、佛教中国化研究的几个理论问题

（一）历史上的佛经翻译属不属于佛教中国化?

有的研究者认为，历史上的佛经翻译属于佛教中国化。理由是佛经汉译是佛教中国化的第一步，在译经中采用归化的翻译策略是佛教在中国生存发展和佛教中国化的必然要求和必然结果，它是佛教扎根于中国的前提，是佛教中国化的“方便法门”。[①]这是值得商榷的。古代的“中国”概念并不等同于当今的中国，而且古代很少说“中国”。古代中国历朝历代的封建王朝观念较强，“朝代”意识浓厚，但是现代“中国”是法权意义上的中国，与古代王朝的“国家”是不一样的。[②]另外，佛教中国化是当代语境下的产物，不能用古代的历史套到当代话语体系当中。用汉文翻译佛经，与其说是佛教中国化，不如说是佛经汉化，或者说是汉译佛经，充其量也只能说是佛教入华。

有的研究者认为，佛教中国化的形式主要是译经、格义、判教、创宗、定祖，内容则是佛教的心性化、信仰化、世俗化。[③]这种观点也是值得商榷的。运用这些“形式”和“内容”是任何宗教都需要的。佛教如此，基督教也是这样。特别是在宗教“世俗化”

① 于飞:《历史上的佛经翻译与佛教中国化》,《中国民族报》2020年10月20日，第8版。

② 廖杨:《历史上的“中国”“华夏”与“中华”“中华民族”之关联》,《文山学院学报》2011年第1期，第11-15页。

③ 韩焕忠:《佛教中国化的形式和内容》,《青岛科技大学学报（社会科学版）》2002年第4期，第5-7页。

方面，欧美的基督教世俗化更是非常明显。[①]因此，从这样的“形式”和“内容”去讨论佛教中国化问题，其实是没有精准把握宗教中国化的内涵和实质。“宗教中国化”是当代中国语境的产物，其核心要义之一是要积极引导宗教与中国特色社会主义社会相适应。否则，就无法理解和解释为什么产生于中华大地的道教也需要“中国化”了。

（二）“嫁接”抑或“移植”：佛教中国化路径?

有的研究者认为，方立天先生主张佛教是作为一种外来“植物”（或种子）被“移植”到中国传统文化土壤中，并在此扎根而逐渐成长为“中国佛教”；荷兰汉学家高延（J. J. M. de Groot，1854–1921）则在《大一统论》一书提出，佛教进入中国则是“嫁接”在中国宗教“主干”上的。佛教之所以能“嫁接”在中国宗教的主干上，有两方面的原因：一是大乘佛教的基本形态符合大一统论的基本思想范畴，二是佛教有许多思想理念可以补充中国宗教尤其是儒道两家思想之不足。[②]这对于汉传佛教来说，可能是有一定的道理的。但是，对于藏传佛教和南传或上座部佛教来说是否如此，还需论证和分析。藏传佛教是印度佛教传入西藏后与藏区原有苯教冲突调适后形成的佛教，与汉传佛教有所不同。至于南传或上座部佛教在传入我国西南少数民族地区的过程中是否融入少数民族的原始宗教因素，还需进一步研究。需要说明的是，

---

① ［美］彼得·伯格、［英］格瑞斯·戴维、［英］埃菲·霍卡斯著，曹义昆译：《宗教美国，世俗欧洲？——主体与变奏》，北京：商务印书馆，2015年版。

② 张云江：《“嫁接”抑或“移植”：佛教中国化路径的比较与反思》，《中国社会科学报》2018年2月13日，第4版。

以汉传佛教的历史演变来概括佛教中国化的路径是不全面的，因为它忽视了藏传佛教和南传上座部佛教的发展情况。

中国古代宗教史的研究表明，儒、释、道在魏晋南北朝时期出现了“三教合一”的端倪。魏晋隐逸之风盛行和南朝佛教的兴盛，客观上为隋唐时期佛教的创宗高峰奠定了基础。惠能创立的禅宗以参究之法和彻见心性为宗旨，在众多佛教宗派中独树一帜。他从人与佛的界说、成佛的根源与方法、禅法与日常行为和现实世间的关系以及成佛的境界等方面，提出了一系列的新说法，开创了汉化的佛教宗派禅宗，在心性义理、修持功夫和成佛境界等方面推动了中国佛教的发展。[①]这为我国近现代人间佛教的发展打下了根基。但是，无论是“嫁接”还是“移植”，都不能准确地表述中国禅宗及人间佛教的创立、发展和演变过程。如果说禅宗及人间佛教就是佛陀本怀，那么，把禅宗和人间佛教在我国历史上的创立、发展和演变视为中国化的佛教是没有问题的，但是，把新中国成立以前的这个过程称之为佛教中国化是不恰当的。原因在于，佛教中国化是新中国成立后的当代话语体系下的表述，不宜无限地延伸至封建王朝时期的历史追溯。从宗教史的角度看，可以而且应该追溯历史源头，但是不能泛化历史，更不能超越历史时空地把当今之思想套用于古人古史之身上。换言之，中国化佛教与佛教中国化是存在着语义差异和时代差别的，不能混为一谈。新中国成立之后的佛教中国化有其特定内涵，爱国爱教、积极引导宗教与社会主义社会相适应是包括佛教在内的宗教中国化

① 方立天：《惠能创立禅宗与佛教中国化》，《哲学研究》2007年第4期，第74–79页。

的基本要义。

（三）推动佛教中国化的关键问题

有的研究者认为，佛教中国化的关键是要抓住思想建设、教风建设、人才建设三个关键，更好地与当今社会相适应。亦即以思想建设筑牢佛教中国化之基，以教风建设重塑佛教中国化之形，以人才建设强化佛教中国化之本。[①]由于作者系江苏省佛教协会秘书长，其论证分析主要取材于江苏佛教界和《江苏佛教通史》，视域难免受限，其完备性、公允性和周详性也有待详考。

佛教中国化是在当代中国话语体系下弘扬佛法的重要机缘，也是全球化、互联网+时代促进佛教与社会主义社会相适应的重要战略举措和制度安排。弘法成效不仅取决于回眸历史、把握当下，更在于积极面向未来。在这方面，人间佛教的发展值得借鉴和参考。

民国时期太虚大师提出“人间佛教”以后，经过赵朴初居士和星云大师等人的发扬，“人间佛教”已经成为当代中国佛教发展的重要参考方向。

人间佛教强调要用佛教来解决人生问题，佛教要为活人服务，佛教与世俗社会紧密联系，走出山林、闹市取静、成佛在人间、人成佛成、是为真现实，这是人间佛教的基本思想。经过赵朴初居士和星云大师等人的完善，爱国爱教也成为“人间佛教”的重要组成部分。值得注意的是，星云大师对佛教制度化、现代

① 理海：《推动佛教中国化应抓住三个关键》，《中国民族报》2019年2月26日，第5版。

化、人间化、国际化的创新发展，不仅推动了佛教中国化，而且推进了佛教国际化。人间佛教以五乘共法、五戒十善、三好四给、四无量心、六度四摄、因缘果报、禅净中道等理念，契合了时代发展和社会需求，而且它主张人间化、生活化、制度化、现代化、国际化的修行方式，改变了人们对佛教“苦行僧”修行的刻板印象，吸引着众多信众加入到人间性、生活性、利他性、喜乐性、普济性和时代性的快乐修行中来。从宗教社会学的角度看，人间佛教的盛行表面上看是佛教的“世俗化”，但它和欧美基督教的宗教世俗化不同，佛光山人间佛教以佛法圆融社会、以俗世参悟佛法，将出世和入世完美结合起来，从而实现了佛教弘法史上的一次跃升，菩萨道即为人间佛教的核心所在。[①]

星云大师开创的台湾佛光山人间佛教的弘法模式对人类社会心态起着积极的引导作用，它既可以为现实中的人们提供“资粮养分”“填补心灵的空虚”“提升生活道德风气”“安定社会人心”，又可以“补政经之不足”，帮助人们“安身立命”“促进自心和悦、人我和敬、家庭和顺、社会和谐、世界和平”，值得关注和借鉴。星云大师开创的佛光山人间佛教适应当代社会发展的宗教参与社会治理、社会建设模式，虽然形成于台湾，但肇源于中国大陆，近代太虚大师、印顺大师、惠能六祖等人都对“人生佛教”或“人间佛教”进行过弘法，星云大师则进一步发扬光大，

① 廖杨：《人间佛教的理念与修行方式——佛光山人间佛教的社会学分析》，妙凡法师、李向平主编：《2018人间佛教社会学论文集》，高雄：佛光文化事业有限公司，2018年，第302-320页。

并将人间佛教现代化、国际化。[①]

三、结 论

佛教中国化是当代中国话语体系的提法，有其特定的内涵和实质。佛教在中国古代、近代、现代和当代的传播演变过程，不宜概称为佛教中国化。毕竟，佛教入华和古代、近代“中国化”的佛教与现当代佛教特别是当代社会中的佛教中国化是有区别的，不可同日而语，即中国化佛教不能等同于佛教中国化。

中国佛教有着不同的历史渊源和流布历程。汉传佛教和藏传佛教虽然有所不同，但它们总体上属于“大乘佛教”，而流传于云南傣族等少数民族地区的上座部佛教属于“小乘佛教”。“大乘佛教”和“小乘佛教”之分，绝非孰优孰劣，实为学术研究之便。天下佛陀本一家，人间佛教与惠能开创的禅宗有历史渊源。人间佛教回归佛陀本怀[②]，星云大师将人间佛教传播中华内外而流布世界，在中国化的佛教弘法中推动佛教中国化和佛教全球化。

当代佛教中国化有其特定的实质内涵和时代要求。无论历史如何变迁和世界如何风云变幻，爱国爱教、积极引导宗教与社会主义社会相适应，巩固和扩大宗教界的爱国统一战线，为中国人民、信教群众和中国社会建设美好家园，促进国家统一、民族复兴、社会和谐、生活和美，应该是佛教中国化的永恒主题。

---

① Yang Liao,LiMeng & QiangZhong,“Contemporary Chinese Social Mentality and Human Buddhism Actively Guide Chinese Society：On the Internal Mechanism of the Adaptation of Religion to Socialist Society”,*Journal of Social and Political Sciences*,2019,2（4）,pp.814–828.

② 星云大师：《人间佛教回归佛陀本怀》，北京：人民出版社，2016年。

重读禅宗经典

香港中文大学　学　愚

摘要：应该怎样阅读佛教经典？如何看待禅宗经典不讲禅法的说法？一百多年以来，在宗教学理论指导下，学术界从不同视域研究佛教，但仍然不认同乃至排斥佛教自己的修学方法论及主体经验，也就是印顺法师所说的“以佛法研究佛法”。在21世纪的今天，重新检视佛教研究进路，消弭主客观对立，重读佛教文献、历史和传统，这将是当代学者必须面对的新课题。本文对西方学者研究佛教经典的理念提出不同的看法，并从方法论角度，重读中国禅宗经典，发现和探讨禅法，如此或许可以增强我们对中国佛教禅宗整体而全面的认识。

关键词：读经；禅典；典范转换

前言

在当代宗教学中，佛教经典一般被看成是哲学义理型文献，探讨缘起、无常、无我、空及涅槃等佛学思想。同时，佛教重视实践，倡导智慧，重申个人体验即修行，因此，佛教经典亦可称作是宗教修行方法和体验的集成。本论文试图从修行方法论的角度，解读早期禅宗经典，发现和探讨其中的禅法，由此加深对中国佛教禅宗形成和发展的整体认识。

一、西方学者对经典的阐释

深受宗教学的影响，西方现代学者乃至佛教知识分子通常把佛教文献当成哲学义理来理解和研究，并由此推论，习禅非佛教僧团日常活动重心，禅宗祖师习禅，但不讲禅法。

曾经在韩国僧团出家的罗伯特Robert E. Buswell以自己的经历为依据，介绍当代僧团日常生活。他认为，各寺院出家生活虽然不太一样，但习禅并非其主要活动。[①]劳任斯·柯梅尔（Laurence J. Kirmayer）亦说："对大多数佛教徒来说，禅和内观没有在他们的宗教实践中扮演重要角色。佛教作为一种伦理体系，具众多身份，日常生活多样化，其中包括祈愿、经忏及僧团服务等。"[②]罗伯特·夏复（Robert Sharf）研究了早期禅宗文献，对比分析早期禅宗和当代内观禅运动，他认为禅修是佛教仪式和僧团生活的一部分，但并不像一些人所想象的那样重要。夏复甚至质疑当代佛学研究倡导禅修的可信性，因为，禅修在佛教寺院生活中实际上起到很小作用。[③]

夏复等认为，把禅修当成佛教实践中心来提倡，是近代知识

---

① Robert E. Buswell, Jr., *The Zen monastic experience*：*Buddhist practice in contemporary Korea*（Princeton, NJ：Princeton University Press, 1992）.

② Laurence J. Kirmayer, "Mindfulness in cultural context," *Transcultural Psychiatry*, 2015, v. 52（4）, p. 457.

③ Robert Sharf, "Buddhist Modernism and the Rhetoric of Meditative Experience," *Numen*, v. 42, n. 3（Oct., 1995）, pp. 232, 241。珍妮·嘉措（Janet Gyatso, 1999）认为，夏复低估了亚洲文献中对禅修体验的讨论，并且夸大了缺乏对个人体验的讨论，特别是在藏传佛教中。

分子在佛教现代化方面努力的结果。对于这些知识分子来说，佛教可能是迷信，但佛教禅修得到现代科学的论证，有益于人类身心健康。这样，提倡禅修实际上是在试图改造佛教的整体形象。"人们对内观禅在当代西方社会的发展并不陌生。在很大程度上，内观禅法和禅修的倡导者把佛教塑造成一个理智、人文、冥想的宗教，如此摆脱神通迷信和空洞仪式。正是这种以个人实践、而非信仰为基础的觉醒精神吸引了众多学者对佛教产生兴趣。"[①]禅修在佛教中的地位只是现代学者理想创造，在佛教历史和传统中，僧团从未强调禅修的重要性。

夏复还列举了日本佛教、中国汉传佛教和藏传佛教乃至南传上座部佛教中的个案，说明在佛教与现代科学相遇之前，禅修并非佛教实践核心；只有当佛教受到现代科学挑战后，佛教知识分子为积极提升佛教的理性思想和态度，淡化传统经忏佛事的重要性，并以现代科学诠释经典，利益现世人生的佛教内观禅才在东、西方快速发展。因此，禅修中心论并非历史和传统真实，只是现代学者的想象而已，产生于现代宗教学。同时，部分学者亦认为，佛教经典不是宗教修习的指导，而是哲学思想的论述。

在很大程度上，研究进路决定了研究成果。以上学者的研究方法完全出于现代宗教学，淡化禅法修行在佛教中的重要性，其结果也自然过于简单化和表面化。佛教自始就重视实践方法及其果证，回避及至摒斥形上辩争；缘起法、四圣谛并非抽象的形上学理论，亦非哲学命题，而是实践的指导理论和方法。信仰无法

---

① Robert Sharf, "Buddhist Modernism and the Rhetoric of Meditative Experience," *Numen*, v. 42, n. 3 (Oct., 1995), p. 234.

使人认识真理，真理唯有在实践中体验，唯有通过包括戒、定、慧三学的八正道，人们才能觉悟真理。以戒为根本，通过止观开发智慧，认识无我、苦空、无常，最终证入涅槃，这是佛教的认识论，亦是其实践论。

历史上的佛陀，作为当时印度沙门运动领军人物之一，相当重视禅定实践。在菩提树下悟道之前，他曾跟随当时著名修道者习禅。悟道后，他便开始传授其觉悟之法，向不同社会群体，教授不同形式的禅修方法，禅修成为出家僧团最为重要的日常修行，亦是觉悟的必经之路。在巴利语经典中，人们随时都可以发现，佛陀向僧众传授禅法，随时随地解答他们在禅修中遇到的问题。那烂陀长老（Ven. Narada）在其《佛陀与佛法》一书中写道，佛陀教授其所修习、修习了其所教授，知行合一。佛陀所教授的和所实践的，即是通往涅槃之路的禅定，在很大程度上，戒律的制定，亦是为了僧团更好地修禅定。因此，认为“佛教不重视禅定”的说法没有早期文献依据。

就历史而言，佛陀涅槃后，僧团决定结集、编辑、背诵、保存和传播佛陀的教导，逐渐形成具有系统性的巴利语五部“尼柯耶”（Nikāya）和汉译四部“阿含经”（āgama）等经藏，归类佛学思想，如缘起、四圣谛、无我、苦空、无常乃至涅槃等。这些经典看起来似乎是佛学义理的开示和哲学思想的演绎，但其实它们亦是佛教实践或禅修的指导。随着安顿僧众的寺院出现，僧人有义务服务大众和寺院管理，向当地民众讲法。但不管怎样发展，正如早期巴利经典之后的文献所记载，禅定仍然是大多数僧众宗教实践的主要组成部分，寺院非经忏场所，而是安僧办道的习禅中心。夏复认为，在现代禅修中心出现于缅甸和斯里兰卡之前，禅修并非寺院的活动重点，僧人很少在其寺院内习禅。其实，在佛教历史上，确有习禅之山林比丘和游走于人群的人间比丘之分，后者擅长于向地方大众讲经说法，但这不等于说，他们就不习禅。历史上确实出现过佛教寺院活动中心的个人修行与社会服务的互换变更，但是，在上座部佛教国家，禅定是佛教特别是僧团生活之中心这一特色很少改变过。20世纪出现的禅修中心，只是在经历了长期政治和宗教殖民统治后的东南亚，在家居士乃至非佛教徒开始系统性习禅，由此带动了近代佛教的复兴。

佛陀涅槃后，诵经及佛学研究渐渐流行起来，促进了佛教哲学思想部派的形成。为了保证佛教可持续性发展，口口相传、记忆经典、学习经教显得越来越重要，特别是在公元前1世纪左右，上座部佛教重镇锡兰遭受到巨大的天灾，整个僧团面临消亡的危险。正因如此，僧团决定开始用僧伽罗文字抄录记载经典。也就在这个时期，不同部派佛教出现了《阿毗达磨藏》(*Abhidhamma Pitaka*)，深入论述和探讨佛学思想及禅法理论。这一现象看起来好像是佛教哲学化表现，但我们亦可以认为，这是重新系统化佛法戒定慧修证体系的表现，重视心法的止观禅法仍然是《阿毗达磨藏》等文献的重点。现代学者认为，《阿毗达磨藏》是伟大的心理学著作，对禅修及其心识的培训做出了详细阐述和介绍。同样地，后经典时代的佛教文献，如《清净道论》《解脱道论》等，仍然不断地为禅定的修习提供系统性介绍和研究。

公元1世纪左右，般若经典出现，重新诠释佛法——不仅包括佛陀所教、所习，而且包括其所想，极大丰富了佛学内涵。大乘佛教的出现起始于般若经典及其研究。般若或智慧由佛意所传，是心法，是佛陀于禅定中说法。现存数据很少谈及这些经典是如何产生的，乃至有人怀疑其佛法性。其实，这些经典既是佛陀禅定智慧的显现，亦是佛教大德禅修的经历和证悟的记载。在禅定中，他们重新发现了四五世纪之前佛陀在菩提树下证悟之法，因未契当时大众根机，故未广泛传播的佛法或禅法。般若经典的产生及大乘佛教的兴起，是佛法的再现和重新诠释，这在历史上完全有可能，而且亦符合佛教缘起思想。

增田慈良（Jiryo Masuda）和爱德华·孔兹（Edward Conze）等曾讨论瑜伽行派唯心思想是否产生于思辨哲学[①]，还是来自禅定等精神活动。[②] 兰伯持·施密特豪森（Lambert Schmithausen）在此讨论的基础上，综合分析大乘佛教经典，特别是瑜伽学派思想，得出如下结论："通过对最早瑜伽学派文献的研究，我们认为，它们一般来自禅法的修行，也就是说，基于精神实践。"[③] 但是，施密特豪森同时也认为，瑜伽学派思想并非没有哲学源泉，这样，他亦主张，禅定实践和哲学研究之间存在不可割裂的关系。他接着说："特别是解释一切法'唯心'或'唯识'理念的最初形成与观想之物的反省有关，它们的推广在根本上受到主张一切法空、不实、虚无，如梦幻泡影的大乘虚无主义时代的启

---

① Jiryo Masuda, *Der individualistische Idealismus der Yogācāra-Schule*（German：Heidelberge, 1926）, p. 25；Richard H. Robinson, *The Buddhist Religion*：*A Historical Introduction*（Belmont：Dickenson Publishing, 1970）, p. 70.

② Edward Conze, *Buddhist Thought in India*（London：George Allen & Unwin Ltd., 1962）, p. 251ff.

③ Lambert Schmithausen, "On the problem of the relation between spiritual practice and philosophical theory in Buddhism," in *Cultural Department of the Embassy of the Federal Republic of Germany in New Delhi, ed., German Scholars on India (Delhi*：*Motilal Banarsidass, 1976), vol. 2,* p. 241.

发。”[①]因此，即使是佛教哲学著作，如瑜伽行派的经典均有可能不仅是哲学论著，亦是禅定实践，且二者紧密相关，共同推动了大乘佛教的形成和发展。佛教哲学的发展不可能独立于禅思，而禅思则可以被认为是一种开发内在智慧的禅定，或名观，即分析禅定（analytic meditation）。

夏复等学者否定了禅学与禅修之间的联系，坚持认为大乘佛教哲学并非来自禅定，佛教经典是对佛法的哲学性说明和诠释。这种坚持可能和现代宗教学的客观性与禅修体验的主观性相对立有关。对于这些学者来说，在宗教学中，哲学研究具有其正统性，富有理性和逻辑性，人们可以通过文字交流，分享对这些哲理的理解和认识。但是，禅修和精神体验就不同了，因人而异，具不确定性、主观性及可疑性。并且，禅修过程与禅修体验之间的关系也是多变的，无规律可循，第三者亦无法掌握和理解。因此，宗教学常把宗教体验，如禅修等排拒于宗教研究领域之外。夏复说：“就外在或客观而言，佛教禅定最多只能被看成是自我体验的仪式化而已，宗教体验不会自然生起，而需刻意行动。就此而言，佛教作品并非内在心灵指导，而是具有公众性质的宗教表演编剧。”对夏复来说，佛教经典仅仅是宗教仪式编剧。这样的编剧当然与其哲学思想相关，故人们应从哲学层面来理解这些经典，任何不可证实的宗教实践和体验都应被搁置起来。

夏复等学者的以上观点，其实在中国佛教传统中早已存在。

---

① Lambert Schmithausen, “On the problem of the relation between spiritual practice and philosophical theory in Buddhism,” in *Cultural Department of the Embassy of the Federal Republic of Germany in New Delhi, ed., German Scholars on India (Delhi：Motilal Banarsidass, 1976), vol. 2,* p. 249.

中国佛教经典，翻译的或中国人创作的佛教作品，似乎都在谈义理、思想及其分析，只有少数与禅修或禅法有关。这种传统观点似乎证实了中国佛教不重视禅修，或者说，正如西方一些学者所认为的那样，中国佛教继续了印度大乘佛教重教轻禅的传统。有关禅、教，孰重孰轻的讨论由来已久，南北朝时期，北方重禅修、南方重义理的格局形成；隋朝统一后，这样的格局得以融会，开始形成具有中国特色的大乘佛教，禅教并重，这在智顗的止观作品中可以略见一斑。因此，完全从哲学义理层面来理解中国佛教经典，颇有偏失，会得出同夏复等相似的结论。从宗教实践方法论角度来细心考察这些经典，人们或许会发现它们亦在教授禅法，只不过这些禅法已不同于早先佛教的止观禅法，而是以观或辨析禅为主的智慧法门。其实，这种转变自佛陀涅槃后不久就开始了，中国佛教延续了由止观禅法向慧观禅法的转型，直至禅宗般若顿悟禅的产生。

在早期佛教经典中，止观的修习并没有一定的次第和顺序，虽然在实践中，习禅者一般都从止入手至观，由定发慧，由四禅八定至灭尽定，渐次深入觉悟无常无我苦空涅槃之理。部派佛教期间，重视观的禅法在上座部佛教开始明显起来，这从后经典时代的作品，如阿毗达磨等可略见一斑。大乘佛教继续了重视观禅的发展趋势，在般若经典中，观禅继而提升至智慧禅地位；观修习不一定要在定或止的基础之上，人们可以直接通过内在的智慧，洞见佛性，觉悟无常苦空之理。

一般来说，佛教禅修包括两方面，即止和观。观禅又名内观，亦即智慧之观察，为佛教所特有，是究竟觉悟之必要，而止禅则与其他宗教共有。观，即胜见，即洞见一切现象真谛之知。在大乘佛教中，一切精神和物质现象皆可以成为观禅的内容，人人本具洞见实相、悟入真理之智慧，有无止禅并非关键。在大乘佛教中观禅虽仍有高低之分，但其地位已大大提升。在早期佛教中，人们可同时修习止观，重新强调止中观的重要性，故止在修证次第方面受到重视。观禅以心识为主体、智慧为导向。心识智慧的语言和文字叙述，看起来具哲学性及思辨性，再加上，中国佛教特别是禅佛教继承和发挥了如来藏思想，具形上哲学色彩，人们把相关文献当作哲学命题来研究，这并不奇怪。但是，透过表面的哲学化发展，我们仍然可以深入发现其宗教层面的实践性质乃至修证体系，从而看到中国佛教由止观向观慧禅法的转型。而南禅佛教定慧等持，则是这一发展的又一个高峰，所谓定慧等持，实践上则是完全以站在般若的基础上，以智慧替代了禅定，由此顿悟才成为可能。宗密（780-841）在其《禅源诸诠集都序》中说："禅是天竺之语。具云禅那。中华翻为思惟修。亦名静虑。皆定慧之通称也。源者是一切众生本觉真性。亦名佛性。亦名心地。悟之名慧。修之名定。定慧通称为禅那。"[①]宗密或许见证了中国佛教由止观至慧观、定禅至慧禅的转换。在禅宗中，慧禅含摄定禅，最后在惠能（638-713）的禅学思想中达至定慧统一和等持，而在实践中则强调慧观直觉、淡化禅定方法。

在这一发展过程中，智顗大师（538-597）的止观禅起了承前启后的关键作用，见证了由止—观—慧禅法的中国化转型。智

① 宗密:《禅源诸诠集都序》卷1,《大正藏》第48册，第399页上。

顗是一位哲学僧人，同时又是一位禅师，在提升慧禅的过程中扮演了重要角色。当代学者一般都把他的佛学著作当成哲学文献来研究，其实，这些著作，如《摩诃止观》亦可能是其禅法及其禅定经验的概述和总结。从哲学和禅法两方面来观察，人们或许会更全面地理解智顗理论与实践一体的佛学体系。智顗亦是一位佛教中国化的先行者，系统化乃至哲学化佛教修证体系，用止观来统摄整体佛教。在其《摩诃止观》一书中，他系统地介绍了止观法门。一方面，他重视止观的方法论；另一方面，他又把一切精神活动当成观禅的内容，如忏悔乃至读经、研究佛学等，从而扩大和提升了观禅的实践。六祖禅的出现，则标志着从观禅至慧禅转换的另一个高峰。在惠能大师的《六祖坛经》中，一切活动，行、住、坐、卧等都是禅的觉悟表现，并与如来藏思想相结合，一念觉悟、明心见性即是这种转变的显著特色。

根据现代典范转换理论，新模式的出现，不会取代旧模式，二者相辅共存，但在不同领域和空间发挥作用，如经典力学、相对论及量子力学等；同样的，以止观为中心的传统禅法在以观慧为中心的禅宗出现后仍然继续存在，并在僧团中流行。慧禅被赋予新的意义，重在心性的培育及心理和精神活动，特别是自性的觉悟。深受如来藏，特别是《梵网经·心地戒品》“本源自性清净”思想的影响，惠能坚信自性本净，源于自性之观，即是慧观或般若之智。这样，观慧既是方法、又是结果；作为方法，智慧使人见谛；作为结果，智慧的现前是佛性的寂照，而非禅修之果实。具足佛性之人，同佛无异，自见佛性，当下觉悟，全在一念之间；觉悟与否与禅修方法无关，重在明心见性。这些看起来是佛教哲学思想的认识论，其实亦是禅佛教习禅方法论，我们将在后面详加讨论。

宋代以后，中国佛教与民间信仰的结合更为密切，经忏佛教或鬼神佛教流行，习禅之风日下，这种风气一直延伸至近现代。但是，即便如此，许多丛林仍然遵循古风，严格修禅，禅法得以保存和流传下来。[①]一般僧众投入寺院管理、经典学习、经忏活动、社会服务以及耕种寺田等，这样的活动都以禅修为前提，即在禅的指导下进行，从而都成为佛教广泛修行的一部分，虽然在实践中一般僧众很难做到。即便如此，仍然有部分僧人坚持禅宗精神，一年到头全身心投入禅的修习。民国期间，中国佛教得以短暂的复兴，禅宗丛林相继修复，出现如虚云（？ –1959）、来果（1881–1953）等禅门大德，习禅传统保存至今。

夏复等西方学者坚持认为禅宗佛教是佛教教理的创新，而非禅法的创新。[②]佛教文献，如觉音（Buddhaghosa）的《清净道论》（*Visuddhimagga*），首先是学术论著，由知识渊博的僧人创作，旨在规范正法、化解分散于众经典之中的矛盾。[③]这些被当代学者称之为学术论著的文献是否亦是禅修指导？或者说，人们是否可以从禅修指导层面来阅读和理解这些经典？其实，在很大程度上，人们不从禅修经验或指导的角度来理解禅宗经典，只不过是因为重视理性和客观的学术界把禅修拒之门外，没有禅修体验之人很

① Holmes Welch, *The Practice of Chinese Buddhism, 1900-1950*（Harvard University Press, 1967）.

② Robert Sharf, "Mindfulness and Mindlessness in Early Chan," *Philosophy East & West*, v. 64（Oct.,）2014, p. 938.

③ Robert Sharf, "Buddhist Modernism and the Rhetoric of Meditative Experience," *Numen*, v. 42, n. 3（Oct., 1995）, p. 238.

难从禅修经验角度来研究这些经典。在不断反思传统和科学的当今，人们可以挑战现代宗教学的权威性，推翻主客观的对立，不仅从佛教哲学层面，亦从禅修角度来重新阅读和理解经典。唯有如此，人们才能在历史处境中，更深入地理解佛教禅定传统及其实践。

二、重读禅学经典

夏复等学者在坚持认为禅师不教禅法的同时，也承认禅宗文献亦有相关传统禅法的记载，但是，这样的文献并非在教导禅法，而是在义理方面，消弭理论与实践、念与无念、心与无心等之间的对立和矛盾，重申禅佛教明心见性、不落二边的绝对性。其实，如果从方法论的角度来观察这些经典，我们或许会发现，禅宗一方面批判了传统禅法，另一方面又建立了以明心见性为根本的禅法。批判并没有全面否定，新禅法的建立，标志着禅法从止观禅（如来藏）至观禅及慧禅或自性禅（祖师禅）的模式转换，传统禅法依然流行于僧团。正因如此，部分早期禅宗经典仍然有传统禅法，且禅宗大德虽不再传授传统禅法，却仍然修习传统止观。

下面，我们分别依据《修心要论》和《六祖坛经》，探讨早期禅宗之禅法。

《修心要论》，又名《凡趣圣道悟解真宗修心要论》是早期禅宗经典之一，传统认为其作者是弘忍（601–675），主要诠释如何修心和用心问题，如守本真心、守一、守本净心、无心等，主张自觉本性清净，但证菩提，不求涅槃；妄念不生，我心所灭，当下即涅槃。[1]论曰：“夫修道之体，自识当身本来清净，不生不灭，无有分别，自性圆满清净之心。此是本师，胜念十方诸佛。”[2]本自清净之心，时时在在引导众生趣向觉悟，如同本师。如此自念本心，胜念诸佛菩萨。念心同念佛一样，但前者更为直截了当，念佛菩萨，不能解脱生死，而念自性清净，则下与佛无异[3]，觉心佛不一不二。因此，修心即是明心，即制心，“制心一处，无事不办”。若能知守本真心，当下成就菩提，此乃入道之要门。[4]作者虽然列举了一大堆大乘佛教名词，如真心、无心等，但终究还是归于一心，即制心、亦即明心。

《修心要论》认为，禅即自性之体现，亦是觉悟自性之方法，即“妄念不生、我心所灭”，这样，禅即自性亦方法，二者相辅相成，一体两面。自性之体现无须身心之训练，全在本心之觉悟。妄念不生、我心所灭，即悟不二，更无他处涅槃。因此，在肯定了禅的本性后，习禅者重在识心息妄、返璞归真；唯有首先请清本性，破除人我，方能真正修行；反之，任何努力，或坐或行，皆于禅无关，甚至背道而驰。论曰：“诸摄心人，为缘外境，麁心小息，内炼真心，心未清净时，于行住坐卧中，恒惩意看心，犹未能了了清净，独照心源，是名无记心也。亦是漏心，犹不免生

---

① “问曰：云何是我所心灭。答曰：为有小许胜他之心。自念我能如此者。是我所心涅槃中病故。”弘忍《最上乘论》，《大正藏》第48册，第378页下。

② 弘忍《最上乘论》，《大正藏》第48册，第377页上。

③ “常念彼佛不免生死。守我本心则到彼岸。”弘忍《最上乘论》，《大正藏》第48册，第377页中。

④ “故经云。制心一处无事不办。故知守本真心是入道之要门也。”弘忍《最上乘论》，《大正藏》第48册，第377页下。

死大病。况复总不守真心者，是人沉没生死苦海，何日得出?可怜!努力努力!”[①]这是对传统禅法的批评，即在不了自性前提下的任何修行，皆是有漏，无的放矢；有漏之行，有能虽能息粗心，但不免生死；唯有见自性、达本源，才能有漏不生、无漏自现。

以上分析可以得出两个结论：一、《修心要论》是一部禅修经典，或至少可以从觉悟自性的禅法来理解该论；二、《修心要论》没有全然否定传统禅法，只是认为，其法不圆满，不能了生死、亦未达自性。禅的根本在于明心见性，缺此不为禅，充其量只是有漏之行，具此则一切人生活动皆是禅。从禅修的角度来理解《修心要论》，人们会发现，传统禅法，如坐禅、安那般那禅等皆是止观的一部分，身心活动不离自性；若不明清净自性，任何修行皆不则入门，即非禅。

由此理解，传统禅法亦是禅，故禅宗不是要抛弃传统禅法，而是要在修习时明自性之理，或许这就是定慧等持、心行合一之意。《楞伽师资记》曰：“其忍大师，萧然净坐，不出文记，口说玄理，默授与人。”[②]弘忍所传之法，不是具体的传统禅法，而是心法，称之为玄理，但他仍然“肃然静坐”，由此可见，他没有否定静坐止观，而是要求习禅者在明理后实践。当被问及如何悟后起修时，《修心要论》答曰：

> 会是信心具足，志愿成就，缓缓静心。更重教汝，好自闲静身心，一切无所攀缘，端坐正念，善调气息，惩其心不在内、不在外、不在中间。好好如如，稳看看熟，

---

① 弘忍：《最上乘论》，《大正藏》第48册，第378页中。

② 净觉：《楞伽师资记》，《大正藏》第85册，第1289页中。

则了见此心识流动，犹如水流阳焰，晔晔不住。既见此识时，唯是不内不外，缓缓如如，稳看看熟，则返覆销融。虚凝湛住。其此流动之识，飒然自灭。灭此识者，乃是灭十地菩萨众中障惑。此识灭已，其心即虚凝寂淡，泊皎洁泰然。吾更不能说其形状。汝若欲得者。[①]

这一段文字说明，早期禅宗仍然把传统禅法当成趣向涅槃之道，从信心入手，静心、闲静身心、无所攀缘，然后正身、调息、观心不实，更进一步观动态之心识，生生不息，最后心识消亡，虚凝湛住，除十地菩萨之障；如此身心泯灭，真心呈现，虚凝淡泊。妄心不起，则真心自然呈现，“此真心者，自然而有，不从外来，不属于修。”[②]由此可见，悟与修同步，本论从传统禅法中的妄心不生，进一步提出真心自然的理念，这就是禅宗禅法之超越。

《凡趣圣道悟解真宗修心要论》，又名《最上乘论》，两个不同的名称，说明本论的性质，前者重在彰显其方法论或禅定，即禅法；后者重在强调其认识论或觉悟，即禅理。作为方法，本论为初学者观心明理、守本真心、守本净心，提供了传统方便法门，即“依观无量寿经端坐正念，闭目合口，心前平视随意近远，作一日想守真心”。[③]这种禅定，与传统禅修无二。同样地，《六祖坛经》批判但没完全否定传统禅法，强调明心见性，“不识本心，

---

① 取《涅槃经》第三卷中“金刚身品”及《维摩经》第三卷“见阿閦佛品”。

② 弘忍：《最上乘论》，《大正藏》第48册，第377页中。

③ 同上，第378页上。

学法无益，识心见性，即悟大意。”[①]不明自性，盲修瞎练，于法无益，见性即悟，悟后起修方是真修。

当五祖意识到传法时机已成熟时，便结众僧云：“汝等且归房自看，有知惠者，自取本性般若知之，各作一偈呈吾。吾看汝偈，若吾大意者，付汝衣法，禀为六代。火急急！”[②]弘忍要求门人作偈，并不是要测量他们对传统禅法的修证，或对心性本净的知识性理解，而是要求他们“自取本性般若之智。”自取本性般若之智即是禅，人人可依据本心，不拘形式，起用修行、堪任大法。

根据《坛经》的记载，神秀（606–706）和惠能二人各作一偈。前者云：“身是菩提树，心如明镜台，时时勤拂拭，莫使有尘埃。”[③]后者的偈语是：“菩提本无树，明镜亦无台，佛性常清净，何处有尘埃？”[④]后来的南宗禅认为，惠能的偈语要比神秀的境地高明，更能体现顿悟的思想，当代学者也似乎接受了这种传统说法。其实，如果我们认为禅宗是佛教，具有终极关怀和精神实践特色的话，那么前者则是禅修方法，后者则是究竟觉悟，二者一体两面，禅修即是觉悟；二者不应对立起来，更不应把后者看成是对前者的否定。惠能的偈语重在顿悟果证，而神秀之偈则侧重于次第修行；神秀和惠能的偈语是相互的、平等的；若只强调后者而不顾前者，则禅将成为纯理性思辨，而非宗教。在很大程度

① 《六祖坛经》（敦煌本），全名：《南宗顿教最上大乘摩诃般若波罗蜜经六祖惠能大师于韶州大梵寺施法坛经》。《大正藏》第48册，第388页上。

② 《六祖坛经》（敦煌本），《大正藏》第48册，第337页中。

③ 同上，第337页下。

④ 同上，第338页上。

上，神秀作为弘忍的首席弟子，当然明白其所倡导的自性清净之学说，他所作的偈子亦不违背这一原则，即神秀亦明白在觉悟自性的前提下起修——时时勤拂拭。但即使自性清净乃至在理论上接受或明白此理，不经心证实践，尘埃仍然存在。就方法论而言，很少有人会怀疑，神秀的偈子可能更适用于一般修行者或初学禅者，虽然惠能的禅学思想更加高远。如果把二者统一起来，后者是对前者并未明言的自性觉悟的强调，而不是否定，那么，人们就不能看到禅宗的禅法与禅学。

在这里，最为根本的问题是禅修与觉悟之关系，觉悟后是否需要修行？可以肯定的是，早期禅宗没有否定传统修行，但更强调明心见性的悟或顿悟！只要真正认识到心性本净，传统禅法亦是修行；广义而言，悟亦是修的一部分、亦是修的全部。禅宗在强调顿悟的同时，仍然主张悟后保任，而保任之法，不离不背传统禅定。

根据《坛经》的说法，志诚受北宗指使，前来会晤惠能。后者即请志诚介绍其先师神秀所倡导的戒定慧三学，云："诸恶不作名为戒，诸善奉行名为惠，自净其意名为定。"[①]惠能听后，称此教法"不可思议"。[②]随后，惠能从见地的迟疾，而不是高低，来说明他与神秀教法的不同。见地迟疾与本性无关，是因缘所生；而本性人人皆具，不假修成。惠能说："看吾所见处：心地无非是自性戒，心地无乱是自性定，心地无痴是自性惠。"[③]上根者速见自性，下根者亦可以

① 《六祖坛经》(敦煌本),《大正藏》第48册，第342页中。

② 同上。

③ 同上。

见自性。最后，惠能对志诚说："汝师戒定惠劝小根智人；吾戒定惠劝上智人。得悟自性，亦不立戒定惠。"[①]就本性而言，少根智者和上根智者无二；对少根智人所说之法，和上根智人所说之法，是平等，重在契机，并不因见地的迟疾而有高低之分。二者都可以觉悟自性，对尚未觉悟自性者而言，戒定慧不可少；对于觉悟自性的人来说，戒定慧即为多。

神秀和惠能偈语的差别在于，他们从两方面观察众生的烦恼性和如来藏的清净性，而二者的统一圆融才算是真正"世间觉"。"勿使惹尘埃"其实并没有否定或不违背本性清净之理，烦恼之尘并不损伤清净之心。清净的如来藏并不排拒或否定众生的烦恼，众生的烦恼亦并不否认佛性清净；烦恼不生、我所心灭即明心；明心见性、烦恼不生、我所心灭。在理论上，觉悟为顿，无须修习；在实践上，觉悟是修，真正的觉悟是实践之智能，而非知识层面的理解。这样，作为清净烦恼之禅定或许无法直接生起见性之智慧，但能助长这一智慧的生起——不经禅定，如何真正觉悟心性本净。

与《修行要论》相比，《六祖坛经》更加强调了自性清净，或称之为直心。《维摩诘经》云："直心是道场"[②]，"直心是净土"[③]。惠能依此，将直心视为自性，亦即本觉之心。值得注意的是，惠能重新诠释了传统禅法中的一行三昧，将其同直心同等起来看待。一行三昧是动态的无住，而非仅仅"坐不动，除妄不起心"。[④]

① 《六祖坛经》(敦煌本),《大正藏》第48册，第342页中。
② 《维摩诘所说经》卷1,《大正藏》第14册，第542页下。
③ 同上。
④ 《六祖坛经》(敦煌本),《大正藏》第48册，第338页中。

在惠能看来，一切行住坐卧，皆是清净无妄自性呈现，皆是三昧、皆是禅、皆是定、皆是慧。在动态中修行、在动态中明心，这也就成为南宗禅的特色之一。

任何本心之活动皆是禅的动态呈现，反过来说，只要与自性相契，一切行皆是禅。如何与自性相契呢？惠能主张“顿渐皆立无念为宗，无相为体，无住为本”，[①]“无念者，于念而不念。无住者，为人本性”，[②]生生不息是万法之本性，任自本性，故应无住。“于一切境上不染，名为无念。于自念上离境，不于法上生念”，[③]自性无境、不生不灭，故应无念。“真如是念之体，念是真如之用”。[④]体亦无境，念由性起，虽见闻觉知，但不染万境，自在无碍，任运自性。人们当然可以在思想层面对此三无进行广泛的诠释，但是，如何在禅定中，做到无念、无相、无住，那才是功夫，功夫即方法之用，在于实践。

真如之念超越“念”和“无念”，“于念无念”，即自性。“无念”并非传统禅法中的不念不思、或止、或住、或断念，“一念若住，念念即住，名系缚。”[⑤]迷人于境生念，念生便起我见，一切尘劳从此而起；念念与万物生住异灭相应，念念不住，即是自性之呈现。同样地，“相”与“无相”皆两端，于相而离相，即无相。这样，无念、无住、无相，并非否定念、住、相，而是同时承认其存在，但又不执着其存在。佛性无著，遍一切时空，人一旦有

---

① 《六祖坛经》(敦煌本),《大正藏》第48册，第338页下。

② 同上。

③ 同上。

④ 同上。

⑤ 同上。

著，自设窠臼，与自性背离，即束缚、即生死。这样，禅重在于观察一切身心活动——受、想、行、识，而又无所分别，亦不被其所动所著。此仍禅宗之禅法，亦是当代内观禅法之核心。

针对传统禅法中的“看心”或“看净”，及“不动”之禅法，惠能多次重申见性。看心看净相似于传统止观之观，缺失自性之智的观，有虚妄不净之分别，仍是有漏；不动相似于止观之止，禅宗之不动，并非身心不动，而是体悟“自性不动”；心动则万物生，背离自性。惠能从本自清净，批评了单纯的看净，他说：“人性本净，为妄念故，盖覆真如。离妄念，本性净。不见自性本净，起心看净，却生净妄。”[①]看净则生净、染之分别，“净无形相，却立净相，言是功夫，作此见者，障自本性，却被净缚。”[②]不落两边，自在任性，“外能善分别诸法相，内于第一义而不动。”[③]这就是禅宗于念无念、于住无住、于相无相的实义，可以在日常生活中体验，亦可以在禅定中体悟。

见性顿悟，这是惠能禅法的主要特色，不假方法，但不是没有方法。惠能打破传统由定发慧的次第，建立定慧等持的禅学。《坛经》云：“善知识！我此法门，以定惠为本。第一勿迷，言惠定别，定惠体一不二。即定是惠体，即惠是定用。即惠之时定在惠，即定之时惠在定。”[④]定慧一体，即慧即定，定中有慧、慧中有定。惠能借用灯和光为比喻，说明定与慧之间的关系：“灯是光之体，光是灯之用。

① 《六祖坛经》(敦煌本),《大正藏》第48册，第338页下。
② 同上。
③ 同上。
④ 同上，第338页中。

名即有二，体无两般。此定惠法，亦复如是。”[①]定慧是本性之体用，定慧等持，体用不二。“学道之人作意，莫言‘先定发惠，先惠发定，定惠各别’。”[②]就禅法实践而定慧等持，即是以慧统一止观。这样，惠能在中国大乘佛教平等观和智后，又进一步等持定与慧，摄止观于般若，在方法论上超越次第，清净智慧即是自性平等呈现。

众生本具菩提，智慧不依止观，止观的实践必须依觉悟自悟之智慧为根本。惠能没有否定坐禅，只不过在传统禅定基础上，重新诠释坐禅的意义，强调自性清净、唯明心见性。《坛经》云：“此法门中，一切无碍，外于一切境界上念不起为坐，见本性不乱为禅。何名为禅定？外离相曰禅，内不乱曰定。外若离相，内性不乱。本性自净曰定，只缘境触，触即乱，离相不乱即定。外离相即禅，内不乱即定，外禅内定，故名禅定。”[③]坐禅并非身端正、心止静；一旦明心见性，一切身心皆与法身本性契合。《坛经》云：“善知识！见自性自净，自修自作自性法身，自行佛行，自作自成佛道。”[④]一切世间及出世间活动，皆依于自性，若见自性，一切皆禅。禅源自于自性，亦回归于自性。

《六祖坛经》及《修心要论》等早期禅宗经典，以心性为根本，展示了传统禅法向禅宗禅法的转换——由止观，至慧观，至定慧等持，圆融了宗教方法论和认识论，开创了新的禅风。新的禅风有其思想理论和具体实践两方面，人们既可以把它们作为哲学义理来认识，同时，亦可以把它们当成禅方法论来实践。

---

① 《六祖坛经》(敦煌本)，《大正藏》第48册，第338页下。

② 同上，第338页中。

③ 同上，第339页上。

④ 同上。

结语

近代东西方曾有佛教是宗教还是哲学的讨论，彰显传统与现代之间的张力，以及现代科学对佛学研究的影响。确定佛教是宗教还是哲学，人们首先要定义何为宗教、何为哲学，二者的区别何在。宗教与哲学具共性，但亦有各自之特性，其中之一，即宗教的实践性及终极性。这样，宗教不但具有哲学层面的认识论，同时亦有实践终极关怀的方法论。佛教既有其理性方面的认识论，同时亦有觉悟的方法论，二者之间不但不矛盾，还是相辅相成的。禅宗经典亦是如此！自古以来，中国佛教自有禅教不二之说，《禅源诸诠集都序》云："况夫禅教两宗同出于佛。禅佛心也。教佛口也。岂有心口自相矛盾者乎。"[①]佛教经典，既是佛语、亦是佛心，佛语是佛心之呈现，既有哲学思想的阐述，亦是洞见佛心的指导。因此，人们不但可以在义理和知识层面理解经典，亦可以深入佛心，在实践层面依教奉行、修习禅定，如此才是读经，正如《坛经》所言："努力依法修行，即是转经。"[②]

读经不但要读懂文字，觉知佛意，亦需要明白经典产生的时空处境，即"如是我闻，一时佛在……与众比丘僧……"深入了解处境、时间、地点、人物、主题因缘等，人们能更准确理解经典内容及佛意。从形式和内容来看，《六祖坛经》是惠能在不同场合下，对不同僧俗四众作出的禅法开示，具有一定的缘起性和针对性。或许正因如此，其中同一概念在不同处境中赋有不同的

① 宗密：《禅源诸诠集都序》卷1，《大正藏》第48册，第397页。

② 《六祖坛经》(敦煌本)，《大正藏》第48册，第343页上。

意思，如“念”“无念”“心”“无心”等。通过这样的阅读和理解，人们可以知道，《六祖坛经》批评了不明自性、只重看心、看净不动的传统禅法，但同时亦主张，一切以自性为前提的人生行为——行、住、坐、卧皆是禅，觉悟自性，传统止观亦是禅。

太虚大师三期判教与中国化佛教的重建

西南大学　张爱林

摘要： 太虚大师以判教为基础，探索和规划中国佛教改革之出路。大师一生大致做过三期判教，第一期把一切佛法判为宗下与教下；禅为宗下，天台、贤首、慈恩、律、净、密皆摄教下；第二期判教主张八宗平等，各有特胜；第三期判教从教理行三个角度，三依三趣，三三展开，即教以佛为法本，分三期三系；理以实际为究竟，分三级三宗；行持以当机为依趣，会三归一，而以究竟法界圆觉为极则。太虚大师对佛法所作的判释，皆以契理为基本原则，而在契机上则是递进的，尤其是第三期，为大师依人间佛教重建中国佛学奠定了理论基础。

关键词： 太虚；判教；人间佛教

太虚大师是近代中国佛学的集大成者，中国佛教改革的领军人物，其开创的人间佛教代表了中国佛教发展的新方向。大师的人间佛教思想从萌芽到成熟有一个发展过程，这个过程与大师的判教思想密切相关。

1940年8月，太虚大师在汉藏教理院暑期训练班上发表了《我怎样判摄一切佛法》的演说，明确将其判教思想分为三期，并付嘱学员："你们应以这第三期的系统思想，去观察佛法、了解佛法，修行佛法，宣扬佛法。”[①] 太虚大师对其第三期判教思想非常重视，虽然后来亦有补充深化，然大体未变，可以看作是大师毕生修学和弘法思想与实践的最后结晶，也是其人间佛教的理论基础之一。

一、第一期判教：宗下教下，藉教悟宗

判教与分宗不可或分，判教是分宗的理论依据，一般依自宗所崇，判摄经教与诸宗自证化他之境行果，判教往往与分宗相伴随。然太虚大师之判教以佛教适应时代机宜之化俗救世为目标，故虽有所崇但不另立宗派，而倡导人间佛教之潮流，以使佛教应机住世，弘法利生。

（一）第一期教相

太虚大师的初期判教思想形成于光绪三十四年（1908年）到民国三年（1914）期间，为大师21岁至26岁之间。这一时期大师的判教主要综合了中印判教的传统，将佛法分为宗下和教下，基本同于世亲菩萨所分的证法与教法；对中国佛教的判摄亦尊古德，沿袭明朝政制将佛法分为禅、讲、律、净、教五门的体系，五门相摄。禅为宗下，教外别传；讲指教下三家——天台、贤首、慈恩，律、净、密亦摄于教下。禅宗独立与教下相对，可见大师受禅宗影响之深。大师的初期判教思想虽然在文字上形成于1908

① 释太虚：《我怎样判摄一切佛法》，《太虚大师全集》第1册，北京：宗教文化出版社，2005年，第451页。

年到1914年间，然其奠基则在1904年大师出家到1907年大师阅大般若得定后。

（二）判摄因缘

出家前三年，即1904年到1907年间，大师主要致力于学教和习禅。大师的戒师八指头陀寄禅和尚为著名禅师，尊证师道阶法师宗天台而兼贤首和唯识。大师最初跟随岐昌法师、道阶法师、谛闲法师等学习法华、楞严、天台教观，间阅指月录、高僧传、王凤洲纲鉴等，尤喜《憨山大师集》《紫柏大师集》，及其他古德诗文与经论，又旁研贤首五教仪、相宗八要等，并随寄禅和尚习禅，默参话头，可以说走的是传统的“籍教悟宗”之路。

大师的初期判教与其学教参禅的经历有关。学教也就是听经，大师初慕仙佛神通而出家，1906年夏入天童寺听道阶法师讲法华经，始知仙佛不同。大师学习了《法华》《楞严》和《弥陀疏钞》等。日常行持，除持戒外主要是参禅，故第一期判教中，把佛教判为宗下与教下，中国佛教，宗以禅宗为代表，教崇台贤慈恩，便顺理成章了。

大师学教的同时系心禅宗，始以禅录中的话头默自参究。大师在天童寺习住禅堂，参话头并作机锋转语，一天黑夜闯入方丈室问寄禅和尚：“什么是露地白牛？”和尚下座扭住大师鼻子，大声斥问：“是谁？”大师摆脱而退。“露地白牛”语出《法华经》“譬喻品”，喻会三归一之一佛乘，华严李通玄长者以之喻法界实德，禅宗亦譬本心佛性，大师拈自指禅家语录，故亦当作本心义。道阶法师虽为通教大德，然亦作禅家教授法。大师回忆：“有一次于讲小座前升座次，在法座上云：‘法华经本文没有带来，那一个把本文送上来看！’及有一人送上去时，便云‘你这是批注，不是本文’，下去。我空手走到座前拜了一拜，法师云：‘你却将本文来’，即下座归寮。”由此大众皆以大师参禅有省，大师自谓只不过是依通似解，实未契入，[①]“参究话头的闷葫芦仍然挂在心上”[②]。光绪三十三年（1907年）冬，往慈溪西方寺阅藏，阅大般若经时得入定心，身心世界忽然顿空，转瞬间明见世界万物都在无边的大空觉中，二三十天都是如此。后改阅华严，觉悟华藏刹海宛然是自心境界，空灵活泼，从前所参的禅话，所记的教理，都溶化无痕。从前参话头疑团顿释。

这次定境对大师的判教和弘法护教都产生巨大影响，在其《自传》《我的宗教经验》《告徒众书》《相宗新旧两译不同论书后》中皆有提及。从此以后，大师口舌笔墨的辩才变得敏锐锋利。但对此次定境，大师后来自谓仍属“空明幻化”，没有真正透脱。但在当时大师是不是自认为开悟了不好下决定的结论，但很有可能是错认了。自悟后要悟他，觉悟空明幻化之境后，太虚大师没有继续按照这种禅定的路子修下去，而是去从事佛教革命了。大师对修行的自认是个内因，也有很重要的外因。

1908年春，一位华山法师来西方寺，带来现代科学知识和康有为、谭嗣同、章太炎、梁启超等革新救世思想，大师受其影响，生起了佛法救世救人救国救民的悲愿心。空明幻化之心境与

① 释太虚：《学教参禅与阅藏》，《太虚大师全集》第1册，北京：宗教文化出版社，2005年，第170页。

② 释太虚：《我的宗教经验》，《太虚大师全集》第22册，2005年，第303页。

革命浪漫情怀一拍即合，于是转向了佛学革新救世实践。1908年大师又结识革命僧栖云，开始与革命党人来往，并就学于杨仁山创办的祇洹精舍，依托革命党人的政治革命，以佛学融合西方政治、哲学思想，投身佛教改革事业。

1911年辛亥革命成功，进一步激发了大师的佛教改革意志，“余愤僧众之萎靡顽陋，拟用金刚怒目、霹雳轰顶之精神，摇撼而惊觉之”。[①]1912年与仁山法师等组织“佛教协进会”，提出改革佛教计划，获得孙中山手令褒勉。太虚大师倡改金山寺为佛教大学，与金山寺原僧众发生激烈冲突，即著名的“大闹金山寺”事件，改革计划未获成功。与此同时，“庙产兴学”潮愈演愈烈，各省势力借办学之名占寺夺产，大师呼吁政府保护僧寺。1913年1月8日，八指头陀寄禅和尚力争护寺被辱，当晚圆寂。2月2日于上海静安寺举办的八指头陀追悼会，大师演说教理革命、教制革命、教产革命三大革命，从思想、制度、财产三方面对中国佛教进行现代化改革。这三大革命口号动了多方面的奶酪，首当其冲的是主张教产化私为公，引起了众多寺僧的反对。对于信仰淡薄的僧侣而言，生活比佛法更重要。辛亥革命之前，清政府提僧产充学之际，仅杭州就有三十余寺归投日本净土真宗本愿寺门下受其保护。[②]而那些信仰虔诚者，虽认可财产尚有讨论余地，然认为学理革命为自命新佛的提婆达多之行为。教制革命又与谛闲法师等维护宗门法派的大德产生冲突，即便在今天，以固守宗派传统而非议太虚大师的仍大有人在，当时改革的难度可见一斑。太虚大师初期的佛教改革行动，开

① 释太虚：《中兴佛教寄禅安和尚传》，《太虚大师全集》第31册，2005年，第120页。
② 释印顺：《太虚大师年谱》，雪窦寺印，2005年，第30页。

始就触动了教产，这也是遭遇改革失败的最直接的阻力。“金山寺事件”即被认为是大师的人占寺夺产，引发流血冲突。教产的问题在今天也是大问题，似乎比那时更复杂，不动产国有，动产寺院所有（有的动产也国有），在中国是常态，距离大师的理想更远了。

大师反对中国佛教适应封建宗法制度而创立的剃派法派，谓是变相家庭。政治上的宗法制度已经灭亡，佛教亦应顺时而变，改寺僧公有为集体公有，即集产制度，总集佛教寺产为佛教公有。

太虚大师的改革进程多受时局因缘激发，佛学思想仍然承袭古德，理论上并未及时跟进，指导思想和组织制度亦多效仿政治，不能适应佛教改革实践的需要。改革行动多为革命浪漫情怀所激动，理论指导既未与时俱进，亦不能掌控下面的实际行动，致使行动轻率散乱，招来巨大反击，导致改革失败。太虚大师对此有深刻的反省，在《告徒众书》中，大师自谓：“余在民国纪元前四年至民国三年，受康之大同书，谭之仁学，孙之三民主义，严之天演论，章之五无论，及民报、新民丛报等之影响，本其得于禅与般若及天台之佛学，尝有一期作浪漫之佛教革新行动。已而鉴于政潮之逆流，且自审于佛陀之法化，未完成其体系，乃普陀习禅者三载。”①

二、第二期判教：摄小归大，八宗平等，各有特胜

1914年，大师的佛教改革事业遭遇挫折，革命党人二次革命

① 释太虚：《告徒众书》，《太虚大师全集》第19册，2005年，第103页。

失败，第一次世界大战爆发，大师开始怀疑政治的作用，也怀疑自己佛学思想不成熟，指导佛教改革力量亦不足，于是到普陀山锡麟禅院闭关，印光大师为其封关。

（一）第二期教相

第二期的判教形成于普陀山闭关后第二年，即民国四年（1915），一直到民国十二年（1923）前，皆为第二期判教，在大师27岁到34岁之间。这一时期大师认为，佛法虽有大乘小乘，而小乘是大乘的阶梯，大乘的方便，附小于大，究竟唯在大乘法。印度传入中国的小乘宗派有毗昙、俱舍、成实，俱舍毗昙可纳入唯识，成实可附入三论，而中国大乘十一宗中，涅槃归法华，地论归华严，摄论归唯识，则整个中华佛法归纳为八宗。而八宗之境行果中，境和果都是平等的，在行上有差别施设，各宗都是就某一点上来说明一切法所起的观行，各有殊胜，实无高下。

大师以“八对四类门”“四单四复门”“相夺互成门”“平等殊胜门”阐述八宗特胜而平等意趣。

八对四类门之八对门：依律宗立场可分制教与化教；依禅宗立场可立证法与教法；依天台立场有实教权教一对；依贤首立场有根本法轮与枝末法轮一对；依密宗立场有显密一对；依净土立场有难行道易行道一对；依法性宗立场有无所得法有所得法一对；依法相宗立场有显了教隐密教一对。太虚大师认为：“八宗相对，互相观察，以一宗为主时余各为伴；如是妙义重重，帝网无尽。”①

四类门：即佛力加持类、善法增上类、超理直行类、胜解成观类。净、密二宗为佛力加持类；贤、台二宗为善法增上类；禅、律二宗为超理直行类；相、性二宗为胜解成观类。

四单四复门之四单门谓性、相、律、禅四宗，皆是单观单往之法；四复门即台、贤、密、净之四宗，皆是复往复观之法。四单门重在因缘之自力；四复门重在增上缘之他力。

相夺互成门之相夺门谓各宗皆能依自宗点而批判和统摄余宗；互成门即每一宗皆能破他而成己之殊胜，相夺与互成辩证之关系。

平等殊胜门之平等者，教法、发心、证果皆平等，全部大乘教法为八宗平等所依，皆发大乘心，皆证究竟佛果；殊胜者，从观行趣上，各有其特胜。

（二）判摄因缘

闭关为其佛学思想之增上创造了条件，闭关的第二年开始转入第二期判教。1914年冬，大师会合台贤禅宗关于起信楞严的著述加以融通抉择，坐禅中又重提西方寺阅藏时的悟境，作体空观，渐渐成片，一夜忽心空际断，现见明觉之心，从不觉而觉，渐现身器，印符起信楞严之说。大师悟入楞严心境，后著《首楞严摄论》，以楞严总持大乘佛法。1916年，大师阅《唯识述记》，读到“假智诠不得自相”一句，反复看了多次，又一次入定心现观，“见到因缘

① 释太虚：《大乘宗地图释》，《太虚大师全集》第5册，2005年，第453页。

生法一一有很深的条理，秩然丝毫不乱。这一种心境，以后每一静心观察，就能再现。”[①]时年大师二十八岁。大师于此定境现观自心现量之真空妙有，自证为生死之悟，《丙辰夏杪自题》称死于此年。诗云：“一扇板门蚌开闭，六面玻窗龟藏曳，棺材里歌薤露篇，死时二十有八岁。”[②]自此以后，大师理论风格一变，妙义泉涌。此番悟境不同于西方寺阅藏时候的“空明幻影”，而是现见寂湛无二之本心，万象森罗皆自心现量。

大师在关中坐禅、礼佛、阅读、写作，日有常课。关中第一年，即1914年，主要温习台贤禅净诸撰集，尤其研究楞严经和起信论，世间的新旧书籍亦每日必读。这一年太虚大师系统反思中国佛教衰落的原因，写成《震旦佛教衰落原因论》，从化成、政扼、戒持、儒溷、义丧、流窳等六方面反思了中国佛教的衰败原因。

教产是暂时动不了的，大师转向整理僧伽。大师认为在俗菩萨摄在人天乘，不能住持像教，住持佛教之责在出家僧众，大师与支那内学院的分道亦因内学院之章程有“非养成出家自利为宗旨”，有藐视僧伽之嫌疑。但大师亦知当时僧伽和寺院的管理之衰败，故考校教理教史以整理僧伽制度推定佛教改革，乃作《整理僧伽制度论》，包括四部分：论僧、论宗、论整理制度，前三部分为主体，第四部分规划筹备整理僧制的进程等。

这一期判教亦缘起于整理僧伽。大师认为，中国八十万僧伽，皆不出于八宗之外，依八宗为方便，门门可入道。“此之八

① 释太虚：《我的宗教经验》，《太虚大师全集》第22册，2005年，第306页。
② 释太虚：《潮音草舍诗存别集》，《太虚大师全集》第34册，2005年，第266-267页。

宗，皆实非权，皆圆非偏，皆妙非粗；皆究竟菩提故，皆同一佛乘故”。[①]大师认为，“初学贵在一门深入，数百年来，学者病在汗漫，人智浅狭，却取舍不定，若祛此病唯在分宗。”

大师于般若空观得悟，深契楞严、起信之境，1915年后又致力三论、百论，深研唯识，融会天台、贤首与禅，作《对辨大乘一乘》《对辨唯识圆觉宗》，以起信唯识相摄融通诸法形象，立三重法界观：物我法界、心缘法界、性如法界。1922年，大师作《佛法总抉择谈》依唯识之三性通贯大乘，融通如来藏与唯识，可谓之唯识圆觉或圆觉唯识，不同于传统唯识思想。1923年，又作《大乘宗地图》，以圆觉唯识的见地统摄中国佛教八宗，说明大乘教法为诸宗平等共依，又以唯识转依之取舍贯通诸宗，为大师第二期判教的核心思想。

太虚大师虽然倡导八宗平等，此期判教上承蕅益智旭大师之说，同时又有自身之创建，不同于第一期之完全承袭古德。对诸宗得失有所评判，故引起天台贤首等学人的不满，再加上大师关于佛教的改革主张和行为，有违祖宗之法，各法派并不买账。

大师整理僧伽，必然触动旧派的现实利益，如大师住持杭州净慈寺，取缔鸦片酒肉，禁止教徒继承私产，禁止以不正当行为诱人捐款等，修正管理条例，整顿风气，引起既得利益者不满。大师明确佛教与民间信仰的不同，使同善社的若干骨干脱离同善社，归信正法，于是腐僧、土劣、恶吏相勾结，诬告大师，撤销了大师净慈寺住持职务。

---

① 释太虚：《整理僧伽制度论》，《太虚大师全集》第18册，2005年，第34页。

守旧腐朽势力反击，革命新派亦激进添乱。北京佛化新青年会亦打着大师等名号出电传，主张非宗教式的佛教精神，以打倒一切鬼教神教、迷信陋俗等名义，攻讦印光大师等大德高僧，完全否定中国佛教，引起各方震动，大师受到牵连。直到今天，恪守宗派传统者仍然有人把这种事件归罪于太虚大师。

大师八宗并弘，而慨唐密失传，派弟子大勇等去日本学习密教，以得见密教复兴为志。民国十三年（1924）2月，大勇回国，大师手书责大勇到武汉传密法，武汉密法大盛，3月持松从日本高野山学密归来任宝通寺住持，密教大盛。大师之弟子和护法多转求密法。东密藏密泛滥，以即身成佛等独具之胜义而贬斥显教；生活上多“形服同俗，酒肉公开”，中国佛教陷入混乱。大师一直对僧团的建设挂在心上。大师认为，住持佛教必须有出家的“真僧”，然而现实中僧界的腐化和世俗的凌僧现象都让大师痛心疾首，1926年于闽南佛学院讲《救僧运动》。在《告徒众书》中，大师指出，佛教运动的重大危机就在于“俗之夺僧”和“僧之俗变”。

三、第三期判教：三三归一，究竟圆觉

八宗并弘之思想受挫，大师离开武汉到上海等东部省市，另谋弘法护教之新出路。大师的目光开始转向佛法之救世研究和佛教的世界化，从整理僧伽转向佛法对世界、社会和人生的意义和价值的研究和实践。在这个时期，大师致力于佛教的人生化、社会化、国际化。

第三期判教萌芽于民国十二、十三年之后，也就是从1924年前后开始，到民国二十九年（1940）八月，大师52岁，在汉藏教理院暑期训练班讲《我怎样判摄一切佛法》，系统做了总结，并重点讲述了第三期判教思想。同年十月大师又在汉院双柏精舍就这次判教做了一次开示和讨论。第三期判教从教理行三个角度，三三展开，谓：教以佛为法本，分三期三系；理以实际为究竟，分三级三宗；行持以当机为依趣，分三依三趣，会三归一，以究竟法界圆觉为极则，既是教宗，亦是理极，亦是行趣，亦是极果。

（一）教之佛本及三期三系

太虚大师认为："佛在世时，佛为法本，法以佛为主、以佛为归，虽然应机说法差别无量，但并没有分大乘小乘顿教渐教，故佛为法本，法皆一味。"[①]太虚大师这个判法，若以佛经六事，即"信""闻""时""主""处""众"六种成就解之：第一，信佛经"修多罗"（Sūtra），不拣大小皆源佛亲说或佛印可；第二，初传法者亲从佛闻，而非间接听来或后人所造；第三，佛应机说法，现身垂应，或大或小，或深或浅，必合时宜，并非某年专说某乘法门，但对常随众亦可有次第；第四，说经道场，佛为化主，佛必在场；第五，佛说法处，或于人间，或在天上，或于不可思议境界之中，有处而非定；第六，佛说法所对众，或人或天，或二乘，或菩萨等，种种众会。

---

① 释太虚：《我怎样判摄一切佛法》，《太虚大师全集》第1册，2005年，第437页。

佛灭后佛法之流变分为三期：小行大隐时期，大主小从和大行小隐时期，密主显从时期。三期之判说明太虚大师认为大小乘佛教在历史上同时存在，盛衰之时间有别，不认同大乘佛法后造之说。以锡兰为中心的巴利文佛教传承的是第一期印度上座部佛教，以中国为中心的汉文系佛教传承的主要是第二期印度大乘佛教，以西藏为中心的藏文系佛教传承的是第三期印度密乘佛教。三系之传承皆有其时代文化因缘。

（二）理之实际及三级三宗

佛法之究竟真实之胜义谛离言绝相，实际理地，不立一法，但为教化众生，假立名言说世俗谛，分三级次第，包括五乘共法、三乘共法、大乘不共法。五乘共法要义为因缘所生法，三乘共法之标准为三法印，大乘不共法又分三宗：一是“法性空慧宗”，以法空般若为宗，为龙树、提婆学系；二是“法相唯识宗”，以一切有为法唯识变现为宗，为无著、世亲学系；三是“法界圆觉宗”，以佛智圆满觉悟法界实相为宗，为如来藏系。大师所谓三宗，并非宗教之组织，为主尊之要旨，大师亦称之为三学。三宗皆大乘特法，各有作用。“五乘共法以净化人间，进善来生。三乘共法以出离世系，解脱苦本。大乘特法以圆觉悬示最高目标，唯识统贯始终因果，性空提持扼要观行，由此以发达完成一切有情界至上之德能，则均组入佛法新体系中，不应偏弃。”[①]大师三级三宗之划分，旨在使学人打破门户之见，“以大悲菩提心，法

① 释太虚：《再议印度之佛教》，《太虚大师全集》第28册，2005年，第62页。

空般若智，遍学一切法门，普度一切众生，严净无量国土，求成无上佛果，为其唯一的誓愿、唯一的事业。”①

（三）行之当机及三依三趣

太虚大师依正法一千年、像法一千年、末法一万年判佛法当机之三种依趣。正法时期依声闻行果趣发起大乘心，像法时期依天乘行果趣获得大乘果，末法时期依人乘行果趣进修大乘行。现时代是末法时期，前两期的根机，虽然不是完全没有，但毕竟是少数，且被诟病为消极逃世，或者迷信神权，反成障碍，故而提倡人生佛教，依人乘行果趣进修大乘行是为当机。

行之当机之判对于佛教学人的修行实践尤为重要。正法时代依三十七道品修行，多有证四向四果者，佛陀对机教化，回小向大。像法时代亦多戒定慧具足者，或修般若空观，由加行位入通达位之空慧，由通达位入修习位，或先成幻化天身，或入净土。或有依法相唯识得胜解，依瑜伽禅定，地地增上。中国禅宗之大德高僧，抑或在加行中，依祖师讥讽棒喝震破凡情而得开悟。末法时代学人，多盲修知解者，助道资粮尚难具足，入加行者更少，若摄化大多数人，可依人乘行果趣，树立正见正行，进修大乘，末法证果不易，可依净土，横超三界。大师所宗之慈宗，亦是弥勒净土之方便，弥陀净土、药师净土皆可摄化。大师虽以圆觉法界为极则，然此为佛慧相应，高悬难入。然此圆教佛性种子，殊胜难得，天台、禅、净、密等中国佛教诸宗皆以此为宗本，适

① 释太虚：《我怎样判摄一切佛法》，《太虚大师全集》第1册，2005年，第445页。

合中国学人之根性，故不可自弃家珍，误认作梵我。大师认为："初心则依圆觉以生信，依法相唯识以成解，依法性空慧以修行。"[①]此三宗之意义，可依胜解而生信，得入天台六位之名字位，开圆解，种大乘圆教种子。法相唯识学教理严密，超过当下西方哲学思想，并有与之对话的共许基础，推广佛教之真理，是佛教进入世界主流文化的有效途径。

四、中国佛教之判摄与重建

（一）一切判教皆为中国佛学之重建

大师判教之目的是为振兴中国佛教，第一期判教是建立在圆融中印佛教已有的判教思想基础上，基本遵循古德，在第二期大师主张提倡八宗平等，各有特胜；在第三期判教中，大师认为，培养适应时代需要的真僧，建设能够救世的佛教，都必须使佛教走出历史传统的理论范式，既不违背佛法内义，又要契合世界和时代之机缘。恰逢此时，世界政治与文化界关于东西方文明，科学与玄学，儒学与佛学等文化意义之论战正激烈展开，在文化论战中，佛教文化被普遍唱衰，梁漱溟作为佛教徒、文化名流，虽承认佛教是终极真理，然在思想救世作用上却转向儒家。吴稚晖等政要亦受梁漱溟的影响，误会佛法为"人死观"。太虚大师从佛教本身理论出发，反对梁漱溟等唱衰佛教对现实世界人生无用

① 释太虚：《再论大乘三宗》，《太虚大师全集》第5册，2005年，第326页。

之看法，阐发即人成佛之意义，倡导契理契机之人间佛教（人生佛教），而对整个佛法进行重新判摄。

（二）中国佛教宗派判摄

关于大乘宗派的判摄，太虚大师曾于民国十九年（1930）在闽南佛学院讲了《大乘位与大乘各宗》，从不同角度判摄中国佛教的八宗。

首先，依平等门与特殊门。从平等门看，八宗同摄于大乘法海；从特殊门看，各能发挥其偏胜。这一判法延续第二期八宗平等，各有特胜之思想。

其次，依证法和教法。地上菩萨宗自证而造论，如马鸣菩萨依八地智境造《大乘起信论》，龙树菩萨依初地智境造《中论》。地前菩萨依他教言而立宗，如贤首创华严宗。但并非证境高的宗义一定高。贤首虽未登地而依华严经明佛果上所证之智境，反在马鸣、龙树之上。

依自证智境立宗者包括依论和依传两种，依教立宗者一般宗经，综合起来可分为三种：依论立宗，依经立宗，依传立宗。

依论立宗之两大系：一是宗初地所证遍行真如故有龙树一系之中观学；二是宗三地所发大法光明故有无著一系之唯识学。

依经立宗之三大系：一是宗法云地含藏一切三摩地门之普贤故有华严教；二是宗佛智及二乘回心之劫前菩萨故有法华教；三是宗佛智及诸乘初心之易退有情故有净土教。

依传立宗之三大系：一是宗法云地含藏一切陀罗尼门之金刚故有真言宗；二是宗佛智及二乘回心之入劫菩萨故有禅宗；三是

宗佛智及诸乘之新进有情故有律宗。

太虚大师又依诸宗境行果之偏胜立性相门、观行门、加持门。中观唯识多明性相；律宗、禅宗多明观行；真言、净土多明加持；法华、华严兼具观行门和加持门。

大师认为，诸宗原则上是平等的，唯有一乘法，无二亦无三，其差别皆为大乘中各有之殊胜相和殊胜义，实无高下。因乘果乘皆通因果，殊胜不离平等，平等不离殊胜。

（三）中国佛学之主流：本佛、宗经、博约、重行

太虚大师把产生自中国本土的佛教宗派称为主动流或主流，外来的宗派为外入流或旁流。大师认为，中国佛教主流的特点是本佛、宗经、博约、重行，自道安以来的中国佛教代表人物，如慧远、智者、贤首、惠能等都直本于佛，依经为据，博览而约取，重视实践行门，产生自本土的天台、贤首、禅宗、净土皆保持这个主流演变下来。外入流的特点是本理、宗论、授受、重学，如罗什、玄奘等，以所本之性空或唯识为理据，所宗为龙树或世亲之论典，接受传承论师的思想诠释，孜孜不倦地钻研讲说。

太虚大师认为，中国佛教的主动流，充分表现了中国人伟大的创造力，在世界佛教的三大系中更具优越性，南方巴利文系只有小乘三藏，未闻摩诃衍义。藏文系佛教主流（格鲁派）为四宗，小乘二宗，有部、经部，大乘二宗即中观与唯识，属于本理的、宗论的、授受的，而“能够直本于佛，探一切经，在‘博教约行’中，表现其伟大的创造力的，只有流传在中国的汉文系的

佛学”。[①]

（四）中国佛学三系三期

中国佛教在会昌法难之前有三大系，即道安系、龙树系和世亲系。一是道安系本佛、宗经、博约、重行，为法界圆觉宗，从道安系衍出律、净、天台、贤首、禅宗等。二是鸠摩罗什传龙树学系，到三论宗集大成，为法性空慧宗。三是传世亲学的菩提流支、真谛、玄奘演出地论、摄论和唯识宗。站在中国佛教史的立场，大师为中国佛教三系取了更贴切的名号：法界圆觉宗为佛本论系；法性空慧宗为性空论系；法相唯识宗名唯识论系。依此中国佛教史可以分为三个时期：

一是佛本主源一味时期，自永平求法到东晋道安；

二是空识夹变主流时期自慧远到清凉受罗什到玄奘之重重扩变；

三是主流递演不绝时期会昌后禅宗下的台贤净律。

大师三期判教表现出了一以贯之的中印佛教一脉相承的佛学理路。太虚大师认为：“最初的佛本论，不但重行，而且能宗经博教，教证本末都很圆满健全。后来的禅净，承这个重行之绪，走到极端，专重要行而舍去了经律，孤陋寡闻而致佛教衰落。现在要复兴中国佛教，应该继承佛本论的主动流，力戒孤陋的弊病，直探佛经，博搜教理，精简以取其要，见之实行；绝不是承受那一家的旧套的。”[②]

① 释太虚：《论中国佛教史》，《太虚大师全集》，第2册，2005年，第286页。

② 同上，第289页。

（五）中国佛教特质在禅

1924年年末，太虚大师发生两种新觉悟：一是中国佛教的特质在禅，欲构成住持佛法的新僧宝，当重振禅门宗风；二是因为中国人心系乎欧化，要建设正信佛法的新社会，当将佛法传播于国际文化，从变易西洋学者之思想入手。可见国人对本国文化不自信已成情结，至今依然未变。1926年，大师又讲："晚唐来禅、讲、律、净中华佛法，实以禅宗为骨子，禅衰而趋于净，虽若有江河就下之概，但中华之佛教如能复兴也，必不在于真言密咒与法相唯识，而仍在乎禅，禅兴则元气复而骨力充，中华各宗教之佛法，皆藉之焕发精彩而提高格度矣。"①大师亦在以重振禅门宗风而重构新僧宝。

（六）中国佛学重建之思路

关于中国佛学之重建，太虚大师在《中国佛学之重建》一文中提出以下思路：

> 第一须依我讲过的第三期佛法判摄，与中国佛学大纲为基本；②其次，综观教史，回归中国佛教本佛、宗经、博约、重行的传统；第三，必博究融汇汉文、巴利文、藏文及日文佛学，充实禅教，尤其是安般禅五门禅、实相禅天台教、如来禅贤首教、念佛禅净土行，使主流之禅台贤净不致空虚贫乏。大师特别强调，这就是中国要重

① 释太虚：《评宝明君中国佛教之现势》，《太虚大师全集》，第28册，2005年，第94页。

② 释太虚：《中国佛学之重建》，《太虚大师全集》，第2册，2005年，第190页。

> 建的佛学：一、普遍融摄前说诸义为资源而为中国亦即世界佛教的重新创建，二、不是依任何一古代宗义或一异地教派而来改建，而是探本于佛的行果、境智、依正、主伴而重重无尽的一切佛法。其要点乃在（甲）阐明佛教发达人生的理论，（乙）推行佛教利益人生的事业。如是，即为依人乘趣大乘行果的现代佛学。[①]

在第三期判教思想中，太虚大师特别强调依人乘趣大乘行果之佛学，推进人生（人间）佛教之发展，“仰止唯佛陀，完成在人格”，“必须从完成普通人格中更发大菩提心，实行六度四摄普利有情的菩萨行，不断地发展向上，以至于成佛乃为圆满的人格。”[②]

太虚大师求上契诸佛妙理，下契众生和时代根机的佛教，对整个佛法进行判释，探索中国佛教适应现代社会重新起飞的蓝图和航线。尤其是第三期判教围绕人生佛教展开，为中国佛学的重建奠定了基础。太虚大师的佛教改革实践是与判教思想把三大佛教革命纲领结合的产物，第一期判教与教产改革相呼应，因行为激进，机缘不契，导致失败。第二次判教与教制革命相呼应，仍未完全摆脱中国佛教封建化和民俗化的弊端。第三次判教与教理革命相呼应，形成了系统的人生佛教大纲，最后致力于《真现实论》的讲述，惜未完成而示生兜率。太虚大师的人生佛教为中国佛教的发展指明了方向，开启了中国佛教的新纪元。

---

① 释太虚：《中国佛学之重建》，《太虚大师全集》，第2册，2005年，第195页。

② 同上，第194页。

第二部分
岭南佛教与中外交流

佛教与岭南

华南师范大学　曹旅宁

提要：本文根据史料探讨了佛教由岭南地区传入中国的种种史迹，认为岭南地区是中国佛教最早传入的地区之一，由印度及中亚来中国的高僧多经历岭南地区前往内地，汉晋南北朝隋唐时期岭南地区的佛教信仰十分发达，高僧辈出，信众弥多，岭南地区在中国佛教史上有着重要的历史地位。

关键词：佛教；岭南；牟子；惠能；禅宗

众所周知，佛教是一种外来宗教，大约在汉代开始传入中国。过去人们通常认为，佛教开始传入中国，多由陆路通过西域间接传入中国的。其实，这样论述佛教的传入过于简单，我们认为岭南在中国佛教的传播及发展过程中也曾起了相当重要的作用。

一

佛教传入中国的史迹，除去种种的传说，较可靠的事实主要有：东汉明帝时（公元1世纪）分封在彭城的楚王英奉佛；东汉后期，汉桓帝奉浮图、老子；同时襄楷在给桓帝的奏章中引用了两个佛教典故，“浮屠不三宿桑下”及“革囊盛血”；东汉献帝初平四年（193）至兴平二年（195）徐州有丹阳人笮荣的大宣佛教。由此不难看出，当时佛教在中国分布影响的地域，主要是江淮地区及东海齐楚地域。早在20世纪20年代，梁启超先生就曾指出：“佛教之来，非由陆路而由海，其最初根据地，不在京洛，而在江淮。”①

汉代岭南的海上交通已相当发达，海上丝绸之路业已开辟。根据《汉书·地理志》的记载，当时汉朝的船舶，从日南郡（汉交州辖郡，今越南会安附近）或合浦郡的徐闻（今广东雷州半岛西南的徐闻县西）航海出发，由南海直下，进入马六甲海峡，到达都元国（今苏门答腊北部），然后北上越过安达曼海，至邑卢没国（今缅甸南部萨尔温江入海口附近），再沿海岸航行进入谌离国（伊洛瓦底江）登陆，步行到夫甘都卢国（今缅甸卑谬），再入海航行越过孟加拉湾，到达印度半岛东南部的黄支国（今印度马德拉斯南）。汉朝船舶自黄支返国的归程，利用南海的季候风，不再循原路沿海岸航行，而由已程不国（今斯里兰卡）横渡印度洋，取道马六甲海峡航行至皮宗（今新加坡西），在那里等待季候风的转换，再回到日南郡南部的象林县界。②

随着海上交通的发达，商业贸易十分繁荣。当时的天竺，“其国人行贾往往至于扶南、日南、交趾”。③有些人因此还居留在当地。东汉末出自岭南交州的高僧康僧会，“其先康居人，世居天

① 梁启超：《佛教之初输入》，《中国佛学史研究》，上海：上海三联书店，1988年，第1–2页。

② 参见周连宽、张荣芳：《汉代我国与东南亚国家的海上交通和贸易关系》，《文史》第9辑；张荣芳：《秦汉史论集》，广州：中山大学出版社，1995年，第100–124页。

③（唐）姚思廉撰：《梁书》卷五四《诸夷传》，北京：中华书局，1973年，第798页。

竺，其父因商贾移居交趾”。[①]我们知道，佛教的兴起与传播与商业及商人有密切的联系。佛陀及其弟子传教的路线也都是古印度的商路。由于佛教国家商人的入境及居留，主要集中在交州。

汉代的交州，佛教已相当的兴盛。这在《牟子理惑论》一书中有清楚的反映。东汉末年天下大乱，苍梧的牟子避乱交州，所著书中多有关佛教的记载，“今沙门剃头发，被赤布，日一食，闭六情，自毕于世”，“沙门捐家财，弃妻子，不听音，不视色”，“沙门耽好酒浆，取贱买卖”。[②]这说明当地出家人很多，而且人物良莠不齐，他们中有些人笃信专一，苦行修炼，甚至不惜抛妻别子，舍弃家财；有些人则假托出家，商贾为业，不守戒律。交州既然出家人很多，修行所在的寺院定然不少，僧徒整日诵读的佛经也有很多，所谓“卷以万计，言以亿数”[③]。由此，胡适曾做出过一个大胆的假设：“佛教到交州是很早的，也许在《牟子理惑论》之前四五百年。”[④]

再看一下佛教由西域传入中国的情况。有人认为自张骞凿空，开通西域以来，中外交通多由陆路，佛教也随之传入。《魏书·释老志》就说，汉武帝时佛教已传入中国，“及开西域，遣使张骞使大夏还，传其旁有身毒国，一名天竺，始闻浮屠之教。”《史记·大宛传》《汉书·张骞传》虽言及身毒，但对佛教并未有丝毫

① （梁）慧皎撰，汤用彤校注：《高僧传》卷一《康僧会传》，北京：中华书局，1992年，第14页。

② （梁）僧祐撰：《弘明集》卷一，上海：上海古籍出版社，1991年，第3–4页。

③ 同上，第2页。

④ 周一良：《牟子理惑论时代考》附录，“胡适讨论函”，《燕京学报》第36期，1949年6月，第1–24页。后来此信收入《胡适手稿》第八集，题为《从牟子理惑论推论佛教初入中国的史迹——与友人书的一段》，台北胡适纪念馆1970年印行。

叙述。何况《后汉书·西域传》也说："至于佛道神化，兴自身毒，而二汉方志，莫有称焉。张骞但著地多暑湿，乘象而战。"可见佛教在汉武帝时已由西域传入中国的说法不过是魏收附会臆测之词。此外，东汉明帝永平年中，遣使前往西域求法的传说更被人认为是佛教传入中国之始。其实，除了感梦遣使这说法本身的荒诞不经外，记载永平求法的文献并不是东汉的著作，晋代袁宏的《后汉纪》是记录此事最早的文献。这实际上是当时佛教势力为了与道教抗衡而编造出来的谎言。东汉桓帝时安世高、大月氏人支娄迦谶由西域到中国传法才是佛教由西域传入中国之始，但他们的影响及传教规模都十分有限。再说东汉中叶以后，西域与内地的交通并不畅通，一方面是西域的内乱，玉门关动辄关闭，并且西羌又时时变动，朝廷中竟有人提议放弃凉州。到了曹魏时期，虽有印度僧人昙柯迦罗、康僧铠等经西域来到洛阳，当时又有内地僧人朱士行赴于阗求法，但佛教在曹魏时仍被视为道术，封建国家的法律严禁人民出家。佛教大规模由西域传到中国最早要到西晋及十六国时期，因此，相比佛教由西域传入中国的情况，佛教由南方交广海路传入中国更早，影响也更大，其中，岭南地区特别是交州在佛教南传过程中所起的历史作用更是不容忽视。

二

在两晋南北朝将近三百多年的时间里，佛教不仅在岭南得到了进一步的发展，而且还由岭南进一步影响到内地。这一时期岭南佛教的兴盛与当时政治形势的变化密切相关。由于南北政权的对立，政治文化的中心已由京洛移于江南的建康，南朝与印度、西域的陆上交通十分困难，由印度南来的高僧主要通过海路，再经岭南转入内地。岭南开始出现著名的佛教中心，它们都处在重要的交通枢纽上。

南北朝时期的广州佛教，最主要的是真谛及其弟子在广州的译经及讲学。正是由于他们的作为，广州才有可能成为岭南以至整个南朝的佛教重地。

真谛是西天竺人，梵名拘那罗陀，于梁武帝大同十二年（546）到达南海（广州），不久梁朝发生“侯景之乱”，形势动荡，真谛在建康无法安身，曾居留始兴，后又漂泊于江西各地，准备由岭南泛舟往楞伽修国。陈武帝永定三年（559）被风飘还广州，受到刺史欧阳頠的欢迎，居于广州制旨寺。欧阳頠，笃信佛法。他请求真谛在制旨寺翻译佛经，真谛看到暂时无法回国，就与弟子智恺等翻译了《广义法门》及《唯识论》等。欧阳頠死后，其子欧阳讫继为广州刺史，继续供养真谛。真谛除了译述，又开传经论，招收弟子。[①]真谛有许多学生，最优秀的有这样三位，其中两人是从内地赴岭南向真谛学法的。智恺俗姓曹氏，赴岭南后住广州显明寺，帮助真谛译出了《摄论》《俱舍论》等重要经典。法泰“学达释宗，跨跞淮海，知名梁代”[②]，他到岭南求教真谛于制旨寺，笔受文义达二十年，前后译出佛经五十余部。真谛的另一位弟子智敫是岭南循州人，早年遍访名师，后从真谛学经，尝宣

① （唐）道宣撰，郭绍林校注：《续高僧传》卷一《拘那罗陀传》，《法泰传》，北京：中华书局，2014年，第18–22页，第23–26页。

② （唐）道宣撰，郭绍林校注：《续高僧传》卷一《法泰传》，北京：中华书局，2014年，第23页。

《摄大乘论》至十余遍，曾为广、循二州僧正。[①]

除了真谛及其弟子，广州在两晋南北朝时期还涌现出许多有学问的僧侣。其中有些人同智恺、法泰一样是由内地前往岭南求法的。道亮本是京师建康多宝寺的僧人。刘宋元嘉末年他率弟子十二人来到广州，居留岭南六年，“讲说导众，代陶岭外”。[②]有些人则同智敫一样都是岭南人。释慧敬，南海人，“精于戒节，而志操严明，故岭外僧尼，咸附咨禀”；[③]还有番禺高要人慧澄，俗姓兰始，后入京师建康庄严寺从僧旻学法十余年，名声大起，梁桂阳王萧象慕名迎请入府，并随桂阳王出领衡州，又闻名潇湘，后省亲归岭南，番禺四众“向风钦德”。[④]

两晋南北朝时期，交州仍是印度高僧东来的一个要冲。这一时期也出了许多著名的僧侣。齐梁时的交州僧人慧胜日诵法华一遍，“从外国禅师达摩提婆学诸观行，一入寂定，周晨乃起”。后来彭城刘绘出守南海，迎请居于幽栖寺，南齐永明五年（487）又迎居建康钟山延贤精舍。[⑤]交趾僧人道禅早年在交趾修行，后“闻齐竟陵王大开禅律，盛张讲肆，千里引驾，同造金陵”，“永明初，游历京室，住钟山云居下寺，听摄众部，偏以十诵知名，

① （唐）道宣撰，郭绍林校注：《续高僧传》卷一《法泰传》，北京：中华书局，2014年，第25–26页。

② （梁）慧皎撰，汤用彤校注：《高僧传》卷七《道亮传》，北京：中华书局，1992年，第286页。

③ 同上，第487页。

④ （唐）道宣撰，郭绍林校注：《续高僧传》卷五《慧澄传》，北京：中华书局，2014年，第166页。

⑤ （唐）道宣撰，郭绍林校注：《续高僧传》卷十六《慧胜传》，北京：中华书局，2014年，第561页。

经略道化，僧尼信奉……都邑受其戒范者，数越千人”。[①]

岭南的另一佛教重地为衡州始兴郡，始兴据岭路要冲，是商旅必经之地。由印度经海路到岭南的僧侣要前往建康，始兴也是必经之路。刘宋时罽宾高僧求那跋摩抵达广州，宋文帝命人迎入建康，求那跋摩路经始兴，居留传教一年有余，并在始兴虎市山寺外别立禅室居住。始兴太守蔡茂之深加敬仰。[②]梁代来华的真谛也曾居留始兴，受梁太保萧勃供养，主持译经。“值京邑英贤慧显、智宠、智恺、昙振、慧旻与假黄钺大将军萧公勃以大梁承圣三年岁次癸酉九月十日于衡州始兴郡建兴寺请法师敷演大乘，阐扬秘典，以导迷途，遂翻斯论一卷。”[③]这里的“斯论”指著名的《大乘起信论》。梁、陈间著名的文士江总为避战乱曾流寓岭南数年，途经始兴时也曾与真谛及其弟子有过来往。所作《始兴广果寺恺法师山房诗》中有“息舟侯香埠，怅别在寒林”之句。[④]这里的恺法师就是真谛的大弟子智恺。始兴到了唐代改称韶州，成为新禅宗的发祥地，也不是没有缘故的。

两晋南北朝是佛教在中国获得极大发展的时期。由于战乱连年，生活在苦难中的人民渴望获得解放，佛教信仰迅速传播开来；各族统治者为了利用宗教加强统治，对于佛教也是不遗余力地扶植。当时佛教兴盛最集中的表现主要有这样几方面：一是印度及

---

① （唐）道宣撰，郭绍林校注：《续高僧传》卷二十二《道禅传》，北京：中华书局，2014年，第820页。

② （梁）慧皎撰，汤用彤校注：《高僧传》卷三《求那跋摩传》，北京：中华书局，1992年，第107页。

③ 陈寅恪：《梁译大乘起信论伪智恺序中之真史料》，《金明馆丛稿二编》，上海：上海古籍出版社，1982年，第133页。

④ 同上。

西域的僧侣来到中国传法；二是佛教原典大量译为汉文，为中国佛教的发展提供了理论基础；三是人民信仰的普遍，佛教形成极大的社会势力。南朝与印度、西域的佛教交流主要通过岭南海路进行。当时虽然可通过益州（今四川），取道松潘，西入吐谷浑的河南道，越过阿尔金山至鄯善（今新疆若羌），再由此西行到中亚各国和印度。[①]南朝的僧侣虽然也有经此路前往印度求法的，但与岭南交广的海路相较，人数不多，影响也相当有限。再说从海路东来中国的僧侣主要是印度人，他们的传法是一种直接的传播，更接近印度佛教的本旨。而当时由陆路经西域到中国北方传法的多是中亚人，由于辗转传播，就失去了佛教的许多本意。北朝自后秦开始大规模翻译佛经，其中以鸠摩罗什的贡献最大，他在十二年中便翻译了三百卷以上的佛教经典。但由于北方的译经者大多是西域人，对佛经的理解多有欠缺。南朝从事佛经翻译的多是印度僧人，求那跋陀罗就译经典五十二部一百三十四卷。其中译著最为宏富的还是岭南的真谛，在华二十三年，共出“经论纪传”六十四部，合二百七十八卷。岭南还是当时佛教信仰最普遍的地方，广州、交州与建康、洛阳、长安、邺城一样都是当时中国佛教的重地。

三

隋唐时期是中国佛教的成熟期。由于国家的统一，南北方佛

---

① 唐长孺：《南北朝期间西域与南朝的陆路交通》，《魏晋南北朝史论拾遗》，北京：中华书局，1983年，第185页。

教也在各方面得以融合发展，并形成独立的体系，开始由中国向外影响到朝鲜及日本。隋唐的岭南仍然是佛教兴盛的地区。

隋代的文帝与炀帝都笃信佛教，对佛教持十分宽容的态度。隋炀帝杨广在藩时曾任扬州总管，在此期间，他不仅接受了天台宗智顗所授“总持菩萨”的法号，还把南方的名僧大德请到扬州，让他们住在四道场，其中也有岭南的高僧。“释慧越，岭南人，住罗浮山中。聚众业禅，声闻南越。性多泛爱，慈救苍生……化行五岭，声流三楚。隋炀帝在藩，搜选英异，开皇末年遣舍人王延寿，往召追入晋王慧日道场，并随王至京师，在所通化，未还扬州，路中感疾而卒。”[①]唐代许多印度僧人乘海船来华，在广州居留。广州“又有婆罗门寺三所，并梵僧居住”。[②]

中国僧人赴印度求法也多经广州由海路前往。人们常为玄奘法师不畏艰险，西行求法的事迹所感动，殊不知当时的求法者更多的是走海路，所经历的艰险不亚于陆路。僧义净于唐高宗咸亨二年（671）由广州乘船前往印度求法，同修数十人到登船时都退缩不前，义净一人孤行，经二十五年，历三十余国，得梵本佛经约四百部归国。[③]义净还撰写了一部《大唐西域求法高僧传》，真实反映了唐前期中国僧人赴印度求法的盛况。该传共收录求法僧六十人，其中四十四人是由海路前往印度的。

佛教在岭南经过长时期的发展，到唐代已成为民众的一般信

① （唐）道宣撰，郭绍林校注：《续高僧传》卷十七《慧越传》，北京：中华书局，2014年，第641页。

② ［日］真人元开撰，汪向荣校注：《唐大和上东征传》，北京：中华书局，1979年，第74页。

③ （宋）赞宁撰，范祥雍校注：《宋高僧传》卷一《义净传》，北京：中华书局，1993年，第1–3页。

仰。唐玄宗天宝初年，高僧不空奉先师遗言，欲往狮子国，不空抵达广州后，信舶未至，搜访使刘巨麟三请大师，哀求灌顶。不空权于“法性寺建立道场，因刘公也，四众咸赖，度人亿千”。不空离开广州时登舟出海之际，“搜访以下，举州士庶，大会陈设，香花遍于海浦，蠡梵栝于天涯，奉送大师，凡数百里。”[①]高僧鉴真在唐玄宗天宝七年（748）东渡日本途中遇飓风，在海上漂流十四日才到达海南岛，后经广州、韶州，才返回扬州。海南岛在唐代本是蛮荒之地，但也有官寺，地方豪酋如振州（今海南岛崖县）别驾冯崇债与万安州（今海南岛万宁市、凌水市）大首领冯若芳都笃信佛教，并供养鉴真一行。鉴真等人由海南岛至广州途中，“所经州县，供养无量，不可言记”。鉴真在广州居留一年，“采访使刘巨麟奏状，敕留开元寺供养，七宝庄严，不可思议”。鉴真离开广州时，全城百姓“倾城远送”。[②]

中国佛教发展到隋唐时期，形成了许多宗派，最主要的有法相宗、华严宗、律宗、密宗、禅宗、净土宗。这里略谈一谈岭南与密宗的关系。

唐代密宗源出于印度佛教中的密教，信徒极多，唐玄宗也亲受灌顶，可谓盛极一时。唐开元初年，金刚智到达广州。金刚智是唐代密宗的主要创始人，与善无谓、不空并称“开元三大士”。这似乎是岭南与密宗发生联系的端倪。其实早在开元以前，广州就已有印度密教僧人传教译经。“沙门般刺密谛，唐云极重，中

① （唐）赵迁撰：《大唐故大德赠司空大辩证广智不空三藏行状》，东京：东京大藏出版株式会社，1988年，《大正藏》2056，第292页。

② ［日］真人元开撰，汪向荣校注：《唐大和上东征传》，北京：中华书局，2014年，第74页。

印度人也。怀道观方，随缘济度，展转游化，达我支那，乃于广州制旨道场居业。众知博达，祈请亦多。以神龙元年龙集乙丑五月乙卯二十三日辛丑，遂于灌顶部中诵出一品释成十卷，即《前万行首楞严经》是也。乌长国沙门引长伽释迦译语，菩萨戒弟子前正仪大夫同中书门下平章事清河房融笔受，修州罗浮山南楼寺沙门怀迪译证。"[①]极重等人所译经全称为《大佛顶如来密因修正了义诸菩萨万行首楞严经》，是密宗的重要经典。正因为如此，开元二十九年（741年）不空南下广州，欲往狮子国时才会受到广州民众那样狂热的迎送。

最后再谈谈岭南与禅宗的关系。

禅宗是中国化的佛教，相传禅法起源于印度，二十七传后授法于菩提达摩。达摩于梁武帝时渡海来华，经岭南入建康。这可以看作岭南与禅宗的初缘。达摩在中国首传慧可，慧可传僧粲，僧粲传道信，道信传弘忍，弘忍传惠能，惠能被称为禅宗六祖。其实，惠能所传的禅法是一种新教，对于旧说有很多改变。禅宗讲究顿悟，不立文字，要求与民众相杂而居，过朴素的修行生活。学习禅法的僧人多不通梵文，南宗的开创者惠能甚至不识文字。我们认为，禅宗实际上并不是印度禅法在中国的余脉，而是中国佛教自身发展的产物，是对天台、慈恩等宗繁琐的义理之学的一种反动。

惠能的南宗与岭南特别是韶州有着密切的关系。禅宗可看作佛教在岭南地区长期发展的产物。惠能实际上是岭南的土著，出生于

① （唐）圆照撰：《贞元新定释教目录》卷十四，东京：东京大藏出版株式会社，1988年，《大正藏》2157，第874页，参见《佛祖统纪》卷四十"中宗神龙元年"条及《宋高僧传》卷三《怀迪传》。

南海的新兴。早年生活贫困，做过樵夫，后对佛教产生信仰。唐高宗咸亨年中去黄梅拜见弘忍，接受衣钵。回到岭南以后，先是在民间传教，所谓“怀宝迷邦，销声异域，众生为净土，杂居止于编人，世事是度门，混农商于劳侣”，一过就是十六年。这一时期，惠能的南宗禅法只局限于大庾岭以南的地区，武则天垂拱年间，惠能因批评一位在广州讲《涅槃经》的法印法师的错误，名声才得以传开，后来惠能来到韶州，在韶州东南的曹溪宝林寺传授禅法达三十年，于唐玄宗先天二年（713）示寂。[①]惠能死后，经过其弟子神会的努力，南禅的学说开始影响到全国。特别是唐武宗会昌灭佛以后，以庄园经济为基础的佛教各宗一片凋零，实行农禅制度的禅宗相反却得到了发展。

产生于岭南的禅宗迅速取代隋唐佛教其他宗派，成为中国佛教中独秀一枝的奇葩，对中国社会产生过多方面的影响，在中国思想上有着特殊的意义。这也有力地说明岭南在中国佛教传播及发展过程中确曾起过不可磨灭的重要作用。

① （唐）王维：《六祖能禅师碑铭》，《全唐文》卷三二七，北京：中华书局，1983年。

宋代南洋三佛齐与广州的佛教文化交流考述[①]

华南农业大学　何方耀

摘要：位于太平洋和印度洋之间的印尼群岛是中西海上交通的要冲和中转站，而于唐宋之际兴起于今印尼境内的三佛齐王国（Samboja，Kingdom，907–1397）则是当时海上丝路的贸易强国，同时也是佛法东传的重要驿站和集散地，即使在印度本土佛教消失之后，仍然是佛教中心之一，与宋朝保持了密切的关系。广州作为南海丝绸之路始发港和商贸中心，与三佛齐在佛教文化交流、僧商人员往来、佛化外交活动方面有着密切的交流互动，随着佛教在两地的兴盛，双方交往中出现了佛商互动，以商养佛、以佛促商的互动局面，广州蕃坊中出现弘传佛法的三佛齐人，三佛齐商主帮助广州修复道观、购置寺院田产，在在显示了三佛齐与广州之间佛教文化的交流互动及其对双方社会深刻而广泛的影响。

关键词：佛教文化；三佛齐；交流互动；朝贡贸易；蕃坊

---

① 本论文为2016年度国家社会科学基金一般项目《"海上丝绸之路"与岭南佛教的传播发展研究》（批准号：16BZJ1830）阶段性成果和2019年国家社科重大课题《"一带一路"佛教交流史》（批准号：19ZDA239）的阶段性成果。

作者简介：华南农业大学人文与法学学院教授，宗教与文化交流研究中心主任（广东、广州，510642）。

位于太平洋和印度洋之间的印尼群岛是中西海上交通的要冲和中转站，也是佛法沿海路东传的重要驿站和集散地。以爪哇岛（Java）和苏门答腊岛（Sumatra）为主体，在唐宋时期（7–14世纪）曾兴起了具有连续性的两个著名王国，即唐代的室利佛逝（Srivijaya，686–907）和宋代的三佛齐（Samboja，Kingdom，907–1397），实际上这是两个有连续性的王朝，原来臣属于室利佛逝的夏连特拉（Sailendra，又译为“山地”）王室通过联姻的方式，获得了室利佛逝的控制权，建立了由夏连特拉王室控制的室利佛逝王国，最初定都于占卑（Jambi），后又迁回室利佛逝故都巨港（Palembang），即中国史书所称的三佛齐。隋唐时代中印佛教文化交流的高潮随着唐帝国的崩溃逐渐走向衰落，北宋前期（10世纪下半期和11世纪初）中印之间虽然仍然有僧人之间的往返交流，但随着12世纪印度佛教逐渐走向衰亡，至13世纪佛教在印度本土逐渐消失，中印间的佛教文化交流遂淡出历史的主流，但作为中印间海上贸易和文化交流中转站和集散地的三佛齐在印度佛教逐渐走向衰亡之后，仍然是一个佛教大国，并与岭南特别是广州保持了密切的商贸和佛教文化交流，本文即对相关问题略做钩沉和探讨，以深化广州海上丝绸之路文化交流的认识。

一、三佛齐版图及佛教概况勾勒

佛教文化大约在公元初就开始在印尼诸岛传播，但其影响不大。约3世纪，苏门答腊岛、爪哇岛、苏拉威西岛（Sulawesi）

就出现了佛教信仰活动并留下了相关历史遗迹。[①]但直到413年中国第一位赴印求法并从海路归来的法显法师途经阇婆国（Javadvipa，位于今印尼爪哇岛[②]）时仍然称那里“其国外道、婆罗门兴盛，佛法足言”。[③]到了唐代义净泛海至室利佛逝（都城位于苏门答腊岛的巨港），那里已俨然成为佛法兴盛的佛教大国了，成为海路中印佛教僧人往来的重要中转站和集散地。至室利佛逝后期，随着印度本土密教的兴起，密教也很快传入印尼诸岛。

“718年前后，印度大乘密教五祖金刚智（Vajrabodhi，汉译：跋日罗菩提）将大乘密教传入印尼，被附属于室利佛逝王国之中爪哇的夏连特拉王朝奉为国教。”[④]金刚智《宋高僧传》有专传，他也是中国密宗开山祖师“开元三大士”之一。夏连特拉王朝（Sailendra Dynasty，亦译“山地王朝”）是在爪哇兴起并随后控制室利佛逝的强大王朝，金刚乘密教在印尼诸岛的传播之具体情形如何因文献的缺乏已难以详考，但夏连特拉王朝于8世纪下半叶，在中爪哇日惹（Yogyakarta）附近兴建的蜚声遐迩的婆罗

① 如在苏门答腊、爪哇、苏拉威西岛“都留下了三世纪以前阿摩罗跋胝式的铜佛像和石佛像”。史蒂文·德拉克雷（Steven Drakeley）撰，郭子林译:《印度尼西亚史（*The History of Indonesia*）》，北京：商务印书馆，2019年版，第14页；另参见《简明不列颠百科全书》（中译本）第9卷，其中写道：“公元1世纪，印度佛教文化传入印尼。”北京：中国大百科全书出版社，1986年版，第137页；王任叔:《印度尼西亚古代史》（上册），北京：中国社会科学出版社，1987年版，第437页。

② 关于耶婆提地理位置之考证，成果众多，也众说纷纭，主要参考章巽撰:《〈法显传〉校注》，上海：复旦大学出版社，2015年版；岑仲勉:《〈佛游天竺记〉考释》，北京：知识产权出版社，2014年版；（法）费瑯撰，冯承钧译:《苏门答腊古国考》，北京：中华书局，2002年版；伯希和撰，冯承钧译:《交广印度两道考》，北京：中华书局，2003年版，第252–254页；（东晋）法显撰，郭鹏译注:《〈佛国记〉注译》，长春：长春出版社，1995年版。王任叔认为“耶婆提”国的具体位置就是爪哇岛西部位于茂物附近芝沙丹尼河上游地区的古国多罗磨国，参见氏撰《印度尼西亚古代史（上册）》，北京：中国社会科学出版社，1987年版，第331–336页。

③ 章巽:《〈法显传〉校注》，上海：复旦大学出版社，2015年版，第136页。

④ 世界宗教研究所编:《各国宗教概况》，北京：中国社会科学出版社，1984年，第10页。

浮屠陵庙（Borobudur），为迄今世界上最大的佛塔，被称为世界八大奇景之一。“除婆罗浮屠外，爪哇著名的佛教陵庙还有：中爪哇的卡拉珊陵庙（Candi Kalasan）、萨里陵庙（Candi Sari）、千庙陵庙（Candi Sewu）、巴旺陵庙（Candi Pawon）以及东爪哇的加高陵庙（Candi Jago）、宋勃拉宛陵庙（Candi Sumberawan）等。”[①]这些著名遗迹就是对当时金刚乘在爪哇等印尼诸岛传播盛况无言的叙述，说明佛教密宗曾在爪哇岛盛极一时。到10世纪末，与唐帝国衰亡的同时，原本臣属室利佛逝的夏连特拉王朝（Shailendra Dynasty）以联姻的形式控制了走向衰弱的室利佛逝，建立了中国史书所称的三佛齐，其所辖版图甚至超过了其前身室利佛逝，成为南海中版图最大和国力最强的封建王国。在其全盛时期其控制范围除了今天印度尼西亚的苏门答腊（Sumatra）、爪哇（Java）、加里曼丹（Kalimantan）、苏拉威西（Sulawesi）、伊瑞安再也（Iranjaya，即巴布亚，新几内亚西部印度尼西亚所属部分）等五个主要岛屿和几百个小岛之外，有时还包括今天的马来半岛甚至中南半岛的部分地区。[②]据宋代赵汝适记载，三佛齐在强盛时期，其统辖区域如下：

> 管州十有五……蓬丰（pahang）、登牙侬（Trenganu）、凌牙斯加（Lengkāsuka，地跨马来半岛东西岸，西至吉陀、东至宋卡）、吉兰丹（Kelantan）、佛罗安（Beranang，在马来半岛西岸Langat河上）、日罗亭

① 孔远志：《佛教在印度尼西亚》，《东南亚研究》1991年第3期，第84页。

② 现在印度尼西亚陆地部分大致可分为5个大岛及30个左右的岛屿群。参见［新加坡］林亦秋：《元磁州窑瓷——在印度尼西亚满者伯夷王朝的风光》，陕西省文史馆《收藏》2012年第11期，第75页。

（Yirudingam，在马来半岛中）、潜迈（似为Khmer之讹译）、拔沓（疑指苏门答剌岛中的Battak部落）、单马令（Tāmbralinga，今Ligar）、加罗希（Grahi，今Chaiga）、巴林冯（palembang）、新拖（Sunda，爪哇岛西部）、监篦（Kāmpar，即苏门答剌岛东岸）、蓝无里（Lāmurī，苏门答剌岛西北）、细兰（Ceylon）。[①]

这里所罗列之地名，包括了印度尼西亚诸岛，马来半岛，"潜迈"应为今日中南半岛之柬埔寨，除了"细兰（今天之斯里兰卡）"学者们有所怀疑外，对其他所属地之记载没有太大异议。说明三佛齐全盛时其所辖属国版图之广大超出了今天印度尼西亚的版图，甚至包括马来半岛和中南半岛部分地区。

可以说，14世纪末，三佛齐被满者伯夷（Madjapahit，Majapahit，1293–1527）王朝征服之前，既是一个强盛的商业大国也是一个以密教为主的佛教大国，既是东西方海上贸易的霸主也是海路佛教文化交流的重要媒介，即使在印度佛教走向衰亡之后，它仍然保持了与中国，特别是岭南广州密切的佛教文化交流。

二、三佛齐与广州的佛教文化交流概况

自从法显从斯里兰卡泛海回国时于413年在阇婆国（今爪哇）登岸停留之后，印尼诸岛遂成为中印僧人往来传法的必经中转站

---

① 参见（宋）赵汝适撰，杨博文校释：《诸蕃志》，北京：中华书局，2000年版，第34–36页；另参见林家劲：《两宋与三佛齐友好关系略述》，《中山大学学报》1962年第4期，第100–101页。

和集散中心。法显、义净、慧超等西行求法僧都在印尼诸岛中转，而晋唐间有姓名事迹可考的50名海路求法僧中，唐代43名，占86%，无一例外都在南海诸国停留中转并在那里学习梵文，[①]而东来传法的梵僧也是将其作为入华弘法的中转站和瞭望所，他们在这里弘法布道，积累经验和名声、了解中国情况，在条件成熟后便前往中国弘传佛法。从求那跋摩（Gunavarma，424年左右来华）到禅宗初祖菩提达摩（Boddhidharma，梁大同十二年，即546八月抵达南海，今广州），从翻译禅宗宗经四卷《楞伽经》的求那跋陀罗（Gunabhadra，435年至广州）到密宗“开元三大士”之一的金刚智（Vajrabodhi，719年左右抵达广州）到与武则天时的宰相房融一起在法性寺（今光孝寺）翻译《楞严经》的般剌密谛（Pramiti华言极量）都经当时的室利佛逝中转。

三佛齐兴起于唐五代之际，那时隋唐时期中印佛教文化交流的高潮已经结束，就梵僧之入华传教活动和华僧之西行求法活动而论，至唐宪宗元和年间（806–820）遂告一段落。此后至北宋初近150年间，译经求法之事极少见诸文献记载。[②]然而，北宋初年中印间的佛教文化交流又开始恢复，北宋政府甚至建立了译经院（后改为传法院），招收惟净等几十名幼童学习梵语，为佛经翻译准备人才。[③]并建立译场为从印度来华的天息灾、施护等僧

① 参见何方耀：《汉唐海路求法僧群体研究》之《汉唐海路求法僧行迹一览表》，（台湾）《普门学报》2006年第2期（总32期）。

② （宋）名僧赞宁谓：“朝廷罢译事，自唐宪宗元和五年（810）至于周朝，相望可一百五十年许岁，此道寂然。”见赞宁撰，范祥雍点校：《宋高僧传》卷三，北京：中华书局，1987年版，第57页。

③ 参见（宋）释志磐撰：《佛祖统纪》卷34《法运通塞志》，扬州：江苏广陵古籍刻印社，1992年版，第1835–1839页。

人组织传译班子，翻译佛经。而且，“开宝（968-976）后，天竺僧持梵夹来献者不绝。”[①]“开宝五年（972），西天竺沙门可智、法见、真理三人来朝，赐紫方袍。（同年）西天竺沙门苏葛陀来贡舍利、文殊华，赐紫服、金币。……六年（973）中天竺三藏法天至，译圣《无量寿经》《七佛赞》……召法天赴阙，召见慰问，赐紫方袍。”[②]

同时中国僧也开始西行求法，且往往是团体性行动，并得到政府的大力支持。“乾德三年（965），沧州僧道圆自西域还，得佛舍利一水晶器、梵页梵经四十夹来献。”“（乾德）四年（966），僧行勤等一百五十七人诣阙上言，愿至西域求佛书，许之。”连天竺国王子曼殊室利，也“随中国僧至焉，太祖令馆于相国寺，善持律，为都人之所倾向，财施盈室。”[③]“（太平兴国）三年（978），沙门继从等自西天还，献梵经、佛舍利塔、菩提树叶、孔雀尾拂，并赐紫方袍。”[④]

这些活动虽然取得的成果并不大，但在这场试图恢复唐时的中印文化交流活动中，岭南广州和南海三佛齐扮演着重要的角色。

广东在宋代全称“广南东路”，而广州港则是“广南东路唯一由中央政府直接控制的海上丝绸之路起点和终点。广东沿海其

① （元）脱脱、欧阳玄等：《宋史》卷489《天竺传》，北京：中华书局，1977年版，第14104页。

② （宋）释志磐撰：《佛祖统纪》卷34《法运通塞志》，扬州：江苏广陵古籍刻印社，1992年版，第1824–1825页。

③ （元）脱脱、欧阳玄等：《宋史》卷489《天竺传》，北京：中华书局，1977年版，第14104–14105页。

④ （宋）释志磐撰：《佛祖统纪》卷34《法运通塞志》，扬州：江苏广陵古籍刻印社，1992年版，第1832页。

他港口事实上也是海上丝绸之路的起点和终点，但它在法理上既不能发放远洋贸易商船，也无权处理进口商品中朝廷规定的专卖品”。[①]同时，虽然宋代设有市舶司的港口包括广州、泉州、杭州和明州（宁波），但除了广州外，其他三个港口的市舶司都时兴时废，只有广州的市舶司为没有间断的常设机构，广州港乃有宋一代主要的对外贸易港口。[②]而沿海路往来的中外僧人始终以广州为主要的出入港。如“（天平兴国）八年（983），僧法遇自天竺取经回，至三佛齐，遇天竺僧弥摩罗失黎语不多令，附表愿至中国译经，上优召诏之”。[③]法遇如同隋唐时代求法僧一样，从印度取经泛海归来时要在三佛齐中转，在广州登岸，而当时的三佛齐也有众多的印度僧人在此弘法，因此，法遇邀请在三佛齐的竺僧弥摩罗失黎语不多令前来中国翻译经典，得到宋帝的优待。

而广州与三佛齐的佛教文化交流除了中外僧人间的相互往还之外，还有其重要的时代特色，即以广州为基地的佛化外交活动，三佛齐对广州佛教的资助活动和三佛齐居士在广州的传法活动。

三、三佛齐与宋朝的佛化外交活动

岭南与印度尼西亚诸岛国间的佛教交流本以商贸活动为依托和基础，但随着交流的深入和佛教在两地社会影响的扩大，佛教

---

① 黄启臣主编:《广东海上丝绸之路史》，广州：广东经济出版社，2003年版，第225页。

② 参见黄启臣主编:《广东海上丝绸之路史》之《徽宗朝各市舶司提举官、市舶机构存废表》，广州：广东经济出版社，2003年版，第225页。

③（元）脱脱、欧阳玄等:《宋史》卷489《天竺传》，北京：中华书局，1977年版，第14105页。

反过来又渗透到商贸甚至外交活动之中，而古代中国与南海诸国的商贸活动又往往是在“朝贡”的名义下进行的，被称之为“朝贡贸易体系”。所以，商贸活动、政治外交、佛教交流往往相互渗透，到了宋朝和三佛齐时代佛教已成为两地主流文化之后，佛教常常又在许多情况下成为朝贡贸易的纽带和政治外交活动之媒介，而这些活动又往往是以广州为基地展开的。

自两晋时代起，印度、斯里兰卡以及东南亚包括印尼诸岛国与中国的外交文书中就充满着“佛言佛语”，外交礼物中包括有佛教法物，而且往往由僧人充当外交使节，这些可以称之为佛化外交活动，三佛齐与宋朝的外交活动也是如此。

如三佛齐在宋天禧元年（1017），“其王霞迟苏勿吒蒲迷（Haji Sumutabhūmi）遣使蒲谋西等奉金字表，贡真珠、象牙、梵夹经、昆仑奴。”[①]其贡品中就有“梵夹经、昆仑奴”等物品。“梵夹经”就是记载于贝叶上的梵文佛经，可知梵文佛经曾是印度尼西亚诸岛国进贡给中国的重要贡品之一。元丰二年（1079）三佛齐遣使来朝，其使节“毕罗乞买金币、白银器物，及僧紫衣、师号、牒，皆如所请给之”。即三佛齐使节要求朝廷赏赐“僧紫衣、师号、（度）牒”，赐紫衣和师号是宋廷奖励僧人的常用物品和名号，三佛齐使臣乞求这些佛门之物，当然是表示三佛齐僧众也能得到同样的赏赐，也同样是大宋子民，希望得到宋朝臣民一样的国民待遇。而有时寺庙建设、铸造铜钟乃至寺庙命名也可成为拉近外交关系的内容或纽带。

① 事见（元）脱脱、欧阳玄等：《宋史》489卷《三佛齐传》，北京：中华书局1977年版，第14089页。

据《诸番志》和《宋史》“三佛齐传”记载：“咸平六年（1003）上言，其王思离朱啰无尼佛麻调华（Swriculananivarmadeva）遣使李加排，副使无陁李南悲来贡，且言本国建佛寺以祝圣寿，愿赐名及钟，上嘉其意，诏以承天万寿为额，并以钟赐焉。授加排归德将军”。[①]三佛齐本国建佛寺、铸钟、取寺名，本为其国“内政”，但三佛齐要将其变成一种两国间的外交活动，派遣使臣到中国要求宋真宗（998–1022在位）为其寺庙题名、赐钟，其目的就在借佛事谋国事，以佛教为纽带，拉近两国之间的关系，而铸钟、制作匾额，装船运送都由广州官员承办，事实上广州是这种佛化外交活动的筹划和操办基地。

宋代僧人参与的外交活动仍然不绝于史。前面提到赴印求法的法遇法师搭乘商舶途经三佛齐时，遇到竺僧弥摩罗失黎语不多，邀请他至中土译经。法遇回国后打算第二次前往印度，请求皇帝“给所经诸国敕书”，三佛齐是宋朝皇帝赐给敕书的国家之一。[②]是亦僧人兼外交使节之例。

四、佛教在三佛齐与广州商贸中的相互依存与互动

海路佛教文化交流本来以商贸活动为依托和基础，可以说是商贸搭台，佛教唱戏。但到宋朝和三佛齐时代，佛教交流成为一种双方认可且具有广泛社会影响的力量时，商贸活动又依托佛法

① 事见（元）脱脱、欧阳玄等:《宋史》489卷《三佛齐传》，北京：中华书局，1977年版，第14089页。

② 事见（元）脱脱、欧阳玄等:《宋史》489卷，《天竺传》，北京：中华书局，1977年版，第14105页。

交流活动，形成佛教搭台，商贸唱戏的局面。

在各国与印度的佛教文化交流中，许多国家都在印度建有佛寺，包括三佛齐等南海诸国都在印度建有本国的佛寺，供本国求法僧众和商人停留、居住。[①]因此，唐代武周时的求法僧义净才有了向武则天上书希望大周于西方（即印度）造寺的建议，这种建寺活动其实就是佛教交流和商贸活动互为依托的表现。在三佛齐与广州的佛教文化交流中也出现了这种类似的情形，最具典型的就是学界业已进行了众多研究的三佛齐城主“地主都首领”地华加啰（Deva Kulo）在广州重修天庆观的历史事件。

1957年在广州海珠北路与净慧路附近发现了《重修广州天庆观碑记》，由此引发了学界对三佛齐重修广州天庆观问题的研究。天庆观遗址在今海珠北路祝寿巷，其前身为唐时的开元寺，约兴建于武后垂拱年间（685–688），北宋大中祥符二年（1009），开元寺被更为道教观庙，称天庆观。仁宗皇祐四年（1052）广西安南边境僮族起义首领侬智高围攻广州焚毁该观此后，道教中人欲重修宫观，但因费用巨大，一直未能实施。宋英宗治平四年（1067）三佛齐“地主都首领”地华加啰出资兴建已被焚毁的广州天庆观。历时十八年，耗费巨额资金，至神宗元丰二年（1079）工程方告完成，工程完成之后由天庆观住持崇道大师赐何德顺立碑勒石，纪其功德。关于地华加啰之身份、其委托重修人员往来三佛齐和广州两地之经历，重修宫观之经过、修复宫观之目的、

① 三佛齐曾在南印度注辇国（Chola）科罗曼德海岸（Coromandel Coast）内加巴塔姆（Negapat-am）建筑佛寺（ChulamanivarmaVihara），供其国赴印活动的商人和僧人居住。参见林家劲：《两宋与三佛齐友好关系略述》，《中山大学学报》1962年第4期，第106页；另参见黎道纲：《〈宋史〉地华加罗身份的争议》，《南洋问题研究》，2004年第2期，第56页。

动机、作用、影响前辈时贤多有讨论，此不赘述。地华加啰身份复杂显赫，他既是三佛齐的“地主都首领（相当于城主）”，同时又于1076年成为南印度强国注辇国（Chola）的国王罗贞陀罗·调华·库洛东伽（Chola Deva Kulottunga），并于宋熙宁十年（1077）代表三佛齐和注辇国到中国朝贡。[①]三佛齐和注辇两国都不信仰道教，其修复天庆观并非出自自己的信仰偏好，而是因为宋朝国君偏爱道教，借此重修活动以投其所好，拉近与宋廷之关系，同时，博得海路商贸重镇广州地方官民的好感，以及为三佛齐商人在广州谋得一个落脚之地，诸如此类问题学界多有讨论，此不详述。[②]这里要指出的是，天庆观当时虽为道观，重修天庆观与佛教文化交流及商贸活动也有着密切关系，据重修三佛齐碑文记载，三佛齐观宫修复工程之后，花费四十万金钱为天庆观购置田产“入充道流之用”外，同时还花费“金钱各十万在净慧寺置田，均为僧尼斋粥之费”。[③]也就是说，三佛齐在为天庆观购置了四十万金钱的田产之后，还为净慧寺（今广州六榕寺）购置了十万金的

---

① 事见（元）脱脱、欧阳玄等：《宋史》《三佛齐传》和《注辇传》，北京：中华书局，1977年版，第14089–14090页。另参见黎道纲：《〈宋史〉地华加罗身份的争议》，《南洋问题研究》2004年第2期，第52页。

② 关于三佛齐重修天庆观的讨论参阅戴裔煊：《宋代三佛齐重修广州天庆观碑记考释》，载《学术研究》1962年第2期，第63–76页；林家劲：《两宋与三佛齐友好关系略述》，《中山大学学报》1962年第4期，第99–107页；［印度］K.A.尼罗干达·沙利千期（马德拉斯大学）：《印度尼西亚古代史上的室利佛逝（上）》，《南洋问题资料译丛》1957年7月2日，第89–107页；周南京：《历史上中国与印度尼西亚的文化交流》，周一良主编：《中外文化交流史》，郑州：河南人民出版社，1987年版，第207–209页；黎道纲：《〈宋史〉地华加罗身份的争议》，《南洋问题研究》2004年第2期，第52–58页。

③ （清）郑荣等修、桂坫等纂：（宣统）《续修南海县志》《金石略一》，岭南美术出版社据宣统三年（1911）羊城留香斋刻本影印，1909年版，第278页；另见戴裔煊：《宋代三佛齐重修广州天庆观碑记考释》文末所附之碑文录文，载《学术研究》1962年第2期，第75–76页。

田产净业，以供养寺院僧众。对此一举动，学界似较少注意，如果说重修天庆观并购置四十万金田产更多是为了外交和商贸的需要，那么为净慧寺置净业则更多是出于信仰的需要，因为毕竟三佛齐是一个佛教国家，僧人来到广州活动住在道观多有不便。即使到了宋代，印度佛教逐渐衰落直至消亡，三佛齐仍然是佛法传播中心，据记载，入藏传法的密宗大师阿底峡（982–1054），曾在印度那烂陀寺学习，后听闻“金洲（苏门答腊）法称大师”一代宗师，遂于31岁时携125名弟子赴三佛齐跟随法称法师学习慈悲菩提心法十二年之久，可见室利佛逝佛教之兴盛。[①]故宋代仍有许多三佛齐的僧人航海来穗，重修天庆观并为净慧寺购置净业田产，既是为三佛齐僧众在广州谋得一处落脚之地，也是为三佛齐商人在广州博得一个好名声从而得到更多的商业机会。事实上，在宋代的广州蕃坊中就有弘传佛教密宗的三佛齐人。

五、广州蕃坊中的三佛齐佛教居士

过去对广州蕃坊宗教信仰的研究大多集中在伊斯兰教方面，对蕃坊中的佛教信众进行关注的学者较少，其实在宋代蕃坊中就有弘传密教的三佛齐佛门中人。[②]

据宋代朱彧《萍洲可谈》记载：“余（朱彧）在广州，尝因犒设，蕃人大集府中，蕃长引一三佛齐人来，云善诵《孔雀明王经》。

① 袁健：《室利佛逝及沉船出水的密宗法器》，《故宫博物院院刊》2007年第6期，第144页；另参见袁鸿：《阿底峡尊者：“一带一路”文明使者》，《法音》2020年第9期。

② 蔡鸿生：《广州海事录——从市舶时代到洋舶时代》提到了广州蕃坊的三佛齐人，但并未进行更为深入的分析。北京：商务印书馆，2018年版，第95–96页。

余思佛书所谓真言者，殊不可晓，意其传讹，喜得为正，因令诵之。其人以两手向背，倚柱而呼，声正如瓶中倾沸汤，更无一声似世传孔雀真言者。余谓其书已经重译，宜其不同，但流俗以引书为荐亡者，不知中国鬼神如何晓会”。[①]

据此段简略的记载，我们可以知道，此善诵《孔雀明王经》的三佛齐人乃“蕃坊”中的三佛齐侨民，因为朱彧设宴款待来广州从事商贸活动的蕃商，类似于今天的招商引资活动，由蕃坊负责人“蕃长”将此善诵《孔雀明王经》的三佛齐人引荐给朱彧，当然，引荐之目的是为了投朱彧所好，因为朱彧“思佛书所谓真言者（Mantra），殊不可晓，意其传讹，喜得为正，因令诵之”。即朱彧一直以为佛门中之真言咒语，其意难解，即使发音不正确，也难以知晓。希望通过一位真正懂得密宗真言“正”音的高人，以了解正确的真言咒语之发音。然而，这位三佛齐人的真言读诵大出其预料之外，与他平常听到的真言咒语完全不同，“更无一声似世传孔雀真言者”，所谓“世传孔雀真言”者一定是他平常听到的中国僧人持诵的汉译真言咒语，而这位三佛齐人读诵的肯定不同于汉语而是梵语真言，因为在室利佛逝（三佛齐的前身）的寺庙中四众弟子们就是以梵文念诵佛教经咒，对此，驻锡室利佛逝十多年的唐代求法僧义净就明确记载道：“又南海诸洲，咸多敬信，人王国主，崇福为怀，此佛逝廓下僧众千余，学问为怀，并多行钵，所有寻读乃与中国不殊，沙门轨仪悉皆无别，若其唐僧欲向西方为听读者，停斯一二载，习其法式，方进中天亦

① 事见朱彧：《萍洲可谈》卷2，北京：中华书局，2007年版，第136页。

是佳也。”[①]其中的“与中国不殊”的“中国”并非是华夏，乃是指中印度（Madhyadeśa），[②]所谓“所有寻读乃与中国不殊”，指的是室利佛逝僧人读诵佛典所用语言文字与印度一样，都是梵语。朱彧描述其读诵“声正如瓶中倾沸汤”，“瓶中倾沸汤”是什么声音呢？就是咕噜咕噜的声音，意即有众多的弹舌之音，而这正是梵语真言发音的特点。《孔雀明王经》从姚秦（384–417）鸠摩罗什开始就有传译，一直到宋代前后都有人翻译，现存藏经中共有六种译本，而以唐玄宗时不空三藏的译本最为通行。[③]其序言开篇就讲此经之巨大实用价值，“《佛母大孔雀明王经》者，牟尼大仙之灵言也，总持真句、悲救要门，绾悉地之玄宗、息波澜之苦海。”“演陀罗尼，能超众苦，发声应念，系缚冰销。”[④]“悉地”，梵语Siddhi，乃成就之意；陀罗尼（dhāranī）意总持，亦指真言咒语。即此真言乃取得现实成就、息灭苦海波澜之妙法，能超拔众苦，只要根据正念发声持诵，所有“系缚”就会冰消瓦解。此经虽然具有如此法力，但经文之晦涩难懂，佶屈聱牙，一般人望

① （唐）义净译《根本说一切有部百一羯磨》中所作的一条注。《大正藏》第24册，第477页C栏。

② “中国”一词，在求法僧所撰之文献中有时指中印度，有时指整个印度。古代印度人将五印之中央部分称为Madhyadeśa，即“中国”之意。中国僧人有时沿袭印度人这一用法，以“中国”指中印度，有时又以“中国”指整个印度。参见王邦维：《再说“洛州无影”》，《唐研究》卷10，2004年版，第377–382页；另参见B.C.Law，*Historical Geography of Ancient India*，Delhi：EssEss Publications,1976, pp.11–15.

③ 《孔雀王咒经》亦称《孔雀王陀罗尼经》《孔雀明王陀罗尼经》《佛说孔雀王咒经》。前后共六译：后秦鸠摩罗什译：《孔雀王咒经》一卷、南朝梁扶南国僧伽婆罗译：《孔雀王咒经》二卷、唐不空三藏译：《佛母大金曜孔雀明王经》三卷、唐义净译：《大孔雀咒王经》三卷、失译：《大金色孔雀王咒经》一卷、失译：《佛说大金色孔雀王咒经》一卷。其中不空译本最为流行。参见刘金宝：《中国佛典通论》，石家庄：河北教育出版社，1997年版，第181页。

④ （唐）不空译：《佛母大金曜孔雀明王经》，《大正藏》，第19册，第415页A栏。

之如同天书，不要说读诵，就是文字也难以认知。如唐不空译本前面有一段《读诵佛母大孔雀明王经前启请法》，其中就有一段咒语：

怛你也（合二）佗（声引一去）迦哩迦啰（引）哩（二）矩畔（引）腻（三）饷弃（四）迦么啰（引）乞史（合二）贺（引）哩（引）底（五）贺哩计（引）施室哩（二合引）么底（丁经切六）加哩冰（卑孕切）誐黎（七）揽迷钵罗（合二）揽迷（八）迦攞播（引）势（九）迦攞戍（引）娜哩（十）。[①]

括号里为发音说明（《大藏经》中实为小字夹注），但对一般人而言，如堕五里雾中，不知所云。因为经文多数是咒语，而且又被译为汉语，一般人根本无法阅读，更不知如何正确发声，朱彧的困难也在这里。所以，经文序言中对如何读诵、正确发声做了翔实的说明。“此经须知大例，若是寻常字体傍加口者，即须弹舌道之，但为此方无字故借音耳；余自准可依字直说，不得漫有声势，致使本音即便乖梵韵。又读诵时，声合长短，字有轻重，看注四声而读，终须师授方能惬当。”[②]

所谓的“寻常字体傍加口者”，即正常的字加一个口字旁，即需发弹舌音，“声合长短，字有轻重”，即元音或韵母有长元音和短元音之分，虽译为译语，也要有所区别。如前面《启请法》的咒语中的“哩”都发音“ri”，啰都发音“ra”；注有“引”字的都发长音，如“迦哩迦啰（引）”则“啰”音“rā”；“怛你也（合

① 净宗学会印：《乾隆大藏经》第29册《五大部外重译经》（六），第601页。
② （唐）不空译：《佛母大金曜孔雀明王经》，《大正藏》第19册，第415页B栏。

二）佗（声引一去）”中的“佗”发音“thā”，且为去声。①

这对没有长短元音概念的中国人来说的确是很难的，所以，“终须师授方能惬当”，最好有老师（所谓的阿阇黎，ācārya）指导发音方为妥当。而这位善诵《孔雀明王经》的三佛齐人就属于广州当时这种指导发音的阿阇黎。由于朱彧不懂梵语，当然对其梵语读诵也就莫名其妙了。最后只能调侃说“流俗以引书为荐亡者，不知中国鬼神如何晓会”。即一般俗人以为此经咒乃超度亡灵之用，用这种梵语读诵，不知道那些不懂梵语的中国鬼神们如何知晓其意。

宋代正是三佛齐密宗兴盛的时代，三佛齐人来广州弘传密法也在情理之中，虽然文献只记载了一例，但蕃坊中显然不会只有一位善诵密咒的三佛齐人，以三佛齐与广州贸易之密切，双方佛教僧俗往来之频繁，蕃坊中精通佛法或密法的三佛齐人应该不在少数，三佛齐为蕃坊附近的净慧寺购置田产净业，既是商贸的需要更是信仰的需要。以商事助佛事，以佛事促商事，商佛互动，成为宋代三佛齐与岭南佛教文化交流的一大特色。

六、余 论

今天学界所称的“海上丝绸之路”，即汉魏时代所称的“南海

① 《启请法》的咒语中的开头几句“怛你也（合二）佗（声引一去）迦哩迦啰（引）哩（二）矩畔（引）腻（三）饷弃（四）迦么啰（引）乞史（合二）贺（引）哩（引）底（五）贺哩计（引）施室哩（二合引）么底（丁经切六）”，其梵文形式为：Tadyathā.kālikarālikūmbāṇḍi, śaṁkhini, kamalākṣi, hārīti, harikeśi, śrīmati。参见CBETA2016版，第19册，唐不空译：《佛母大金曜孔雀明王经》注（38），第415页C栏。

道”，唐代所称的“广州通海夷道”和宋元时代则称之为“南洋”，这条著名的海上商贸航道一方联系着印度等“西方”诸国，一方连接着岭南诸港，特别是作为主要口岸的广州在中古时代曾被沿海道而来的印度人直呼为“支那（cīna）”，整个中国或都城长安则被称为“摩诃支那（Mahācīna）”，[①]印度佛教沿这条海上商贸航线传入中国时，处于太平洋和印度洋之间的印度尼西亚诸岛则是一个不可逾越的中转站和交汇之地，如果说岭南诸港是中外海道弘法僧人的出入港和北上通道的话，印度尼西亚诸岛则是佛法东来的中转站和瞭望所，其中，尤以苏门答腊、爪哇二岛为主体的室利佛逝和三佛齐与岭南关系最为密切，虽然“三佛齐”这一国名对当下的国人来说相当陌生，而且在今天中国人的口语中“爪哇国”常常比喻为遥不可及的地方，但唐宋时代的室利佛逝和三佛齐与岭南地区声气相闻、信息相通，商舶交错，梵影往返，商佛之间互为依托、互为辅助，在岭南广州与三佛齐之间演绎出动人的历史篇章，留下了众多的历史疑案等待后人发掘，也留下了众多的宝贵历史文化遗产等我们去开发继承。

① 古代印度人称广州为支那（cīna），称都城长安或整个中国为“摩诃支那（Mahācīna，意大支那）”。参见（唐）彦悰、慧立撰，孙毓棠、谢方点校：《大慈恩寺三藏法师传》卷7，北京：中华书局，2000年版，第162页；（唐）圆照：《贞元新定释教目录》卷14，《总集郡经录上之十四》，《大正藏》，第55册，第874页A栏；（宋）赞宁撰，范祥雍点校：《宋高僧传》卷2《极量传》，第31页；（宋）希麟：《续一切经音意》卷2《支那条》，《大正藏》第5册，第939页B栏。

晚清西方人笔下的广州佛寺

——以《广州七天》为例

华南师范大学　黄嘉彦

内容提要：本文以19世纪来华的英国传教士亨利·格雷所著的《广州七天》为中心来呈现晚清时期广州佛寺的历史图景，格雷的著作中最重要的是对广州佛寺建筑布局、历史文化以及佛寺活动的描述。通过这些著作的描述可以发现佛教与基督教在晚清广州佛寺这样开放的空间内广泛交流。此外，《广州七天》也通过其异域的视野为我们揭示晚清广州佛寺的发展变迁：广州佛寺失去政府的保护与支持，许多寺院规模逐渐变小，而寺院僧人在不良风气的侵扰下也有所堕落。

关键词：亨利·格雷；《广州七天》；广州佛寺

广州自古以来就是中外交流的一个重要窗口，在明清时期，随着政府“一口通商”政策的施行，更是成为中外经济、政治、文化的最为主要的交流口岸。这里是不少西方人认识中国的第一站，其自然而然也是许多西方人认识中国佛教的开端。从明中后期的利玛窦（Matteo Ricci，1552–1610）、罗明坚（Michele Ruggieri，1543–1607），到清中叶的马戛尔尼（George

Macartney，1737–1806）、阿美士德（William Pitt Amherst，1773–1857）使团，再到晚清许多西方商人、学者、画家、传教士，他们的笔下无不留下广州佛寺的身影。到19世纪末，广州佛寺更以铜版画、素描画、水彩画和摄影照片等形式出现在西方人的作品之中。这些都体现了广州的寺庙已经成为西方“中国印象”中一个重要的组成部分。正如法国画家博尔特提到：广州佛寺中宁静致远的环境令他忘记烦恼，寺院独具匠心的建筑风格与绘制精美的画作、神像令他沉迷。[①]西方人无不被寺庙独特的魅力所吸引，约翰·亨利·格雷（John Henry Gray，1823–1890）便是其中的一员。

格雷毕业于剑桥大学基督学院，获得文学硕士学位。1852年起就来华传教，在广州担任英国驻广州领事馆的主持牧师，后在1868年升任香港首任会吏长，直到1890年去世。[②]格雷的《广州七天》，1875年于香港出版，英文名为*Walks in the City of Canton*，是西方人描述广州城市风貌尤为重要的一本著作。其主要以游记的形式介绍了在广州七天旅游的行程计划，成为当时欧洲人游历广州的重要旅游指南。这本书相比于其他一些西方人游记，其所记录的佛寺庙较多，有海幢寺、海幅寺、净修庵、华林寺、长寿寺、西禅寺、光孝寺、六榕寺、檀度庵、观音寺、大佛寺、永胜寺、地藏庵、永泰寺、药师禅林、白云庵、大通古寺、鹫峰寺、东明寺等。此外其关于佛寺建筑的风格以及布局、佛寺历史、佛

① ［法］奥古斯特·博尔热著，钱林森等译：《广州散记》，上海：上海书店出版社，2010年，第39–43页。

② ［英］约翰·亨利·格雷著，李国庆、邓赛译：《广州七天》，广州：广东人民出版社，2019年，第3页。

寺文物、佛教礼仪活动等中国佛教相关的内容均有细致入微的介绍。以海幢寺为例，书中关于海幢寺的描述就有四十多页篇幅，这在晚清其他西方人的游记中是极为少见的。因此，格雷的《广州七天》对于研究晚清时期广州佛寺弥足珍贵。之所以格雷能有如此大篇幅来介绍广州佛寺，有两方面的原因：第一，经过两次鸦片战争，清政府同西方列强签订了一系列不平等条约，包括传教士在内的西方人有进入广州内城的机会，这使得西方人的活动空间范围变大。在西方人的游记中不再只介绍唯一被清政府允许参观的海幢寺，广州内城的许多佛寺也开始走进他们的视野。第二，在本书出版时，格雷先生已经在广州居住数年，习得一些汉语与粤语。他虽然作为一名传教士，但特别热衷于了解中国佛教，其在广州期间有不少在佛寺生活并与寺院僧人打交道的经历，因此对于广州的佛教文化有深入的了解。

格雷作为一名外国人，置身局外，对于广州寺庙的观察可能会相对客观，同时也以异域的视角，呈现出与中文史料不同的广州寺庙风貌，这对我们了解晚清时期广州寺庙真实的历史面貌有一定的帮助。本文以《广州七天》为例，对格雷记述中关于广州佛寺部分的内容进行一定的梳理与分析。①

① 除了此书外，本文还将参考格雷先生的另一部著作《中国：民众的法律、礼仪和习惯的历史》（*China：A History of The Laws，Manners and Customs of The People*）以及格雷先生夫人的著作《广州来信》（*Fourteen Months in Canton*）。格雷的这本著作于1878年出版，主要介绍了中国的政府、法律、人民礼仪习俗；格雷夫人的著作则是1876–1878年来广州游玩时写给亲人好友的书信集，其保留了不少与格雷游玩广州的观感，这些描述中有许多是格雷未细致讲述或不曾提及的。

一、格雷夫妇关于广州佛寺的介绍

（一）关于广州佛寺建筑布局的介绍

格雷先生特别注重对广州佛寺内部建筑物的描绘，包括佛殿、客堂、斋堂、舍利塔及其他院内具有代表性的建筑设施的布局，对这些建筑布局的记述基本准确。以光孝寺和华林寺为例，格雷提到光孝寺：“到达寺院后，我们进入一个大庭院，其三面都围以宽敞的回廊……庭院右边立有一座钟楼，左边是一座鼓楼。供奉三尊佛像的大雄宝殿正对着寺庙的大门……大殿后矗立一座古老的砖塔，塔下大概是高僧的遗骨。根据中国史书的记载，我们被告知，里面装有入寺修行的弟子剃下的头发……离开这座大殿，我们见到庭院里立着一根短石柱，和尚们说那石柱形似一把伞……我们还看到寺院里面有两口古井，第一口名为达摩，第二口井被有些人称为诃井，也有些人称为罗汉井或弟子井……他（刘鋹）赐给光孝寺两座铁塔，每座高22尺。这两座铁塔一座在寺院东面，一座在寺院西面。”格雷书中描述的三面围有的回廊，当指光孝寺的东、西、南廊。光孝寺原本是被四个回廊所包围，因清顺治初，平南王尚可喜将其北廊截为驻防旗舍。其所提到的装头发与遗骨的古老砖塔即禅宗六祖瘗发塔，清乾隆时顾光所编《光孝寺志》卷三《古迹志》云：“瘗发塔在菩提树右。唐仪凤元年四月八日法性寺住持僧法才募众建塔，在菩提树之右，为六祖瘗发，立碑纪之。塔以石基灰砂筑成，七层，高二丈。”[①]伞形短石柱应是唐代大悲心陀尼罗经幢。《光孝寺志》载：“其于大殿外西南角，幢以青石为身，高三尺许。形如短柱，下石趺座高二尺许，上宝盖高一尺许，幢身八面，携《大悲咒》，字多漫漶残缺。”[②]将格雷所述的建筑方位与《光孝寺志》所载乾隆“今志全图”中的建筑布局（图1）对照，基本吻合，从中也发现光孝寺自乾隆到光绪时期的建筑布局基本上没有太大的变化。而关于华林寺的布局，格雷描述道：“寺中有三座大殿，分别是大雄宝殿、舍利殿、观音殿。走出观音殿，穿过方丈堂，即是五百罗汉堂。罗汉堂旁边为崇德殿，崇德殿旁边即是树福殿和檀越堂。”[③]将这一描述同民国初年华林禅寺图（图2）进行比照，其也基本准确。此外，由于关于广州佛寺建筑布局的史料并不多见，格雷的这些描述就成为珍贵的史料。如长寿寺，是清代广州五大丛林之一，但在1879年由于民众暴动，惨遭摧毁，从此再也没重建过。因此很难再还原长寿寺的历史面貌。《广州游览小志》中曾载：“寺西偏有池，通珠江，增减应潮汐。池北为半帆，循栏曲折而东，为绘空轩，轩前佛桑宝相诸花，丛萃可爱。由半帆并池而南，缘岸皆荔枝龙眼。池之南为怀古楼，洞明高豁，其下为离六堂，水木清华，房廊幽窈，如吴越闻寺。有拈花释迦像，饰以黄金、珠

① 顾光、何淙修撰，仇江、曾燕闻点校：《光孝寺志》，广州：广东教育出版社，2015年，第42页。

② 同上，第46页。

③ ［英］约翰·亨利·格雷著，李国庆、邓赛译：《广州七天》，第91、102页。

玉、砗磲、玛瑙之属，庄严妙好。又有铜像，云是唐铸也。”[①]王世贞的描述主要对寺院花园与佛像进行描述，但缺少对长寿寺主要殿堂格局分布描述，而格雷则在书中有所提及：长寿寺的第一个殿堂为大雄宝寺，第二个大殿为舍利塔，第三个大殿则供着长寿佛，而观音菩萨则在长寿佛神龛的小楼阁上。海幢寺的建筑布局由于中国史料没有明确的记载，因此对于其认识以往也是较为模糊的。而格雷的描述则对此提供极大的帮助，宋家钰等先生就曾将格雷的《广州七天》结合其他史料对晚清时期海幢寺建筑布局作了很好的考证，限于篇幅，笔者将不再对其赘述。[②]

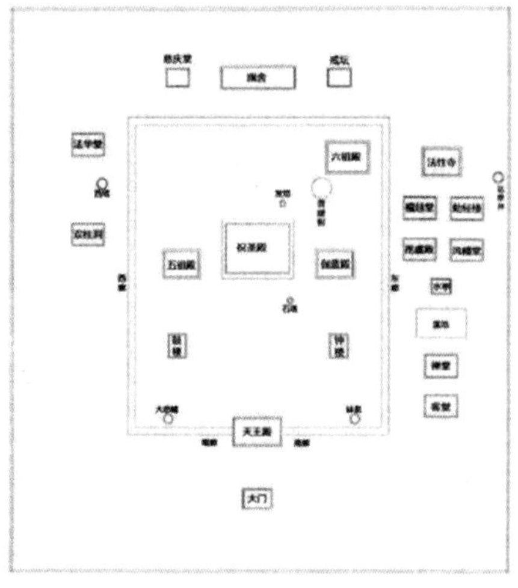

图1　据《光孝寺志》今志全图绘制而成[③]

---

① （清）王世贞：《广州游览小志》，《丛书集成初编》第3124册，北京：商务印书馆，1985年，第51页。

② 王次澄、吴芳思、宋家钰、卢爱滨编著：《大英图书馆特藏中国清代外销画精华》第5卷，广州：广东人民出版社，2011年，第21–22页。

③ 转引自程建军、李哲扬著：《光孝寺建筑研究与保护工程报告》，北京：中国建筑工业出版社，2010年，第16页。

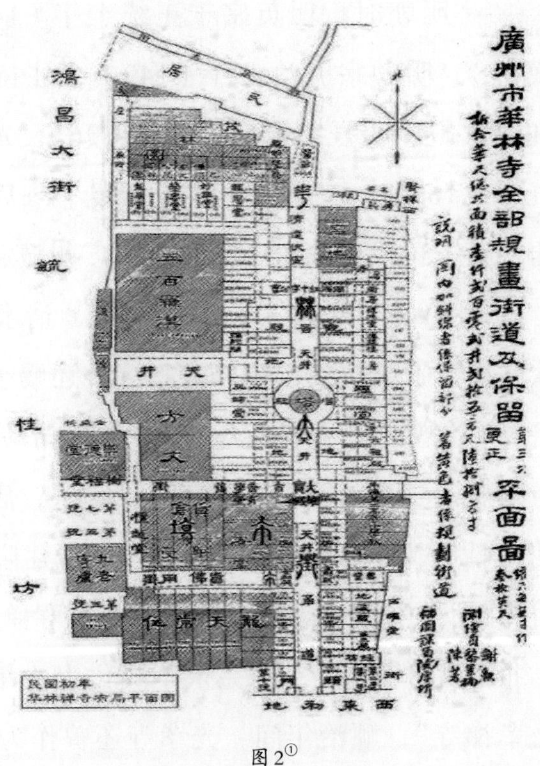

图2①

（二）关于广州佛寺历史文化的介绍

除此佛寺的建筑布局，格雷对于广州佛寺中的寺院历史文化也尤为关注，其所关注的主要有两方面，分别是佛寺的沿革、佛寺神灵故事。格雷对广州佛寺相关历史的介绍尤为细致全面，其中又以光孝寺的历史叙述得最为完整。其介绍光孝寺建于东晋安帝时期，寺院原是南越王赵建德的故宅，后被虞翻购得建为花园，虞翻后则将其赠予僧人，僧人们得到这片地后，在上面建了一座寺院，司马德昭赐名为王园寺和祖园寺。后三藏法师从天竺

① 转引自梁蔼雯：《达摩与广州“西来初地”》，《岭南文史》2016年第1期，第55页。

而来担任住持……明朝时，明英宗于正统十年（1445）赐寺院十二卷《大藏经》，明孝宗弘治七年（1494），住持僧人定俊给寺院新修了四座大殿。明熹宗天启六年（1626），光孝寺再次扩建……崇祯九年（1636），光孝寺再次被修复……后来，光孝寺又在陈子壮的促请下再次翻修……清兵攻陷广州城后，光孝寺遭到大肆破坏。广州的两个本地人上书顺治帝，请求拨款重修寺院。顺治帝欣然应允，不仅拨款重修光孝寺，还赐予许多房子和土地……各朝君主都曾为光孝寺改名。比如东晋司马德宗赐它“王园寺”和“祖园寺”，唐太宗赐名“乾明法性寺”，唐武宗于会昌五年改“乾明法性”为“西云道宫”，宋太祖于建隆三年（962）改名为“乾明禅院”，宋徽宗改寺名为“崇宁万寿禅寺”，南宋高宗改寺名为“报恩光孝禅寺”，明宪宗于成化十八年（1482）又改寺名为“光孝禅寺”，顺治年间，光孝寺还曾作为10次科举考试的场所。之所以把寺院当作贡院，是因为当时清兵攻陷广州，原来设在观音山附近的贡院全部毁于战火。①

以上可以看到，格雷对于佛教历史的了解尤为详细，书中关于年号、寺名等特有名词他并没有翻译为英语，还保留其中文的形式。参照现存的《光孝寺志》《羊城古钞》以及《广州府志》《南海县志》等史书的记载，其基本正确。如《羊城古钞》提及：“本尉佗玄孙建德故宅。三国吴虞翻谪南海居此，废其宅为苑囿……时人称‘虞苑’，又曰诃林。翻卒，妻、子还吴，施其宅为寺，匾曰“制止”。东晋帝隆和中，宾国三藏法师始创为‘王苑朝廷

① ［英］约翰·亨利·格雷著，李国庆、邓赛译：《广州七天》，第155–161页。

寺'，又曰'王园寺'……唐贞观间，改'制止王园'为'乾明法性寺'……会昌五年，改'乾明法性'为'西云道宫'……宋太祖建隆三年，改为'乾明禅院'。徽宗改为'崇宁万寿寺'……高宗诏改'报恩广孝禅寺'……明洪武十五年，始设僧纲司，颁发印信，置官正副二员。正统十年，御赐《大藏经》十二函……弘治七年，僧定俊鼎建四廊。"[①]又据现存《光孝寺志》提及"(崇祯)十五年，天然函昰禅师开法诃林，应宗伯陈子壮及绅士道俗等所请也……八年辛卯，广东乡试，以光孝寺作贡院，前明贡院毁于兵火，故暂设棘于此"。[②]但在格雷的记述中也有不少的错误，如其在介绍海幢寺时提到"该寺由一个名叫池月的僧人在康熙十一年（1672）创建"，[③]实为有误，如清代王令《创建海幢寺碑记》提及"前有僧光半、池月募于长耆郭龙岳，稍加葺治，成佛堂、准提堂各一"，[④]郭龙岳当是明末清初人，因而池月应是这一时期的人。而康熙十一年（1672）则是平藩建天王殿，其山门则巡抚刘秉权所建也。[⑤]又如，华林寺，其提到"此寺是印度僧人达摩于公元502年建造的，他花了三年的时间，从印度漂洋过海过来中国"，根据前人研究可得，华林寺建立的时间不可能为502年，因此格雷这一说法值得存疑。[⑥]

格雷不仅对于寺院历史有兴趣，其笔下也描绘了许多佛教神

---

① 仇巨川著，陈宪猷校注：《羊城古钞》，广州：广东人民出版社，1993年，第250–251页。

② 顾光、何淙修撰，仇江、曾燕闻点校：《光孝寺志》，第20页。

③ ［英］约翰·亨利·格雷著，李国庆、邓赛译：《广州七天》，第22页。

④ 冼剑民、陈钧鸿编：《广州碑铭集》，广州：广东高等教育出版社，2006年，第179页。

⑤ 释新城主编：《海幢寺春秋》，广州：花城出版社，2008年，第2页。

⑥ 根据赵立人先生的《菩提达摩与西来初地》（载于《文史纵横》2012年第4期）一文，可知关于达摩来华建寺的时间主要有公元526年、527年、479年、520年四种说法。

灵的故事。如四大天王、海幢寺十六罗汉、观音菩萨等神灵故事。格雷了解的这些故事，很多并非来自佛教原典，实际上是中国民间所流传的传说。如其提到四大天王掌管风、火、水、气、雨等元素，并镇守天界东、南、西、北四方，[①]这实际是由于元末明初以来中国文学作品中将毗沙门中国化所体现的一种形象。[②]又如，其在书中介绍观音菩萨的故事：其前身为妙善公主，妙庄国王之女。公主一心向佛，在白雀寺修行，但国王对此事尤为不满，百般阻扰，甚至放火烧寺以及想要杀掉公主。在神灵的庇护下，国王计划均失败，最终国王只能把公主抓出寺院进行囚禁。公主知道父亲不会让她返回寺院，于是选择了上吊自尽。后来公主历经阎罗府，十殿阎罗被其虔诚向佛的心所感动，放回阳世。公主最后到达香山，成为大慈大悲的菩萨。[③]这一故事实际上并非佛教原典所记载，据《妙法华莲经·观世音菩萨普门品》中提及“众生在碰到各种困厄灾难时，只要信奉观世音菩萨，一心称念其名号，菩萨就会出现，故称观世音”。[④]而将观世音身世同妙善公主结合起来目前最早追溯到宋朝，其广泛流传在民间传说、文学作品之中。明清以来，各种俗文学、戏剧等作品更是增加了妙善公

---

① 此处中译文疑似有误，其曰“这四大天王分别守护天界的四方，也就是第一位守护南方，第二位西方，第三位北方，第四位东方”（约翰·亨利·格雷：《广州七天》，李国庆、邓赛译，第24页），查格雷原文为Of these four heavenly kings，a presiding watchfulness and supreme direction over the eastern，the second，over the southern，the third，over the western，and the fourth，over the northern quarter of the heavens.即第一位天王掌管东方，第二位南方，第三位西方，第四位北方。此外，也可观得格雷对四大天王镇守的方位叙述有误，正确方位应为南、西、北、东。

② 赖永海主编：《中国佛教百科全书》第五卷，上海：上海古籍出版社，2001年，第318页。

③ 约翰·亨利·格雷著，李国庆、邓赛译：《广州七天》，第30–33页。

④ 赖永海主编：《中国佛教百科全书》第五卷，第282页。

主游历阎罗殿的故事情节。[①]

通过上述梳理，说明格雷笔下的佛寺历史是既丰富又详细的，其关于佛寺沿革的年代、年号、佛教神灵的名称等都能很准确地记载下来，在晚清西方人的游记中相当少见。由此笔者产生一个疑问，他如何能够书写出如此细致入微的历史故事的？要解决这个问题，首先要认识格雷了解相关广州佛寺历史的途径。笔者推测格雷了解信息的途径主要有三种。其一，格雷在当时应该是收集并查阅过一些有记载广州佛寺历史相关信息的中国书籍，其在撰写《广州七天》时充分参考了这些书籍。从上述所提及的光孝寺的历史可以看出，其行文的方式，讲述各个时期光孝寺寺名演变的顺序同《羊城古钞》的行文顺序几乎如出一辙，内容也高度吻合。书中不仅这一处，格雷提到大通古寺以及西禅龟峰寺的历史时，其记述的内容同《羊城古钞》中所载也高度一致。[②]还有一例可以佐证，如格雷在讨论中国金鱼的饲养时，提及了《本草纲目》《物理小识》《格致镜原》等书，[③]从中也说明格雷在中国了解过许多中国典籍。其二，许多信息应当来自寺中存有的文物，如碑刻、钟铭、塔铭等。格雷在游览佛寺时，特别关注这些有文字信息的文物，甚至将部分信息抄录下来。海幢寺、大佛寺、光孝寺等寺中大钟上的铭文在书中均抄录部分。此外，如其讲述海

---

① 具体可参见以下二书中的相关研究：杜德桥著，李文彬译：《妙善传说——观音菩萨缘起考》，台北：巨流图书公司，1999年；周秋良：《观音故事与观音信仰研究——以俗文学为中心》，广州：广东高等教育出版社，2009年。

② 但这并不能说明格雷参考了《羊城古钞》，因为《羊城古钞》主要是岭南文史资料的辑录，因此关于格雷究竟参考哪些中文典籍作为其行文的资料还有待进一步考证。

③ ［英］约翰·亨利·格雷著，李国庆、邓赛译：《广州七天》，第112–114页。

幢寺后花园白鹿亭的故事就提到该故事来自花园中所立的黑色石碑。[①]此碑当为雍正八年所立的《海幢瘗鹿亭并铭》，查其碑文与格雷所讲同为一事。[②]其三，格雷有些信息应该也是来自于游览佛寺时的听闻。如关于海幢寺山门的神像，其就提到“据寺中僧人说，它们是为该寺守门的八大金刚中的两位”。[③]书中也有多处语句表达为“we were induced to visit it”，也可说明这一点。此外，一些故事也可能是来自游走在各个佛寺为外国人充当翻译的人口中，他们被称为“金沙”（赏钱），凭借所掌握的“广东英语（Canton English或Pidgin English，即洋泾浜英语）”常常陪同外国人参观建筑，并充当向导。[④]而格雷在书中所出现的一些错误，可能有两方面原因：第一，格雷听到和看到的这些故事本身就存在某些偏差，导致以讹传讹。第二，格雷在解读这些史料上出现偏差。格雷虽然学习了中文，但其中文水平可能还达不到读懂中国的文言文的水平，从其书中提及部分碑铭由广州副领事加德纳帮助其翻译为英文可以看出这点。[⑤]

（三）关于广州佛寺妇女活动的介绍

格雷夫妇也特别注意到了广州佛寺中妇女的活动。晚清妇女们到佛寺中多是进行祈福活动：在观音殿举行祈福典礼，主要为

---

① ［英］约翰·亨利·格雷著，李国庆、邓赛译：《广州七天》，第30–39页。

② 郭棐编撰；陈兰芝增辑；王元林点校：《岭海名胜记增辑点校》，西安：三秦出版社，2016年，第551页。

③ ［英］约翰·亨利·格雷著，李国庆、邓赛译：《广州七天》，第23页。

④ 杨宪钊：《变动社会中的晚清佛门实录——基于*Walks in the city of canton*：*with an itinerary*一书的考察》，《地方文化研究》2018年第2期，第97页。

⑤ ［英］约翰·亨利·格雷著，李国庆、邓赛译：《广州七天》，第308页。

亲人和孩子祛病消灾；将带有孩子名字的红纸条贴在所选的天王塑像身上，祈求神灵保佑自己的孩子；在光孝寺的睡佛像前祈祷自己怀孕生子。格雷还描绘了这些祈福仪式的程序，为了解当时妇女在寺院中的活动留下宝贵的史料素材。如“在观音殿做祈福法事时，神像正前方摆放两张桌子，彼此之间相隔两米。桌上整齐地摆放着水果和鲜花，作为给菩萨的奉献。身着华服的女子围着桌子或坐或跪，和尚在乐声中踱着小步，绕桌而行。当乐声转急，他们的步子也相应加快，最后那8名和尚甚至绕着桌子奔走不迭……”“信徒们回去各个供奉观音的寺庙礼拜，为自己或生病的亲人祈福，在高悬的长明灯上点燃棒香，然后高举着带回家。他们把这些棒香当作得了菩萨保佑的供奉，插在祖宗排前或灶王爷的神”，“许多信徒（主要是妇人）经常来此楼祈求。这些妇人多不育，她们认为赞美睡佛并向之祈求，就会得到后代。女信徒们往往给睡佛盖上另外的类似床单，就可以拿走睡佛身上现有的床单，然后将这床单放在自己床上，以帮她们怀孕生子。”[①]寺院不仅是妇女祈福的场所，也是丧祭的重要场所。清明时节往往会有人们前来朝拜观音，在观音殿上供给纸衣、纸人、纸元宝，之后将其焚化。[②]在中元节那天会有成百上千妇女会前往地藏庵哭丧，她们无论贫富都统一身着素衣，在亲人的灵位前哭得撕心裂肺。[③]除此之外，佛寺还是妇女死后安放牌位的地方，不少妇女担心死后无人祭拜，由此付一笔钱给佛寺让他们安放牌位。华

① ［英］约翰·亨利·格雷著，李国庆、邓赛译：《广州七天》，第33、160页。

② 同上，第33页。

③ ［英］格雷夫人著，邹秀英等译：《广州来信》，广州：广东人民出版社，2019年，第114页。

林寺的崇德堂、树德堂和檀越堂在当时就是安放牌位的地方。[①]

从格雷夫妇的描述中也可以反映出晚清时期广州妇女寺院活动的两个特点：第一，妇女寺院内的宗教活动内容多与家庭生活有关。这可能是因为中国传统社会赋予了妇女照顾家庭的职能，这使得她认为家庭成员平安祈福是一种责任，同时到寺院内祈福能比在家内持经念佛更具有效果。[②]第二，妇女与寺院接触频繁。虽然从清初以来，统治者就不断禁止妇女进入佛寺烧香，以此整顿地方风俗。[③]但清末广州寺院管理者和百姓对于这些禁约熟视无睹，仍然还有许多妇女出入寺庙，甚至还能够付一笔钱就在寺中暂住数日。[④]寺院不再仅仅是满足清代妇女精神慰藉的心理需求和解禁身心、娱乐游玩的生理需求[⑤]，实际上寺院还能为她们安放牌位，成为其生命依托的一个重要现实场所。

二、格雷记述中所呈现的广州佛门历史变迁

格雷游记中不仅呈现了清末广州佛寺的历史风貌，实际其中还反映了清末广州佛门的历史变迁。可以看出当时广州佛门有所衰微。第一，寺院规模缩小和僧侣人数的减少，如西禅寺，东晋

---

① ［英］约翰·亨利·格雷著，李国庆、邓赛译：《广州七天》，第102页。

② 赵世瑜：《狂欢与日常——明清以来的庙会与民间社会》，上海：生活·读书·新知三联书店，2002年，第270页。

③ 何素花：《清初士大夫与妇女——以禁止妇女宗教活动为中心》，《清史研究》2003年第3期，第66页。

④ ［英］格雷夫人著，邹秀英等译：《广州来信》，第130页。

⑤ 李永菊：《明清女性参加庙会的文化需求》，《湖北大学学报（哲学社会科学版）》，2004年第5期，第581页。

安帝时就已存在。明嘉靖时虽受到魏校毁寺运动的影响，但清初在尚可喜的扶持下又重新建立，并且两广总督还为此扩建，建造万佛楼。但到了清末，该寺已经几成废墟，同时寺中的僧人只剩下两三个。[①]永泰寺到乾隆时期仍不断被翻修，但到晚清也呈现颓势，寺院里只住着两三个和尚。[②]许多寺院甚至已经难以为继。第二，僧团堕落，宗风不振。在格雷夫妇的记录中提到除了部分僧人一心向学，许多僧人破坏清规，他们沾染鸦片、赌博。[③]此外，僧团素质也是良莠不齐，很多僧人都来自贫困家庭，因此文化素养偏低。寺僧文盲的现象在当时是相当普遍的，一些规模不大的佛寺僧侣只能从事一些职业来维持生计。更有不少罪犯为了逃避罪责来佛寺成为和尚。[④]第三，广州寺院同政府关系逐渐淡薄，政府不再是寺院强有力的庇护力量。[⑤]寺院经常性地受到政治的介入与限制，海幢寺就曾在太平天国与第二次鸦片战争时期被多次占用，用作驻兵与乡试贡院，从而影响寺院正常运行。同时政府还经常性地打压寺院以及对于寺院中的偷盗行为不闻不问。

格雷的游记还体现出晚清时期广州佛寺世俗化的一面。从广州佛寺和尚为妇女祈福做法可以看出，这些行为显然已经远离修来世与求解脱的宗教观念，而是同追求现实利益、祛病消灾的现实功利作用相结合，已经沾上了世俗迷信的色彩。佛寺空间的世

---

① ［英］约翰·亨利·格雷著，李国庆、邓赛译:《广州七天》，第119页。

② 同上，第247页。

③ 同上，第194页。

④ John Henry Gray，*China：A History of The Laws*，*Manners and Customs of The People*，Adamant Media Corporation，2001，p.86.

⑤ 杨宪钊:《变动社会中的晚清佛门实录——基于*Walks in the city of canton：with an itinerary*一书的考察》，第96页。

俗化的发展实际上是明清以来发展的一个趋向，其不再仅仅是僧侣修行的道场，还具备了娱乐游览、旅馆寄宿、市集买卖等功能，成为一个重要的公共空间。寺院成为世俗生活的场所就意味其空间会被宗教之外的社会力量所穿透，社会生活的种种形态不断侵入这个本属于宗教领域的空间。有的学者肯定了这种社会力量侵入带来的积极作用，如佛寺作为公众空间，使其具有了重要的精神意涵，在平时能够为社会正义提供保证，而在面临社会危机时，则可以发挥凝聚群众意志的重要作用。[①]另外，这种开放性使得广州寺院积极参与到各个城市的公共事务中，在经济、政治上获得了更多的利益与地位，并且推动了城市新的大众文化的产生与发展，也带动了周边街区的城市形态的发展。[②]而格雷夫妇的记述则体现了这种社会力量的侵入也存在不少弊端，至少对于广州佛门的发展具有一定的副作用。社会力量一方面侵入了寺院的现实空间，在特殊时期政府可以因此占用寺院充当宗教活动以外的场所。不少妇女、百姓花钱在寺院居住，使得一些和尚被迫搬离原有的住处。[③]这些活动无不影响着寺院的正常运作。另一方面，这种侵入也在思想空间上影响佛教发展。第一，佛教理论没有向深度化发展，而僧团的信仰和修行的仪轨高度世俗化，佛教的不少仪轨与道教和民间巫术活动的界限日渐模糊。第二，佛门宗风受到许多不良风气的侵袭。佛寺在晚清甚至成了声色场所，如格

① 王鸿泰：《世俗空间与大众广场：明清城市中的寺庙空间与公众生活》，《明代研究》2007年第10期，第100-101页。

② 何韶颖：《清代广州佛寺院与城市生活》，博士学位论文，华南理工大学，2012年，第59页。

③ ［英］格雷夫人著，邹秀英等译：《广州来信》，第130页。

雷夫人提到高官付一点金银就能在佛寺中同许多女子纵欲享乐。[①] 在这种不良风气的浸淫下，不免有一些僧人好吃懒做，甚至做出吸食鸦片、赌博等破坏清规的行为。

三、结 语

格雷的《广州七天》呈现出了晚清时期广州佛寺与西方人交流的一个实态：佛寺的建筑、历史文化、佛寺中活动的人与仪式都深深地吸引着西方人的眼球。而格雷作为传教士，其作品也反映了当时西方传教士对佛教的一种态度：他们选择与佛教和平相处，虽然未接受佛教教义，但对于佛教文化产生出极大热情，并且以一种研究的方式去对待佛教。佛教徒在面对这些传教士时也不排斥，甚至热情地接待他们。这在于佛教本身和平包容的教义，也在于明清时期佛寺成为一种极为开放的空间，这种开放也包括宗教上的开放，佛、道常常共用同一个场所，佛寺中也能看见许多民间信仰的身影。此外，《广州七天》也通过其异域的视野为我们揭示晚清广州佛寺的发展变迁：广州佛寺失去政府的保护与支持，许多寺院规模逐渐变小，而寺院僧人在不良风气的侵扰下也有所堕落。

① ［英］格雷夫人著，邹秀英等译：《广州来信》，第130页。

禅门行脚杂考

浙江理工大学　蒋海怒

内容提要： 本文认为，禅僧行脚起自中唐以后，并且具有特定的内涵，它是与禅僧经由跋涉获得开悟这个修行方式联系在一起的。其外部因素主要是因唐代交通的发达及制鞋业的兴盛促进了禅宗行脚盛行，由此改变了初期禅宗固定寺院长期修行的传统。进而，经由翻检僧传、语录和灯录可知，马祖以后古典禅时期，禅僧大都有长期行脚的经历。作者指出，五代北宋以后，禅师行脚的经历逐渐故事化、文本化，并且通过纂集而被固定，被释读，成为启迪后世禅僧开悟的经典。

关键词： 禅宗；行脚；草鞋；古典禅；晚唐五代

至少从8世纪下半叶开始，“行脚”一词就被创造并广泛使用，最终命名出禅宗旅行传统。此期禅宗内部典籍里大量涌现“行脚”一词，实际上折射出禅者举止行为，以及意识观念方面的变化，可以说是种“被发明”的传统。这种“走路”传统值得研究，因为与传统的宗教哲学或思想史梳理的非透明和受限性相比较，当我们得益于日常生活史或广义上的新文化史方法，就能够看到更真实禅者的形象及心态。禅僧行脚或说旅行，是种颇具文化性和思想性的生活史现象，同时也改变了禅文化和禅思想。

在本文中，笔者将通过具体的、生活化描绘，探讨8世纪中期以后及至晚唐五代的禅僧行脚传统。

首先，何谓行脚？虽然直立行走是人类最原始、最通常的标志，然而不同于唐代开始流行的其他旅行或远足的传统，例如赶考、游历、赴任乃至流放，禅僧的行脚具有空幻性，它是一种非功利、无目的，仅关注现场或当下的行走。在行脚传统成熟的五代及宋初，禅师总是要他们的弟子注意“脚下”，要具备“行脚眼”。不思议性是另外一个特征，我们看到，虽然禅者反复提到行脚一词，却又克制对其进行分析，在许多情况下，甚至拒绝被语言表达，尤其反对世俗化、理性化解说。行脚这种高深的旅行传统是禅家为开悟而准备，另一方面又有助于维持开悟状态。

我们由此被带入行脚方向性的探讨，因为追求开悟也是行脚的动机，许多著名禅师认为门下弟子的开悟机缘需要到其他禅者那里寻找，需要离“家”出走。禅籍里多有僧人“向南”参寻的记载，实际上南北界划是以“三湖一江”，即长江、洞庭湖、鄱阳湖、太湖为线。南方各省如闽、越、皖、赣、湘多有禅僧聚居之地，他们往往也是行脚的交叉点，行脚路线最稠密的则是湖南和江西，这里著名禅师往往也是勤于行脚，并在行脚中开悟。此外，旅途中虽会出现一些戏剧性场景，然而在诸多禅文本里，开悟机缘却往往发生在行脚的终点，即面见禅师之时，对禅师与弟子开悟问答不吝笔墨的记录与行脚过程的简略叙述也形成了鲜明对比，虽然这种圆满结局似乎是被期待的。

穿着物和生活用具这类日常物品多多少少可以帮助我们还原出部分历史现场。稽览禅宗灯录及周边文本，辅之以《全唐诗》

里多首送、赠行脚僧的绝句或五律，几乎可以勾勒出一幅标准的行脚僧肖像。画面中，有用竹或藜树老茎制作的拄杖、放置钵囊的背架（多为藤条编成），以及观者不大留意的草鞋。唐代的制鞋业极为发达，可以生产出舒适而又经久耐用的草鞋。草鞋的流通渠道种类多样，人们可以很便利地获得草鞋，所以语录里有许多禅师鼓励弟子"买草鞋行脚"的话，以及"汝行脚费却多少草鞋"之类的质询。然而，笔者更为感兴趣的是禅僧对草鞋的抽象思考，这是种对器物的"深思"。

类似于中古早期饮酒这种时髦消遣方式刺激出魏晋风度或庄老趣味的崛起，茶饮在唐代中期以后成为社会各阶层的新时尚。我们暂且放下"茶酒对立"这种思考方向，只是要注意到：行脚僧往往背上一串茶饼去旅行，刻意地，或不经意间将茶叶从南方的产茶地运送到全国各地。茶的选择、制作、运输和饮用，固然可帮助我们窥测到时代风气和美学趣味，然而在禅家看来，饮茶有更深邃的追求，"吃茶去"后来成为著名禅宗公案。为避免陷入过去对这"三字句"极为混乱或糊弄解释，我们也许有必要调查其产生的各种原初语境，即禅僧是在何种场合下抛出这个命令句型的。通过揭示文本这种多重语气情节化场景的敞开，实际上是对读者进行意向性邀请。

许多后期禅师着手归纳、反思行脚传统所涌现的个体化的局部、碎片状态的智慧，并加之以佛教义理学的提升，这里出现了一个从"典故化"向"古典化"迈进的过程。后期禅师们既是早期祖师行脚故事及"问答"的记录者或阅读者，同时也在吸收、消费这些历史断片，它们的归宿是相对固定的语典和事典，即典故。似乎也应该认为，行脚传统与丰富的"机缘问答"一起，有力地搭建起禅的古典大厦，“命名”了目前国际禅宗史界习惯使用的“古典禅”阶段——联结起“初期禅”和“宋代禅”。实际上我们也注意到，大量“机缘问答”素材其实取源于唐代禅僧行脚活动。“问答”衍绎至宋代所称之“公案”，在那个时期重要的禅宗纂集如《碧岩录》《无门关》里，大量公案亦来自唐代禅僧的行脚经历。中唐以后的中国禅传统内部，行脚意义业已上升到与寺院习禅同等高度，也变成了老生常谈。甚至有句俗话说，没有行脚的禅僧是不配当住持的。

最后，本文间接提出了如下问题：器物、言语消费、处身体验以及物质性行为在多大程度上参与了思想的变化，本质上依赖文字语言的思想史研究传统应该凭借何种法度，在哪些层面上穿过“纸背”，考察那些关键的、构成思想文本的力量。

一、旅行缘何变得高深

禅家行脚不仅有异于世俗性人类流动，也不同于其他佛教旅行传统，我们甚至可以说，它开辟了人类行走的深度（或高度）。就前者而言，人员迁移是自古已有的现象，并且随着交通发展和行政、外交、商旅、文化交流需求而愈趋频密，此姑不论。对于后者，我们也注意到，至少在早期中古时代，僧人（及道士）就因惯于四处漫游而惹人注目。[①] 此外，仅就唐代僧人旅行而言，也存在求法、取经、礼佛、弘道、乞食（化缘）等多种类型。上

① 田晓菲：《神游：早期中古时代与19世纪中国的行旅写作》，北京：三联书店，2015年，第17页。

述各类佛教旅行传统各有其现实需求和经典支撑，然而它们在含义上都不同于本文所讨论的唐代中期以后的禅僧行脚传统。

根据在于，相异于人类其他旅行传统，禅者行脚在很大程度上体现为非功利之“无目的”活动，甚至一无所求，此即《景德传灯录》卷十五《澧州夹山善会禅师章》所谓“游历禅肆无所用心”。[①] 甚至在觉悟后的“保任”期，也要保持这种无所求、无目的心态，要“任性逍遥，随缘放旷”，不必安禅习定，因为“性本无拘”，故《祖堂集》卷五《龙潭和尚章》言“但尽凡心，别无圣解”。[②]

故而，仅见及“远行”这种形式表现层面，而不对蕴含做细微辨别，不注意禅宗行脚与此前各种僧人旅行的差异，那么就会导致学术研究里的各种误认。

例如，我们自然可以为行脚找到凭依的大乘佛典依据和典型人物，这就是博学多闻又勤于四处参学的善财童子，出现在唐实叉难陀译《华严经》卷六十二的文殊师利菩萨，劝诫他游学要“勿疲懈”“勿餍足”，要“决定求真善知识”，善财童子于是历一百十城，参五十三善知识，是为“百城烟水”“五十三参”典故的由来。此外，《法苑珠林》卷十九引《中阿含经》里帝释之偈，或许是翻译的缘故，似深得中国道家智慧：“自在游诸方，不计其行止。城邑国土色，不能累其心，不畜资生具，一往无欲定。

---

① 日本禅文化研究所影印福州东禅寺补配本《景德传灯录》，京都：禅文化研究所，1990年，第303页。

② ［日］柳田圣山主编《禅学丛书》所收影印本《祖堂集》，京都：中文出版社，1974年，第96页。

往则无所求，唯无为为乐。”[①]

基于信仰需求，当然也可以推源至彼，将他视为行脚的典范。然而，善财童子所行的是大乘菩萨道，而非禅悟之旅。似乎还存在与此构成连续性的另一看法，将行脚视为“整个佛教”的显著特点和优良传统，它被隋唐“各宗派”大和尚和创宗者所践行，其行为甚至魏晋南北朝已多见。[②]笔者认为，这是从泛化的角度来解释。

图像史研究则陷入另一种误认。自1940年代日本学者松元荣一以来，人们把唐宋流行的佛教“取经僧”或“求法僧”画像命名为“行脚图”。这类画像的主角通常是疾行的男性佛教修行者，他们带着拄杖、瓶钵，手持经卷，或将它们放在背篓里。在许多图画里，他们的左右还有一只老虎跟随。该场景自然地令人联想到玄奘西行，不出意外地，在西安兴教寺慈恩塔内玄奘墓塔上可以找到此图。当然，最著名的是敦煌石窟壁画（例如308窟通道），藏经洞被偷掘后，竟有12幅“伴虎行脚僧图”流散到世界各地博物馆里。[③]此外，河南香山大普门禅寺，及宋开宝至淳化年间建造的开封兴慈塔下层青砖佛像中，也可以找到“伴虎行脚僧图”。[④]从各种标准衡量，这些画作都适宜被命名为“取经”而非“行脚图”。其中最具反讽效果的是手持经卷、或背篓里塞满经书之手

---

① 《大正藏》，第53册，第424页上。

② 黄夏年：《隋唐时代的僧人与游学行脚》，《五台山研究》，2004年第3期。

③ ［日］松本荣一：《玄奘三藏行脚图考》，《国华》1940年第590期；秋山光和：《敦煌画“虎をつれた行脚僧”をめぐる考察ぺりオ研究》，《东西交涉史研究》1984年第3–4期；王惠民：《敦煌画中的行脚僧图新探》，《九州学刊》1995年，第4期；孙晓岗：《敦煌“伴虎行脚僧图”的渊源探讨》，《敦煌学辑刊》2012年第4期。

④ 孙晓岗：《开封繁塔伴虎行脚僧图审美文化意义研究》，《语文知识》2013年第3期。

法，因为在行脚流行的晚唐时期，阅读佛经其实被许多禅师所训斥，甚至可以在一些记载里找到，行脚的动机正是为补足读经之无益。例如，《祖堂集》卷十六《古灵和尚章》言其窗下读经当儿，被一个行脚僧嘲讽道：“多少世界如许多广阔，而不肯出头，撞故纸里，驴年解得出摩？”[①]

在部分学者那里，达摩、慧可乃至道信、弘忍均被视作行脚典范。[②]实际上，即使在灯史文献里，“行脚”一词也未安立在这些初期禅祖师名下。他们的旅行是否可定义为行脚？这是无法用空间广度来衡量的，因为行脚从来不是一个距离概念，它要求在行动中参禅。初期禅祖师们更倡导经坐禅而觉悟，走路或远足的目的是为了普法，或“寻找”弟子来承继自己的“道法”和“血脉”。实际上，至少有一位禅师宣称“五祖虽绍祖位，且不知有行脚事”。[③]

如果《祖堂集》将行脚观念也归属于达摩、慧可等祖师，我们也毫不奇怪，这是惯常的“追溯性认同”现象，将后人头脑安立在古人那里。例如，般若多罗向达摩许下谶言有“震旦虽阔无别路，要假侄孙脚下行”，又言“路上逢僧礼，脚下六枝分”。此后，在《祖堂集》卷三《牛头和尚章》里，“脚下”一词还被弘

① ［日］柳田圣山主编：《禅学丛书》所收影印本《祖堂集》，京都：中文出版社，1974年，第312页。

② 赵娜、杨富学：《晚唐五代禅僧行脚问题考析》，《中南民族大学学报（人文社会科学版）》2011年5期。然而我们应该认为，赵娜的几篇研究为行脚做了较好的初步梳理。

③ 此为唐慈照禅师语，载《天圣广灯录》第十七卷《襄州谷隐山蕴聪慈照禅师》，收入《新纂大日本续藏经》，东京：国书刊行会，1975–1989年，第78册，第499页中。

忍向其师道信“说”了一遍：“莫是师脚下横出一枝佛法不？”[①] 后世禅者一厢情愿地凭借此言，认为弘忍已将法融视作道信禅法的传人。

然而即使在《祖堂集》里，作为完整的“行脚”一词最早也只用到六祖再传弟子门下，即马祖道一或石头希迁弟子辈，以描述他们的游方活动。如果《祖堂集》的文字如作者所称有其所本，即众多禅僧的《行录》。那么一个合理推断是：考虑到马祖道一于788年迁化，石头希迁则是790年，那么“行脚”最大可能出现在8、9世纪之交，最初是禅门内部，属于新创造的口语词汇——我们知道，俗语、口语词汇大量出现，是唐代中期汉语变迁重要特点。

一个史实也被《祖堂集》卷十四《紫玉和尚章》无意中透露出来：在马祖弟子时代，当时的襄阳地方官于迪相公“处分界内，凡有行脚僧捉送，无有一僧得命便杀”。紫玉和尚遂勇敢地独自进入该地界，抗议地方官的这种做法。[②]

不过，虽然《祖堂集》里大量使用“行脚”一词，毕竟成书甚晚（952），笔者上述推断，即“行脚最初使用者是马祖道一或石头希迁弟子辈”这个结论，必须去找更早的、属于马祖和石头弟子同时代文献来支撑。

经由检索各种佛教及教外文献，我们发现：从文本时间上看，这个略显奇怪的词汇最初出现在戴叔伦的诗歌里，他是一位活动在8世纪下半叶的大历诗风代表人物。《全唐诗》卷二七三有

---

① ［日］柳田圣山主编：《禅学丛书》所收影印本《祖堂集》，京都：中文出版社，1974年，第51页。

② 同上，第270页。

戴叔伦《赠行脚僧》：[1]

补衲随缘住，难违尘外踪。
木杯能渡水，铁钵肯降龙。
到处栖云榻，何年卧雪峰。
知师归日近，应偃旧房松。

不过，这首诗真实性存疑，因为它并未见于唐宋元选集、类书引录，故难辨真伪。[2] 如果将这首诗过滤掉，那么“行脚”的诞生要推迟到9世纪初，最初的使用者是原法名清塞，然而在遇到诗人姚合后，随即还俗的周贺，“行脚”一词出现在他的诗作《送宗禅师》里，载《全唐诗》卷五〇三：[3]

衡阳到却十三春，行脚同来有几人。
老大又思归岳里，当时来漆祖师身。

周贺活动时期在唐穆宗长庆元年（821）前后。与他同时代的诗人杜牧也在绝句里用上行脚一词，见《全唐诗》卷五二五《大梦上人自庐峰回》：[4]

行脚寻常到寺稀，一枝藜杖一禅衣。
开门满院空秋色，新向庐峰过夏归。

这首诗当写于杜牧在扬州（833）或宣州（838）任官之时。

我们找不到行脚最初的、现成的含义界定，这是因为，日常使用、接触、从事之普通物或行为，古人很少思考其概念，于

① 《全唐诗》，北京：中华书局，1990年，第5册，第3071页。
② 蒋寅：《戴叔伦诗集校注》，上海：上海古籍出版社，1993年，第228页。
③ 《全唐诗》，北京：中华书局，1990年，第8册，第5773页。
④ 该诗收入《樊川别集》，见吴在庆撰《杜牧集系年校注》，北京：中华书局，2008年，第1306页。

"行脚"而言也是如此。因而，距离行脚第一次在文本中使用仅二百余年，它的起源就令北宋时期一位佛教百科全书的撰写者费解。释道诚在宋真宗大赦天下并广发度牒（纸质）的氛围中写出了《释氏要览》(1019)，但在该书卷三里承认"游行人间今称行脚，未见其典"。[①]其后，睦庵善卿在成书于徽宗大观二年(1108)《祖庭事苑》卷八里试图为"行脚"给出一个不完备的定义：

> 行脚者，谓远离乡曲，脚行天下。脱情捐累，寻访师友，求法证悟也。所以学无常师，遍历为尚。善财南求，常啼东请，盖先圣之求法也。永嘉所谓游江海，涉山川，寻师访道为参禅。岂不然邪！[②]

《祖庭事苑》的界定是表面化的、非禅宗的，因为禅者主张自力解脱，反对无反思地、一味向他人求教，抵制任何现成的言句，这样也许会陷入无限否定的困境，毕竟任何祖师的警语箴言都会走向某种形式的"教条"。《景德传灯录》第十八卷《福州长庆慧棱禅师》载慧棱之言："如今有一般行脚人，耳里总满也，假饶收拾得底，还当诸人行脚事么？时有僧问：行脚事如何学？师曰：但知就人索取。"[③]此外，这种直面回答的方式一向为禅师所反对，石霜楚圆（986–1039）驳斥了这种常识反应，《天圣广灯录》第十八卷《袁州南源山楚圆禅师章》里，言其声称"行脚"超出语言之外："若论此事，绝有言诠。侍者拈香，早成多事。所以释迦掩室，已涉繁词"，又言："作么生是出家行脚底事，莫

① 《大正藏》第54册，第298页中。

② 《新纂大日本续藏经》，东京：国书刊行会，1975–1989年，第64册，第432页下。

③ 日本禅文化研究所影印福州东禅寺补配本《景德传灯录》，京都：禅文化研究所，1990年，第358页。

是着衣吃饭、行住坐卧、广学多闻、无言无说么，若恁么会，大似掉棒打月。”[①]此外，我们还看到，中峰明本禅师《行脚歌》体现出对通俗解释的反感，他采取否定的方式来阐释行脚：“天上人间不隔尘，便与么去当行脚。四海眼空无近邻，行脚来，行脚去，业识茫茫无本据；行脚东，行脚西，路在胸中孰共知。有人唤我作行脚，风前笑倒黄番绰。”

在探讨与行脚相联系的文本时，我们还经常感触到弟子的惶恐，因为他们要面对禅师的某种反知识回应。例如，当一位行脚僧以“不会”二字应对漳州保福院从展禅师的提问“上座行脚事作么生”时，后者竟嘉许曰“不会会取好”，语载《景德传灯录》第十九卷《漳州保福院从展禅师》；[②]当法眼文益就此概念问其师罗汉桂琛时，后者直言“不知”，语载《联灯会要》第二十六卷《金陵清凉法眼文益禅师章》；[③]而灵云和尚则以答非所问的方式回答镜清的提问“浙中米作麼价”，语载《祖堂集》卷十《镜清和尚章》。[④]可见，直接定义的方式不可取。然而禅师又鼓励弟子出门行脚，“且行脚去”这种劝说在禅宗灯录里四处可见。般若从进禅师坦言“后进初心，无妨东问西问。忽于一言半句下得个发明处，便不辜负出家行脚。他古人亦如此”，语载《天圣广灯录》第十八卷《台州天台山般若寺从进禅师章》。[⑤]禅林甚至有“不曾行

---

① 《新纂大日本续藏经》，东京：国书刊行会，1975–1989年，第78册，第504页下。

② 日本禅文化研究所影印福州东禅寺补配本《景德传灯录》，京都：禅文化研究所，1990年，第375–376页。

③ 《新纂大日本续藏经》，东京：国书刊行会，1975–1989年，第79册，第231页下。

④ ［日］柳田圣山主编：《禅学丛书》所收影印本《祖堂集》，京都：中文出版社，1974年，第193页。

⑤ 《新纂大日本续藏经》，东京：国书刊行会，1975–1989年，第78册，第563页下。

脚，焉可住持”的话，语载《嘉泰普灯录》第三卷《湖州西余师子净端禅师章》。[①] 释玄觉也言及“凡行脚人参善知识，到一丛林放下瓶钵，可谓行菩萨之道能事毕矣，何用更来这里举论真如涅槃”，语载《景德传灯录》卷二十五《金陵报慈行言导师》。[②] 然而，我们终究要思考如下问题：“携囊挈钵，东西南北行脚，当为何事。”此语见《天圣广灯录》第二十一卷《蕲州五祖戒禅师章》。[③]

那么，行脚关键是什么？当然，在禅语录中找不到正面铺陈的答案。实际上，禅师往往通过具象的方式探讨行脚的职能，他们频繁使用的两个词是“行脚眼”和“脚跟下”（或“脚下”），用来指称行脚旨要或最应关切的内容。“行脚眼”又称“道眼”，如钱塘僧释缘德之言“诸上座，明取道眼好，是行脚僧本分事。道眼若未明，有什么用处，只是移盘吃饭，道眼若明，有何障碍”，语载《景德传灯录》第二十六卷《庐山圆通缘德禅师》。[④] 禅师常提醒弟子或游方参学来的行脚僧莫要“辜负平生行脚眼”（《联灯会要》第二十卷《马颊山本空和尚章》）[⑤]、“不负平生行脚眼目”（《景德传灯录》第十五卷《枣山光仁禅师》）[⑥]、“不枉平生行脚眼，不辜负丛林”（《联灯会要》第二十二卷《洪州云居道膺

---

① 《新纂大日本续藏经》，东京：国书刊行会，1975–1989年，第79册，第305页中。

② 日本禅文化研究所影印福州东禅寺补配本《景德传灯录》，京都：禅文化研究所，1990年，第516页。

③ 《新纂大日本续藏经》，东京：国书刊行会，1975–1989年，第78册，第526页下。

④ 日本禅文化研究所影印福州东禅寺补配本《景德传灯录》，京都：禅文化研究所，1990年，第532页。

⑤ 《新纂大日本续藏经》，东京：国书刊行会，1975–1989年，第79册，第171页上。

⑥ 日本禅文化研究所影印福州东禅寺补配本《景德传灯录》，京都：禅文化研究所，1990年，第289页。

禅师章》），[①] 或“行脚人当自开眼”（《黄龙慧南禅师语录》卷一）。[②] 石霜楚圆曾说法时举起自己的拄杖子，问弟子什么是实相义，随即云“你若见去，被见闻所转也。若不见，行脚眼在什么处”（《天圣广灯录》卷十八《袁州南源山楚圆禅师》）。[③] 此外，禅师也提醒弟子需“脚踏实地”“各各照顾脚下”，等等。例如，云门文偃在说法举“去去西天路迢迢十万余”，需“退步向自己脚跟下推寻看”（《景德传灯录》第十九卷《韶州云门文偃禅师》）。[④] 释辩隆令弟子思考“如何是向上一路”时要反过来思考“脚下底”（《景德传灯录》第二十六卷《福州支提辩隆禅师》）。[⑤]

行脚为禅宗修行之要，那就必须完全渗透了马祖以后禅宗的口味，当时禅者多以提问乃至强烈质疑的口吻表达“发明当下自性”这个要旨。例如，香林澄远向那些“担钵囊向外行脚”且“日夕用心，扫地煎茶，游山玩水”的参学者抛出一个问题：“诸人尽是担钵囊向外行脚，还识得性也未？”“自性”也就是“本来面目”，所以黄龙慧南言“行脚人须是荆棘林内坐大道场，向和泥合水处认取本来面目”，语见《建中靖国续灯录》卷七《洪州黄龙山崇恩惠南禅师》。[⑥] 此外，“自性”也具象化为身内的“主人公”，行脚的目的是寻找自己身上的“主人公”，例如，玄沙师备就对

---

① 《新纂大日本续藏经》，东京：国书刊行会，1975–1989年，第79册，第192页中。

② 《大正藏》第47册，第630页上。

③ 《新纂大日本续藏经》，东京：国书刊行会，1975–1989年，第78册，第506页上。

④ 日本禅文化研究所影印福州东禅寺补配本《景德传灯录》，京都：禅文化研究所，1990年，第380页。

⑤ 日本禅文化研究所影印福州东禅寺补配本《景德传灯录》，京都：禅文化研究所，1990年，第549页。

⑥ 《新纂大日本续藏经》，东京：国书刊行会，1975–1989年，第78册，第679页中。

自远而至的参学僧众说过“汝诸人尽巡方行脚来，称我参禅学道，为有奇特去处，为当只恁么东问西问……禅德亦莫自屈，是汝真实何曾是恁么人”，语载《景德传灯录》卷十八《福州玄沙师备禅师》。[①]“汝真实何曾是恁么人”转换成现代汉语，即“你的真面目是什么”。在《建中靖国续灯录》卷二十五《润州金山龙游寺佛鉴禅师》里，宋代佛鉴慧勤禅师遂借用临济义玄的比喻，认为“遍历诸方，叩问宗师，求其悟解”的行脚，目的在找寻每天十二时辰中“人人自有一段光明”，它在我们的“面门”上不断出入。[②]“自性”的另一个诙谐名称是“自己的东西”，法眼文益劝行脚僧要精彩一些，莫要借他人的些许智慧消磨自己的一生，《景德传灯录》第二十八卷《大法眼文益禅师语》载其言道：“更有一般上座，自己东西犹未知，向这边那边东听西听，说得少许以为胸襟，仍为他人注脚，将为自己眼目。”[③]

佛法只是平常穿衣吃饭，当属是马祖以后禅宗最重要命题之一。故而，持“平常心”，做“平常事”被禅师反复提及，尤其是临济义玄，坚决反对那种不究竟的行脚，认为是“向外无法”。义玄甚至认为“内亦不可得”，一切都不如“歇业无事”“只是平常着衣吃饭”，故“已起者莫续，未起者不要放起”，“便胜你十年行脚”，见《天圣广灯录》卷十《镇州临济院义玄惠照禅师》。[④]

---

① 日本禅文化研究所影印福州东禅寺补配本《景德传灯录》，京都：禅文化研究所，1990年，第350页。

②《新纂大日本续藏经》，东京：国书刊行会，1975–1989年，第78册，第795页下。

③ 日本禅文化研究所影印福州东禅寺补配本《景德传灯录》，京都：禅文化研究所，1990年，第597页。

④《新纂大日本续藏经》，东京：国书刊行会，1975–1989年，第78册，第471页下。

赵州和尚的观点与义玄是一致的，甚至词句使用上都雷同，他也言“老僧行脚时，除二时粥饭，是杂用心，余外更无别用心处”，见《联灯会要》卷六《赵州观音从谂禅师》。[①] 释报慈处有五六百行脚僧聚头吃粥吃饭，遂试探性提问他们，看其见解有无特殊处，当听到僧人回答“大家担柴则担柴，大家捣米则捣米”时，欣慰道“既然如此，何用行脚”，此事载《祖堂集》卷十三《报慈和尚章》。[②] 云门文偃禅法讲求“截断众流”之机用，言辞则更为峻厉。《景德传灯录》第十九卷《韶州云门文偃禅师》载其言道：“除却着衣吃饭屙屎送尿，更有什么事，无端起得许多妄想做什么。更有一般底……千乡万里抛却老爷娘师僧和尚，作这去，就这般打约野秃有什么死急行脚去。”[③]

最后，有必要在此引用一下《汾阳无德禅师语录》卷三《行脚歌》，[④] 此文可谓古代禅僧行脚百科全书，虽行文稍长，却颇值我们留意。汾阳善昭道：“发志辞亲，意欲何能。投佛出家，异俗专心。慕法为僧，既得尸罗具备，又能法服沾身父母，不供甘旨王侯。不侍不臣，洁白修持，如冰似玉；不名不利，去垢去尘，受人天之瞻敬。承释梵之恭勤，忖德业量来处。将何报答为门户，专精何行即能消。唯有参寻别无路，苦身心历山水，白眉作伴为参礼。冒雪冲霜不避寒，渡水穿云伏龙鬼。铁锡飞铜瓶满，不问

---

① 《新纂大日本续藏经》，东京：国书刊行会，1975–1989年，第79册，第58页上。
② ［日］柳田圣山主编《禅学丛书》所收影印本《祖堂集》，京都：中文出版社，1974年，第252页。
③ 日本禅文化研究所影印福州东禅寺补配本《景德传灯录》，京都：禅文化研究所，1990年，第383页。
④ 《大正藏》第47册，第619页中。

世间长与短。丛林道侣要商量，四句百非一齐翦。探玄机明道眼，入室设针须锻炼。驱邪显正自应知，勿使身心有散乱。道难行尘易漫，头头物物须明见。区区役役走东西，今古看来忙无限。我今行勤自辨，莫教失却来时伴。举足动步要分明，切忌被他虚使唤。入丛林行大道，不着世间虚浩浩。坚求至理不辞劳，剪去繁华休作造。百衲衣云水袄，万事无心离烦恼。千般巧妙不施功，直出轮回生死道。劝同袍求正见，莫似愚夫频改变。投嵩立雪猛身心，方得法王常照现。请益勤恭敬速，不避寒暄常不足。只缘心地未安然，不羡荣华不怕辱。直教见性不从他，自家解唱还乡曲。度平生实安乐，荡荡纵横无依托。四方八面应机缘，万象森罗任宽廓。报四恩拔三有，问答随机易开口。五湖四海乍相逢，一击雷音师子吼。悠悠自在乐腾腾，大地乾坤无过咎。分明报尔水云僧，记取面南看北斗。赞曰：五湖四海历丛林，万里千山不易寻，亲觐祖宗明见性，莫将荠苨作人参。"

二、你往别处去

处理与行脚相关的文本时，读者经常看到诸多疑问句，几乎随处可见，它们是禅师向行脚僧提出的，例如"什么处去""近离什么处""什么处得这个消息""什么处去"，他们甚至会遭遇反问句，如"又乱走作什么"，质疑语气十分强烈。虽然作为禅师的"问者"大概率已经知道该僧行脚事由，但依然究根穷底，因为双方视此为难得的机会，在这类场合里，其实大多也存在作为旁观者的僧众，然而他们都十分沉默，文本里也没有提及。

足令今人敬佩的是，唐代禅师经常鼓励弟子行脚，所谓“莫向丛森贪饱暖”。然而世人皆知，古代人旅途充满诸多不便、困难、障碍和威胁，这么做是种果敢行为，需要足够勇气来践行。那么，为何放弃安逸，展开这种看起来是冒险的行为?

行脚的必要性来自禅家“出家师”和“发明师”通常不重叠的意识，发明师需要弟子多方寻找。行脚要区分“逢人”和“不逢人”，禅者给予前者的譬喻是“根生土长”，给予后者的譬喻是“前年核桃”，语见《建中靖国续灯录》卷七《湖州广法禅院源禅师》。[①] 例如，五泄和尚在马祖道一门下时，马祖告诉他“若是出家师则老僧，若是发明师则别人，是你驴年在我这里也不得”，语载《祖堂集》卷十五《五泄和尚章》，[②]而据该书卷四《丹霞和尚章》，马祖派到石头处的僧人还有丹霞天然。[③]《禅门诸祖师偈颂》上之下所收《永嘉真觉大师证道歌》载继洪所作《村寺清规》亦言“从上出家参学之士，未有不发足超万，千里求师者，故永嘉云‘游江海，涉江川，寻师访道为参禅’”。[④] 释全付勇于出走，《宋高僧传》卷十三《晋会稽清化院全付传》载其言“吾闻学无常师，吾非匏瓜，岂系于此而旷于彼乎”。全付坚持行脚，直至寻找到自己真正发明师仰山慧寂。

甚至弟子也被刺激去展开远游计划。禅者经常“顶天立地，肩横楖栗，到处行脚，勘验诸方”，语见《嘉泰普灯录》卷六《湖

① 《新纂大日本续藏经》，东京：国书刊行会，1975–1989年，第78册，第683页下。

② ［日］柳田圣山主编《禅学丛书》所收影印本《祖堂集》，京都：中文出版社，1974年，第284页。

③ 同上，第79页。

④ 《新纂大日本续藏经》，东京：国书刊行会，1975–1989年，第66册，第731页下。

州道场无庵法全禅师》。[1] 临济义玄在黄檗希运门下，因无法理解"祖师西来意"，三问遭三打，遂辞此赴大愚禅师处。玄沙师备在雪峰义存之门，雪峰一日戏谑他"备头陀未曾经历诸方，何妨看一转乎"，此话被雪峰在不同场合连讲了四遍，玄沙师备遂依他"处分"，事见《祖堂集》卷十《玄沙和尚章》。[2] 释洪諲因无法回答其师"汝于时中将何报四恩耶"之问，竟然三天吃不下饭，"乃辞行脚"，事见《景德传灯录》第十一卷《杭州径山洪諲禅师》。[3]

寻找发明师的动机有时候需要机缘。《祖堂集》卷十七《福州西院和尚章》里，载西院和尚在洪州招提寺时，偶闻行脚僧举百丈一二句玄机，似少省觉，从尔便造百丈。[4] 有时候，禅师也如马祖指示五泄到希迁处寻求禅要般，指点弟子到某某处。此外还有禅师领众行脚的现象，例如释德韶曾"领众行脚"至法眼文益门下，此事见《碧岩录》卷一。[5] 宋代的南禅师"领众行脚，名传诸方"，事见《石门洪觉范林间录》卷下。[6]

寻找"发明师"是一段无定则的过程，所以有禅者感叹"千山万山阿那个是正山"，此语载于《景德传灯录》第十八卷《福

---

① 《新纂大日本续藏经》，东京：国书刊行会，1975–1989年，第79册，第409页上。

② ［日］柳田圣山主编《禅学丛书》所收影印本《祖堂集》，京都：中文出版社，1974年，第189页。

③ 日本禅文化研究所影印福州东禅寺补配本《景德传灯录》，京都：禅文化研究所，1990年，第181页。

④ ［日］柳田圣山主编《禅学丛书》所收影印本《祖堂集》，京都：中文出版社，1974年，第316页。

⑤ 《大正藏》第48册，第147页上。

⑥ 《新纂大日本续藏经》，东京：国书刊行会，1975–1989年，第87册，第272页上。

州鼓山神晏国师》。[①] 曾作为行脚僧的兴化存奖也发出“我向南方行脚一遭，拄杖头，不曾拨着一个会佛法底”感叹，语见《联灯会要》卷十《魏府兴化存奖禅师》。[②] 此也如宋释庆闲所言“大凡择师求友，须遇奇人始得，若遇本分师匠，终是不费心力。若不遇人，腊月二十五，赢得背头光”，语见《建中靖国续灯录》卷十三《庐陵仁山隆庆禅院庆闲禅师》。[③] 许多时候，禅僧行脚要去许多地方才能找到自己的“发明师”，例如《景德传灯录》第十一卷《杭州径山洪諲禅师》载洪諲“往谒云岩机缘未契，后造沩山蒙滞顿除”。[④]

云门文偃很“接地气”地将“发明师”誉称为“咬猪狗脚手”，因为他们往往用辛辣猛烈的言辞接引学人，这是主观性在这位伟大的禅匠眼里，“咬猪狗脚手”是不讲情面而又出其不意的。据《景德传灯录》第十九卷《韶州云门文偃禅师》，云门的语言带着明显的抑扬色调，相比于长途旅行，他偏爱遭遇“发明师”这点，他的语气略带嘲讽：“莫空游州猎县，横担拄杖一千二千里走趁，这边经冬那边过夏，好山水堪取性，多斋供易得衣钵，苦屈图他一粒米，失却半年粮，如此行脚有什么利益。”相反，对于“咬猪狗脚手”，他赞不绝口：

兄弟一等是踏破草鞋，抛却师僧父母行脚，直须着些

① 日本禅文化研究所影印福州东禅寺补配本《景德传灯录》，京都：禅文化研究所，1990年，第367页。

② 《新纂大日本续藏经》，东京：国书刊行会，1975–1989年，第79册，第94页下。

③ 同上，第78册，第733页上。

④ 日本禅文化研究所影印福州东禅寺补配本《景德传灯录》，京都：禅文化研究所，1990年，第181页。

子精彩始得实。若有个入头处遇着一个咬猪狗脚手，不惜性命入泥入水相为，有可咬嚼。札上眉毛高挂钵囊，拗折拄杖，十年二十年拟取彻头，莫愁不成办。直是今生未得彻头，来生亦不失人身，向此个门中亦乃省力，不虚孤负平生，亦不孤负师僧父母十方施主。[①]

禅僧行脚奔赴之地，实际上遍及了中国大部分地区，这与禅宗在中唐以后影响力扩散是相匹配的，一些禅宗地理学著作对此做了集中考察。笔者所要强调的是，从行脚所趋向这个视角，我们也可从中看出主要的禅僧分布区域，此正如晚唐时期云门文偃所言的“诸人傍家行脚，皆是河南海北各各尽有生缘”，他列举道：“汝欲得知若生缘在北。北有赵州和尚，五台山有文殊，总在这里。若生缘在南，南有雪峰卧龙西堂鼓山。”语见《景德传灯录》第十九卷《韶州云门文偃禅师》。[②]

笔者也已在引言部分介绍过，禅籍里多有僧人“向南”参寻的记载，实际上南北界划是以“三湖一江”，即长江、洞庭湖、鄱阳湖、太湖为线。南方各省如闽、越、皖、赣、湘多有禅僧聚居之地，他们往往也是行脚的交叉点，行脚路线最稠密的则是湖南和江西。

相比于北地，南方禅宗非常繁荣，成为行脚僧所赴理所当然，《全唐诗》第八四二卷载晚唐诗僧齐己《渚宫莫问诗》，中有“莫问休行脚，南方已遍寻。了应须自了，心不是他心”之句。[③]

① 日本禅文化研究所影印福州东禅寺补配本《景德传灯录》，京都：禅文化研究所，1990年，第382页。

② 同上，第383页。

③《全唐诗》，北京：中华书局，1990年，第12册，第9579页。

灯录里也记载许多禅师类似劝告，正如《天圣广灯录》卷十二《魏府兴化存奖禅师》所言“行脚往南方”。[①] 当弟子问应该到哪里去参学时，缘密圆明直接告诉他应去“江西、湖南”，语见《景德传灯录》第二十二卷《朗州德山缘密禅师》。[②] 这个判断是当时教内共识，更为知名的是“江西主大寂，湖南主石头，往来憧憧不见二大士为无知矣”之语，马祖道一处也是公认的“选佛场”，此为丹霞天然应举之旅中，客栈里所逢一禅客语，事见《景德传灯录》第十四卷《邓州丹霞山天然禅师》。[③] 此外，《全唐诗》卷六三二载有传为司空图所作诗《赠信美寺岑上人》：“巡礼诸方遍，湘南频有缘。焚香老山寺，乞食向江船。”[④]《全唐诗》卷五〇三有周贺《送宗禅师（一作送僧归南岳）》，亦言“衡阳到却十三春，行脚同来有几人”。[⑤] 关于湖南禅门之盛，同样值得我们注意的是《全唐诗》卷八四四所载齐己《题赠湘西龙安寺利禅师》：[⑥]

头白已无行脚念，自开荒寺住烟萝。
门前路到潇湘尽，石上云归岳麓多。
南祖衣盂曾礼谒，东林泉月旧经过。
闲来松外看城郭，一片红尘隔逝波。

考察禅僧开悟经验产生时间于是变得很有趣，禅家史料记载

① 《新纂大日本续藏经》，东京：国书刊行会，1975–1989年，第78册，第476页下。

② 日本禅文化研究所影印福州东禅寺补配本《景德传灯录》，京都：禅文化研究所，1990年，第450页。

③ 日本禅文化研究所影印福州东禅寺补配本《景德传灯录》，京都：禅文化研究所，1990年，第270页。

④ 《全唐诗》，北京：中华书局，1990年，第10册，第7295页。

⑤ 同上，第8册，第5773页。

⑥ 同上，第12册，第9609页。

着大量禅僧开悟经历，它们往往发生在刚抵达行脚目的地或不久，在某种程度上，我们不知道史实是否的确如此，还是出自禅宗史书作者的安排，无论如何，这些记载向读者表明了行脚的巨大功效。例如，岩头全豁行脚到德山宣鉴处“初到参，始拟展坐具设礼。德山以杖挑之，远掷阶下。师因便下阶收坐具，相看主事参堂。德山谛视，久而自曰：‘者阿师欲似一个行脚人’，并诙谐地褒奖岩头‘什么处学得虚头来’”。此语载《祖堂集》卷七《岩头和尚章》。[①]

频繁奔赴他处的资历培育出许多杰出禅匠，他们也成为后世禅僧效仿的典范，并且，中唐以后许多禅师行脚经验可进行个案研究。赵州从谂为后世留下了“赵州八十方行脚”典范，不过应该指出，并非赵州和尚八十岁了还在行脚，而是行脚止于八十岁。据《古尊宿语录》卷十三《赵州真际禅师语录并行状》，赵州一开始师随本师行脚，到南泉普愿那里后获得开悟。史载他接着“后自携瓶锡，遍历诸方。常自谓曰：七岁童儿胜我者，我即问伊。百岁老翁不及我者，我即教他。年至八十，方住赵州城东观音院”。[②]

此外，像雪峰义存的三登投子和九上洞山，曹山一生行脚等，都是禅林津津乐道的典范。因行脚而被尊崇，最终成为区域性禅众领袖的伟大禅师系列还可以不断列举下去。

① ［日］柳田圣山主编《禅学丛书》所收影印本《祖堂集》，京都：中文出版社，1974年，第137页。

② 《新纂大日本续藏经》，东京：国书刊行会，1975–1989年，第689册，第76页上。

三、风景中之风景

僧巨然和隐者范宽生涯的活跃年代有先后之别，但均横跨五代、北宋，而在这个时期也是禅僧行脚极为生动的时刻。幸运的是，他们给今人留下了两幅美术瑰宝，范宽的《溪山行旅》据信代表中国水墨山水画的最高成就，巍峨高峰占据了画幅的三分之二，并且是用毛笔中锋频密点出（技法上称雨点皴），最下面的近景被弯曲的野径占据，上面行进着某商旅队伍，看起来疲惫不堪、骡马劳累。细看会发现，在商旅队伍和高峰间的中景即密林旁边，一位行脚僧用拄杖挑着行囊已翻越小山丘，要横穿过水花奔涌的溪流，赶往隐藏在峰顶的寺院。这位行脚僧与商旅的路向正相反，似乎表达出人类方内和方外两个世界的努力方向的不同。

范宽技巧之杰出，正如人们常常形容的那样，他的每幅画都是由许多精致、准确的小画面组合而成。例如梵衲画面中，他的扮相和举止，甚至拄杖上所挑着的物事（钵囊），都完全符合史料记载的行脚僧形象。我们注意到，禅僧肩上的拄杖，其实担负着更多意涵，简单说来，它就是行脚本身。据《联灯会要》卷十一《汾阳善昭禅师》，禅师汾阳善昭曾拈着拄杖，向僧众说法道："识得拄杖子，行脚事毕。"[①] 据《建中靖国续灯录》卷八《明州瑞岩山

① 《新纂大日本续藏经》，东京：国书刊行会，1975–1989年，第79册，第104页下。

智才禅师》，另外一位禅师释智才曾把拄杖晃动一下，宣示它“昼夜为诸人说平等法门”，如果理解这一点，则“行脚事毕”。[①]而在释省倧看来，对于成佛而言，拄杖即是“缘”，也是“一乘法”，语载《建中靖国续灯录》卷五《越州称心省倧禅师》。[②]而当被问及“如何是学人行脚事”时，释道常给出更为简洁的思路说，可以“拗折拄杖”试试看，语载《景德传灯录》第二十五卷《洪州道常禅师》。[③]

行脚僧与禅师的初次见面被鲜活地描绘在另一幅《秋山问道图》里，画作出自历史上第一位僧画家巨然之手，他为我们提供了湿润、温和而又厚重南方丘陵地带，山高林密掩映的矮小茅屋中，禅者盘膝交谈场景：室外溪水潺潺，秋意正浓，对话的禅者都显得气定神闲。一切似乎都很寻常，然而他们“坐具”之摆放，其实透露出某种“微妙的亲切”气氛。禅籍告诉我们，在行脚僧与禅师初“接机”场合，对双方都是一场慎重考验。禅师如果不满意行僧的回答，便会做出一些符号化的轻藐言行，例如一言不发或大喝一声。而行脚僧如果对禅师不满意，便会把坐具扔到一边，拂袖而去，如《建中靖国续灯录》卷十《处州永泰自仁禅师》里所言“若也一言不契，坐具拂开便行”。[④]山水间跋涉的梵衲，和机锋尖利敏锐的禅门对话，应该是晚唐五代时期寻常景象吧，因此被画家艺术化地再现出来。

---

① 《新纂大日本续藏经》，东京：国书刊行会，1975–1989年，第78册，第693页上。

② 同上，第667页下。

③ 日本禅文化研究所影印福州东禅寺补配本《景德传灯录》，京都：禅文化研究所，1990年，第522页。

④ 《新纂大日本续藏经》，东京：国书刊行会，1975–1989年，第78册，第704页中。

另一艺术领域，即8世纪中期后的诗歌，也屡屡“捕捉”到禅僧远足画面，诗作常以“行脚僧”为题。《全唐诗》第五七四卷所录《送灵应上人》，是贾岛最有名诗作之一：“遍参尊宿游方久，名岳奇峰问此公。五月半间看瀑布，青城山里白云中。”①

摘录那些基本上属于“写实”的诗句，或许有助于更画面感地表达出此类僧人形象，它们包括李洞所言“瓶枕绕腰垂，出门何所之。毳衣沾雨重，棕笠看山欹。夜观入枯树，野眠逢断碑”（《全唐诗》卷七二一《送行脚僧》）、②齐己所言“老忆游方日，天涯锡独摇。凌晨从北固，冲雪向南朝。鬓发泉边剃，香灯树下烧。双峰诸道友，夏满有书招”（《全唐诗》卷八三八《送僧》）、③修睦所言“十年消息断，空使梦烟萝。嵩岳几时下，洞庭何日过。瓶干离涧久，衲坏卧云多。意欲相留住，游方肯舍么”（《全唐诗》卷八四九《喜僧友到》）、④齐己所言“洒落南宗子，游方迹似云。青山寻处处，赤叶路纷纷。虎共松岩宿，猿和石溜闻。何峰一回首，忆我在人群”（《全唐诗》卷八三九《荆门送兴禅师》），⑤以及诗僧寒山略带伤感的“层层山水秀，烟霞锁翠微。岚拂纱巾湿，露沾蓑草衣。足蹑游方履，手执古藤枝。更观尘世外，梦境复何为”（《全唐诗》卷八〇六《诗三百三首一百六》）。⑥

最能体现以行脚作参禅，理境和意境均深邃的要数《全唐诗》

① 《全唐诗》，北京：中华书局，1990年，第9册，第6735页。
② 同上，第11册，第8354页。
③ 《全唐诗》，北京：中华书局，1990年，第12册，第9522页。
④ 同上，第9682页。
⑤ 同上，第9543页。
⑥ 同上，第9169页。

卷八二四《赠行脚僧》，该诗为子兰所作：

世界曾行遍，全无行可修。

炎凉三衲共，生死一身休。

片断云随体，稀疏雪满头。

此门无所著，不肯暂淹留。[①]

这是一幅行脚僧在皑皑大地上独行的画面，雪花覆盖了行走者的头部，四周寒冷而又清静。行脚僧以流动、不执着、毕竟空的态度看待世界以及行脚本身，在长期不终止走动中看破了气候和世态的炎凉，乃至生死。

读者们往往被古代行僧所到之处“山水入怀”的想象性画面所欺，以为他们一往闲情逸致，其实这只是表象，所谓“拥毳携筇，周游烟水，笑傲浮生”的描述，业已经历了许多美学化的填充。一方面，正如我们曾经谈论的，禅僧行脚旅途艰辛；另一方面，他们心中也储藏着类型不同的“紧张”。如是张力有多种原因。

其一，影响之焦虑。行脚流行时代正处于禅教相争时期，这要算是唐代禅思想史最重要的主题了。需要提及几个今天禅宗史学术上不那么严格的概念，即传统所称的“祖师禅”“南宗禅（或南禅）”，这些禅类的共同主张是“不立文字”，具体表现为反对虔敬意义上的读经，对教或教法（三藏十二部教）保持警惕。马祖以后禅师对“经教”的反对愈趋激烈和情绪化，乃至有临济义玄那种“三乘十二分教皆是拭不净故纸”的贬斥。本来，禅家排斥“执名句，向文字中求”，有其义理甚至印度佛典上的依据，

① 《全唐诗》，北京：中华书局，1990年，第12册，第9371页。

然而该主张的思想表达和行动演绎常呈错位态势，笔者在此无法深入讨论禅思想史上的此根本性冲突，只是想直接给出几个段落，它们均表达出唐代中后期禅师反对执着经论和言教的立场。从唐代佛教自身发展史看，前期佛教经学研究非常发达，天台、华严等依靠阐发大乘经典而建构思想体系的宗派影响力强大，禅宗要从教门下独立，禅者自身或许要不时面对这种“影响的焦虑”（anxiety of influence）吧。非常具有反讽意味的是，后来最反对经教的临济义玄，其实自身也实践了从经典至上主义下挣脱的苦难历程，而且是唐代声誉最隆的唯识学。

临济因讲唯识学而被嘲讽的经历，是在他被其师黄檗希运棒打出门，行脚至大愚禅师所后当日，事载《祖堂集》卷十九《临济和尚章》：

> 至夜间，于大愚前说《瑜伽论》，谭唯识，复申问难。大愚毕夕悄然不对，及至旦来，谓师曰：“老僧独居山舍，念子远来，且延一宿，何故夜间于吾前无羞惭，放不净？”①

禅者视法相唯识学为障蔽心性“最大恶”，亦也可见于《联灯会要》卷十二《潭州神鼎鸿諲禅师》里如下事例：

> 师行脚时与数耆宿游南岳，一僧举论宗乘颇敏。会野饭，山店中供辦，其僧论说不已，师云：三界惟心，万法惟识，惟识惟心，眼声耳色。是什么人语。僧云：法眼语。师云：其语云何。僧云：惟心故根境不相到，惟识故

① ［日］柳田圣山主编《禅学丛书》所收影印本《祖堂集》，京都：中文出版社，1974年，第363页。

声色枞然。师云：舌味是根境否。云：是。师以箸夹菜置舌上，含胡而语云：可谓相入耶？坐者骇然，不能加答。师云：路途之学，终不到家，见解入微，不名见道，参须实参，悟须实悟，阎罗大王不怕多语。[①]

这种反经院主义态度也反映到更普遍地抵制各种经典研读上来，一个有趣的故事说唐代古灵神赞禅师，曾晴日在窗户下看佛经，很多苍蝇为晒阳光，竞相“头打其窗，求觅出路”，他的弟子脑中突现灵感，嘲讽其师道“多少世界如许多广阔，而不肯出头，撞故纸里，驴年解得出摩”，语载《祖堂集》卷十六《古灵和尚章》。[②] 南泉普愿在行脚时，遇到某老宿告诫他“我十八上解作活计，三乘十二分教因我所有。如今我向三乘十二分教且不是，所以解修行底人不落因果，不解修行底人落他因果”，语载《祖堂集》卷十六《南泉和尚章》。[③]

对经教的不满还诱发了一些禅师主动行脚，如《嘉泰普灯录》卷二十九《胜因戏鱼静禅师拟寒山自述》所言：“颇忆未参禅，教中听十年，昼夜数他宝，何曾得半钱，发志出行脚。”[④] 我们很自然地看到，排斥经教立场导致雪峰义存（以及其他僧人）行脚时“不寻讲肆，唯访宗师”，语载《祖堂集》卷七《雪峰和尚章》。[⑤]

---

① 《新纂大日本续藏经》，东京：国书刊行会，1975–1989年，第79册，第108页上。

② ［日］柳田圣山主编《禅学丛书》所收影印本《祖堂集》，京都：中文出版社，1974年，第312页。

③ 同上，第298页。

④ 《新纂大日本续藏经》，东京：国书刊行会，1975–1989年，第79册，第476页上。

⑤ ［日］柳田圣山主编《禅学丛书》所收影印本《祖堂集》，京都：中文出版社，1974年，第142页。

其二，对治声色，也即是说，要采取辩证的立场看待环境。 据传，宋明新儒学在唐代的前驱李翱曾参请药山惟俨，咨询佛教真理，药山质问他为何“贵耳贱目”，因为真谛不停留在书本里，不从他人口中得来，而是如四周环境一样伴随在人的左右。李翱得此意后，留下了著名诗句：“我来问道无余说，云在青天水在瓶。”（语载《景德传灯录》第十四卷《澧州药山惟俨禅师》）[①] 在此，我们还会很自然地想起苏轼“溪声山色”之语。黄龙慧南的弟子常总禅师《冷斋夜话》卷七写道：“东坡游庐山，至东林，作偈曰《赠东林总长老》：溪声尽是广长舌，山色无非清净身。夜来八万四千偈，他日如何举似人？”溪水流动，其声响仿佛在诵读佛经；山峦青翠，烘托出“如来藏自性清净心”之佛法真谛，东坡此诗强调了“环境是开悟助缘”的道理。

上面的典故表明，景色（声色）对于行脚僧有其重要价值。当雪峰义存行脚至盐官齐安处，闻举色空义而有所悟。洞山过水，方才彻悟其师临终之语。据《建中靖国续灯录》卷十《处州永泰自仁禅师》，自仁禅师提出要善观“时节”，即在触目“松风凛凛，败叶纷纷，柳带衰颜，猿啼远岫”时思考禅道，这样才能“与诸圣相邻”。[②]此也正如《建中靖国续灯录》卷九《天台太平元坦禅师》所载元坦言“声色动静，不昧见闻”，[③]或《建中靖国续灯录》卷五《越州天衣山义怀禅师》所载义怀所主张的“林间翠竹，陌上黄花，主伴交参，共谈斯事，不用南询诸友，东见文殊，一时向目前参

① 日本禅文化研究所影印福州东禅寺补配本《景德传灯录》，京都：禅文化研究所，1990年，第274页。

② 《新纂大日本续藏经》，东京：国书刊行会，1975–1989年，第78册，第704页中。

③ 同上，第698页下。

取，行脚事毕”。[①]

参悟“声色”提供的禅机，有时要“用力”，有的时候又要随缘观览，“看淡”些，因此我们阅读《天目明本禅师杂录》卷一《师语》里中峰明本《行脚歌》，不仅要看到里面的“掉臂拂开天外云，转身冲破千山色”，还要注意另外一句“有时行脚还不然，看山看水只随缘，不留此土，不到西天”。沩山灵佑也深谙其间的辩证法，他在公开说法时强调“行脚高士直须向声色里睡眠，声色里坐卧”。而当疏山羌仁禅师就此发问“如何是不落声色”时，灵佑便归方丈，留下一句“此犹是落声色”，语载《联灯会要》卷二十二《抚州疏山羌仁禅师》。[②]

行脚的目的不是风景本身，而是要在风景触动下开悟，并且要准备回答“何为行脚”这样的难题，提问者被亲切地比拟为“渡头人”，帮助行脚僧往觉悟彼岸，此正如《建中靖国续灯录》卷十七《江宁府蒋山太平兴国寺惠炬禅师》所载惠炬上堂所言：“秋景萧条，雁过长空，燕离大厦，游方禅客，卜处安居，腰束轻囊，手携短锡，水边松际，去住无拘。虽然如是，忽有人问：作么生是行脚底事。”[③]

行路上的风景总是不断涌现，不断消失。此外，人总有生死大事，离开世界之际，风景也消失了。因而，对于行脚僧而言，“看穿风景”也显得分外重要。据《景德传灯录》卷十八《福州玄沙师备禅师》，师备曾提醒：“只如巅山岩崖迥绝人处还有佛法

① 《新纂大日本续藏经》，东京：国书刊行会，1975–1989年，第78册，第666页下。

② 同上，第79册，第194页中。

③ 同上，第78册，第745页中。

么。”故而他时不时强调只有死去的僧人，眼前才是“触目菩提”，头顶后才是“万里神光”，如果参透这一点，那么就能“脱汝髑髅前意想，都来只是汝真实人体”。[①]这同样是释知默的观点，据《景德传灯录》第二十二卷《温州佛岙知默禅师》，知默曾说道：“恁么行脚吃辛吃苦盘山涉涧，终不为观看州县参寻名山圣迹，莫非为此一大事。”[②]

因此，即使千百年下，我们的耳际似乎还回响着玄沙师备弟子漳州罗汉桂琛禅师语速急促、言辞凛冽的关于“声色”的告诫，据《景德传灯录》第二十一卷《漳州罗汉院桂琛禅师》：

> 禅德，汝唤什么作平实，把什么作圆常。傍家行脚理须甄别，莫相埋没。得些声色名字贮在心头，道我会解善能拣辨，汝且会个什么，拣个什么，记持得底是名字，拣辨得底是声色。若不是声色名字，汝又作么生记持拣辨，风吹松树也是声，蛤蟆老鸦也是声，何不那里听取拣择去，若那里有个意度模样，只如老师口里，又有多少意度与上坐，莫错。即今声色摐摐地，为当相及不相及，若相及即汝灵性金刚秘密，应有坏灭去也。何以如此，为声贯破汝耳，色穿破汝眼，缘即塞却汝幻妄，走杀汝声色体尔不容也。若不相及，又什么处得声色来，会么？[③]

其三，互相成就的同道者。除去独身远走，我们还可以看到

① 日本禅文化研究所影印福州东禅寺补配本《景德传灯录》，京都：禅文化研究所，1990年，第350页。

② 同上，第440页。

③ 同上，第417页。

一些唐代禅僧结伴而行的事例。禅籍记载这些事例，乃是因为它们也有助读者觉悟。

丹霞曾与马祖门下庞蕴同侣入京求选，路上遇到一位行脚僧，两人共吃茶间，后者劝丹霞不必选官，要去选佛，丹霞遂与庞蕴一起返秦，“游而造大寂”，他们共同成为马祖道一的弟子。此后又被劝至石头希迁处学习，受戒后又返回到马祖这里。之后便长期过着“放旷情怀，涛违顺境，乐乎云水，去住逍遥”的生活。

丹霞天然禅师行脚过程中也多与道伴同行，留下许多禅问答，最著名的是“烧木佛”的故事。据《祖堂集》卷四《丹霞和尚章》，丹霞以元和初上龙门香山，与伏牛禅师为莫逆侣。后于惠林寺遇天寒，焚木佛以御次，主人或讥。师曰：“吾荞荼毗，觅舍利。”[①]此外还有一例，据同书卷十五《麻谷和尚章》，丹霞与麻古禅师游山，见水中鱼，麻古以手指丹霞，丹霞云：“天然。”麻古第二天却问：“昨日意作摩生？”丹霞便作卧势，师曰：“苍天苍天。”[②]

马祖门下多有大智慧的行脚僧，南泉普愿禅师是另一个例子。据同书卷十六《南泉和尚章》，南泉与同为马祖弟子的归宗智常结伴而行，长达二十年。归宗智常以斩蛇、竖锄头、作斩蛇势等行为艺术而著名，他与南泉普愿之间产生许多趣事，同样也留下了一些禅问答，例如“煎茶”故事：据说有一天行脚，南泉落在归宗后面，忽见老虎从草里出，南泉害怕就唤归宗，后者大

① ［日］柳田圣山主编《禅学丛书》所收影印本《祖堂集》，京都：中文出版社，1974年，第80页。

② 同上，第283页。

喝一声，老虎便逃入草丛。南泉问："师兄见大虫似个什么？"归宗答"似猫"后，却反过来问南泉，南泉回答：似乎像一只老虎。[①]

其四，不期而遇的机缘。禅僧行脚路途上，还存在一些"奇遇"，它们也有助于"开悟"。其例甚多，姑从略。

四、草鞋简史

明清拟话本小说家常用俗谚"踏破铁鞋"，其实是对禅宗典故的一次不成功模仿，因为，"铁鞋"即使存在过的话，也从未成为生活用品，自然不会有人能"踏破铁鞋"。这个通俗说法的原典在禅宗里，即"踏破草鞋无觅处"，此外还有"踏破草鞋赤脚走""踏破草鞋路路通""踏破草鞋回头看""踏破草鞋跟子断"等转语散见于禅籍，用以说明行脚僧寻找"发明师"和开悟机缘之艰难。实际上，"踏破草鞋"这四字可能最初出自最伟大的禅师临济义玄之口。[②]

仅聚集"踏破草鞋"四字，则可见到更多禅师的"发挥"和义理上的"讲究"，然而在此，我们需要把视线轻轻地安放于"草鞋"，日用之物几乎无人留心，我们因此被迫思考这世上已消失之物，及其消失前在禅宗史里闪光一刻。

看起来凡庸至极的草鞋，其实需要高超技艺来编织，因而在人类产生之初，我们的始祖只能够用"禽兽之品"来充当"足衣"。[③]

---

① ［日］柳田圣山主编《禅学丛书》所收影印本《祖堂集》，京都：中文出版社，1974年，第303页。

② 见《镇州临济慧照禅师语录》。

③ 事载《韩非子·五蠹》。

足衣是相当文雅的说法，其实就是“裹脚皮”。

中国最古老的谱牒书《世本》记载黄帝之臣于则“用革造扉、用皮造履”，扉、履皆属今天的鞋类，但使用的材料是皮质，因为制造起来非常简单，仅需缝制兽皮，或直接将兽皮裹在脚上即可。如果我们遭遇古代典籍中部分陌生的鞋之异名，例如鞮、鞜、靴、韦履、革履、高甬子履，它们都指皮鞋，不能下意识地当作草鞋来解释。在此需要提及一个典故，据说菩提达摩去世后，北魏出使西域的官吏宋云在葱岭邂逅他时，达摩手提“只履”，当他回国后，诸朝臣皆不信其言，遂“发大师墓，唯有履一只”。[①]注意这里的“履”，所指也应是皮鞋，不是惯常想象画面里的草鞋。

要促使人类第一个草鞋的产生，除高超技艺和复杂工具和工艺外，也需抉择材料。傍水生长的蒲草适宜编织，因此成为最初材料，此后又选取了稻草、麦秸及其他韧性强的植物。可以想见，南中国各省在此方面有独特优势，因此有人推断最初的草鞋产生在南方，当时的北方还在使用兽皮裹脚。相应地，在古籍阅读中，当我们遇到屩、鞻、屦、扉、屣、蹝、蒲靴、芒鞋、麻鞋。

与我们意想中相反，草鞋曾因其精巧、美观、实惠和时尚而风靡大江南北，以至于成为古人墓里陪葬品。今天我们还可以到各地博物馆看到许多草鞋考古实物，例如湖北江陵纪南城东南凤凰山168号西汉墓出土的麻草鞋，新疆吐鲁番阿斯塔那唐墓出土的如意头蒲鞋，蒲草鞋是唐代高超草鞋制艺的典范。

同样令人称奇的是，汉字“鞋”或许直至唐代才出现，并且，

① ［日］柳田圣山：《初期の禅史 2：历代法宝记》，东京：筑摩书房，1976年，第68页。

中国穿鞋传统里的许多内容首次出现也是在唐代。例如，唐代前官员进入宫殿需要脱去鞋袜，这种习惯迄今在东亚其他一些区域（日、韩）保持着，但在唐代，逐渐强化的平民意识促使皇帝允许官吏穿靴进入宫殿。但是这并不意味平等是充分的，其实典文里还记录许多穿鞋不平等现象及制度。

我们注意到那个时代里，鞋子的颜色、材质、款式，以及礼节繁多的穿鞋行为其实构成了一个复杂的符号系统，起到划分等级、实现社会区隔作用。具有敏锐感受力的精英文士对此体会最深。曾有隐士批评韩愈待自己无礼之甚，不能如信陵君那样躬为执辔，文公反驳道，是你不恭敬在先，所称“族系衣破衣、系麻鞋，率然叩吾门”，其实反映了唐代社会对麻鞋的鄙夷。[①] 杜甫在一首诗里描述自己在安史之乱时的生命困局，里面提到“麻鞋见天子，衣袖露两肘”的穷酸之相。[②] 而当他霎时产生归隐之念时，就写出了“若耶溪，云门寺。吾独胡为在泥滓，青鞋布袜从兹始”的句子。[③]

唐代广大平民阶层各色人物日常所穿当然只能是草鞋，诗歌就此多有描绘。隐峦曾描绘吹笛牧童为“见人俱不识，尽着芒鞋戴箬笠”，[④]皮日休描述樵夫为“花穿枲衣落，云拂芒鞋起”，[⑤]白居

① 《全唐文》第五五三卷《答吕医山人书》，北京：中华书局，1983年，第6册，第5603页。
② 《全唐诗》卷二一七《述怀》，北京：中华书局，1990年，第4册，第2274页。
③ 《全唐诗》卷二一六《奉先刘少府新画山水障歌》，北京：中华书局，1990年，第4册，第2267页。
④ 《全唐诗》卷八二五《牧童》，北京：中华书局，1990年，第12册，第9379页。
⑤ 《全唐诗》卷六一一《奉和鲁望樵人十咏·樵径》，北京：中华书局，1990年，第9册，第7101页。

易描述文士出游为“竹鞋葵扇白绡巾，林野为家云是身”，[①]或“深山寺路千层石，竹杖棕鞋便可登”。[②]

玄奘西游途经高昌国逗留了较长时间，离开时国王赠送给他的许多物品中，就包括“法服绵帽，裘毯鞋袜，五十余事，及绫绢金银钱等”，[③]茶圣陆羽“常扁舟往来山寺，随身惟纱巾藤鞋短褐犊鼻，往往独行野中。诵佛经，吟古诗，杖击林木，手弄流水，夷犹徘徊，自曙达暮，至日黑兴尽，号泣而归”，[④]由此可见，平凡僧人所穿草鞋在被描述时，通常被涂抹上一层凄清的淡色。还有其他一些典例，如雪中之僧是“鸟道缘巢影，僧鞋印雪踪”，[⑤]行脚后所居旧寺则是“壁上尘粘蒲叶扇，床前苔烂笋皮鞋”，[⑥]姚合勾勒出的病僧形象尤令人难忘：“三年病不出，苔藓满藤鞋。倚壁看经坐，闻钟吃药斋。茶烟熏杀竹，檐雨滴穿阶。无暇频相访，秋风（来）寂寞怀。”[⑦]

草鞋对行脚僧而言，既是一种幸运，又是一种考验。据《天目明本禅师杂录》卷一《天目中峰广慧禅师语》，明本曾撰《行脚歌》，里面提到“一双草鞋元没底，况是龟毛穿两耳。深包十

---

① 《全唐诗》，北京：中华书局，1990年，第7册，第5260页。

② 《全唐诗》卷四五九《游丰乐招提佛光三寺》，北京：中华书局，1990年，第8册，第6358页。

③ 见《全唐文》第九〇七卷《谢高昌王送沙弥及国书绫绢等启》，北京：中华书局，1983年，第10册，第9463页。

④ 见《全唐文》卷四三三《陆文学自传》，北京：中华书局，1983年，第5册，第4420页。

⑤ 见《全唐诗》卷五〇三所载周贺诗《入静隐寺途中作》，北京：中华书局，1990年，第8册，第5764页。

⑥ 《全唐诗》卷六九二所载杜荀鹤诗《题宗上人旧院》，北京：中华书局，1990年，第9册，第8025页。

⑦ 见《全唐诗》卷五〇二姚合《病僧》，北京：中华书局，1990年，第8册，第5755页。

个脚指头，踏着风云四边起”。[①] 戴叔伦则提供了一位艺术化的穿棕鞋行脚僧形象：

一两棕鞋八尺藤，广陵行遍又金陵。

不知竹雨竹风夜，吟对秋山那寺灯。[②]

唐代制鞋业之发达，可见于彼时一首湖南童谣，载《全唐诗》卷八七八：“湖南城郭好长街，竟栽柳树不栽槐。百姓奔窜无一事，只是椎芒织草鞋。”[③]《全唐诗》卷八六一有伊用昌诗《题茶陵县门》对此事有诙谐的描述。据该诗，湖南茶陵县衙门口整条街的居民都在夜间制草鞋：“茶陵一道好长街，两畔栽柳不栽槐。夜后不闻更漏鼓，只听锤芒织草鞋。”[④] 湖南地区是僧团繁荣之地，也是禅僧行脚发达区域，看起来不是偶然的，有许多物质基础支撑他们的远足计划。关于唐代草鞋价格，我们从一条语录里知道，大约三十文就可以买到。[⑤]

僧尼日常所穿有布料的“罗汉鞋”和“僧鞋”，而行脚的禅僧最依赖的器具是草鞋。行脚之前，僧人当然可以到市集上购买草鞋，但许多时候，僧人是自己制作行脚所用的草鞋，因为他们不能仅带一双草鞋展开自己的云水生涯，禅宗语录和灯史里有大量僧人“制草鞋”记载。例如，据《景德传灯录》第十二卷《睦州龙兴寺陈尊宿》，黄檗希运弟子陈尊宿“常制草屦密置于道上。

① 《新纂大日本续藏经》，东京：国书刊行会，1975–1989年，第70册，第725页中。

② 据《全唐诗》卷二七四《忆原上人》，北京：中华书局，1990年，第5册，第3098页。

③ 《全唐诗》，北京：中华书局，1990年，第13册，第10022页。

④ 同上，第12册，第9795页。

⑤ 事载《古尊宿语录》卷十六《云门匡真禅师广录中》，《新纂大日本续藏经》，东京：国书刊行会，1975–1989年，第68册，第105页上。

岁久人知，乃有陈蒲鞋之号焉”。[①]

我们可以从稍后的禅寺《规约》中看到对行脚僧挂单入寺穿鞋方面的要求，宋宗赜集“重雕补注”《禅苑清规》里规定，行脚僧将入丛林时需要先办道具，包括山笠、拄杖、戒刀、祠部筒、钵囊等，对鞋袋则额外要求里面要有布帕一条，以作脚布，沙弥之鞋只能用白色，不得使用紫皂色。

唐代中期以后禅籍里经常出现“打草鞋行脚”“买草鞋行脚”“踏破草鞋行脚”等句，甚至以二三十年来衡量，例如“买草鞋行脚三十年”等。有的时候，禅师也借提问“行脚费却多少草鞋”“踏破多少草鞋”来窥测对方的行脚立场。

日用之物的“草鞋”或“破草鞋”，往往充当唐代禅僧“参悟”的道具。据《禅林宝训》卷三，大慧宗杲曾引用的一首偈子，尽显草鞋价值：[②]

勿谓栖贤穷，身穷道不穷。

草鞋狞似虎，拄杖活如龙。

渴饮曹溪水，饥吞栗棘蓬。

铜头铁额汉，尽在我山中。

当然，最著名的要数“南泉斩猫，赵州顶鞋”公案。许多人认为“斩猫”和“顶鞋”都是从未发生过的、虚拟的案例，其实是禅师用极端的方式隔断语言文字思虑作用，因为在禅师看来，它们构成了理解佛性的障碍，此即如圆悟克勤所言：“意路不到，正好

① 日本禅文化研究所影印福州东禅寺补配本《景德传灯录》，京都：禅文化研究所，1990年，第211页。

② 《大正藏》第48册，第1034页中。

提撕；言诠不及，宜急着眼。若也电转星飞，便可倾湫倒岳。”[①]

完好的草鞋并不值得留恋，只有“破草鞋”才是触发深思，成为开悟的机缘，这是禅者许多见解中最有趣的义例。临济义玄把行脚定义为“踏破草鞋”，当僧问行脚（来来去去）目的是“作什么”时，临济说道：“只徒踏破草鞋。”[②]在此后，评论行脚资历或功夫的常见语就是问对方“踏破多少草鞋”。药山惟俨见云岩昙晟在补草鞋，虽然很明白，却故意问他在干什么，云岩以“将败坏补败坏”相对，药山惟俨认为他回答不究竟，更正道：“即败坏，非败坏。”[③]

据《景德传灯录》卷十六《鄂州岩头全豁禅师》，我们看到，当岩头全豁被问“如何是道”时，他的回答很有美学味道：“破草鞋与抛向湖里着”。[④]还有的禅师用看似鄙夷的口吻回答道：“佛之与祖是什么破草鞋”，[⑤]而看破一切态度反映在夹山善会“三乘十二分教是老僧坐具，祖师玄旨是破草鞋，宁可赤脚不着最好。目睹瞿昙犹如黄叶”语句里，载《祖堂集》卷七《夹山和尚章》。[⑥]

我们还看到，禅师经常被弟子问及“什么是佛法最高道理”之类的问题，它的表达包括“祖师西来意”“如何是佛”“如何是诸佛玄旨”，等等。在上述场合，一些禅师干脆回答：“破草鞋。”

① 语载《碧岩录》卷七，是第63则公案，《大正藏》第48册，第194页下。

② 语载《古尊宿语录》卷五《临济禅师语录之余》，《新纂大日本续藏经》，东京：国书刊行会，1975-1989年，第68册，第32页中。

③ 语载《祖堂集》卷十《长庆和尚章》，柳田圣山主编《禅学丛书》所收影印本《祖堂集》，京都：中文出版社，1974年，第204页。

④ 日本禅文化研究所影印福州东禅寺补配本《景德传灯录》，京都：禅文化研究所，1990年，第309页。

⑤ 语载《景德传灯录》第二十二卷《福州安国院从贵禅师》。同上，第441页。

⑥ 柳田圣山主编《禅学丛书》所收影印本《祖堂集》，京都：中文出版社，1974年，第132页。

例如有僧问智门祚和尚“如何是佛？门云：踏破草鞋赤脚走”。[1]

每位行脚僧心中，都静静躺着一双破草鞋。

五、云水僧的黄昏

禅僧行脚传统此前未获得足够学术观察，其中一个原因是它看起来过于平常，太普通了。其实，过去时代日常行为、物质文化、旅行以及生活模式变化的研究，也只是在最近成为严肃学者研究的对象，它们也为方兴未艾的新文化史所关注。正是在该近期学术新视角下，我们才发现，也正如笔者前文所述的，马祖以后禅僧的主要活动、行为以及大量禅思想命题均与行脚有关——思想是走出来的。当云门文偃提出“佛法还有变易也无”时，自己马上也意识到“思想的物质性”，遂自答道“钵盂、鞋履、拄杖、针筒”。[2]

词汇“行脚”产生和流行，正值汉语发展多端变化的时期，这并不奇怪。我们看到的情况是，中唐以后直至五代时期，有一些独特文字和作品产生了，例如禅宗语录和敦煌俗文学抄本，其特征是以口语为基础，又多少杂些文言成分，这与此前那些纯文言，或以古代汉语为基础而又夹杂口语成分的作品产生了对比。与此对应，该时期也是白话词汇从附庸到独立的转换期，本文所探索的词汇“行脚”正好反映了这种流动现象，它在中唐时期诗歌里被“零星使用”，又在五代时期《祖堂集》里“大量出现”。

① 语载《古尊宿语录》卷三十九《智门祚禅师语录》，《新纂大日本续藏经》，东京：国书刊行会，1975–1989年，第68册，第254页中。

② 语载《古尊宿语录》卷十七《云门匡真禅师广录中》，《新纂大日本续藏经》，东京：国书刊行会，1975–1989年，第68册，第108页下。

附带说明的是，“行脚”较多出现在唐代诗歌，而非唐代文章里，乃是因为诗歌体裁比后者更易于接纳口语词汇。

经由比较，我们还可以确知另外一点：与灯史和语录这类禅家内部著作大量出现“行脚”一词相对比，更“正统”的佛教作品（例如僧传）却体现出较多排斥态度。例如，《宋高僧传》里只出现两处。僧传作者赞宁的做法足令人怀疑，因为如果刻意削减禅宗独特词汇，那么给后人留下的就不是完整的唐代禅宗面貌，这是否多少体现出作为“律师”的赞宁对禅宗的隔膜？实际上，《宋高僧传》在处理唐代禅宗人物时，就描述结果言，与其他宗派僧人相差不大。精英文士为禅师所撰墓志铭里，此类“隔膜”也随处可感，他们也基本上不使用“行脚”这个词汇，也反映出身份意识与文本作品间的隐秘关联。我们还注意到，同样属于灯史类作品，《景德传灯录》比稍早的《祖堂集》更为细致和连贯地描述了禅者的行脚行为，也充分照顾了其过程的完整性。

不断流传的结果就是“典故化”，或被润饰的“典故化”过程，包括事典和语典，主要分布在如下几个层面。其一是禅僧行脚行为整体上的典故化，前文业已提及的“赵州古佛、八十行脚”“曹山一生行脚”“天平行脚”，乃至“跑江湖”皆属此类。其二，那些行脚过程中所发生事件的典故化，即事典，仅赵州和尚一人而言，其名下聚集行脚相关的典故就有很多，例如“州勘庵主”“赵州勘婆”“赵州救火”等。其三，行脚过程里禅僧“接机”时的著名问答的典故化，即语典，此处也以赵州为例，他为我们贡献了“吃茶去”“赵州洗钵”“渡驴渡马”等著名语典。其四，也可以说是文典化，它指的是行脚过程里各种“问答”（机缘问答）

被记录、传抄、讨论、纂集、评唱，构成了《碧岩录》《从容庵录》《请益录》《空谷集》《虚堂集》以及《无门关》的重要内容。唐代禅僧行脚及发生的故事被后世反复提及，直至形成丰富多彩的大量"典故"，简单说来，就是一个事例在口耳间被无休止地重复，这在后期禅僧世界里司空见惯。与唐代的前期往往经由"释经"来建宗立派的情况不同，古典禅是通过不断重复禅师日常生活事例来定义自身的。一个也许不大适宜的例子是，在今天这个时代，处于流动状态的民众意识其实是被各年份、各地域流行歌曲定义的，而非学术或思想著作。

马祖，更确切地说马祖弟子辈以后，禅僧行脚以及大量与之相联系的事典、语典和文典构成了当前国际禅宗史学界所称的"古典禅"的重要内容。所谓古典，指的是五代、北宋以后禅林不断讨论和回顾的唐代禅僧各种开悟机缘、门庭施舍、接机方式等，它们构成了禅宗史上的典范，并因典范而具历史效应。也就是说，典故的不断集聚，历史效应也随之增强、扩大，形成了古典禅时代。由此可见，继"典故化"后，晚唐禅僧行脚又迎来了"古典化"。

在古典禅阶段，许多的行脚行为及各种趣事，是真实发生的历史事件，抑或仅系后人的文学化、艺术化润饰？或者说，真实和虚构的比例是多少？毕竟，历史效应并不等于历史事实。对此，马克瑞（John MoRae）评论道，古典禅"所指代的不是8至10世纪内实际上已经发生的某种行动或事件的集合，而是对上述活动和事件以及唐代神奇人物的想象性特征，在宋代禅修行僧脑海里的'回溯式'的'重新制作'。马祖道一与其他唐代人物成为古典时代的代表，只是发生在他们的时代已经过去的时候，他们的身份被重新设计，以适应宋代禅的需求”。并且马克瑞表明，“古典禅”是后代禅林对发生在唐代后期阶段禅活动的“浪漫化描述”。①

马克瑞提到了“回溯式”“重新制作”“浪漫化描述”，以及“重新设计，以适应宋代禅的需求”等表达，都是对真实性的怀疑。这种推测是有道理的，因为在历史上曾出现类似的、记载那些高度情节戏剧化的场景的文献，例如《世说新语》在古代书籍分类中一向被归于“小说类”。来自东瀛的研究表明，《世说新语》与禅问答之间存在许多文本上的类似之处。② 这个复杂程度较深，无法在此详细讨论，然而我们较为肯定的是，将各种“行脚”行为置于初期禅各位祖师身上，明显属于“回溯式”的“重新制作”，如同笔者在关于“机缘问答”的讨论里所辨析的那样。③ 简而言之，将行脚泛化到初期禅及禅宗的传说时期，甚至整个佛教传统那里，都属于某种类似于“传统的发明”式的思想乃至学术操作。

那个过渡时代新出词汇中，“返景”是同样精彩的范例，它出现在宋之问及其后的李颀、綦毋潜、皇甫曾、钱起、李端等人的诗作里，作者们的年代也比较接近，因为“返景”这个词汇在中唐以后反而少见，所以我们有理由推测，词汇使用的嗜好并不能长久，词汇产生和消失也相当地无常。词汇“返景”存在感体现最为强烈处，当属王维“禅诗”《鹿砦》里的“返景入深林，复

---

① John McRae, *Seeing through Zen Encounter, Transformation, and Genealogy in Chinese Chan Buddhism*, University of California Press, 2004, p.19.

② ［日］石井公成：《中国禅の形成》，收入岩波书店《思想》杂志2004年4月号《禅研究の现在》专辑。

③ 蒋海怒：《古典禅里的材料与理解》，收入《东方哲学与文化》第一辑，中国社会科学出版社，2019年。

照青苔上”。此句自有妙趣，但结合摩诘居士其他写景诗，例如《竹里馆》《鸟鸣涧》或《山居秋暝》，我们就会明了相类意象和文本不断被再生产的小机制。从训诂角度看，“景”从日，声京，有“日光”“景观”和“形影”三重含义，按《说文》，“景”本义为日之光，照物可见曰景，而景之背面则曰影。《鹿砦》此句的视觉物理学基础是，深林青苔总是得不到正午阳光，只有斜照才能眷顾它们。继东升朝日，夕阳（返回之景）又一次与青苔构成亲密关系。

与“返景”类似，所谓“经典”或“古典”，皆指那些被反复阅读的文本，人们的视线不断返回到它们那里。当我们使用“回溯式”“重新制作”“浪漫化描述”，或“重新设计”等用语时，所传达出来的意涵，其实就是像夕照一样，以各种角度重新回到原地。

在《嘉泰普灯录》第二十九卷《胜因戏鱼静禅师拟寒山自述》里，北宋禅僧胜因咸静曾把自己想象成诗僧寒山，他唯一可以把握的在场者只是暮色，脑海中尽皆自己云水生涯的回忆：

> 颇忆未参禅，教中听十年，昼夜数他宝，何曾得半钱。发志出行脚，遍求无病药，及至休歇时，依旧没鞋着。行时唯信脚，到处便为家，午饭随粗细，三衣乱掩遮。空名耳里水，微利眼中砂，一觉黄昏睡，金乌出海涯。

被重新设计出的寒山提供了“黄昏里的行脚僧”形象，来自数百年后的“代言人”胜因咸静禅师，讲述着拥有和失去的生活辩证法：对行脚僧而言，抛弃了佛经、名利、舒适衣食和完好的鞋子同时，却拥有无病之药、真诚的双脚，和海平面上缓缓升起的朝阳。①

---

① 《新纂大日本续藏经》，东京：国书刊行会，1975–1989年，第79册，第476页中。

岭南禅宗文化如何重走“海上丝绸之路”

广东省社会科学联合会　林有能

内容提要： 岭南是海上丝绸之路的主要发祥地，历史上中梵僧人云集于此，布道、译经、建寺，积淀了厚重的佛教禅宗文化；而以六祖南禅为主体的岭南禅宗文化又循着海上丝绸之路走向世界。当下，“一带一路”和“大湾区”的历史背景，又为岭南禅宗文化重走“海上丝绸之路”提供了新的机遇和空间。

关键词： 岭南；禅宗文化；海上丝路

“丝绸之路”一词，最早见于19世纪70年代德国地理学家李希霍芬（Richthofen，Fendinand Von）的《中国旅行记》。他在谈到中国经西域到希腊、罗马的陆上交通路线时，鉴于大量的中国丝和丝织品经此路运销西方，遂称之为丝绸之路。古代的“丝绸之路”分海陆两途，是连接东西方交通的主要通道。佛教的最初东传，全拜使节和贸易商路所赐，走的路线均是使节、商贾之旅途，即陆上丝路和海上丝路。

岭南偏于中国大陆南隅，背靠五岭，面向南海，是海上丝绸之路的始发港。这一独特的地理区位优势，使它成了中国禅宗文化的一个重镇。在中国佛教禅宗发展的历程中，它不但对中国禅宗文化发展贡献力量，而且对世界文明产生了积极影响。而在“一带一路”新的历史时期，岭南禅宗文化又迎来了重走“海上丝绸之路”的新机遇和发展空间。

一、“海上丝绸之路”成就了岭南禅宗文化的历史地位

“海上丝绸之路”成就了岭南禅宗文化的历史地位，在中国禅宗发展的历程上，这一地位和作用表现在如下几方面。

第一，岭南是中外佛教禅宗文化海路交流的枢纽。

一方面岭南是印度佛教从海路来华的首站，所以我们通常称之为“西来初地”。循海而来的梵僧均先抵岭南而后北上。诚如一些学者所言：“东汉时代，印度的佛教以至海外各国文化，亦多自越南河内以及广东的徐闻、合浦与番禺等港口传入。”① “从南北朝开始，取海路来华的高僧多从广州登岸。”② 从历史上看，西域僧人支疆梁接于三国孙亮五凤二年（255）抵广州，开印度僧人跨海抵岭南之先河。此后历朝，均有印度高僧接踵而至。所以，至隋唐时期，从印度东来的高僧中就有安世高、强梁娄至、支疆梁接、康僧会、迦摩罗、求那跋陀罗、智药三藏、真谛、菩提达摩、金刚智、不空等。作为来自佛教故乡的梵僧，不畏艰辛泛海东来，就是要把佛教传入中土，让其生根、开花、结果。他们或传教、或译经、或建寺，毕生从事佛教事业，除个别返回印度外，大多长眠于中土，对岭南乃至中国佛教的发展贡献是巨大的。例如菩提达摩，他于萧梁时跨海东来，从广州登岸，建西来

---

① 罗香林：《世界史上广东学术源流与发展》，《书林》第一卷第三期，中山图书馆编印，民国二十六年四月出版。

② 张伟然：《南北朝时期岭南佛教的地理分布》，《中国佛教二千年学术论文集》，广东省佛教协会编印，第31页。

庵（今华林寺）传教，后驻锡洛阳少林，成为中国禅宗始祖。有趣的是，他在中国的禅法从岭南始发，经二祖慧可、三祖僧璨（在河北、安徽），四祖道信、五祖弘忍（在湖北），最后又回到岭南，成就了六祖惠能。达摩不畏艰险泛海东来，于中国禅宗的发轫和发展的意义不言而喻。

另一方面岭南是中土僧人海路西行求法的始发港。随着中国人对佛教的认可和认知的提高，人们已经不满足于仅从梵僧以及梵僧带来的佛经中，了解关于佛教的更多已知和未知，他们渴望西往亲身看看佛教故乡的实情，希冀得到原汁原味的真经。于是华僧西往取经便成了晋唐时期的一道亮丽风景，他们也是循陆海两途。文献所见，朱士行于曹魏甘露五年（260）赴于阗，可能是从陆路西行求法的第一人，而“最早由海路赴印求法之华僧为于法兰、于道邃师徒，时间约为336年以前”。[①]此后，义净等华僧前仆后继，从岭南启航循海西往，人数上比梵僧东来还要多。有人对晋唐时期海路来往的东、西方僧人做过统计，印度东来者53人，中土西往者183人。[②]他们游走于印度各地，把所见所闻记录下来，参与当地的佛教事业，除部分病卒途中或个别客死他乡外，大多返回中土。他们的游记，如法显的《佛国记》、义净的《大唐西域求法高僧传》和《南海寄归内法传》等，至今仍是我们了解和研究印度佛教的必备参考资料。

众多的中梵僧人沿海上丝路东西来往，交汇于此，岭南的佛教禅宗文化由此而盛。可以说，海上丝路于岭南禅宗文化的发生和发展，既是因，又是果。

---

① 何方耀：《晋唐南海丝路弘法高僧群体研究》，广州：羊城晚报出版社，2015年，第23页。
② 同上，第21页。

第二，历史上岭南是中国佛经翻译中心之一。

佛经的翻译是中国早期佛教重要的内容和活动，原始的印度佛经——贝叶经，随着佛教的东来而从海陆两途传入中土。相比较而言，海经可能优于陆经，“佛教传播的陆路与海路各有其优势，一般地说，陆路来得快捷，但由于佛经以贝多罗树叶写成，不便于运输，故运载量较小；海路来得较慢，但运载量较大。所以，佛教最早的传播尽管是通过陆路，但是那‘沙漠之舟’带来的佛教经典不多，更多的倒是神异的佛教传说；海路传来的尽管较晚，但大舶巨舟所载，往往是成箱成夹的佛教卷帙，这是陆路传播望尘莫及的了。”[①]因此，大量的贝叶经进入并存贮岭南，《续高僧传》说到真谛在广州译经时云：“谛在梁陈二代，凡二十三载，所出经论记传，六十四部，合二百七十八卷。余有未译梵本书，并多罗树叶，凡有二百四十筺，若依陈纸翻之，则列两万余卷，今见译讫，止是数筺之文，并在广州制旨王园寺。”[②]真谛在华所译经典大部分应是在广州译出。不少经典首译于岭南，如三国吴末，支疆梁接在岭南交州，译出《华法三昧经》，是为《华法经》之首译。般剌密谛与被贬广州的宰相房融合作译出了《首楞严经》，“中国之有《楞严经》，自岭南始。”[③]所以，广州成为中国佛教历史上的译经中心之一。

第三，历史上众多西域和中国本土的高僧云集岭南，传播佛教。

岭南佛教兴起、兴盛有赖和得益于东西方高僧大德们的辛勤耕耘，他们云集岭南，或译经或传法或立道场，缔造了岭南佛教

---

① 覃召文：《岭南禅文化》，广州：广东人民出版社，1996年，第2页。

② （唐）道宣撰，郭绍林点校：《续高僧传》上，北京：中华书局，2014年，第21页。

③ （清）顾光，何淙修撰，中山大学中国古文献研究所整理组点校：《光孝寺志》卷二，北京：中华书局，2000年，第19页。

文化繁盛的风景。

如上文所言，在印度东来的高僧中，安世高、强梁娄至、支疆梁接、康僧会、迦摩罗、求那跋陀罗、智药三藏、真谛、菩提达摩、金刚智、不空等前赴后继、筚路蓝缕，把印度佛教的原始义理源源不断地传入岭南乃至华夏大地，推动岭南地区佛教的前进，贡献巨大。

在中国本土，岭南地区以其特有的魅力而吸引各地的高僧、名僧向其聚集，其中罗浮山尤其突显。有学者曾指出："在南北朝之前，作为名山的罗浮已经吸引了相当大范围内的高僧向它集聚，使它成为一个佛法较密集的所在。"[①]例如，净宗祖师慧远："欲往罗浮山，及届浔阳，见庐峰清静，足以息心，始住龙泉精舍。"[②]中国禅宗三祖僧璨"适罗浮山优游二载"[③]。北宗鼻祖神秀曾"游罗浮"[④]。

名僧聚集岭南的现象从中国早期佛教开始一直延续至近现代。唐宋时期的石头、慧寂、大颠、鉴真、文偃，明清时期的憨山、宗宝、函昰、大汕，近现代的虚云、本焕、佛源等，他们开宗立派，承继开新，延续着岭南佛教文化的勃勃生机。

岭南佛教文化在发展中还慢慢形成了其他区域鲜见的独特景象——大小乘佛教相融兼修，这也许是"中国第一个大小乘兼修的僧人康僧会、第一篇兼述大小乘经义的汉传佛教论文《理惑

---

① 张伟然：《南北朝时期岭南佛教的地理分布》，《中国佛教二千年学术论文集》，广东省佛教协会编印，第32页。

② （梁）释慧皎撰，汤用彤校注：《高僧传》，北京：中华书局，2007年，第212页。

③ （宋）释道元著，文雄、妙音点校：《景德传灯录》，成都：成都古籍书店，2000年，第41页。

④ （唐）杜朏：《传法宝纪》，见杨曾文校写敦煌新本《六祖坛经》附编（一），北京：宗教文化出版社，2011年，第161页。

论》、第一本大小乘结合的译著《法华经》产生于岭南”[①]的原因。这也说明一个问题，就佛教文化本身而言，岭南地区也是多元和兼收并蓄的。

第四，岭南孕育了六祖惠能。

相对于中原，岭南开发较晚，社会经济较落后，但这较落后的区域，佛教文化却厚重和兴盛，这从上文的叙述中可以看到。而且惠能家乡新州所在的西江流域，上溯可接达交趾，与南亚诸国连接，也是印度佛教东来的孔道之一。罗香林先生指出：“佛教始于何时传入交州虽今未能判定，然至东汉末时，则其地佛教，殆已视中国别地为盛。”[②]撰写《理惑论》的牟子就生活在西江流域的广信（今广东封开与广西梧州一带），汤用彤谓：“交趾之牟子，著论为佛道辩护。则佛法由海上输入，当亦有其事。”[③]西江边上的德庆香山有佛迹摩崖石刻，明黄佐《广东通志》曰：“香山，其岭有佛足迹，长尺许，具趾肉纹。”[④]明初刑部尚书李质《佛迹石》诗云：“只履西归不可寻，只余足迹踏岩阴。法留正印灯传远，字记名公石刻深。”[⑤]明指这佛迹与达摩有涉。与惠能故里毗邻的泷州（今罗定），在惠能父亲贬谪新州的次年（武德四年），创置龙龛道场，武则天时有《龙龛道场铭并序》摩崖石刻，把武后所创制之别字也收进去，清代西江名士彭泰来誉此刻乃唐代岭南最早之石刻：“岭南唐刻今在世，屈指最古龙龛铭。”而新州，同样是

---

① 刘伟铿：《海上佛经之路的开辟对惠能禅宗形成的重要贡献》，林有能、霍启昌编：《六祖惠能思想研究》（二），香港：香港出版社，2003年，第68页。

② 罗香林：《唐代广州光孝寺与中印交通之关系》，中国学社，1960年，序篇二《交广道》，第8页。

③ 汤用彤：《汉魏两晋南北朝佛教史》，北京：北京大学出版社，1997年，第58页。

④ （明）黄佐等纂修《广东通志》，卷14舆地志二“香山”，广东省地方志办公室编《广东历代方志集成》，广州：岭南美术出版社，2006年，第361页。

⑤ （明）黄佐等纂修《广东通志》，卷65外志二“李质诗”，广东省地方志办公室编《广东历代方志集成》，广州：岭南美术出版社，2006年，第1712页。

佛教文化厚重的地区，仅在初唐时期，就有较多佛教道场，见诸地方志乘者有：罗秀寺、岱山寺、龙兴寺、延明寺、金台寺、福兴寺、永乐寺。“素称烟瘴荒僻的岭南新州在唐初其实是一个佛教传播发展的重要地区。这在除广州、韶州之外的岭南其他地区是罕见的。”①

惠能就是生长、生活于这浓重佛教文化的区域，其对佛教文化接触、启蒙至信仰是从这里开始的。可以说，岭南出六祖，偶然中内蕴着必然。

正是六祖惠能在历代祖师所取得成就的基础上，革新印度佛禅，融汇中国本土文化，从而完成了佛教中国化的历程，创立了具有中国自身特色的佛教——禅宗。自始，“凡言禅，皆本曹溪”（唐·柳宗元为六祖惠能撰写碑文语），“天下言禅道者，以曹溪为口实”（宋·赞宁为六祖惠能撰写传记语），惠能的南禅成了中国禅宗之“本”和源头，成了中国佛教的代表，惠能也被视为中国佛教的创始人。

二、岭南禅宗文化的“世界化”

中国禅宗文化的“世界化”，一定意义上就是六祖惠能南宗禅的“世界化”。惠能南禅“一花开五叶”，其中曹洞宗和临济宗，不但在中国本土枝繁叶茂，生机勃勃，而且跨出国门，沿着海上丝绸之路走向世界。而中国禅宗走向世界的第一步是从我们的近邻开始的。

① 王承文：《六祖惠能早年与唐初岭南新州》，见《六祖惠能思想研究——“惠能与岭南文化”国际学术研讨会论文集》，学术研究杂志社编，1997年，第445页。

东邻朝鲜于唐初就有僧人来华学禅，尤其是受六祖惠能南禅（曹溪禅）的影响，更多的僧人陆续来华学禅。他们学成后返国弘扬中国禅法，创宗立派，逐渐形成了九山禅派：迦智山派、实相山派、圣住山派、凤林山派、曦阳山派、须弥山派、阇崛山派、师子山派、桐里山派。这九个山派，除了曦阳山派属道信（中国禅宗四祖）法系外，其余都是六祖惠能法系。所以，至高丽时期，九个山派合并为“曹溪宗”，成为朝鲜佛教最为盛行的宗派。至今，不断有韩国的僧团来南禅祖庭南华寺参拜，瞻礼六祖真身。

日本文化受中国禅宗的影响是非常深刻和广泛的。早在6世纪，日本的佛教就由中国传入。此后，一批批日本留学僧来华学佛学禅，学成返国后推动日本佛教和禅宗的兴盛。但直到镰仓时代（1192—1333）日本的禅宗才正式建立。日本禅宗主要有六祖惠能法系的临济宗、曹洞宗、黄檗宗（黄檗希运禅师是六祖惠能的法裔），各宗门下又有为数众多的宗派。可以说，日本禅宗源于中国，是中国禅宗的延续和发展。而且，禅宗影响日本文化的方方面面，渗透在民众的日常生活之中，如茶道、花道、空手道、围棋，等等。

与我们山水相连的南邻越南，既受海路印度佛教的影响，又受陆路中国禅宗的影响。从6世纪起中国禅宗就传入越南，慢慢形成了八大宗派：严喜禅宗派、无言通禅宗派、草堂禅宗派、竹林禅宗派、拙公禅派、水月禅派、元韶禅派、了观禅派。这八大宗派中，除了严喜禅宗派属僧璨（中国禅宗三祖）法系外，其余均为六祖惠能法系，并大部分由中国禅师创立，部分由来华学禅的越南僧人创立。难怪明末清初曾到越南传禅的广州长寿寺大汕禅师就有诗句说：“大鉴当年庾岭回，于今吾道又南开”，“卢祖归庾岭，宗风日向南”。大汕深受越南信众的喜爱，并得阮王的礼敬，回国时，阮王赠送大批财物。

清末至民国时期，中国禅宗相继传入新加坡、马来西亚、印度尼西亚、泰国、菲律宾等东南亚国家。

以惠能南禅代表的中国禅宗向西方的传播，除了华侨的交流、传播外，主要是通过日本僧人和学者的推介。1893年，世界宗教大会在美国芝加哥召开，日本僧人释宗演在大会上介绍禅宗，引起西方教界和学界的震动。后来释宗演派其弟子铃木大拙等人来美国用英文讲禅学、禅理，成立禅宗相关团体，又在英国连载禅宗，慢慢地在西方掀起了“禅宗热”，禅宗团体和信众越来越多，讲禅、研禅日趋活跃。而欧美的禅宗主要是六祖惠能法系的临济宗和曹洞宗。

而岭南禅文化“世界化”的另一个标识是《坛经》在全球的流布，外文的译本不断扩展，迄今仅英文译本就达十几种，还有日、韩、法、泰、俄、柬、缅、瑞士、古巴等语种译本。有外国专家称，就佛经翻译和印行的数量而言，第一是《心经》，第二非《坛经》莫属。

三、岭南禅宗文化如何重走“海上丝绸之路”

“一带一路”和“大湾区”的构想和部署，为“海上丝绸之路”沿线的国家和地区的经济文化交流合作提供了新的历史机遇。这一历史机遇为岭南禅宗文化走进“海上丝绸之路”、走向世界提供更广阔的交流空间，同时也提出了新的要求。

岭南是海上丝绸之路的东方重要发祥地，从岭南沿海港口启航的海上航路，贯通东北亚、东南亚、印度洋以及波斯湾、地中海沿海地区，其中经东海通往东北亚地区的海上航路被称为东海丝绸之路，通往南海－印度洋方向的海上航路称为南海丝绸之路。南海丝绸之路是海上丝绸之路的主航路。历史上，“海上丝绸之路”沿线国家不仅与岭南有着密切的经贸往来，文化交流也相当活跃，并形成了或显或隐的文化联系纽带，这为当下岭南禅宗文化走进“海上丝绸之路”沿线国家积淀了底蕴。然而，历史上岭南禅宗文化的“世界化”，一定意义上说主要是通过僧众向外传播、拓展的结果；而在新的历史条件下，岭南禅文化既可以作为岭南文化的组成部分，随着岭南文化的整体走出去，也可以发挥自身的优势，独自重走“海上丝绸之路”。当然，无论是从哪方面，都有待社会各方的共同努力。

岭南禅宗文化如何重走“海上丝绸之路”？在此，提几点建议：

1.充分认识岭南禅宗文化的地位和作用，进一步扩大其影响力。

我们要在思维观念上对岭南禅宗文化的地位有一个清晰的认识。佛教虽然源于印度，但移植于中国，当下言佛教者，必以中国为主体，而中国佛教的主体是禅宗，中国禅宗的主体是南禅，南禅的故乡在岭南。依这样的逻辑理路，岭南禅宗文化在整个中国佛教的位置是显要的，这就给予我们文化自信的足够勇气，可以骄傲地向世人亮出岭南禅宗文化的金字招牌，营造“岭南——禅宗圣地”的理念，通过举办系列的禅宗文化活动、通过各种媒体的推介、通过走出去迎进来，让更多的人了解、仰慕岭南禅宗文化，进而来岭南朝圣。

2.充分发挥教界的独特优势，继续拓展岭南禅宗文化。

禅宗是佛教的一个宗派，佛教信仰广泛存在于“海上丝绸之路”沿线的国家和地区。历史上岭南禅宗的“世界化”，教界是主要的力量。当下，加强内外佛教文化的交流和合作仍然是岭南禅宗文化重走“海上丝绸之路”的重要途径。利用海丝沿线国家和地区对佛教禅宗文化的认同，有意识选派一些有道高僧走出去，在取得当地政府和民众的配合和支持下，设立道场，弘扬禅宗文化。

3. 充分利用“海上丝绸之路”沿线国家华侨对岭南文化的认同，宣传岭南禅宗文化。

广东是华侨之乡，“海上丝绸之路”沿线国家的华侨不少来自岭南，历史上岭南禅宗文化的向外传播，华侨厥功至伟。今天，广大华侨对岭南文化仍然眷恋和认同，这是岭南禅宗文化走进“海上丝绸之路”的一支不可多得的力量，必须充分利用。

4. 利用外文向“海丝”沿线国家推介岭南禅宗文化。

在“海上丝绸之路”沿线国家中，华侨毕竟占少数，且华侨的第三、四代大多已不懂母语，因之借助外语来推介岭南禅文化是不可或缺的途径。而要精准把岭南禅文化译成外文，需要大力培养“两栖”（既懂外语又晓禅文化）人才。而在岭南乃至中国禅文化中，六祖惠能是一面旗帜，所以，在利用外文传播岭南禅文化中，要重点讲好六祖惠能的故事。

5. 合理利用民间文化力量传播岭南禅宗文化。

岭南禅文化要走进“海上丝绸之路”沿线国家，民间文化力量不可低估，而且要合理地加以利用。官方背景的对外文化活动，在政府层面进行文化交流和合作，对岭南禅宗文化重走“海上丝绸之路”无疑有很大帮助和支持，然而，民间的文化力量也是巨大的，民俗、信仰、亲情所凝聚和积淀的吸引力，有时会大于政府间的文化交流活动，所以，可合理利用海外的民间文化机构，尤其是与我们友好的文化机构，推介、传播岭南禅宗文化，可能会有事半功倍之效。

6.加强海内外文化传播机构的合作，全方位展示岭南禅文化。

作为专业的文化传播机构，要坚持把“走出去”作为主要发展方向，发挥广东独特优势，通过创新合作模式、强化激励举措、建设信息平台等举措，增强文化传播的国际竞争力、影响力。尤其要加强与“海上丝绸之路”沿线文化传媒集团在产品、版权、资本等方面的深层次合作，全方位、立体式展示和传播岭南禅文化。

浅析晋唐时期大湾区的佛教传播

暨南大学　刘正刚　吴振鹏

内容提要：西汉武帝时期官府开辟了从徐闻、合浦为始发港的海上丝绸之路，中国通过海路与西方世界的经济文化交流日益频繁。发源于今印度地区的佛教经由海路传入岭南，到晋朝时期，今大湾区已经成为域外高僧弘法的重要区域，广州、佛山、东莞等地均成为此时佛教传播的重要区域，并渐渐形成以广州为大本营的佛教传播中心地。佛寺建设、男女信众、佛经翻译等都在大湾区得以日益增多，最终在唐代出现了六祖惠能大师，完成了佛教的中国化。由此揭示了文化传播与商业繁荣之间有着密切的关联，这对当下中外文化交流不无借鉴价值。

关键词：晋唐时期；大湾区；广州；佛教

岭南从秦汉开始，就被中原统一王朝纳入到统治版图，由秦朝设立三郡到西汉武帝设九郡进行管理。宋代之前，岭南一直被中原士人视为南蛮烟瘴之地，也是王朝流放贬谪官员的地方。但自西汉开始，雷州半岛的徐闻、合浦就被官府确立为海上丝绸之路的始发港，此在东汉班固《汉书》卷二十八《地理志下》有明确记载，乃是我国官府正式开辟海上丝绸之路之始。[①]学者张晓华认为，晋代之后，广州又成为海上丝绸之路的重要港口，唐代在大湾区的广州设立市舶使管理海外贸易。伴随着海上丝绸之路的开拓，中西文化交流日益频繁，佛教在两汉交替之际，通过海路传入交州、广州，再进入内地。[②]

本文的所谓“大湾区”是借助当下的话语体系，其实是指历史上的珠江三角洲地区。这一区域在晋唐时期正处于海洋向陆地演变的重要阶段。晋朝时期，今佛山一带还以海洋为主，域外高僧在佛山弘法多在山岗建茅舍召集信徒。唐宋时期，珠江三角洲地区陆地面积增大，出现了众多的岛屿，南宋景炎三年（1278）追随文天祥在零丁洋海域抗元的邓光荐撰写了《浮虚山记》记载说：“番禺以南，海浩无涯，岛屿洲潭，不可胜计。”[③]这一状况显示了宋代之前大湾区的地理情形。而西汉海上丝绸之路的开辟，使得中西经济文化交流在今天的大湾区日趋频繁，佛教文化从海路传入中国，最早也在这一区域展开。本文试图对这一过程作一个粗浅的分析，以揭示海洋贸易与文化交流互动的关联，由此管窥佛教自海路传入大湾区后，又向北方地区推展，进而与由陆路传入的佛教互动交流的历程。

---

① 刘正刚、张子俊：《官办丝绸之路最先始于海洋》，《肇庆学院学报》2016年第4期，第48–51页。

② 张晓华：《对佛教初传中国内地的时间及路线的再考察》，《史学集刊》2001年第1期，第19页；吴廷璆、郑彭年：《佛教海上传入中国之研究》，《历史研究》1995年第2期，第21–39页。

③ （宋）邓广荐：《浮虚山记》，《全宋文》第356册，上海辞书出版社、安徽教育出版社，2006年，第416页。

一、汉唐大湾区的海上丝绸之路

大湾区地处五岭以南，宋代之前是一望无际的大海，清初屈大均在《广东新语》卷二《地语》记载说：“古时五岭以南皆大海，故地曰‘南海’。其后渐为洲岛，民亦蕃焉。”屈氏所云的“古时”“其后”，没有给出具体的时间指向。但至少在晋朝以来，大湾区的“洲岛”开始逐渐增多，生活在这里的居民主要以舟楫为生，《广东新语》卷十四《食语》又说：“广为水国，人多以舟楫为食。益都孙氏云：南海素封之家，水陆两登，贫者浮家江海。”屈大均的说法显示了岭南文化的海洋特色非常鲜明。

西汉武帝时，除在陆地不断开拓边疆，关注与周边的经济文化交流处，还主动在海洋上发起了海上丝绸之路，与域外开展经济交流。现今最早关于海上丝绸之路的正史记载，见于东汉班固《汉书》卷二十八《地理志》记载：

> 自日南障塞、徐闻、合浦船行可五月，有都元国；又船行可四月，有邑卢没国；又船行可二十余日，有谌离国；步行可十余日，有夫甘都卢国。自夫甘都卢国船行可二月余，有黄支国，民俗略与珠崖相类。其州广大，户口多，多异物，自武帝以来皆献见。有译长，属黄门，与应募者俱入海，市明珠、壁琉璃、奇石异物，赍黄金杂缯而往。所至国皆禀食为耦，蛮夷贾船，转送致之。亦利交易，剽杀人。又苦逢风波溺死，不者数年来还。大珠至围二寸以下。平帝元始中，王莽辅政，欲耀威德，厚遗黄支王，令遣使献生犀牛。自黄支船行可八月，到皮宗；船行

可二月，到日南、象林界云。黄支之南，有已程不国，汉之译使自此还矣。

这是目前所见最早由官方开辟的海上丝绸之路的稀见史料。从中可以推断，我国最早的海上丝绸之路在岭南，而且是在今广东雷州半岛最南端的徐闻县。西汉徐闻港的出现与繁荣已经得以证实，其在海上丝绸之路中具有无可争辩的历史地位。

从汉代的行政区划看，上述的日南、徐闻、合浦皆属交州刺史所辖。据研究，黄支国即南印度的古国拔罗婆朝的首都建志补罗，航行路线是广东→印度支那半岛→马六甲海峡→马来半岛→印度南部→斯里兰卡。可见，自汉武帝以来，黄支国就与广东有着海洋贸易往来，而且这些航海者多是黄门译长，属于官方性质。[①]也就是说，汉代交州和印度的海洋贸易较活跃，因此，印度的佛教也随海船最先传入交州，范晔《后汉书·西域天竺国传》记载：

天竺国，一名身毒……其国临大水，乘象而战。其人弱于月氏，修浮图道，不杀伐，遂以成俗。……和帝时，数遣使贡献，后西域反叛乃绝。至桓帝延熹二年（159）、四年（161），频从日南徼外来献。

这里再次强调交州是印度“贡献”中国的重要通道。汉代域外僧人已在交州居住，东汉时在交州避乱的牟融撰《理惑论》，其在书的《序》中说：“(东汉)灵帝崩后，天下扰乱，独交州差安，北方异人咸来在焉。”[②]时交趾刺史为苍梧人士燮，对儒家学术颇

① 吴廷璆、郑彭年：《佛教海上传入中国之研究》，第25页。

② （梁）释僧祐：《弘明集》卷一，上海：上海古籍出版社，1991年，第1页。

推崇，《三国志·吴书·士燮传》记载他“谦虚下士，中国士人往依避难者以百数”。士燮对佛教也不排斥，他每次出入，均有疑似佛教徒的“胡人夹毂焚烧香者常有数十”。在交趾郡治所龙编（在今越南河内市）佛教相当流行，据越南《大南禅苑传灯录》记载：“交州一方道通天竺，佛法初来，江东未被，而羸喽又重创兴宝刹二十余所，度僧五百余人，译经一十五卷……于时有比丘尼摩罗耆域、康僧会。支疆梁、牟博（牟子）之属在焉。”①这里的康僧会等最早在交趾活动，不仅懂梵文，且“博览六经，精通天文图谶”，显示他精通儒家文化，也说明外国僧人和中国士人有联系，牟子《理惑论》或许就是这一背景下的产物。后来康僧会通过海洋抵达建业，与皇室有了接触。②

魏晋时期，今佛山主城区仍是汪洋大海中的沙洲，但已经成了佛教传播的重要区域，道光《佛山忠义乡志》卷二《寺观·经堂》记载：“经堂，古塔坡寺，原在耆老铺塔坡冈上。东晋时有西域僧到此，结茅讲经，时此地犹海洲也。隆安二年（398）戊戌，三藏法师达毗耶舍尊者因讲经始建经堂，堂后有冈。”所谓“海洲”就是海中岛屿。东晋时，佛山民众以舟楫为生，但已经在海洲上听西域僧人弘扬佛法。这个西域高僧就是罽宾国的昙摩耶舍。③南朝时期，海上丝绸之路较为顺畅，商人与僧侣通过海洋贸易的路线各取所需，南朝多部佛经记载天竺高僧求那毗地于南朝齐时抵达中国，就与南海商人有密切关系，“外国僧众，万里归集，南

① 转引任继愈总主编、杜继文主编：《佛教史》，南京：江苏人民出版社，2006年，第89页。

② （荷）许理和著，李四龙等译：《佛教征服中国》，南京：江苏人民出版社，1998年，第440页。

③ 刘正刚：《佛教与佛山文化》，济南：齐鲁书社，2005年，第46页。

海商人，悉共宗事，供赠往来，岁时不绝。”[①]这说明一方面有更多的外国僧众来到中国，另一方面这些僧众与南海商人有密切关系。南海商人是典型的海商，他们之所以要“宗事供赠”外国僧侣，是为了保佑航海安全。这在宋代朱彧《萍洲可谈》卷二有反映，“商人重番僧。云度海危难，祷之，则见于空中，无不获济。……诸国人至广州，是岁不归者谓之‘住唐’”。宋人所说的“番僧”“住唐”等名词，是大湾区在长期的中外海洋贸易中逐渐形成的。

饶宗颐先生认为，自三国以后，海路交通发达，王室及官吏掌握特殊的权力，从事这种厚利的海外贸易，《晋书》卷三十七《宗室》记载，东晋义阳成王司马望之孙司马奇，“遣三部使到交、广商货”。到了唐代，昆仑舶成为广州海面常见的船只。海道丝路以广州为转口中心，近可至交州，远则及印度。南路的合浦也是一重要据点。交广二地往来密切。[②]早期佛教传入中国主要是通过西域僧人，而这些僧人主要由海路进入大湾区，并始终与海商联系在一起。可见，商业贸易与文化交流之关系的密切。

唐代随着海洋贸易的发达，佛教在广州的传播更为活跃，据《旧唐书》卷八记载，唐玄宗开元二年（714）十二月，“时石威卫中郎将周庆立为安南市舶使，与波斯僧广造奇巧，将以进内。”这里突出了市舶使与“波斯僧”的关系，显示海洋贸易与佛教之关系。当时，通过海洋到达安南和广州的外国船只，以师子国的

---

① （梁）释僧祐著，苏晋仁等点校：《出三藏记集》卷十四，北京：中华书局，1995年，第552页。另见（梁）释慧皎著，汤用彤校注：《高僧传》卷三《译经下》，北京：中华书局，1992年，第138–139页。

② 饶宗颐：《蜀布与CinaPatta——论早期中、印、缅之交通》，收录段渝主编《南方丝绸之路研究论集》，成都：巴蜀书社，2008年，第400页。

船舶最大。唐代李肇《唐国史补》卷下“师子国海舶”说：“南海舶，外国船也。每岁至安南、广州。师子国舶最大，梯而上下数丈，皆积宝货。”这一记载显示了当时广州与今斯里兰卡的海洋贸易情形。从这些记载中可知，安南成为唐代广州与印度一带海洋贸易的重要中转站，唐代有官员甚至要求在安南设置市舶中使，此在陆贽的《陆宣公集》卷十八《论岭南请于安南置市舶中使状》中说：“近日舶船多往安南市易，进奉事大，实惧阙供。臣今欲差判官就安南收市……广州地当要会，俗号殷繁，交易之徒，素所奔凑。……且岭南、安南莫非王土，中使、外使悉是王臣。”此上奏在唐德宗贞元八年（792）。“中使”是由宦官担任的市舶使，“外使”是由朝官担任的市舶使。可见，唐代设有两套管理征收海外贸易的官员。从“进奉事大，实惧阙供”看，市舶使主要目的是为了进奉海外珍品，以满足宫廷及上层社会的奢侈之需。[①]

二、域外僧侣在大湾区的弘法

佛教经海路传入中国，至少在汉代已开始。东汉末题为苍梧太守牟融撰《理惑论》中就记载交州有“沙门”活动，他们“耽好酒浆，或畜妻子，取贱卖贵”[②]。胡适将《理惑论》中的“沙门”解释为包括从海道来的僧侣与印度商人[③]。也就是说，印度僧侣和

① 宁志新：《试论唐代市舶使的职能及其任职特点》，《中国社会经济史研究》1996年第1期，第14页。

② （梁）释僧祐：《弘明集》卷一，第4页。

③ 姜义华主编：《胡适学术文集·中国佛教史》，北京：中华书局，1997年，第247–248页。

海洋商人一起到交州。可见，佛教经海路传入在时间上和陆路差不多。

据南朝梁释慧皎《高僧传》卷一《魏吴建业建初寺康僧会》记载，康僧会“其先康居人，世居天竺，其父因商贾移于交趾。会年十余岁，二亲并终，至孝服毕出家。……时孙权已控江左，而佛教未行。……（僧会）以吴赤乌十年（247）初达建邺，营立茅茨，设像行道……由是江左大法遂兴”[①]。康僧会至少在汉末就随其经商的父亲在交趾生活，待父母离世后而出家，由交趾北上建邺传教，时交州、广州均属吴国范围。此时广州已出现制止寺等佛教场所，乾隆《光孝寺志》卷一《建置》说，南越国赵建德王府“三国吴虞翻谪徙居此，辟为苑囿，多植苹波苛子，时人称为虞苑，又曰苛林。翻卒，后人施其宅为寺，匾曰制止”。可见，东吴时期的广州已有佛教活动。

南朝梁武帝天监年间，梵僧智药三藏从“西竺国携菩树航海而来”，至诃林，“植于坛前”。梁武帝普通年间，达摩初祖自天竺来到诃林，“时武帝崇信佛法。广州刺史萧昂表闻，帝遣使迎至金陵，与语不契。祖遂渡江北，止于嵩山少林寺”。唐武则天神龙年间，西域般剌密谛三藏于苛林译《楞严经》。罗香林认为，自汉至西晋，佛教自海洋传入今柬埔寨与越南中北部及两粤等地，此区域之佛教重心初为交趾；自东晋以后，其苍梧广信之佛教重心已转到广州[②]。著名海上交通史研究专家冯承钧先生说：“自汉迄晋佛法盛行，其通道要不外乎西域、南海两道。当时译

① （梁）释慧皎著，汤用彤校注：《高僧传》，第14–15页。

② 罗香林：《唐代广州光孝寺与中印交通之关系》，香港：中国学社，1960年，第11页。

经广州或建业之外国沙门疑多由海道至中国。”[①]可见，大湾区在佛教由海路传入中国中扮演了重要的角色。

南朝时期，广州佛寺建立开始增多，唐代著名诗人王勃撰《广州宝庄严寺舍利塔碑》记载，梁大同三年（537）“内道场沙门昙裕法师”在今广州建宝庄严寺的舍利塔。宝庄严寺可能建在南朝刘宋，“此寺乃曩在宋朝”。[②]南禅宗初祖达摩也在南朝由海路抵达大湾区的广州，康熙《广东通志》卷二十五《寺观》记载，菩提达摩为南天竺国香至王第三子，“心念震旦，缘熟行化，时至泛重溟，凡三周寒暑，达于南海。实梁普通八年（527）丁未岁九月二十一日也。广州刺史萧昂具主礼迎接，表闻武帝，已览奏遣使赍诏迎请，十月一日至金陵。后隐于嵩山少林寺，遇毒而卒。”其弟达奚司空也到广州，“祀之南海庙内，至今犹存”。达摩抵中国带来了释迦衣钵，成为之后禅宗的法器，《旧唐书》卷一百九十一《列传·神秀》记载：“达摩者，本天竺王子，以护国出家，入南海得禅宗妙法。云自释迦相传有衣钵为记，世相付授，达摩赍衣钵航海而来。至梁，诣武帝，帝问以有为之事。达摩不悦，乃之魏隐于嵩山少林寺。”

晋代佛教在今大湾区颇为活跃，佛山得名就源于晋代域外高僧昙摩耶舍在此的讲经地。道光《佛山忠义乡志》卷一《乡域志》记载：“佛山向名季华乡，不知始自何时。至唐贞观二年（628）居人见塔坡冈夜辄有光，因掘地得铜佛三，奉于经堂，即塔坡寺，遂以佛山名乡。”佛山自唐代开始得名于佛教，这一名称一

① 冯承钧：《中国南洋交通史》，台北：台湾商务印书馆，1993年，第21页。

② （唐）王勃著，蒋清翊注：《王子安集注》，上海：上海古籍出版社，1995年，第524、530页。

直流传至今。

晋唐时期，大湾区的女性信佛者增多。南朝梁释慧皎《高僧传》卷二记载，东晋时西域僧昙摩耶舍在广州白沙寺弘法，“耶舍善诵毗婆沙律，人咸号为大毗婆沙，时年已八十五，徒众八十五人。时有清信女张普明谘受佛法，耶舍为说佛生缘起，并为译出《差摩经》一卷。”唐代释道宣《大唐内典录》卷三明确记载，昙摩耶舍译《差摩经》，“为清信女张普明出此”。陈寅恪说：“《差摩经》既为清信女张普明而译，则当与女子有关。”[①]有学者认为，清信女是带发长期居住寺院修行的女性[②]。这一说法不一定准确，清信女也可能是女尼，梁朝释慧皎《高僧传》卷二记载如下：

> 耶舍有弟子法度，善梵汉之言，常为译语。度，本竺婆勒子，勒久停广州，往来求利。……度初为耶舍弟子，承受经法。耶舍既还外国，度便独执矫异，规以摄物，乃言专学小乘，禁读方等，唯礼释迦，无十方佛，食用铜钵，无别应器。又令诸尼相捉而行，悔罪之日，但伏地相向。唯宋故丹阳尹颜瑗女法弘尼、交州刺史张牧女普明尼，初受其法。今都下宣业、弘光诸尼习其遗风，东土尼众亦时传其法。

这里将颜法弘、张普明等均列入“诸尼”中，且极可能在广州活动。南朝齐时，有东莞仑法缘、仑法彩姐妹多次参与西域僧弘法，并回家建尼寺修行的故事：

> 法缘，本姓仑，东官曾成人也。宋元嘉九年（432），

① 陈寅恪：《读书札记三集·高僧传初集之部》，北京：三联书店，2001年，第28页。

② 陈珍珍：《谈福建的“梵行清信女”》，《法音》2000年第1期，第63页。

> 年十岁，妹法彩年九岁，未识经法。忽以其年二月八日俱失所在，经三日而归。说至净土天宫见佛，佛为开化，至九月十五日又去，一旬乃还，便能作外国书语及诵经，见西域人言谑，善相了解。十年（433）正月十五日又复失去。……经月乃返。返已出家，披著法服，持发而归……大名法缘，小曰法彩。……缘等还家，即毁神座，缮立精庐，昼夜讲诵。[①]

仑氏姐妹就多次参与外国僧人的弘法活动，并“能作外国书语及诵经”，最后“出家，披著法服”，在家中“毁神座，缮立精庐，昼夜讲诵”。这一现象说明佛教在大湾区已经得到了较广泛的普及。唐代《法苑珠林》卷五《六道篇第四》记载仑氏姐妹“除鬼坐，立精舍”。时外国僧侣在中国弘法多用胡语，南北朝释僧祐《出三藏记集》卷五《小乘迷学竺法度造异仪记第五》说：“法度善娴汉言，至授戒先作胡语。”正因弘法说胡语，所以仑法缘姐妹很快会说外国话。“精庐”“精舍”其实就是尼寺，表明此时大湾区已有独立的尼庵。[②]但这些尼寺多由住家改造，而非公共建筑。

唐代广州也有专门“尼寺”。据成化《广州志》卷二十四《寺观志》记载，国庆尼寺在郡城西，唐天授元年（690）尼妙觉建；又有开善尼寺在郡北，唐天授元年尼妙净建。这意味着唐代男僧和女尼分开修行。一些女尼已能阅读佛经，唐人王维《王右丞集笺注》卷二十五《碑铭》收录有《能禅师碑》，清代引《传灯录》

---

① （梁）释宝唱著，王孺童校注：《比丘尼传校注》，北京：中华书局，2006年，第118–119页。

② 蔡鸿生：《尼姑谭》，广州：中山大学出版社，1996年，第207页。

对之笺注说，六祖惠能北上黄梅求法，途经韶州，与女尼无尽藏交往即是例证：

> 惠能大师……直抵韶州，遇高行士刘志略结为交友，尼无尽藏者即志略之姑也，常诵《涅槃经》，师暂听之，即为解说其义。尼遂执卷问字，师曰："字即不识，义即请问。"尼曰："字尚不识，安能会义。"师曰："诸佛妙理，非关文字。"尼惊异之，告乡里耆艾云："能是有道之人，宜请供养。"于是居人竞来瞻体。近有宝林古寺旧地，众议营缉俾师居之，四众雾集，俄成宝坊。……唐咸亨二年（671）也。[①]

这一说法在惠能《坛经》中有记载：惠能"自黄梅得法回至韶州曹侯村，人无知者。有儒士刘志略礼遇甚厚。志略有姑为尼，名无尽藏，常诵《大涅槃经》……"无尽藏能与惠能讨论佛法，说明佛教在当地颇流行。无尽藏"执卷问字"中的"卷"应是佛教典籍。

三、唐代大湾区佛教兴盛及其中国化

唐代岭南佛教继续发展，唐初六祖惠能家乡新州就有一批佛教寺院兴起，吸引了普通僧众和俗家善信的广泛参与。[②]唐代大湾区核心城市之一的广州仍是中外佛教文化交流的重要交汇地，宋

---

① （唐）王维撰，（清）赵殿成笺注：《王右丞集笺注》上海：上海古籍出版社，1984年，第499–550页。

② 聂顺新：《隋代的岭南佛教活动》，《韶关学院学报》2009年第2期，第7页；王承文：《六祖惠能早年与唐初岭南文化考论》，《中山大学学报》1998年第3期，第12页。

代赞宁《宋高僧传》卷一《译经篇》记载，开元七年（719），南印度人高僧金刚智泛海来广州，不久赴长安。金刚智“始届番禺，渐来神甸，广敷密诫，建曼拏罗，依法制成，皆感灵瑞”，这说明他入华首站是大湾区的番禺。域外高僧通过海路源源不断地抵达大湾区，也带来了当时政治经济文化中心地广州出现佛教信仰热。唐代广州的梵寺不断增多，据日本僧人元开《唐大和上东征传》记载，时广州开元寺“有胡人造白檀华严经九会，率工匠六十人，三十年造毕，用物卅万贯钱，欲将往天竺。采访使刘巨鳞奏状，敕留开元寺供养。……又有婆罗门寺三所，并梵僧居住。……江中有婆罗门、波斯、昆仑等舶，不知其数，并载香药珍宝，积岁如山，舶深六七丈。狮子国、大石国、骨唐国、白蛮、赤蛮等来往居住，种类极多”。王向荣作注说，婆罗门指今印度一带，波斯指波斯湾一带的阿拉伯国家，昆仑指东南亚一带的国家；狮子国指今斯里兰卡，大石国指阿拉伯国家；骨唐国，不详；白蛮指今欧洲人；赤蛮指今非洲人[①]。

唐代的佛寺遍布岭南各地，岭南佛教与中原佛教也存在差异。潮州大颠禅师与韩愈交往颇有意义。唐宪宗时韩愈上《论佛骨表》反对从凤翔法门寺迎佛骨入宫供奉，被贬潮州，与惠能嫡裔大颠禅师相遇。韩愈在《与孟尚书书》言：“潮州时有一老僧号大颠，颇聪明，识道理。……遂造其庐。及来袁州，留衣与之别。”[②]至于世传的韩愈《与大颠三书》及《别传》，据饶宗颐先生

---

① ［日］真人元开著，汪向荣校注：《唐大和上东征传》，北京：中华书局，1979年，第73–75页。

② 屈守元、常思春：《韩愈全集校注》，成都：四川大学出版社，1996年，第2350页。

考证是“好事者所为，不足为据”。[①]韩、颠的交往可理解为禅宗在广东势力之大，使韩愈不得不入乡随俗。此时，六祖惠能在岭南创立禅宗，已经完成了印度佛教向中国佛教的革命性转变。[②]惠能主张“直指人心，见性成佛”的顿悟，认为“一切众生皆有佛性”，人人都可成佛，这与儒家的“人皆可尧舜”相吻合，禅宗在人性问题上与儒家思想有一致性。[③]惠能是7世纪末8世纪初中国佛教革命的首领人物，他提倡的教义就是“顿悟”。

唐代大湾区还是中国高僧赴海外求法的出发地。义净法师在15岁时就仰慕法显、玄奘等高僧，“欲游西域”。他选择从海路出发，唐高宗咸亨二年（671），37岁的义净“初至番禺，得同修数十人，及将登舶，余皆退罢”。他“奋励孤行，备历艰险……经二十五年，历三十余国”，带回大量的梵本经书。[④]义净通过海路西行求法，与大湾区的海洋贸易繁荣有关。[⑤]

唐代岭南佛教的兴盛，还可从鉴真东渡日本漂流到岭南窥见一斑。唐天宝七年（748）6月，61岁的鉴真从扬州登船第五次东渡，在海上遭飓风漂流到振州（海南），时别驾冯崇债遣兵400余人将其迎入州城大云寺安置。一年后，鉴真抵万安州，州首冯若芳请住其家供养。后再抵崖州，游奕大使张云出迎至开元寺，“官寮参省

---

① 饶宗颐：《宋代潮州之韩学》，《饶宗颐潮汕地方史论集》，汕头：汕头大学出版社，1996年，第391页。

② 谭世宝：《惠能开创的佛教革命在中国和世界的历史意义》，《韶关学院学报》2005年第4期，第3页。

③ 谭世宝、胡孝忠：《韩愈与大颠关系及成因新考》，《韶关学院学报》2007年第10期，第72页。

④ （宋）赞宁著，范祥雍点校：《宋高僧传》，北京：中华书局，1987年，第1页。

⑤ （唐）义净著，王邦维校注：《南海寄归内法传校注》，北京：中华书局，1995年，第15–19页。

设斋，施物盈满一屋”。后鉴真渡海抵雷州半岛，经梧州、桂州等地，时始安郡（今桂林一带）都督上党公冯古璞等到城外，“引入开元寺”，城中僧徒擎幡、烧香、唱梵，州县官人、百姓填满街衢礼拜，日夜不绝。鉴真在桂州住一年，天宝九年（750）至端州龙兴寺，太守将他送至广州，受到广州太守卢奂“督率诸道俗出迎城外”，引入大云寺，“四事供养，登坛受戒”。[①]鉴真住锡广州大云寺即为光孝寺。武则天临朝后，令诸州各置大云寺。时广州乾明法性寺遵制改为大云寺。[②]从真人元开的著述中可知，唐代寺庙在岭南建立具有广泛性。

自西汉武帝开辟了徐闻、合浦等为始发港的海上丝绸之路，形成了中印之间经济文化交流的海上大通道。域外佛教在岭南的传播，与汉代以来海上丝路发展密切相关。中外商人彼此接触交流，佛教可能最先在海洋商人群体中传播，并因此又影响到与商人经常接触的民众。汉代以来，佛教通过海上丝绸之路传入中国，最先在岭南开始，而大湾区是传播的中心地。可以说，海路传入的佛教始终与海上丝绸之路紧密抱合在一起。我国新史学研究开创者梁启超认为：“佛教之来，非由陆而由海……两汉时中印交通皆在海上，其与南方佛教之关系，盖可思也。”他还说，欧洲人把印度佛教分为南北宗，北宗指迦湿弥罗犍陀罗所传者，南宗指锡兰所传者。“吾国亦两宗兼承，海通传南，陆通传北。而南宗之来，且视北为早焉。”[③]在梁氏看来，佛教最早由海路传入中国。

---

① ［日］真人元开著，王向荣校注：《唐大和上东征传》，第67–74页。

② 罗香林：《唐代广州光孝寺与中印交通之关系》，第29–30页。

③ 梁启超：《佛教之初输入》，见氏著《中国佛学研究史》，上海：上海三联书店，1988年影印本，第13–14、18–19页。

梁氏之言可信。魏晋以后，海上丝绸之路由以交州为中心逐渐向以大湾区的广州为中心转移，广州成为佛教传播的大本营。南朝至唐代，大湾区的广州不仅成为海丝贸易的中心，也是佛教弘法的中心。

寄尘法师生平事迹考述

华南农业大学　刘玲娣

摘要： 寄尘法师是近代佛教革新运动领袖太虚大师最得力的弟子之一，也是近代粤地僧教育史和佛教出版史上的一位重要人物。他早年以学僧身份进入武昌佛学院学习，后追随大师辗转福建、安徽、广东、浙江等地，宣扬佛化，弘法兴教，不遗余力。20世纪30年代，寄尘法师南下广东潮州开元寺，协助太虚大师创建了岭东佛学院，在校务管理和教学之余，担任潮州佛学刊物《人海灯》（半月刊）社长约两年（1934–1935）。本文主要利用近代佛教出版资料，梳理其一生主要行迹，并考证其出生于1893年，圆寂于1974年，世寿82，僧腊75。

关键词： 寄尘生平；佛学院

20世纪30年代，作为佛教革新运动领袖太虚大师座下弟子，寄尘法师奉师命从厦门南普陀寺前往潮州开元寺，与本地一批热心缁素一起，创建了近代广东第一所佛学院——岭东佛学院。寄尘法师在管理岭东佛学院教务、承担教学任务的同时，还被公举为潮州《人海灯》佛学半月刊社长，全面负责刊务约两年时间（1934–1935）。毋庸置疑，在近代粤地僧教育史和佛教出版史上，寄尘法师都是值得我们关注的重要历史人物。但是现已整理出版的近现代佛寺志、佛教史中，寄尘法师的生平事迹都比较模糊，例如与寄尘法师有共同经历和师生之谊的释东初法师，在20世纪70年代出版的《中国佛教近代史》中叙及寄尘法师生平事迹时，不记其生卒年、世寿、僧腊等传主关键信息，仅指出寄尘是安徽合肥人，出于合肥明教寺。又，寄尘法师在20世纪三四十年代曾辗转于多所佛学院，始终是佛学教育的积极参与者，释东初法师在其著作中述及潮州岭东佛学院停办后，寄尘法师离粤，之后则去向不明——“自此海角天涯，亦不知其所踪”。[①]如果说这种状况部分是由于释东初在20世纪40年代末离开大陆赴台未返，音讯阻隔导致的，那么我们有理由相信，在当代学术资讯高度发达的背景下，通过充分发掘佛教史料，有可能弥补寄尘法师生平事迹不明确不完整的缺憾，进一步丰富近代佛教史的内容。寄尘法师曾暂居弘法的各大道场，如合肥西庐寺、明教寺、奉化雪窦寺、厦门南普陀寺、潮州开元寺等，在其当代历史书写中，这一重要人物也不应该缺席。[②]本文尝试利用部分现存民国佛教期刊，考证寄尘法师的生平及行迹。文章拟分为六部分，先辨明寄尘法师生卒年，再分阶段考述寄尘法师在武昌佛学院、九华山佛学院、闽南佛学院和岭东佛学院时期的活动轨迹。

---

① 释东初:《中国佛教近代史》(下)第五节《释会觉与释寄尘》，台北：东初出版社，1974年，第892页。

② 据笔者查阅，2009年出版的《南普陀寺志》人物传记僧伽传中，寄尘法师传文比较简略，其生卒年仍写作“不详”；1935年的行迹，仍写作“不知所踪”(详后)。参见厦门南普陀寺编:《南普陀寺志》(上)，上海：上海辞书出版社，2009年，第115-116页。安徽合肥市佛教协会官网上有《太虚大师高足——寄尘法师传》，文中有部分数据和资料有误。参见［EB/OL］http：//www.hffj.org/hf/list19/152.html，合肥佛教协会官网，2013-10-08。

一、寄尘法师生卒年

寄尘法师的生平事迹，目前有两种资料可信度较高。一是上述释东初（1908–1977）完成于1974年的《中国佛教近代史》，二是厦门南普陀寺2009年编写的《南普陀寺志》。但二书均不记其出生年，卒年也不同。

《中国佛教近代史》多使用第一手材料，如作者自序所言，乃“亲身经历，耳闻目见，记忆所及”，[①]故可信度较高。特别值得一提的是，释东初身份比较特殊，他不仅是近代佛教发展的亲历者和见证人，也与寄尘法师有师生之谊。释东初是江苏镇江人，早年曾赴安徽九华山佛学院，依寄尘法师短暂受学，时间在1928–1929年之间。寄尘法师后来离开九华山，返回其师太虚大师在厦门南普陀寺创建的闽南佛学院任教，释东初大约也在同时或稍后前往闽南佛学院做学僧，这是二人有明确交集的一段时期。在闽南佛学院时，寄尘法师和同学虞愚法师共同主编了南普陀寺的首部寺志《厦门南普陀寺志》，释东初是执笔人之一。根据该寺志初印本和释东初《中国近代佛教史》的叙述，1934年释东初从闽南佛学院毕业，回到家乡镇江，次年受聘至镇江焦山定慧寺佛学院任教。寄尘法师先于释东初于1933年离开闽南佛学院，南下

① 蔡念生序也高度评价释东初法师保存一手资料之功：“揆以春秋三世之说，或见而知之，或闻而知之，或传闻而知之。东公瓶钵所历，多属前二，信哉其为第一手资料，治佛学者所必需，亦治史学者所必需也。”参见释东初：《中国佛教近代史》（下），第1页。

广东潮州开元寺，之后二人离散。1949年，释东初赴台。如此看来，释东初与寄尘法师的人生历程至少有五年时间（1928–1933）的密切交集，他撰述的寄尘法师事迹也停留在1933年寄尘法师离开闽南佛学院前。释东初十分重视佛教学术研究，《中国近代佛教史》除了有专章叙述近代学人和居士群体的佛学研究外，还专辟三章概述“缁众研究佛学之成果”，下分三十节，每节合传两人，与寄尘法师合作的是太虚大师另一高足会觉法师。关于寄尘法师的归宿，《中国近代佛教史》说：“自此海角天涯，亦不知其踪迹。”[①]

2009年厦门南普陀寺编写的《南普陀寺志》与《中国佛教近代史》相比，对寄尘法师南下潮州的经历记载更为详细，如下：

> 寄尘，生卒年不详。安徽合肥人。民国十三年（1924）就读于太虚大师创办的武昌佛学院研究部，毕业后任安徽九华山佛学院教务主任，兼史地教授。之后，到厦门任闽南佛学院事务主任，兼国文教授。民国二十二年（1933）与虞愚居士合编《厦门南普陀寺志》一书，是为千古名刹南普陀寺最早有寺志之始。不久，随太虚大师到潮汕弘法。民国二十二年十月潮州开元寺创办岭东佛学院，太虚大师出任院长，大醒法师任教务主任，代理太虚法师负责管理院内一切事务。民国二十三年（1934），大醒回厦门南普陀寺担任《海潮音》总编辑，寄尘则继任该院教务主任代理院务，并兼任该院史地艺术教师。寄尘在负责岭东佛学院的教务工作的同时还兼任《人海灯》的主编，与

① 释东初：《中国佛教近代史》（下）第五节“释会觉与释寄尘”，第893页。

通一法师共同负责该杂志的编务工作。

民国二十四年（1935）中，岭东佛学院开会议决在该年暑假后暂时结束，寄尘便到宁波，后不知所终。[①]

这两种资料中的寄尘法师生卒年均为“不详”。据笔者所见，有两种资料明确指出了寄尘法师卒年，一是《弘一大师书信集》的整理者。该《书信集》中有一封1929年阴历六月十六日弘一法师从浙江上虞白马湖写给“尘法师”的信，信里说：

尘法师：

惠书诵悉，欢慰无尽。明岁倘有胜缘，或能来九华亲近法座也。苏居士偕返温州，秋凉后将与居士往鼓山，印刷经典，或在鼓山过冬。座下天性仁厚，待人和平，与古德云栖莲池大师气象最为相近。窃谓今后能于《云栖法汇》常常披阅，则学识当更有进。集中《缁门崇行录》《僧训日记》《禅关策进》三种，尤为切要。不慧披剃以来，奉此以为圭臬。滥厕僧伦，尚能鲜大过者，悉得力于此书也。愿与仁者共勉之。前月曾乞苏居士以《缁门崇行录》五十部，赠予闽南佛学院诸同学等，已托芝法师为之分致矣。《云栖法汇》金陵版较杭为善，上海功德林亦有流通者。敬复，不尽欲言。顺颂法利！

演音和南，旧六月十六日。[②]

据《弘一大师全集》编写者所作注释，“此札系就其所撰《法

① 厦门南普陀寺编：《南普陀寺志》（上），第115-116页。

② 《弘一大师全集》编辑委员会编：《弘一大师全集》第8册（杂著卷、书信卷），福州：福建人民出版社，1992年，第283页。

味》中录出（见《海潮音》第十一卷第三期）”。[1]弘一法师在1928年冬季首次入闽，当时曾小住南普陀寺，结识了会泉等法师。据释东初描述，寄尘法师此前在太虚大师创办的武昌佛学院学习，后往厦门，“任闽南佛学院事务主任，兼国文教授”。1928年冬季弘一法师入闽时，寄尘仍在南普陀寺，但1929年夏季弘一法师写信时，寄尘已在安徽九华山。信札整理者说寄尘法师卒于1950年（生年阙），但不知何据。

另一个明确指出了寄尘法师生卒年的是合肥市佛教协会官网的一篇人物传记《太虚大师高足——寄尘法师传》，其中明确提到寄尘法师出生于1885年，卒于1974年。为方便行文，抄录部分传文如下：

> 寄尘，法号藏莹，俗称祁，本县祁小河湾人（今属桃花镇），1885年生。家贫，八岁时由西庐寺三悭方丈收下为徒。稍长，三悭见其聪慧，送其去厦门南普陀寺闽南佛学院学习禅宗佛法。此时，太虚法师在佛学院讲学，亦爱寄尘之才华德慧过人，并通过中华佛教会遴选送其去日本留学，研读佛教法理。三年后学成回国。此时，太虚法师应蒋介石之邀，在奉化住持雪窦寺。寄尘因与太虚法师师徒情深，回国后便投向雪窦寺。西安事变后，张学良将军被蒋介石软禁于雪窦山，雪窦寺便成为张将军常去之处。这段时间，寄尘和尚常与张将军见面攀谈。曾在西庐寺做过账房的王保环先生说：“寄尘是见过大人物的人，尤

① 《弘一大师全集》编辑委员会编：《弘一大师全集》第8册（杂著卷、书信卷），福州：福建人民出版社，1992年，第283页。

为敬重张学良将军的为人。”张学良被软禁在雪窦寺内已失去自由，仍关心国家大事、民族兴亡……1974年3月22日在明教寺圆寂，享年五十二岁，遗体由丁永年护送回紫蓬山，坐缸火化，骨灰埋葬在塔院三悜墓下方。①

这段传文采用了口述材料，透露了不少珍贵信息，比如寄尘法师的法号和俗姓以及他与合肥西庐寺、奉化雪窦寺的关系等等。这些信息，部分可能来自寄尘法师身边熟人的讲述，比如西庐寺账房王保环，部分可能来自寄尘法师本人的间接讲述。但是这篇传记存在一些问题，首先是寄尘法师的生年1885年比较可疑。《武昌佛学院章程》规定学制三年，每学年分两个学期。②第一期学生于1922年8月入学，1924年毕业（因种种原因，学制缩短为两年）。所以第二期学僧入学时间是1924年秋季。据《太虚大师自传》之十八《光孝寺讲经与佛学院第二期生》，武昌佛学院第二期招收的学生共四十名，有出家的也有少数在家的，太虚说：“今所忆的，只有大醒、寄尘、亦幻、墨禅、虞佛心、迦林、恒惭、枕山、苏秋涛等数人。”可见寄尘是武昌佛学院的第二期学僧。《武昌佛学院章程规定》，入学者必须年龄在16岁以上，但没有规定最高年龄。上述传文说寄尘出生于1885年，那么1924年寄尘法师已年届四十，作为佛学院学僧，年龄明显偏大，且不符文中“稍长”的叙述。其次，“享年五十二岁”有误。1942年之后寄尘法师的事迹，合肥市佛教协会官网记载比较详细，其中穿插不少不为人知的细节。综合网页传文可知，寄尘法师于1942

① 《太虚大师高足——寄尘法师传》，参见合肥佛教协会官网，http：//www.hffj.org/hf/list19/152.html，2013-10-08。

② 《武昌佛学院成立之经过》，载《海潮音》第3年第5期，见《集成》第153卷，第4、7页。

年接替梦东和尚住持西庐寺，由于身患重病，半身不遂，加之与监院寄坤和尚不和，1947年离开合肥往南京香林寺。1946年12月再次受邀回到合肥明教寺，1974年在寺内圆寂。按照“享年五十二岁”推算，寄尘法师当出生于1923年，与传文前面“出生于1885年”明显不符。如果按出生于1885年推算，1974年寄尘法师圆寂时，享年应为90，而不是52。

此外，上述传文中的一些叙述比较含混，如说寄尘法师由太虚大师送往日本留学三年一事，似乎是在寄尘“稍长”由西庐寺进入南普陀寺后不久发生的。细究起来，此事在寄尘法师1935年离开岭东佛学院之前是不可能发生的，它要么发生在1935年寄尘法师离开粤地之后，但不太可能是三年，要么根本就没有发生（详下）。

合肥古称庐州，西庐寺因位于庐州西南而得名，始建于三国时期，是一座历史悠久的古刹（现位于合肥市肥西县紫蓬山风景区内），相传地藏菩萨前往九华山前曾在此行脚，因而又称“北九华”。传文中提到的三惺和尚，法号梦东，俗名孙承业，是寄尘法师之师。据合肥市佛教协会官方资料，梦东和尚于1914年到1941年间住持西庐寺长达二十八年。寄尘是肥西县祁小河湾人（今属桃花镇），年少时就近在本县西庐寺出家，依梦东和尚，也在情理之中。“抗日战争爆发后，江浙一带相继沦陷，寄尘由雪窦寺回到西庐寺。两年后，即1942年春，三惺方丈约集周、叶、吴、程四大施主于西庐寺集会，将衣钵传于寄尘和尚。”[①]寄尘法师住持西庐寺五年，直到1947年。

那么，寄尘法师究竟出生于何时？笔者在翻阅民国佛教期刊

① 《武昌佛学院成立之经过》，载《海潮音》第3年第5期，见《集成》第153卷，第4、7页。

时，发现《净业月刊》第24期载有作者为“寄尘”的《四九述怀》诗一首，此诗有助于我们判断寄尘法师的生年。全诗如下：

梦魂颠倒起欢悲，觉后哑然自笑痴。怎识眼前诸境界，却远未异醉眠时。世界空华妄识因，固知幻相尽非真。为求速证无生忍，愿托莲邦寄此生。西方净土本唯心，况佛慈悲愿海深……何须更有怀疑处，且办资粮待驾车。[①]

幸运的是，同一期《净业月刊》“论说”栏目里，还刊登了一篇净土佛学文章“《净土资粮篇》(续上期)”，标题后署名“寄尘”。[②]查《净业月刊》，《净土资粮篇》是从第6期开始登载的，一直连载到第24期。“资粮”在佛教中指善根福德，被修行者视为往生净土之资粮。从现存散落在各种佛教刊物中署名寄尘的著述来看，寄尘法师用功最深的佛经正是净土经典。据此笔者推测，《四九述怀》和《净土资粮篇》的作者寄尘，和我们要讨论的合肥寄尘，应为同一人。第24期《净业月刊》的出版日期是民国十七年(1928)4月，寄尘自称“四九”，按照僧人计算年岁的特殊方法，就是36岁，这样我们可以推算出寄尘法师约出生于1893年。合肥市佛教协会官网有寄尘法师小传记载法师“1974年3月22日在明教寺圆寂”，[③]笔者相信这里精确到年月日的时间记载是可信的，但“五十二岁”显然是误记。依上述考证，寄尘法师出生于1893年，1974年圆寂时，世寿应为“八十二”。

① 黄夏年主编：《民国佛教期刊文献集成》(以下简称“《集成》”)第126卷，北京：中国书店出版社，2008年，第493页。

② 见《集成》第126卷，第377页。

③ 《太虚大师高足——寄尘法师传》，合肥佛教协会官网，http：//www.hffj.org/hf/list19/152.html，2013-10-08。

此外，笔者还发现了一张寄尘法师的半身照，刊登在民国二十三年（1934）12月1日出版的潮州佛学刊物《人海灯》半月刊第2卷第1期上，照片下有“社长寄尘法师”字样，分两行书写。[①]同时刊登的还有杂志社导师太虚老法师和社董福来大方丈、社董澄弘大法师、社董从礼大法师以及编辑窥谛和通一法师的半身照。《人海灯》杂志最初的负责人是和寄尘一起南下的大醒法师，1934年大醒北上接手《海潮音》后，杂志改由寄尘法师任社长。这是他接手后的第一期刊物，此时恰值《人海灯》复刊一周年，因此这一期又称“周年纪念号”，刊首文为《本刊过去工作之检讨》，署“寄尘，一九三四.二.二七，写于潮州”。这张照片极有可能拍摄于当年，寄尘法师时年约42岁。照片上寄尘法师的外貌符合这一年龄特征。

上图：社长寄尘法师。《集成》影印后图篇下面的文字比较模糊，但放大后仍可辨认。上书：社长；下书：寄尘法师。[②]

① 见《集成》第69卷，第408页。

② 原载民国二十三年（1934）12月1日出版的《人海灯》半月刊第2卷第1期，见《集成》第69卷，第408页。

二、武昌佛学院时期

寄尘法师出于太虚门下。据《太虚大师自传》之十八《光孝寺讲经与佛学院第二期生》，民国十三年（1924）夏季武昌佛学院第二期招收的学生共40名，有出家的也有在家的，太虚说："今所忆的，只有大醒、寄尘、亦幻、墨禅、虞佛心、迦林、恒惭、枕山、苏秋涛等数人。课程三年，略同第一期所订。"寄尘和大醒、墨禅等二期学僧日后等均学有所成，并常年追随太虚左右，成为太虚领导的近代佛教革新运动的中坚。

合肥市佛教协会官网寄尘小传说"（寄尘）稍长，三惺见其聪慧，送其去厦门南普陀寺闽南佛学院学习禅宗佛法"。闽南佛学院创建于1925年，稍晚于武昌佛学院，因此这件事应该是指1924年寄尘从合肥前往武昌佛学院做学僧，而不是前往厦门。

会觉和寄尘之所以成为最佳搭配被合为一传，在释东初看来，主要是由于"在虚大师弟子中，以他二人不善活动，故声望不及大醒、芝峰"，且二人在佛学研究上均卓有建树。实际上，在太虚众弟子中，会觉有"首座"之称，精唯识，通台贤，诗文俱佳，释东初称其"犹如释尊座前之大迦叶，位居首座"[①]，资历、地位和声名均为寄尘所不及。1947年太虚大师在上海往生后，僧众共推会觉为代表执弟子礼，可证会觉在众弟子中之地位。二人

① 释东初：《中国佛教近代史》（下）第五节"释会觉与释寄尘"，第892页。

性格也颇不同，照释东初所说，会觉“赋性沉默，不喜多言，行囊简朴，犹如禅和子，待人处事，罕少争论”，而寄尘恰与会觉相反。二人先后进入武昌佛学院学习，会觉为第一届学僧，寄尘为第二届。[①]武昌佛学院较为知名的首届学僧还有漱芳、能守、默庵、观空、严定、法尊、法舫等。寄尘于1924年秋季入学，这一点，太虚大师的自传和释东初的记载相吻合。在武昌佛学院学习期间，寄尘深受太虚倡导的新佛教运动思想的影响。释东初认为，“佛学的造诣以会觉为优；新僧化的气魄，要以寄尘为盛”。从现存散落于各种报纸杂志上的寄尘著述来看，这个评价是相当中肯的。或许我们可以这样说，会觉和寄尘分别在唯识学和改革僧伽制度两方面继承了太虚大师的衣钵。

释东初的寄尘传偏于简略，武院时期寄尘的活动，仅有短短数行叙及一事，即“民国十四年（1925），《佛化新青年》复活，他与大醒、迦林三人负责，发行《新僧》，老僧为之震惊”。又说，“由斯大醒、迦林皆为佛教新僧派。因受太虚大师革新佛教思想的启发，（会觉）对革新佛教意志极为坚强。民国十五年秋北伐，未几，武院停办！”[②]民国十四年（1925）是寄尘进入武院的第二年，这一年武汉佛教界发生了许多新变化，其中《佛化新青年》杂志的复刊被认为是近代佛学发展的标志性事件。《佛化新青年》又称《佛化月刊》，是汉口佛化新青年会于1923年1月创办的会刊，编辑主任是宁达蕴。而汉口佛化新青年会并不是一个普通的

---

① 武昌佛学院是由太虚大师在民国十一年（1922）夏季创建的中国近代最早的佛学院，据《太虚大师自传》，“课程参取日本佛教大学，管理参取丛林规则”，自此“中国佛教界始有佛学院之名”。参见印顺编：《太虚大师年谱》，台北：正闻出版社，1990年，第142页。

② 释东初：《中国佛教近代史》（下）第5节“释会觉与释寄尘”，第893页。

地方性佛教组织，它脱胎于“北京平民大学新佛化青年团”，[①]“以研究佛学真理，用以普化人类，使自由、平等、慈悲完全实现为宗旨”，参与者遍及全国多个省份，在当时僧俗两界影响都很大。翻阅《佛化新青年》创刊号，可见它的开篇就是一篇旗帜鲜明的长文《佛化新青年的觌面》。这篇文章由五部分组成，语气激烈，刊出后很快引起了佛学界的震动。比如它的第一部分标题叫《佛化新青年会对于世界人类同胞所负的八大使命》，它宣称这“八大使命”的每一件都是“实行的”“实在的”“诚恳的”“新鲜的”，不是“空说的”“假设的”“欺骗的”“腐朽的”，而每一件“使命”都是对旧佛教的宣战和对新佛教救世使命的担当。比如，它第一件使命是“在铲除旧佛教腐污，显露出佛化的真面目，使悬想中的他方净土，变成在人间可能实现的新新社会”，第二件是“在打破一切鬼教神教中学西学的迷信……”[②]其他几件性质大致接近。《佛化新青年》在武昌运行不久后迁往北京，1924年第2卷第5、6期合刊出刊后宣布停办，1925年经多方努力又在汉口复刊。《新僧》刊物就是在这一背景下诞生的。

寄尘法师介入《新僧》杂志一事，印顺法师编写的《太虚大师年谱》民国十四年（1925）里有如下记载：“大师离京南下，沿途经济南、南京、常州、无锡、苏州，并小住游览，所至均纪以诗（自传十九；箴新僧；诗存）。时佛化新青年会复活，而武院同学会，是春又出版《新僧》——大醒、迦林、寄尘负责，老僧

① 《佛化新青年会的觌面》，载《佛化月刊》第一年第1期（1923年），见《集成》第13卷，第7–17页。

② 同上。

为之惊恨。大师游历归来，作‘箴新僧’，以缓和老僧恶感（文）。”[①] 文中明确提到寄尘是《新僧》负责人之一。

此外，据笔者阅读所见，寄尘为武院学僧时，至少还是汉口中华佛教精进会的骨干。中华佛教精进会成立于1926年，会址设于武昌多宝寺，宗旨是“纠合佛学同人整理僧制、阐扬佛化”[②]，以达到推进太虚大师整理僧伽运动的目的。[③]《中华佛教精进会缘起序》云：“伏诵太虚法师之《整理僧伽制度论》，真今日救时之良药也，同人既然睹此淑法，岂可置而不行？敢冀天下大心之士，同挥热血，务祈弘力长者，指导前途，登佛教于衽席，舒慧日于沉隐，庶几法轮常转于未来，佛种绍隆于无疆，有情甚幸！世界甚幸！”[④]寄尘法师曾代表中华佛教精进会回复浙江镇海宝陀禅寺常静和尚写给精进会的信函，这封信开头就说“敝会尚在筹备中……”，接下来的大部分内容是寄尘法师对当时腐朽“老僧”的尖锐批判，态度鲜明，措辞严厉，比如“无如佛教老大人之僧伽，历受染传，腐败于极点。根深蒂固，不可救药，世人讥之为寄生，诮之为亡国。尤复厚颜自诩，拾人牙慧曰：‘有人骂老僧，老僧只说好。有人打老僧，老僧自睡倒’云云。此等顽皮无耻，甘为砧上肉、盘中鱼，任人宰割，毫无爱惜，令人齿冷，呜呼痛哉！呜呼痛哉！”他认为拯救佛教的唯一办法是“团体精神”，而

① 印顺编：《太虚大师年谱》，第198–199页。

② 《中华佛教精进会简章》，载《海潮音》第7年第2期（1926年），见《集成》第164卷，第393页。

③ 太虚：《整理僧伽制度论》（写作于1915年），载《海潮音》月刊第1期（1920年1月）和第11期（1920年11月），见《集成》第147卷第31页、第149卷第149页。

④ 《中华佛教精进会缘起序》，载《海潮音》第7年第2期（1926年），见《集成》第164卷，第393页。

这个团体，就是担当维新改良重任之“新僧”。毋庸置疑，寄尘法师的这些思想深受太虚大师《整理僧伽制度论》(1915)的影响。释东初评价寄尘法师，说他追随太虚，“对革新佛教意志极为坚强”，显然不是虚言。

武昌佛学院三年学制从第二期开始正式改为两年，“第一届毕业之后，本院学制上有所变动，改专修科为大学部，另成立研究部。毕业同学留院深造的入研究部，留级的同学入大学部并招收新生。秋天，大学、研究两部同时开学”。[①]1926年10月，武昌佛学院院址(现武昌千家街)被北伐军占领，佛学院停办。寄尘法师在武昌佛学院两年有余，但他并未正式毕业，而是“武昌佛学院大学部肄业”生(详后)。大约在1928年年初，寄尘受太虚大师指派，前往厦门南普陀寺闽南佛学院。

三、九华佛学院时期

《太虚大师年谱》记民国十八年(1929)，“九月十七日，中秋，大师游九华山。时寄尘在山主办九华佛学院。容虚等陪游，大师有九华杂咏十首。太虚大师《潮音草舍诗存——丙午至戊寅》中有九华杂诗十首，其中之一：“五百由旬半，团圞入化城。新参僧教育，无尽佛明灯。尊重六和合，造成万善行。地观大悲愿，共矢此精诚。”诗后附注：“寄尘时办九华佛学院。”[②]《诗存》为李

① 法舫：《从武昌佛学院到世界佛学苑——在武院成立六周年纪念会讲》，载《海潮音》第29卷第10期(1948年10月)，见《集成》第204卷，第371页。

② 印顺编：《太虚大师年谱》，第295页。

基鸿收集，绝大部分发表在1938年前的《海潮音》上。前文提及弘一法师与寄尘有书信往来，信中多次提及寄尘，如1929年阴历六月十六日弘一法师自浙江上虞白马湖致函寄尘，中有“尘法师：惠书诵悉，欢慰无尽。明岁倘有胜缘，或能来九华亲近法座也”。根据这些可靠记载可知，寄尘法师至迟在1929年夏季已离开厦门，前往安徽九华山佛学院。

寄尘是安徽人，自然对安徽佛教界的情况更为了解和关心。《海潮音》第8年第9期（1927年10月）“杂记”栏目有寄尘的文章《合肥之佛化片片录》[①]以及《合肥唐妪往生传》，写作时间当在寄尘法师居闽南佛学院期间。《合肥之佛化片片录》包括四部分内容：明教寺之兴废史、明教寺之讲经忙、张善人之大布施，合肥僧校之动机。明教寺是西庐寺的下院，属禅宗临济派，始建于萧梁，原名铁佛寺，为皖中古刹，千余年来寺庙几经兴废，至同治初年通元老人乘愿再来，募缘重修，寺院始得复兴。寄尘法师文中追溯合肥的僧教育历史，认为师父梦东和尚在僧教育上有开创之功。梦东和尚“道德学问，颇为殊胜，高瞻机缘，远瞩世故”，有感于“佛法扫地，僧徒零落，苟非整理僧伽，广兴教育，则不能挽狂澜于既倒，作中流之砥柱”。梦东和尚将山中新僧集于西庐，专门“请一文学兼优富于教授法之教员而教导之”，从讲解、诵读两方面入手，开山寺僧教育之端。民国十六年（1927）春，梦东和尚在此基础上，“呈县立案，即办高、初两级之僧校”，“从实地里演习内典，作大规模之运动也”。[②]受梦东和尚召唤，寄

① 《海潮音》第8年第9期，见《集成》第168卷，第436页。

② 参见《集成》第174卷，第570-572页。

尘稍后从厦门回到安徽。

释东初论及北伐以后佛教界奋起自强，大兴僧人教育，特别提到了镇江的竹林佛学院、北平的中华佛学院以及普陀佛学院、武昌佛学院复课、杭州佛教会筹办佛学院，还提到安徽九华佛学院的创建[①]（创建时间是民国十七年即1928年）。查《海潮音》第11卷第2期所载九华山佛学院院长容虚和尚和宽明和尚署名的《江南九华佛学院第一学年第一学期院务报告》，落款日期为“民国十九年二月十五日”，可见九华佛学院正式招生始于民国十八年（1929）秋季，释东初记载有误。这和弘一法师1928年致寄尘的信函中所说“明岁倘有胜缘，或能来九华亲近法座也”时间和地点都相合。

九华山是江南名山，地藏菩萨道场，山峰林立，寺院密集，香火旺盛。了尘法师在《九华创办佛学院之概括》[②]一文中说，九华山佛教学院是由九华山佛教会主席、东崖禅寺方丈容虚和尚集诸山长老一起筹议的，梦东和尚为长老之一。东崖禅寺是九华山唯一十方丛林，相沿二百多年，地位较高，容虚长老被公举为院长，“负责办理经费”。而经费一项，实由本山各寺院捐助。佛学院校舍设在九华山化城寺西侧一块略微平整的山地上，初建时有“教室一所，教员室寝室若干所”。了尘法师文中明确说道：“乃由闽南佛学院请来寄尘法师为教务主任兼教授，又由上海清凉寺请来苇舟法师为教授，此后院中一切布置设施，皆出二师之心

① 据仁山：《江南九华佛学院序》，九华山佛学院又称“江南九华佛学院”。载《海潮音》第10年第1期，见《集成》第172卷，第93页。

② 载《世界佛教居士林》第32期（1932年8月），见《集成》第15卷，第349页。

力”。寄尘是太虚弟子，且为安徽人，“遂聘其为主办”。

另，《海潮音》第10年第11期（民国十八年十二月出版）刊登的《九华学院近况》（写作时间是民国十八年四月）说，九华佛学院自“废历七月十五日正式开学以来，学生云集，济济一堂”。这篇文章里列出了“本院现任职员一览表”，在容虚和宽明（退居）两位院长之后就是寄尘，其“履历”一栏里写着“武昌佛学院大学部肄业，历任合肥佛学院教务主任、厦门闽南佛学院教授”，“现任职务”一栏里写着“教务主任兼国文、地理教授”[①]。《九华佛学院近况》还记载了学校“授课一览表”（附教材情况）、“现任教职员一览表”（8人）和“本院现肄业学生名表”（25人，其中因事因病退学和因犯过被开除者4人），可见九华佛学院师资强大，教学内容丰富。学僧年龄在15岁至26岁之间，多来自安徽、河南、湖南、湖北、江苏、江西等地。教材和课程除了佛学知识方面以外，还有普通初级中学课本和课程，包括国文、地理、历史、艺术、英文等。

寄尘在九华佛学院仅服务了一个学期就辞职下山了。释东初认为导致此结局的主因是寄尘作为“新僧”，气势太强，偏于己见而罔顾他人感受，与九华诸山寺相处不甚融洽。

《海潮音》第11卷第9期刊登的民国十九年七月二十六日发布的《江南九华佛学院通告》中，有“本院自去秋正式开学业已一载”字样。通告的主要内容是解释不招插班生的原因是“学额已满”，且交通不便。实际上，根据了尘法师《九华创办佛学院之

① 见《集成》第174卷，第74页。

概括》一文，九华佛学院自建立起就面临诸多困难，首先是生源不足，佛学院第一次招生在民国十八年秋季，第二次招生在民国十九年七月，然而开学后“人数仅十余名耳”（“在当时人数虽不多，但亦轰动一时”），[①]由此可知道“学额已满”恐怕只是一个体面的借口。从学僧列表中还可以看出，九华佛学院第一学期共收学僧28人，其中，中途因犯规开除者1人，病退者2人，旁听生1人，因特别事情请暂假者4人，“现在院考”者只有19人。教师除两院长外，共6人，可见招生情况并不乐观，学僧入学后，流失较严重。其次是经费不敷，如了尘法师所说，“非筹巨额基本金不为功”。

容虚大和尚等人撰写的《江南九华佛学院第一学年第一学期院务报告》还透露了寄尘法师离开九华佛学院的原因和具体时间：“自寄法师于（1930年）十一月十二日（阴历十月十一日）请假养疴后，地理暂停，余国文等课，由蕙、苇二法师分任代授。”[②]从后面列出的教师工作量表可知，寄尘法师同时承担历史、地理、国文、作文四门课程的教学，第一学期共授课八时——国文三、文法一、作文二、地理二。

当时太虚大师受闽地佛教界邀请，已正式住持厦门南普陀寺。寄尘因病请假、辞职后即再次来到厦门，继续在闽南佛学院任教，而九华佛学院也只坚持了三年就因主办无人而停办。

《太虚大师全集》之《乙卯日记》记1939年三月初四，“吴润野偕一合肥张居士来谈。闻明教寺三根和尚，去年二月间被炸片

---

① 载《世界佛教居士林林刊》第32期（1932年8月），见《集成》卷15，第349页。

② 见《集成》第174卷，第570页。

伤足身故。寄尘在离城七十里，依梦东和尚住，甚安。”（太虚当时在昆明云栖寺暂住）这则日记向我们透露了寄尘法师最后还是回到了家乡安徽，但这至少是在他结束了闽南佛学院监院、岭东佛学院教务长以及《人海灯》杂志社社长职务之后。

四、闽南佛学院时期

闽南佛学院和武昌佛学院一样，都是近代知名佛学院，由厦门南普陀寺会泉方丈及缁众于1925年秋创建，校舍建于千年古刹南普陀寺内。1927年，“时厦门南普陀寺，住持会泉任满；大众感于僧寺之危机，因常惺推荐，公举（太虚）大师为住持。转逢、常惺、转岸来沪礼请。”[①]太虚应邀前往，闽南佛学院也随大师到来而改组，由太虚任院长。当年冬季，闽南佛学院少数学僧利用太虚返上海养病、常惺法师离校之机，挑起反对寺院常住的学潮，一时人心惶惶。1928年年初，寄尘和武昌佛学院同学芝峰、大醒等太虚众弟子一起受太虚指派，进入闽南佛学院，协助处理学潮、主持佛学院的教学和管理工作。觉斌、芝峰和大醒分任教务、寺务等职，寄尘法师等为教授。闽南佛学院自太虚主事后，规模迅速扩大，很快就成了国内规模最大的僧教育机构，也成为继武昌佛学院后太虚大师“革新佛教的第二大本营”。在1937年因战事停办之前，闽南佛学院在僧人教育上取得的成就，寄尘法师等人功不可没。

---

① 印顺编：《太虚大师年谱》，第235页。

据笔者目前所见资料，寄尘法师至少有两次在闽南佛学院担任佛学教授的经历，第一阶段前文已略及，时间在1928–1933年之间，其中，1929–1930年间大约有半年在安徽合肥佛学院和九华山佛学院。第二阶段是1936–1937年之间。间隔的这三年（1933–1936），寄尘法师的足迹，我们稍后再说，先说闽南佛学院期间的行迹。

第一阶段，寄尘法师受太虚大师指派进入闽南佛学院，除了承担教学任务外，他的一大贡献是与虞愚法师合作撰写了《厦门南普陀寺志》。

现存《厦门南普陀寺志》出版于民国二十二年（明文书局编辑部编，南普陀寺排印本，1933年）。虞愚在寺志序中说，南普陀寺原为子孙庙，民国十三年（1924）由转逢和尚改为十方丛林制，成为南普陀寺发展史上的转折点。转逢和尚年老退居后，由会泉法师主持庙务。民国十四年（1925）会泉法师建立闽南佛学院，南普陀寺开始名闻海内。民国十六年（1927）太虚大师受邀任住持三年。1928年初寄尘追随大师首次进入闽南佛学院。这一时期，“寺务以转岸、觉斌为监院，转逢为都监以统理之”，寄尘法师的主要职责是协助闽南佛学院的管理和教学。民国十九年（1930）“四月一日，大师以任满，辞南普陀寺住持。经大众恳留，允为连任（‘闽南佛学院本年大事记’）”。直到民国二十二年（1933），两任期满，太虚才引退返沪。

南普陀寺历史悠久，照寄尘在《厦门南普陀寺志》“编者自序”中所说，“本寺向无寺志，识者憾之”。转逢和尚、会泉和尚等大德早有修志愿望，这一愿望最终在太虚任住持的末期才得以实现。据寄尘“编者自序”，虞愚与寄尘为武昌佛学院同学，同出太虚门下。1933年春，虞愚奉太虚之命，出任闽南佛学院论理和国文教授，利用课余时间与寄尘合编寺志，“历二阅月，斯志始成”。①

《厦门南普陀寺志》总字数约六万，体例简明，前有手绘山图数张，类似一般地方志的舆地图。寺志主体分为七篇：寺考、法制、教育、列传、法物、文艺和公牍，内容详近略远。寄尘在“编辑大意”中说：“本寺之肇兴，近十年间之事耳，故志中取材，亦以近十年为多也。虞愚和寄尘分别作序。”寺志详细记载了自民国十三年（1924）南普陀寺改制为十方丛林前后至民国二十二年（1933）十年的历史沿革。据笔者翻阅1933年油印本所见，寺志内不少内容由寄尘法师执笔。寺考类（排印本第25-34页）除开篇少量文字由虞愚执笔外，其余均由寄尘撰写。当时查阅资料不便，这部分稍显简略，但寄尘法师仍尽力收集和考证了相关资料；列传类由十七篇人物传记构成，其中德僧四人（四位德僧是指晚近南普陀寺的四位高僧大德喜参和尚、转逢和尚、会泉和尚和太虚大师）、职僧十人、居士三人，十七篇中有七篇由寄尘执笔；文艺篇“诗林”类还收有寄尘法师诗作一首——《太虚大师南普陀题石敬和原韵》（排印本第159页），为寄尘和太虚《南普陀题石》诗（排印本第158页）；教育类（排印本第57-105页）篇幅较长，基本上是一部闽南佛学院院史。出乎意外的是，或许是由于寄尘法师事务缠身，短期内分身乏

① 虞愚、寄尘编撰：《厦门南普陀寺志》，明文书局编辑部编，南普陀寺排印本，1933年，第5页。“编者自序”序后署名“合肥沙门寄尘”。

术，这部分并不是由熟悉和热衷僧教育的寄尘法师执笔，而是出自太虚另一弟子默如之手。2009年新编《南普陀寺志》在前言“概述”部分高度评价寄尘和虞愚编写的《旧志》，认为它“严持客观求实的修志态度，对古刹千年历史沿革作了记述，在记述过程中参考了《府志》《县志》，以及《嘉禾名胜记》《普陀寺僧谱》等可靠的地方史、志等相关资料。因此《旧志》可谓是一部不可多得的重要史志资料”。[①]《新志》编委会主任、时任南普陀寺方丈的则悟和尚也说：“其中收入许多有关南普陀寺历史的原始资料，对后人了解南普陀寺之兴替沿革，以及本寺编写志书，均有较高参考价值。”[②]

众所周知，民国时期，围绕寺庙滋生出多种政治经济纠纷。太虚大师倡导佛教革新运动，与这一背景关系极大。南普陀寺作为千年古刹，附近山林面积广阔，物产丰富，积累丰厚，当然也难以免除寺产纠纷。在任南普陀寺住持的六年期间，太虚大师在维护寺产方面付出了巨大努力，据其所作《南普陀寺林园记》所叙，厦门漳厦警备司令部堤工处路政办事处成立后，出台一项政策，“拟将寺院旧管之附近山地辟为南普陀公园”。太虚以寺庙方丈身份，联合多方力量，积极维护寺产，最终在1933年1月促成路政处划定界址，将附近山地解决为本寺林园地区。1933年4月，太虚两届住持期满，辞去住持。当时寄尘为监院，亦有贡献，“及苏慧纯、蔡吉堂、黄秋声居士，并本寺转逢、会泉都监，觉斌、大醒、芝峰、寄尘监院，先后奔走各方，皆与

① 厦门南普陀寺编：《南普陀寺志》（上），上海：上海辞书出版社，2009年，第7页。
② 同上，第14页。

有力焉。”

弘一法师在1933年2月27日致亦幻法师[①]信函中，提到：“芝峰法师已往武昌，旧友云散，今唯有寄尘法师一人在南普陀耳。”此时弘一法师居厦门万寿寺。[②]半年后的1933年8月5日，弘一法师从泉州致芝峰、慧律法师的信函中，说此时“大醒、寄尘诸法师，已往汕头”[③]。

第二阶段是1936–1937年期间。1933年夏季，寄尘法师应潮州开元寺住持澄弘法师邀请，离开不再由太虚担任住持的南普陀寺，前往岭东佛学院。寄尘法师于1935年年底由潮州返回南普陀寺。这次在南普陀寺的时间不长，期间寄尘法师行迹不明确。

五、岭东佛学院时期

下面集中谈谈寄尘法师在广东潮州开元寺的事迹。据印顺和尚编撰的《太虚大师年谱》民国二十一年（1932年，大师四十四岁）记载，太虚于本年一月游浙江奉化雪窦寺。十二月有如下记事：

> 三日，大师辞退南普陀寺住持，由常惺继任，举行交接礼（海十四、一“通讯”）。时大师连任六年将满，而负责主持之大醒、芝峰，以年来烦累于无谓纠纷，不愿再留，乃议推常惺继任（自传二十一）。
>
> 按：自传“推定次春请常惺法师继任”，非也。通讯

① 亦幻与大醒、芝峰为武昌佛学院同学，当时任教于闽南佛学院，弘一法师曾受其供养。

② 林子青编：《弘一法师书信》（增订版），北京：三联书店，2016年，第429页。

③ 李叔同：《李叔同文集·书信卷》，北京：线装书局，2018年，第237页。

作“十一月二日”，考系十二月二日之误。九日，以潮汕缁素推澄泓为代表来厦门欢迎，大师乃偕会泉南行，守志为侍录（自传二十一；守志“太虚大师潮汕弘法记”）。按：自传误以此为十九年冬事。

十日晨，抵汕头，智证、周觉空等来迎。赴六邑会馆之欢迎会，大师讲“存心与择法”。晚，大师至商会，开讲心经，凡三日。其间，有丁沧波、马杰三等来访（守志“潮汕弘法记”）。

十三日，大师等至潮州，驻锡开元寺。晚，讲《心经》大意（守志“潮汕弘法记”）。

十四日，上午，出席欢迎会，大师讲“佛法与救国”。晚，略讲十善业道经大意（守志“潮汕弘法记”）。按：“佛法与救国”原注“一二、一六，记于潮安”，与事实不合。

十五日，大师为开元寺念佛会，讲“阿弥陀佛经讲要”。又应第四中学之请，莅校讲“佛学的色法与物”。是日，大师访唐大颠之叩齿庵（守志“潮汕弘法记”）。按：净土宗月刊，以“阿弥陀佛经讲要”为二十三年讲，误。

十六日，大师等还汕头。晚于商会讲阿弥陀经大意。翌日，离汕还厦门（守志“太虚大师潮汕弘法记”）。

次年四月，大醒至潮州，改《现代佛教月刊》（原《现代僧伽》）为《现代佛教周刊》，太虚大师勉以办刊应“注重改善僧制之运动”等寄语。年谱还记载民国二十二年（1933）：“潮州以大师莅临弘法，缘起岭东佛学院，寄尘主持之；是秋开学。闽南佛学院以闽变（学院驻军）而引起学潮。闽南佛学院自十七年大醒、芝峰主持以来，内部尚称安定，唯以对外纠纷为苦。自常惺本夏实际主持以来（知非、会觉等先后任教务），不满于大醒、芝峰，思调和于新旧及本地外江之间。唯本人不常在闽，隔碍亦不易卒除，而学院内部，则学潮年必二三发。迄二十五年，常惺退住持，闽南佛学院陷于半停顿，抗战军兴始停止。”[①]岭东佛学院创建之初，由太虚大师任院长，太虚弟子大醒法师任教务主任，院内事务实由大醒代理。1934年大醒离开岭东佛学院，回到厦门南普陀寺接替《海潮音》总编辑，岭东佛学院教务长遂有寄尘法师接任。所以《年谱》才说太虚大师“缘起岭东佛学院，寄尘主持之”。寄尘法师同时还兼任岭东佛学院史地艺术科教师，接手了《人海灯》杂志社社长一职。

由于寄尘法师坚决反对“集团保产者的长老们”，倡导以“新佛教的新僧团”推进佛教革新运动，他也将这一思想贯穿在潮州的僧教育实践中。寄尘法师将《人海灯》定位为“代表这一类的思想者”，即代表“新佛教的新僧团”的刊物。《人海灯》的目的之一是使这种思想“走到社会”和“掀起佛门”，对旧派的长老们“打一个深深地苏醒的清血针”[②]。前文提及民国二十三年（1934）十二月一日出版的《人海灯》半月刊第2卷第1期，这一期正好是“周年纪念号”，也是寄尘法师接手后的第一期杂志。这一期刊物在寄尘法师的开篇文章《本刊过去工作之检讨》后，紧接着刊登的是编辑通一法师的长文《华南佛教之将来》，再接

① 印顺编：《太虚大师年谱》，第350–351页。

② 《集成》第69卷，第409页。

下来是本社关键人物的照片，共七人：导师太虚老法师，社董福来大方丈、从礼大法师、澄弘大法师、社长寄尘法师和编辑通一法师、总务窥谛法师。查《海潮音》第14卷第9期（民国二十二年九月十五日），从这一期开始，由大醒法师接替芝峰法师任《海潮音》编辑，本期扉页刊登了芝峰辞去《海潮音》编辑一职的启事。在"通讯"栏目里，同时刊登了"潮汕筹办岭东佛学院"的消息，并附有《岭东佛学院简章》（共计六章十九条）[①]。同时期不少佛学期刊都刊登了岭东佛学院筹办的消息，例如《威音》第51期刊登的汕头通讯"潮汕筹办岭东佛学院"对佛学院成立之缘起记载就较为详细：

> 潮州开元寺，为岭东有名古刹，寺景之美，殿宇之宏，在潮梅各属伽蓝中，推为第一，自去年礼请太虚大师来潮讲演后，当地各界人士，渐识佛法与纠正人心之密切关系，有提出弘扬之必要。今春该寺成立整理僧伽委员会，复派员至普陀，欢迎大醒法师，至潮讲授戒禅，各地佛化运动，亦略具有端倪，特拟进一步而为根本的发展，筹办岭东佛学院所，集合百粤之青年有志僧伽，施于世间出世间法完善教育……定名"岭东佛学院"，定章程学，将于古历八月中开学云。

岭东佛学院1933年8月成立，到1935年12月宣布停办，仅维持了两年四个月。

① 《集成》第85卷，第119–120页。

上图：《人海灯》半月刊第2卷第10期(民国二十四年四月十五日出版)，见《集成》第70卷第25页。

《人海灯》第2卷第10期的编者在“编完以后”中，预告“本刊从十三期起，移至香港编印了”，并提醒读者注意封底启事。对于迁移原因，编者说“我曾在一封信刊在二月的《海潮》里”，因料想读者已经看多，所以没有多说，仅表达了个人“想抛弃教书工作，专门在佛教文字宣传上尽一点努力”。对于《人海灯》的前途，编者并无肯定的信心：“只知竭其绵力去干，同时，我相信，我个人的力量还不够的，人海灯能够发展，也就是我们全体佛教徒的光荣！”[①]

在这一期的封底，的确有《本刊迁址香港发行启事》，另有《寄尘启事》[②]一则，声明“本人自办《人海灯》以来，将近两年矣。

① 《人海灯》第2卷第10期（1935年4月15日出版），《集刊》第70卷，第36页。

② 同上。

目下因有他就，未便兼顾，乃征求大心菩萨继续维持”，经商议由香港莲觉居士接续《人海灯》杂志。前12期仍在潮州发行，从第13期所有刊务转由港方负责。[①]

寄尘法师启事中所言“他就”何指？笔者从目前阅读所见的部分佛教期刊中见到两则材料，从中可见寄尘法师离开岭东佛学院后的身影。

第一则厦门敬佛会主办的《敬佛月刊》第二卷第一期（1936年1月号），[②]刊登的一则“岭东佛学院停办”的消息，透露了寄尘法师的去向：

> 广东省潮州市开元寺内岭东佛学院，往年由大醒法师所开办，为南华方面人才养成之道场，今为种种事情，将昨年十二月间暂时停办，同学院教务主任寄尘法师与同院教授窥谛法师于昨年十二月六日乘同船莅厦，窥谛法师即日往沪，承者将来有报往日本留学之意，寄尘法师在厦担任南普陀寺闽南佛学院之教授。

1935年年底岭东佛学院宣布暂时停办，创建者大醒、寄尘、窥谛等人纷纷另谋他就，窥谛前往上海，寄尘则回到厦门，继续在闽南佛学院从事佛教教育。但从可见的资料可以推测，寄尘再入闽南佛学院后停留的时间并不长。

第二则是《人海灯》第4卷第4期（1937年4月1日出版）的“一月佛教新闻”。《人海灯》的佛教新闻和其他佛教刊物一样，按地域刊载，在“代奉”新闻中，有这样的描述：

---

① 《人海灯》第2卷第10期（1935年4月15日出版），《集刊》第70卷，第36页。

② 见《集刊》第131卷，第55页。

> 雪窦寺方丈太虚大师今春苏常弘化事毕，最近已返雪山。大师初返时张学良将军前来□□，相谈甚欢。闻与大师同返雪山者则有寄尘法师，顷已请为首座，大师志在弘化四方，无暇常住山，将请寄法师为代理方丈。此事大约月可以实现云。[①]

雪窦寺在宁波奉化溪口镇的雪窦山中，也是禅宗古刹。1932年10月，太虚大师应邀出任雪窦寺住持。1937年春天，太虚大师外出弘法，4月携带寄尘法师返回雪窦山，之后由寄尘法师代理雪窦寺住持。西安事变后，张学良被蒋介石软禁在雪窦山大约一年时间（1937.1–1937.11），张的住处离雪窦寺很近，据合肥佛教协会官网，寄尘法师“与太虚法师同蒋介石有过合影。寄尘在住持西庐寺以后，曾把这一照片悬挂在方丈正厅上，并供奉太虚法师的绣像，这是西庐寺内外僧俗两众尽人皆知的事实”[②]。

寄尘法师离开闽南佛学院前往潮州时，同行的有窥谛和通一两位法师。和释东初一样，窥谛和通一均出自九华佛学院，寄尘与他们实有师生之谊。在岭东佛学院时，窥谛和通一成为寄尘法师的主要助手，协助处理院务，并担任《人海灯》杂志的编辑工作。寄尘法师在潮州期间人际关系甚为融洽，与他在九华佛学院的境遇全然不同。然而遗憾的是，寄尘法师的新僧教育理想在潮州也未能顺利实现。岭东佛学院停办后，寄尘法师也在同时辞去了《人海灯》半月刊社长一职，返回闽南佛学院，不久因战乱再次离开

① 《人海灯》第4卷第4期刊尾新闻，见《集成》第70卷，第340页。

② 《太虚大师高足——寄尘法师传》，参见合肥佛教协会官网，http：//www.hffj.org/hf/list19/152.html，2013–10–08。

闽南佛学院。

离开闽南佛学院后，寄尘法师追随太虚法师，1937年春季先去浙江宁波奉化雪窦寺代理方丈，后回归九华山（1939年已在九华山）。合肥市佛教协会官网上登载的《太虚大师高足——寄尘法师传》说法师是从日本留学三年后才去雪窦寺，似有不确。且1933–1935年法师在潮州开元寺，30年代无出国三年之可能。上引《敬佛月刊》说寄尘、窥谛二人“乘同船莅厦，窥谛法师即日往沪，承者将来有报往日本留学之意，寄尘法师在厦担任南普陀寺闽南佛学院之教授”，仔细揣摩文意，“赴日留学之意”似仅指窥谛而言。

结语

通过对民国佛教文献的梳理，本文大致勾勒出了曾经活跃在近代佛教史、岭南佛教史上的寄尘法师一生的主要行迹，并纠正了相关记载的错误。法师出生于1893年，8岁在西庐寺出家，1974年圆寂，世寿82，僧腊75。法师少年出家，长期追随三惺法师和太虚大师左右，深谙佛学理论，作为太虚大师高足，法师广泛参与了中国近代佛教革新运动，为近代佛教教育做出了重要贡献。法师勤于著述，现存民国佛教期刊上可见多篇署名寄尘的文章。释东初在谈及太虚“首座”子弟会觉时，[①]感慨其“生前写作，都在海刊及佛教各杂志发表，惜未辑成册，后人无法获读其全篇”，寄尘法师的著述也是如此。黄夏年教授主编的《民国佛教

① 释东初:《中国佛教近代史》(下)，第893页。

期刊文献集成》中收入寄尘各类文章百余篇，大约可分为下面几类：(1)佛学理论；(2)对当代佛教问题发表的看法、评论、感想、建议；(3)佛教革新和佛教教育；(4)各类佛教活动记录、观感；(5)序文、评论、诗词、像赞；(6)信函。限于篇幅，本文对其佛学思想和贡献未能展开论述(将另文探讨)。在中国近代佛教史、岭南佛教史上，像寄尘法师这样的历史人物还有很多，他们的事迹大多淹没在浩如烟海的文献中，有待我们进一步发掘。

论明末清初在犙弘赞禅师对于广州佛门的贡献

中山大学　李福标

内容提要： 明清之际，以鼎湖在犙弘赞和尚为代表的岭南高僧在戒律学上异军突起，在全国范围内获得广泛的赞誉，是岭南佛门振起的最重要标志之一。其人虽为肇庆鼎湖山庆云寺祖师，但他的重要的宗教活动却在广州地区进行，建立南海宝象林，接引广州后学不遗余力，贡献匪小。其律学著述百余卷，这是岭南禅门祖师对戒律学最集中、最深入的一次探求，代表岭南佛门律学的最高成就，可谓以文字为佛事的典范。虽被题为《鼎湖法汇》入嘉兴藏流通，而其实大多是在广州地区寺院或是以广州沙门身份撰述的，且与活跃在广州地区的海云法系僧人的戒律活动形成良好的互动，对广州佛门影响甚巨。将这批著述整理出来，无论对广州还是全国，无论是对历史、现实还是未来，都颇有意义。

关键词： 弘赞；宗教活动；律学撰述；展望

明末清初岭南佛门的振起，有几个重要的标志。最显著的标志之一，即是逃禅人士骤然增多，特别是明遗民大量进入佛门，以华首系天然和尚等代表的高僧弘扬大乘菩萨教精神，以忠孝作佛事，且追踪六祖，走向上尊贵一路。其次，即佛门社团丛起，著述如林，无论经典的阐述或是诗文的创作，均引人注目。这在此前的岭南佛门是少见的，近年来也得到教、学二界的普遍重视。其实，还有一个极为重要的标志少有人正视，即当时以在犙弘赞为代表的岭南高僧在戒律学上异军突起，在全国范围内获得广泛的赞誉。这对于元明以来至当时长久不知戒律为何物的岭南佛门，意义是尤其重大的。在犙弘赞为鼎湖法系祖师，生平勤于笔耕，著述数十种，后被庆云寺编为《鼎湖法汇》，似乎是名正言顺之事。但我们倘要深入考察，这部《法汇》与广州佛门的因缘更大，对广州佛门的影响直接而深远。此前，本人草有系列论文，都强调弘赞律学的鼎湖本位，固然无大过[①]。然而，若不发明弘赞与广州佛门的关系，忽视其律学成就对于岭南中心地区广州的佛教贡献，而大谈明清之际的岭南佛门之振兴，无疑是肤浅的，是有愧于祖师的。

一、弘赞之于广州佛门的因缘及功德

释弘赞，字在犙，广东新会（广州府属县）人，俗姓朱。明万历三十九年（1611）生于阳江。弱冠补县学生员，通儒典，博雅能文。执二亲丧，断荤腥。阅《坛经》有感，遂矢志参学。崇祯六年（1633），道经鼎湖，始刈棘缚茅，创莲花庵精舍。礼博山元来无异下离际道丘于广州白云山蒲涧寺，剃染受具。后越岭参方，住杭州横山。嗣雪关道訚和尚法。归粤，继席庆云寺为二

① 如《论鼎湖山弘赞禅师的律学故事化》，《学术研究》2015年第4期，第143–147页；《论鼎湖山庆云寺的戒律学传统与地位》，《湖南大学学报（哲学社会科学版）》第5期，第30–35页；《论弘赞律学撰述及〈鼎湖法汇〉之编纂》，《湖南大学学报（哲学社会科学版）》2018年第2期，第108–113页等。

代住持。宗风特重实践笃履，虽精于禅，而痛心于丛林之浮夸不实，乃力弘律仪，倡导戒行。戒律精严，海内宗之，咸以得鼎湖戒为重。旋辟南海麻奢乡宝象林寺，往来两山，成就甚众。康熙二十五年（1686）示寂于南海宝象林，世寿75，僧腊53。清道光《新会县志》卷一一据梁佩兰撰塔志采访册入传。

从以上的简历中可以看出，在犙禅师与广州佛门之渊源颇深：

（一）在广州老家的成长经历

他虽生于广东阳江（肇庆府属），却是广州府人，或是在广州老家长大，至少成年之前有一段时间是在老家度过的。和尚曾自称少年时在广州新会潮头村亲见传为水鬼击伤之张伯，伤痕俱在。后将此人事载入《六道集》，其卷三“张伯”条载曰：“广州新会县潮头村有一人姓张者，年将五十，独往邻乡，回至中途度水，被水鬼牵挽，欲溺水中。其人雄勇，与之共打，得脱回家，颈项上尽是鬼甲爬伤痕。时天启七年，赞年方十七，在彼村亲见。”[①]这些早年的经历对他重因果报应、信仰释教，是有激发作用的。

（二）在广州正式出家

据《鼎湖山志》卷一《为戒长老手录开山缘起》《六代和尚新旧沿革考》等可考，弘赞于父母双亲去世之后，读《坛经》而有省。乃发足参方，拟度岭访师剃染，意粤中无可为其师者。崇

---

① （清）释弘赞辑：《六道集》，《弘赞和尚选集》本，第1册，广东旅游出版社2015年版，第122页。

祯六年（1633）夏，路由高峡，到广利墟思修店处，自言出家，寄迹于广利之茶亭，依勤心师数月。后为鼎湖山主梁少川等邀请创莲花庵。据《鼎湖山志》卷一“总论”所述，那是一个同参共证的莲社，当时鼎湖同参者大部分也是广州府而在肇庆做生意的人。那时弘赞并未正式出家。而在这年秋于广州白云山蒲涧寺礼离际道丘和尚剃染受具，得名弘赞，字在参，后易“参”为“犙”，真正地现比丘相。此后的几年间，弘赞来往于鼎湖山莲花庵和白云山蒲涧寺之间。直到崇祯九年（1636）冬，从蒲涧寺迎栖壑主鼎湖后，才在栖壑的介绍下腰包度岭而北，参杭州雪关道誾禅师为师，并得其法。①

（三）参方回粤后在广州的宗教活动

弘赞和尚从江南回粤之后，多数时间也是在广州活动，与下层民间的佛教信仰者，接触颇为频繁，而特别关注女性信教者。这一点，从其《六道集》《观音慈林集》《兜率龟镜集》中之当代佛教故事几乎都是发生于广州可知。例如，广州番禺沙湾何氏于崇祯十三年（1640）度为尼，名成慈。一日阅藏经，见有“上生兜率内院，亲觐弥勒菩萨，一生即便见佛闻法，无有迟速之品阶”，因请和尚曰：“上生宗旨，可得闻乎？”遂授与《上生经》一卷。本年五月称弥勒、如来名，寂然而逝。和尚因成慈同学尼戒芳及侍病者口述，将其事录入《兜率龟镜集》卷下，文中云：“于崇祯丙戌四月望日告病。越五月十七日午时忽于坐定中见一

① 参（清）释成鹫纂：《鼎湖山志》卷三《第二代在犙和尚传》，广东教育出版社，2015年，李福标、仇江点校本，第46–47页。

菩萨，侍人忘其名，倏然引至兜率内院，睹种种庄严，光明耀目，慈氏菩萨相好难述。彼遂举身敬礼，礼已，白云：'愿世尊摄受我。'大士告曰：'汝却后七日来生此处。'又于二十一日坐静中忽睹慈氏菩萨现在其前，自见已身成童子相。"[①]丙戌已为顺治三年（1646），仍以明崇祯为纪年，可见其内心以不忘故国的明遗民自居。弘赞就以这种当事人口述故事来开展佛教活动，在下层百姓中的影响有多大，可想而知。[②]

（四）鼎建南海宝象林，接引广州学人

康熙三年（1664）冬，在犙弘赞和尚得南海县麻奢乡陈公孺捐地，创建宝象林寺，又在寺中建如来真身舍利塔。《鼎湖山志》卷三霍宗瑝《第二代在犙和尚传》云："康熙甲辰冬，南海麻奢乡有居士陈公孺，舍地三十亩于其乡之东，师建宝象林居之。先是，此乡之人每见其地涌紫气成大莲花，蟠结不散，至是果成名刹。师自捐衣钵净资造七级浮图，以藏所得匡山金轮峰如来真身舍利。"康熙五年（1666），舍利塔成，乃喜称宝象林为瑞塔禅寺。

麻奢乡宝象林寺及塔之建，得到当时名士的关注和支持。康熙五年（1666）秋九月，薛始亨谒和尚于南海宝象林，撰《宝象林禅院记》，记云：

吾观鼎湖庆云道场，层峦耸巘，亭亭芙蓉涌出天半，信奇伟矣。然形家稍恨其无余地，峻故也。我和尚是以有

---

① （清）释弘赞辑：《兜率龟镜集》，广东旅游出版社，2015年《弘赞和尚选集》本，第1册，第282–283页。

② 李福标、朱婧著：《弘赞律学的故事化》，《学术研究》2015年第4期，第143–147页。

宝象林禅院之建。象林在南海西以其发自象山故名。前极际则对白云，后极际则枕顶湖，其向卯又同也。其山高不逾仞，其地迂博舒平，海水外环，曲委以入漪澜淡滟，沿洄可掬。院周遭为亩者三十，中为大殿，内为塔院，院左右为大悲准提二阁斋厨，净室草创，咸具施地给孤为陈姓诸长者塔院暨阁和尚自捐衣钵造焉。其他以俟发大心者，未艾也。院成，命予为记。予尝讲于律而知佛法之严谨，考于行而知佛法之清苦，究于禅而知佛法之广大。……然则不有象林，无以全顶湖之未备，二山之向同而形异也，天也，非人也。[①]

《鼎湖外集》卷一又录薛始亨《丙午秋九月重谒本师和尚于南海宝象林即事呈喝》诗。丙午即康熙五年。陈子升亦来宝象林参访在犙和尚，《中洲草堂遗集》卷一〇有《宝象林访在犙和尚》《送麻奢乡宝象林还至冈头邨遇雨》诗。

弘赞和尚多闻广博，通内外典，焚膏继晷，笺注缮写，至老不倦。古德称寂音为僧中班马，时亦谓师为法门之程朱也。所成就者甚众，岭海之间以得鼎湖戒为重。据成鹫《鼎湖山志》卷五“承嗣禅宗耆宿”载，有“云顶戒”“宗符和尚戒”“草堂戒”“华林戒”“云门戒”，未有“鼎湖戒”之名。则所谓为岭海所重之“鼎湖戒”，是指所有鼎湖系高僧所传之戒的统称，而具体到在犙和尚本人，是称“草堂戒”的。而“草堂”，正是在南海宝象林寺时的方丈名。《鼎湖山志》所载草堂戒弟子有断疑大师、慧弓大师、

① 见（清）释开沩等辑：《鼎湖外集》卷五，《弘赞和尚选集》本第2册，广东旅游出版社，2015年，第282–283页。

空渠大师、文漪大师、霈心大师、际岸大师、雪立大师等，均是在南海宝象林所成就者。[①]

自是，和尚来往庆云寺与宝象林两山之间，随机接引。例如，康熙五年，王公辅于自广州来宝象林问道，《木人剩稿》卷一《室中答问》载法语云：

> 王公辅从仙城来象林，礼和尚讫，云："昨大佛寺石莲禅师上堂，田居士出，问云：'竿木随身事如何？'莲曰：'逢场作戏。'进云：'如何是逢场作戏？'莲曰：'者个。'进云：'如何是者个？'莲喝一喝。某甲不甘，特来请决和尚。"师曰："你试举看。"公云："竿木随身事如何？"师曰："要行便行，要住即住。"进云："如何是逢场作戏？"师曰："明来明打，暗来暗打。"公欣然礼谢。次日，一僧到参，复举前话云："竿木随身事如何？"师曰："捩转乾坤。"进云："恁么则逢场作戏去也？"师曰："竹梢上摇铃。"[②]

从此可见其禅法实而不死、圆活自在之一端。此种不摸捏卖弄的开示，最为初机学人所喜。

（五）在南海宝象林创立上生社

慈宗弥勒法门非常适合娑婆佛子修持，能让众生更方便解脱生死，进一步于佛菩萨前继续修学，以利早成佛道，度化众生。

---

① 见（清）释成鹫纂：《鼎湖山志》，第77–78页。

② （清）释弘赞撰：《木人剩稿》，《弘赞和尚选集》本，第2册，广东旅游出版社，2015年，第136页。

明清之际，以在犙弘赞为主导，以宝象开觉、慧弓开诇、鼎湖开沩、比丘尼成慈、沙弥远目开晢、铁有开荦等结为“上生社”，在南海宝象林掀起了信仰弥勒净土的热潮，并扩衍至肇庆鼎湖山一带。为更方便弘扬慈宗法门，并使之扩大影响，广为传播，康熙十年（1671）初夏，弘赞应宝象林释子开觉请，检诸经论传记，并所见闻者，汇编成《兜率龟镜集》三卷。书前《缘起》曰：

> 是集之由作也，初，本师和尚侍者远目上座以童真入道，精修密践，得上生征应，缁素见闻，莫不感羡咨嗟。时清士曾通绍因启师曰：“绍闻西方有《往生集》行世，而兜率上生，古今不乏名贤，何独无乎？愿师撰之，以为万世龟镜。”师曰：“善哉！子之问也，诚为救病之良药，渡苦海之慈舟。”盖以凡夫一念迷真，妄缘尘影，流浪生死，渺无返期。六趣升沉，三界奚出。未阶三贤十圣，宁免分段生方。况兹末世狂妄，多以识心影子为见性悟道，错认石火电光为了却生死。肆志空谈，拨无因果，毁持戒者为执相，诋看教者为钻故纸，贬往生者为小根下愚。不思马鸣龙树愿觐弥陀，无著天亲誓见弥勒，其为何根何愚哉。妄讥贤圣，轻谤经律，罪将谁代？虽云顿悟，习惑未除，一入他腹，隔阴之昏难免。五祖戒、青草堂、逊长老、严首座足为前鉴。识想纷飞，拟齐先哲；烦恼炽炎，言超佛祖。未证无生，终随业识流转。弥陀、弥勒真大知识，舍而不参；观音、势至、天台、净慈诚为良友，胡不亲哉。觉生母邹氏，已蒙慈尊接引，得升内院。洪恩浩瀚，图报莫由。乃复恳本师，速成斯集，为四众之宝

> 筏，后代之资粮。师由是捡诸经论传记，并所见闻者，汇编成帙，授我锓梓，公诸天下。觉因问师曰："未审和尚志在西方耶？兜率耶？"师曰："可问取木檿去。"曰："某甲不解木檿音。"师曰："苍天苍天。"曰："乞和尚垂慈显示。"师曰："今日舌头不快，且待别时向你道。"觉因作礼，述其巅末。

此书卷下有刻书牌记，云："广州比丘开觉、比丘尼一憬、一德、等惾捐净资敬梓《兜率龟镜集》上中下三卷，专祈福慧增长，三障顿消，当来亲觐弥勒如来，闻妙法音，阶不退地，伏愿四恩普利，九有均资，情与无情，同圆种智。"[①]这似乎能清楚地证明，弘赞上生社在广州的活动更为集中，对于广州佛门的功德尤大，影响尤深。

二、弘赞禅师具明广州人身份或在南海从事的撰述活动

《鼎湖法汇》共二十三种九十九卷，撰述者弘赞禅师具明身份为"广州释"或在撰述地点"广州沙门"或"南海宝象林"的，就有十三种七十八卷之多，占整部书的绝大分量。这些撰述具体是：

（一）《四分律名义标释》四十卷，卷端题"明广州沙门释弘赞在犙辑，新安沙门释弘丽罗峰校"。弘赞从临坛受具足戒始，即着手对小乘戒律《四分律》各戒法（个体比丘、比丘尼受持的

① （清）释弘赞辑：《兜率龟镜集》，清康熙刻本，第1页。

防非止恶的戒条）及犍度法（僧团仪轨及修行、传教、日常生活的规定）进行选择性标释。此书尤属意于其间华、梵文句艰涩深奥者。有明崇祯十六年（1643）刻本、康熙十七年（1678）重刻本。后收入《嘉兴藏》又续藏“鼎湖法汇”第一种。

（二）《四分戒本如释》十二卷，题“明广州沙门释弘赞在惨绎”。因《四分律》“疏工颇宏，非日能就，欲使初学急知持犯，爰取戒本如律释之”（凡例一）[①]。他选择唐怀素《四分比丘戒本》为底本，而所遵循道宣之法，大量吸收其他诸律之长，广征博引《观佛三昧经》《毗昙》《华严经》等佛典达四五十种之多，重在使律文义理清晰，且兼容大、小乘戒律。旧律藏惟明比丘二百五十戒法，不载诸真言咒语，咒语归之密部。而弘赞因兼擅梵音，对咒语亦录之并加音义，使华梵、胡言无不洞贯，胜出他本。有明崇祯十六年（1643）刻本。后收入“鼎湖法汇”第二种。

（三）《佛说梵网经菩萨心地品下略疏》八卷，题“姚秦三藏法师鸠摩罗什译，广州宝象林沙门弘赞述”。此在天台智者《义疏》、云栖大师《发隐》基础上，疏释大乘佛教“自利利他”“普度众生”的《梵网菩萨戒本》身、口、意三方面的戒规（三聚净戒），补前人之未尽。有清康熙十八年（1679）刻本。后收入“鼎湖法汇”第三种。

（四）《礼佛仪式》一卷，题“广州南海宝象林沙门弘赞编”。针对佛门礼拜仪则乖乱不经而不知忏悔、发愿、回向，就普礼三宝，礼释迦世尊及各菩萨、尊者及五悔法一一作释。有清康熙九

① （清）释弘赞撰：《四分戒本如释》，明崇祯十六年（1643）刻本，第1页。

年（1670）刻本。后收入“鼎湖法汇”第六种。

（五）《式叉摩那尼戒本》一卷，题“广州南海宝象林沙门弘赞在犙辑”。依律本详列大乘律教学法女于二年中具学之根本四事、六法、二百九十二行法诸戒威仪，即大比丘尼一切诸戒威仪，以便受戒者习学。有清康熙十年（1671）刻本。后收入“鼎湖法汇”第七种。

（六）《比丘尼受戒录》一卷，题“广州南海宝象林沙门弘赞在犙述”。与另一部《比丘受戒录》作意同，略序得戒缘由，次录得戒和尚、阿阇黎、临坛尊证僧伽，并记自生年、受戒年月日时，以识戒腊之尊卑，告诫初学尊重师道，叙受戒所应注意的二十余法并作法仪轨。有清康熙刻本。后收入“鼎湖法汇”第八种。

（七）《沙门日用》二卷，题“广州南海宝象林沙门弘赞在犙编”。此书于僧人之行住坐卧所持之律仪详细解说。卷上持诵门，内分睡醒、闻钟、击钟、寤起、着衣裳、行步、洗漱、饮水、着五衣、着七衣、着大衣、沙弥着缦衣、礼佛、入佛殿、观佛、礼敬三宝、礼敬佛塔、持锡、乞食、见空钵、食时展钵、见满钵、得美食、得不美食、持钵、正受食、食毕、受亲、嚼杨枝、洗钵、剃发、便利仪轨、登厕、便利讫、入浴、洗足、敷床坐、坐禅、出定、寝息，附音释。卷下资具门，内分安陀会、郁多罗僧、僧伽黎等三衣名相，附佛、达磨、僧、比丘、苾刍诸名相五六十项。有清康熙十年（1671）刻本。后收入“鼎湖法汇”第九种。

（八）《供诸天科仪》一卷，题“清广州宝象林释迦沙门弘赞集”。主讲二十四诸天位座次序、忏法恒式、设供位次尊卑等。有清康熙刻本。后收入“鼎湖法汇”第十一种。

（九）《解惑编》二卷，题“广州南海宝象林沙门释弘赞在犙编”。编录吴太宰嚭以迄于明人物故事百余条，以释世间众生疑惑，附简诸宰辅叙佛教隆替状、三报论、三报证验（现报、生报、后报）等。有康熙二十二年（1683）刻本。后收入“鼎湖法汇”第十三种。

（十）《六道集》五卷，题“广州南海宝象林沙门弘赞在犙辑”。每卷首列诸相关经文，次列天竺、西域及中国自汉晋至清康熙间，天、人、阿修罗、鬼神、畜生、地狱六道故事二百余则，阐明佛教劝善惩恶的六道轮回说。六道轮回理论是佛教的基本理论之一，也是世俗劝善惩恶的利器。有清康熙二十一年（1682）刻本。后收入“鼎湖法汇”第十五种。

（十一）《兜率龟镜集》三卷，题“广州南海宝象林沙门释弘赞在犙辑”。此书为方便信众修持慈宗法门，捡诸经论传记并所见闻之种种事迹八十余则，又录“应化垂迹”“上生内院”故事并“经咒愿文”十一篇以明其义。有清康熙十年（1671）刻本。后收入“鼎湖法汇”第十九种。

（十二）《持诵准提真言法要》一卷，题“广州宝象林沙门弘赞在犙辑”。述末法时代的初机行人持诵密宗《七俱胝佛母所说准提陀罗尼经》之仪轨。有清康熙十三年（1674）刻本。后收入“鼎湖法汇”第二十二种。

（十三）《八关斋法》一卷，题“广州宝象林沙门弘赞在犙辑”。八关斋，乃佛陀为在家弟子所制定暂时出家之戒学。受者须一日一夜离家赴僧团居住，以学习出家人之生活，故称为净行优婆塞或净行优婆夷。此书为众善信解释受八关斋戒之律仪。有清康熙十三年（1674）刻本。后收入“鼎湖法汇”第二十三种。

按，以上所撰书，十三种中有十种六十八卷都为佛教律学撰述。其他《六道集》《兜率龟镜集》《解惑编》三种共十卷虽不能列入律藏，而关涉惩恶扬善之律学。弘赞的这些著述的入藏工作，在弘赞生前就已基本完成。《鼎湖山志》卷三《本师在犙和尚行状》称：“前后著述凡百有余卷，板藏浙江嘉兴楞严寺行世。吉旦，弟子开螭、传海、开沩、传调、传意、传憍等和南仝述立石。”又，《鼎湖山志》卷三《第五代空石意和尚塔志铭》称述鼎湖山第五代祖师空石传意禅师行实云：“未几，随杖入金陵，礼报恩寺阿育王诸塔，设供舍利，营诸胜膳，备极庄严，得大如意，师之力居多。既而归岭南，侍老人尤谨，事无巨细，悉肩任之。时草堂《律部疏注》告成，师奉命送板入嘉兴藏流通。前后跋涉，不辞劳瘁，不致陨越，老人深为嘉叹。”而据霍宗瑝《第二代在犙和尚传》称：“年七十余，犹以未酬宿愿，复往金陵、宁波，礼长干、阿育王二塔，广陈妙供，稀以珍宝。都人环观赞叹，得未曾有。”综合以上信息可知，弘赞在康熙十九年（1680）七十岁以后、康熙二十五年（1686）示寂前的几年，已命法子将其撰述送入嘉兴藏中。弘赞和尚的目的当然不仅仅是让百有余卷著述“不致陨越”而已，而是有一个很明确的心愿，即能像《云栖法汇》那样完整而永久地保存在嘉兴藏中。时未有《鼎湖法汇》之名，而模糊地统称为“律部疏注”。后之所以统谓为鼎湖律学撰述，被庆云寺编为《鼎湖法汇》，当是配合《鼎湖山志》之纂修并与之同步的。康熙五十二年（1713），庆云寺除了在《嘉兴藏》又续藏中加入弘赞本人未入的《七俱胝佛母所说准提陀罗尼经会释》等书之外，又挖改版心，加入“鼎湖法汇”四字，另于书前添加《鼎湖法汇》目录一纸。这部篇幅近百卷的著述总汇，确已为鼎湖增重。[①]然而这些著述的创立者弘赞是广州府属人，撰述地也多为南海宝象林寺，且重编此书之人也为广州高僧成鹫和尚，总之无论从哪个角度来说，这部《法汇》本身更应是广州佛门的骄傲。

三、弘赞律学对于广州佛门的意义

（一）弘赞律学对于岭南佛门的意义

晚明佛法下衰、宗风扫地的情形，正可谓“禅者呵教为如来禅，诋律为声闻学，灭教败律，无所不至”，这是众所周知的。明末高僧无不痛心疾首，思以回归佛教经典而救之，且尤着力于佛教律典的阐释，江南律学著述一时涌出不少，律宗因而大振。[②]弘赞在江南游学，深受熏染，而悲大愿深，竟欲亲自往天竺求学律藏。《比丘受戒录》首云：“余年三十有四，兴往天竺之念，求请梵僧数人回震旦，再传授戒法，俾戒灯熄而更著，寿命微而复续。遂于甲申春，抵闽地，欲取海舶人夫，从闽滨泛一载余，至东天竺海隅耽摩立底国，可六十余驿，到中天竺那烂陀寺。不意时值沧桑，弗果所愿。”[③]无奈而归粤后，即以律学为急务，从最基本抓起，认为“彼之毁之也，实彼之未知之也。欲去彼所毁，

① 参李福标：《论〈鼎湖法汇〉及其与〈鼎湖山志〉纂修之关系》，《广东佛教》2018年第4期，第81–86页。

② 释圣严：《明末中国的戒律复兴》，载《从传统到现代——佛教伦理与现代社会》，台北东大图书公司，1990年，第140页。

③（清）释弘赞撰：《比丘受戒录》，清康熙刻本，第3页。

其急与所知乎！律文具在，吾其举在文之名义于人所难解者而标释之，斯则与所知也。”[①]弘赞出于曹洞宗博山下无异元来禅师鼎湖道丘与雪关道訚门下，其宗教的理念是：“惟夫世教，礼仪为先，出世洪规，戒律居首。非礼仪无以成贤智，乘戒律所以趣菩提。”[②]其教法与“今之参禅者，多略于经律，犹如儒者但谈经义而不及躬行”者不同，而是“言经律则必兼于禅，言禅则必兼于经律”。[③]

从上所列出的弘赞著述表，可见弘赞律学的重要贡献在对佛教根本经典《四分律》的阐释与弘扬，其中涉及大小乘律学，也有偏重于实践层面的律仪专题性阐释。不但重点关注比丘戒法，还有《沙门日用》之辑，正本清源，便于持诵。释开定序云：

> 今此《日用》一书，乃三千之枢要，八万之妙用，出家进修之阶梯，菩萨利生之慈航。苟阶梯失，慈航乏，则自利利他何有哉。旧曰《毗尼日用》者，讹也。毗尼即律，是五藏中之律藏，惟明比丘二百五十戒法，不说诸真言咒语，其间偈颂，多出《华严》诸经，咒语载之密部。然经律真言，各有宗旨，宁容混滥，以毗尼而自目哉？今本师在和尚，诚末法之砥柱，救世之良医。注释经律百有余卷，兼闲咒语，至于华梵胡言，无不洞贯。悲末法之颓风，愍后代之罔闻，遂为重订，目曰《沙门日用》，名实俱当，事简理详。虽云沙门，而诸在家清信士女，有受归

① （清）释弘赞撰：《四分律名义标释》，萝峰弘丽跋，明崇祯十六年（1643）刻本，第2页。
② （清）释弘赞撰：《式叉摩那尼戒本》自序，清康熙十年（1671）刻本，第1页。
③ （清）释弘赞撰：《佛说梵网经菩萨心地品下略疏》孙廷铎序，清康熙十八年（1679）刻本，第2页。

戒、菩萨法者，咸须行之。意欲七众，于二六时中行住坐卧，有一毫之善，悉皆回向法界有情，同出苦津，以圆菩萨六度万行者也。今诸方毗尼日用篇末，复加古德警策之语，虽云不无少善，但古德之言，备载各传。岂容浑入，自失毗尼之义，大违经律之旨，识者别之。[①]

同时，他也发大慈悲，对比丘尼戒法投入相当大的心力，称："末代大尼罕遘，知律者全稀，既不蒙于亲授，复不许阅篇聚之文，无由得知止持作犯，纵有向上之志，而无措足之方。爰是稽诸律本，编集所应学法，俾有惭有愧、乐学戒者时而习之。"[②]弘赞的另一部《比丘尼受戒录》，就是专为广州比丘尼所作的。其书首云："顺治十四年，余在广州羊城。时各县诸尼来求受具，余辞不获已，因立二部僧，各满十人，与授大戒。"[③]

弘赞撰述提纲挈领，从文释、理释兼事释等多个方向、多重维度，为四众疏通艰奥难通的律学，以培植岭南遵戒如律的僧材。另如《六道集》惩戒杀、妄说等恶行，《兜率龟镜集》向四众倡导净土慈宗之学及其念诵功德与基本仪轨，初读之下似乎律学色彩不浓，其实是以具体人事证明戒律持犯的因果。正如《六道集述言》陈恭尹序云："人所以迷而不悟者有二端，其一曰：'吾人也，何至流为异物。'其一曰：'人生快意耳，遑恤他生。'然就其一日之间，一念之顷，已不知几为天、几为人、几为畜生饿鬼，诚得秦镜悬之于前，使其肝胆毕呈，意念尽露，六道之变相

---

① （清）释弘赞撰：《沙门日用》卷首，清康熙十年（1671）刻本，第1页。
② （清）释弘赞撰：《式叉摩那尼戒本》自序，第1页。
③ （清）释弘赞撰：《比丘尼受戒录》，清康熙刻本，第2页。

纷纭交错，一时并见于胸臆之中，庶其惧而知返乎。在和尚博极群书，著述数十种，年将七十而辑此集，其指愈浅其忧愈深，读者毋视为虚诞之谈而忘其肝胆之照也。”[①]弘赞的律学撰述，是岭南禅门祖师对戒律学最集中、最深入的一次探求，代表岭南佛门律学的最高成就，可谓以文字为佛事的典范。正如《六道集》李龙标序云：“与其一期说法，度有限之众生，孰若多著要书，利无穷之后学。于是始从韶石，终至象林，中间五十几白，奚啻亿万馀言。”[②]其所著“要书”，其“亿万馀言”，为明清之际整个岭南佛门的振兴提供了坚实的律学基础。

（二）对于广州海云系戒律学的促进

岭南戒律学起步之早，魏晋时即有西方戒师远涉风波而登临广州。唐六祖大师创顿宗道场，首诫学人说：“心平何劳持戒，行直何用参禅。”[③]受戒、持戒是第一位的。鉴真大和尚行化岭南时，也曾在这里传戒。明清之际，肇庆鼎湖系僧与活跃于广州地区的海云法系僧又均为博山无异元来祖师之子孙，同属于一个大的宗派。鼎湖系在岭南大弘律学，则海云系没有理由在律学方面无动于衷。海云系高僧澹归曾撰《宗门不必开戒说》《宗门不必开戒说二》，后文称：“原夫洞上一宗，称寿昌崛起，而博山戒源出自峰顶，峰顶出自云栖，则寿昌固未尝传戒也。博山之所以传戒者，博山为峰顶座元，其后出世拈香，实归寿昌，峰顶啧有烦言，博

① （清）释弘赞辑：《六道集》，第1册，第1页。
② 同上，第2页。
③ 《六祖坛经·决疑》。

山躬往解之曰：‘吾大法得自寿昌，不敢昧心，至于戒法，当传峰顶。’故博山传宗传戒，凡有二派。繇此观之，传博山之宗者不必说博山之戒，传博山之戒者不必冒博山之宗。”似乎不赞成传戒之事，然遭到其师天然和尚的严厉批评，云：“宗门下人可不讲经，可不念佛，独不可无戒，此世尊临入涅槃时切切遗诏，后世尊重波罗提木叉如佛在日，况今时借口宗门，恣行粗犷，流弊乃有不止于破威仪者，若论救时，则尤为吃紧，不如讲经谓同于义学，念佛谓邻于方便也。”[①]

广州海云系高僧与弘赞的交流是频繁的。弘赞其人往返于端州鼎湖、广州宝象林之间，弘赞之书就在广州所撰、所刻梓流通，得之甚便。弘赞《沙弥律仪要略增注》今传有清康熙鼎湖经寮刻二卷本，又有清乾隆二十七年（1762）海幢经坊刻六卷本。则弘赞的律学著述在明清之际正需大力进行道风建设的时期，在海云系的流通、对海云系的促进作用均是毋庸怀疑的。弘赞《四分律名义标释》《四分戒本如释》二大书出，海内宗之，海云系没有理由不观览。《四分戒本如释》自序云：“盖戒法乃对治无明业种之醍醐，修证五分法身之妙术。业种不断，因流弥漫，法身不圆，解脱无日。违此而修，纵得妙悟禅定现前，终是魔业。经有明言，非人臆语。今时妄修谬证，置木叉于言外，取己见为自规尺，自不能持，欲他而同己僻，毁法灭律，无堪视之。予因睹此，每劝初学著目毗尼，使定慧有址，正法而得久住。”并告诫学人“若欲广明，须阅全藏始得；倘为师范，必要广学精研，乐简

① （清）释今释著，段晓华点校：《遍行堂集》卷三，广东旅游出版社，2008年，第1册，第58页。

厌繁，律教有大呵”。[①]或许正因弘赞有关四分律的二部书仅是解释书中难点，而没有列出全藏，学人欲窥其全貌，仍有不便，故海云系高僧阿字今无当是在弘赞的启发下，着手辑有《四分律藏大全》一书，针对弘赞书而做了更为基础性的工作。今无之《大全》殆属资料汇编性质，与弘赞四分律藏的“标释”“如释”是互补的，学人可以对照研习。

就提出“宗门不必开戒”说的澹归今释，在住持丹霞山别传寺之后才真正认识到传戒习律之重要，曾因丹霞建设之事去向端州，特有意向弘赞请教，双方有过深入的交流。如弘赞《木人剩稿》卷三《复澹归禅师》一文云：“接手札，知瓶钵端溪，何不我顾，以解积怀耶？别来虽云寒暑再更，而山色依然，故于此间足见具寿颜面道体常如也。久传丹霞形胜，未及亲瞻，兹阅佳刻，诚不虚闻也。是知山灵有待，因缘时至而瓶翻大地也。他日梵刹丕成，留一半席与行脚僧何如？倘未言旋，即着人迎锡，共话数日，亦见末法中之水乳也。”[②]可证澹归与弘赞有过切磋。澹归有《赠在犙赞律师》诗赞云：“金峰閟迹自何年，宝地初开属法贤。令在人天俱入座，形成龙虎不争权。论传西域尊僧肇，律定南山重道宣。为念末流看砥柱，白云青眼各翛然。”[③]可见澹归对弘赞律学的推崇。

华首系古字辈法嗣之戒律学高僧，最著者有云庵古云。他曾经长期为今无的侍者、书记，后住持海幢。受前辈祖师的提携指

---

① （清）释弘赞撰：《四分戒本如释》，第1–2页。
② （清）释弘赞撰：《木人剩稿》，第2册，第173页。
③ （清）释今释：《遍行堂集》卷三十五，第3册，第10页。

引，乃宗、律并行，持戒精严。他辑有《沙门日用》一书，书前有释古云所撰引云：

《沙门日用》者，盖从上古德集以成编，所以便僧尼习阅，使之常行不缺也。虽粗浅之流，皆与华严净行不相违背，故其偈本净行品、咒本密部以内，多采辑诸经律仪，亦称《毗尼日用》。佛云："辞亲出家，识心达本，解无为法，号曰沙门，常行二百五十戒。"但使勤劳为法，不忘自利利他之念，则文殊智、普贤行，总在里许。故《法华》曰："佛子住此地，即是佛受用。常在于其中，经行及坐卧。"噫！尽之矣。今此重编，更分为五门，以便初学。[①]

其书与在犙弘赞所撰《沙门日用》同名。弘赞之书分为上下二篇，而古云之书则分为五门，当更深细而便于初学。弘赞之书有康熙十年刻本流传，古云之书也当在其前后未久。然古云之书今不得见，不知究有何特点。古云律学当不止此，对于康熙中后期的海幢寺佛教事业如律如法的发展壮大，提供了有力的保障。

四、余论：学术研究的历史、现状及展望

由上可知，弘赞和尚作为明末清初岭南影响极大的一代高僧，他不仅有开创、住持鼎湖庆云寺，并使鼎湖庆云寺成为岭南乃至全国的戒律学重镇之功，而且他对于岭南佛门的重大贡献更

① （清）释古云撰：《月鹭集》卷三《重编沙门日用引》，广州出版社2015年影印广州大典本，第440册，第30页。

在于为广州佛门的复兴、广州佛门律学的普及和发展贡献了自己的实行。他不但创建了南海宝象林寺，接引广州学人，而且其《鼎湖法汇》的大部分撰述都是在广州完成，或具明广州人身份的。以上所列弘赞律学十三种，除收入《嘉兴藏》又续藏中流通外，《卍续藏经》《卍新纂续藏经》《中华大藏经》《中华律藏》收录。其余各书，如《解惑编》又有清道光十一年（1831）刻本、民国元年（1912）刻本，《六道集》又有民国九年（1920）北京刻经处刻本，《兜率龟镜集》又有清宣统三年（1911）常州天宁寺刻本。可见其举足轻重，享有全国的声誉，却在广州并未引起注意。当然这与岭南教、学二界历来对于优秀文化遗产重视不够的原因有关。20世纪80年代前，惟冼玉清《广东佛道著述考》著录并有简单的考释。20世纪末以迄于今，学界对岭南佛门文献的整理与研究虽有迅速的进展，出现了《清初岭南佛门事略》《石濂大汕与澳门禅史：清初岭南禅学史研究初编》《岭南名寺志·古寺系列》《清初岭南佛门史料丛刊》（第一、二辑）等重要成果，然学者们的绝大部分注意力集中在海云系文献的整理与研究，而对同时并存的鼎湖系文献有所忽视。近年作为地方文献集成的《广州大典》虽收录弘赞著述17种，这无疑是一个了不起的进步。然按其编例，即使将弘赞所有著述收入其中亦不为过，应全收而未全收，此其缺陷之一。又，弘赞最重要的《四分律名义标释》一书，具名广州人身份，必收而未收，此其缺陷之二。又，十七种中有未具名广州人身份且不在广州南海所撰者，此又有违编例矣。总之让人不甚满意。这或许是对弘赞律学及其与广州佛门的关系认识不足，以致体例未纯之故。亡羊补牢，犹未为晚。我们要做的事情其实很多，最基本的，也是最重要的是，可以组织学术力量，对广州人弘赞的广州著述或全部著述进行深层次的点校整理，以成《明末清初岭南佛门律学文献丛刊》，以与已完编的《清初岭南佛门史料丛刊》相辅而行，以达到全面发掘岭南佛门历史文化底蕴之目的。这既是对历史的交代，又是开拓未来之必需。

宋初临济宗在士大夫中的传播

——以广慧元琏为中心的考察

深圳大学　李　曈

内容提要：广慧元琏是宋初临济宗首山省念法系的僧人，他以极具临济特色的“本来无事”禅法，影响了著名文学家杨亿，同时也与杨亿身边的多位士大夫往来甚密。这些士大夫之间本就存在多种形式的佛学互动，形成了一个士大夫居士网络，他们也多与首山省念一系的禅师交好。宋初禅僧与士大夫间的交流有着很强的群体性，这种群体性正是禅宗能够在士大夫阶层中迅速传播的重要原因。广慧元琏对杨亿等人的禅学策励是其中一个典型案例，对我们深入了解宋代禅宗与士大夫的交流互动、认识禅宗的士大夫化，具有较大的启示意义。

关键词：广慧元琏；临济宗；杨亿；士大夫群体性

唐末五代，禅宗开枝散叶，发展出了沩仰、临济、曹洞、云门、法眼五支宗派。在随后的几个世纪里，这五家的势力此消彼长，各领风骚，禅门中呈现出一派生机勃勃的繁荣景象。进入北宋之后，临济宗在士大夫文人中的影响超越了法眼宗，并先后与云门宗、曹洞宗争衡，最终在南宋形成“临天下、曹一角”的局面。可以说，宋初临济宗与士大夫的融合，直接导致了禅宗内部势力的变化，从深层次影响了宋代禅宗的整体风貌，因而是一个值得关注的现象。

宋初崛起的临济宗主要以首山省念法系为主，其中广慧元琏作为著名文学家、佛教外护杨亿的授法老师，堪为省念法系在士人阶层中扩大影响的一个典型性案例。对于包括元琏在内的省念法系与士大夫的往来，前贤已做了一些有价值的研究，[①]但是这些研究多关注禅师个人的思想特点及交游情况，尚未重视其背后的群体性特征，难免犯下马克瑞（Johu McRae）所言的“串珠式谬误”。[②]其实，元琏和杨亿是禅僧群体和士大夫群体在禅史文献中的缩影，这两个群体之间，以及士大夫内部有着更为多元的互动形式。深入考察元琏的生平、思想及其与士大夫的关系，揭示宋初临济宗在士大夫群体中的传播机制，对于了解与认识宋代禅宗的发展及中国化进程具有不可替代的积极作用。

一、广慧元琏的悟道与说法

广慧元琏（951？–1036），泉州晋江人，俗姓陈，先于南安报劬院出家，后到招庆真觉禅师法席，从事炊爨等杂务。一日正在诵经时，

---

① 潘桂明：《中国居士佛教史》，北京：中国社会科学出版社，2000年，第490–492页；杨曾文：《宋元禅宗史》，北京：中国社会科学出版社，2006年，第219–253页，第517–563页；Albert Welter：*Monks, Rulers, and Literati*：*The Political Ascendancy of Chan Buddhism*, Oxford：Oxford University Press, 2006, pp.197–204；冯国栋、车轩：《杨亿佛教交游考》，《宗教学研究》2007年第2期，第88–93页。

② John McRae：*Seeing through Zen*：*Encounter, Transformation, and Genealogy in Chinese Chan Buddhism*, Berkeley and Los Angeles：University of California Press, 2004, pp.9–11.

“真觉见而问曰：‘汝念什么经？’对曰：‘《维摩经》。’真觉曰：‘经在这里，维摩在甚么处？’琏茫然无以酬，泣涕曰：‘大丈夫汉被人一问，无词可措，岂不愧哉？’”[①]受到此事的刺激，元琏开始发足游方，在闽中参谒了五十余位善知识，仍不能悟入，转而北行前往河南首山，最终得到了首山省念的印可。对于元琏的师承，杨亿在给同僚李维的书信中做了详细的说明：“实承嗣南院念，念嗣风穴，穴嗣先南院，南院嗣兴化，兴化嗣临济，临济嗣黄檗，黄檗嗣百丈，丈嗣马祖，祖出让和尚，让即曹溪之长嫡也。”[②]由此当知，元琏为临济下第五世法嗣。他的证道经历及说法，也带有明显的临济宗特色。

对于元琏的悟道因缘，《联灯会要》中是这样记载的：

> 师一日问首山：“学人亲到宝山，空手回时如何？”念云：“家家门前火把子。”师于此大悟，乃云：“某甲从今更不疑天下老和尚舌头去也。”[③]

在这段对话中，“宝山”即是佛性之喻。元琏的疑惑是，习禅之人见到最高真理，为何却没有任何改变，如入宝山又空手而回一般？对此，省念回应道，自性清净之心人人生而具有，本自圆成，恰如家家门前熊熊燃烧的火把一样，即心是佛之意昭然若揭。修道之人如能认识到内在的佛性，便可觉悟，不需向外驰求。省念所表达的，正是在唐代成为禅宗主流的“平常无事”思想。因为众生本心即是佛心，那么山河大地、见闻觉知无不是清净佛

---

① （宋）晓莹：《罗湖野录》卷三，《全宋笔记》第五编第一册，郑州：大象出版社，2012年，第245页。

② （宋）李遵勖辑，朱俊红点校：《天圣广灯录》卷十八，海口：海南出版社，2011年，第327页。

③ （宋）悟明集，朱俊红点校：《联灯会要》卷十二，海口：海南出版社，2010年，第360页。

性之显现，如此，在工夫论上则要求习禅之人全盘接受现实中的自己，不要让人为的、有意图的修行染污了“道”。[①]这一思想是马祖道一代表的洪州宗的特点，被临济义玄所继承。《临济录》中“佛法无用功处，只是平常无事”[②]，体现的便是“无事”的观念。

据《联灯会要》所载，这段问答不仅启发了元琏，也让在一边旁听的谷隐蕴聪有所省悟。[③]一则对话使二人同时悟入，这在禅宗史上不可不谓是一件奇事。然而，在成书更早的《天圣广灯录》中，这段问答仅发生在省念和蕴聪之间，由后者发问，并导致觉悟。[④]《天圣广灯录》的作者驸马李遵勖是蕴聪的弟子，也是宋初著名的士大夫居士，与杨亿是法友，对元琏应较为熟悉。但《天圣广灯录》元琏章仅有几条简短的机锋回答，未见其悟道因缘。以至于在后来的《五灯会元》等文献中，元琏和蕴聪分别因为这同一问答开悟，但两个事件又相互独立，没有任何联系。禅宗问答具有很强的在场性，禅师会根据情境、提问者的差异，对同一句问话给出不同的回答。而省念却在两处用一字不差的答语回应蕴聪和元琏，使其分别省悟，实在不合常理，定有一处为窜入。我们已无从得知这段对话到底发生在元琏身上还是蕴聪身上，但这一矛盾现象说明，无论元琏还是蕴聪，都在禅宗灯录中经历了符号化的过程，成为表现临济宗思想的载体。换言之，在面对灯史材料时，我们应该将元琏理解成一个群体的缩影，从个体出发

① 小川隆著，何燕生译：《语录的思想史——解析中国禅》，上海：复旦大学出版社，2018年，第49页。

② （宋）慧然集，杨曾文编校：《临济录》，郑州：中州古籍出版社，2018年，第15页。

③ （宋）悟明集，朱俊红点校：《联灯会要》卷十二，第357页。

④ （宋）李遵勖辑，朱俊红点校：《天圣广灯录》卷十七，第277页。

去理解一个群体的思想及产生的影响——尽管这一群体的边界可能是模糊的。在得到省念印可后，元琏于景德二年（1005）在广慧院开法，景祐三年（1036）示寂，寿八十六，共有法嗣华严道隆、杨亿等七人。

元琏说法三十余年，其禅风体现出对临济宗“平常无事”思想的继承。如《禅林僧宝传》中所载法语：

> 又见智门《纲宗歌》曰：“胡蜂不恋旧时窠，猛将哪肯家中死。”曰：“祚兄消许多气力作么？我寻常说禅，如手中扇子，举起便有风，不举一点也无。既称宗师，却以实法与人，好将一把火照看。与么开口，面皮厚多少？岩头云：‘若以实法与人，土也消不得。’知么？究取好！莫面面相觑，在此作么？”[①]

云门宗僧人智门光祚的《纲宗歌》，以胡蜂、猛将喻求道之人，指出修行者当勇猛精进、一往无前地追求佛法。对此，元琏表示不屑。他否定禅具有超越性的价值，因而任何探求禅法的行为都是一种造作，只会南辕北辙。元琏认为禅也只是一种言相，“如手中扇子，举起便有风，不举一点也无”，是应机接物、度化众生的手段。禅者应灵活运用禅法来接引学人，而非执着于禅本身。他还引用了岩头全豁禅师语“若以实法与人，土也消不得”，此句恰呼应了临济义玄“山僧无一法与人，只是治病解缚”，[②]说明元琏肯定的是禅的工具价值。又《正法眼藏》中收有“广慧本来

① （宋）慧洪撰，吕有祥点校：《禅林僧宝传》卷十六，郑州：中州古籍出版社，2014年，第112页。

② （宋）慧然集，杨曾文编校：《临济录》，第25页。

无事”一条：

> 广慧琏和尚示众云：“佛法本来无事，从上诸圣尽是捏怪，强生节目，压良为贱，埋没儿孙。更有云门、赵州、德山、临济，死不惺惺，一生受屈。老僧这里即不然，便是释迦老子出来，也贬向他方世界，教伊绝迹去。……教你脱却毛衫，做个洒洒地衲僧去。”[①]

元琏认为诸祖师所创立的禅法尽是“强生节目”，染污了清净的本心。而佛法“本来无事”，只需放下一切修为的念头，保持自己原本“洒洒地”状态即可。若识得“自心是佛”的道理，哪怕释迦牟尼再世，也应“贬向他方世界”，不可对其生起执着。对此，大慧宗杲予以批评：“好人不肯做，须要尿里卧。”[②]临济义玄曾言，“屙屎送尿，着衣吃饭，困来即卧”即是佛法，[③]可见，宗杲正是将元琏当作宋初临济宗“平常无事”的代表来驳斥的，这也从侧面说明了元琏的思想特点。元琏以这种“平常无事”思想，与杨亿等多位士大夫发生联系和互动，成为首山省念一系的临济宗在士人阶层中扩大影响的一个典型性案例。

二、广慧元琏与杨亿

广慧元琏有法嗣七人，其中最出名的，当属文公杨亿。杨亿（974–1021），字大年，曾担任翰林学士，与王钦若等人一同编修

① （宋）大慧宗杲著，董群点校：《正法眼藏》卷三，郑州：中州古籍出版社，2018年，第179页。

② 同上，第179页。

③ （唐）慧然集，杨曾文编校：《临济录》，第25页。

《册府元龟》；在文学方面，他是宋初西昆体的代表人物，著有《西昆酬唱集》；此外，他还是一位虔诚的佛教居士，主持刊定了《景德传灯录》，参与编纂了《大中祥符法宝录》，并与天台、禅宗等多位僧人来往密切。杨亿是宋初士大夫文人参禅学佛的一个典型。大中祥符七年（1014），杨亿起知汝州，结识了广慧元琏。他在给同僚李维的书信中自述了这段经历：

> 去年假守兹郡，适会广慧禅伯……斋中务简，退食之暇，或坐邀而至，或命驾从之。请扣无方，蒙滞顿释。半岁之后，旷然弗疑。如忘忽记，如睡忽觉。平昔碍膺之物，曝然自落。积劫未明之事，廓尔现前。固亦决择之洞分，应接之无蹇矣。[①]

杨亿向来好佛，他的参禅缘起，恰与李维有关。信中写道：“病夫夙以顽蠢，获受奖顾。预闻南宗之旨，久陪上国之游。动静咨询，周旋策发。俾其刳心之有诣，墙面之无惭者，诚出于席间林下矣……重念先德，率多参寻。如雪峰九上洞山，三到投子，遂嗣德山……在古多有，于理无嫌。病夫今继绍之缘，实属于广慧；而提激之自，良出于鳌峰也。”[②]“鳌峰”为翰林院之别称，杨亿与李维同为翰林学士，故用“鳌峰”指代后者。此即说明，杨亿在京城和李维共事时，受其引导才转向禅宗。但在汝州遇到元琏之后，杨亿获得了大悟的体验，因此向李维写信说明。他引用了德山、临济、云岩、丹霞等古德四处参学的例子，就是在委婉地为自己另师广慧辩护，向李维表达歉意。令杨亿“如忘忽记、

① （宋）李遵勖辑，朱俊红点校：《天圣广灯录》卷十八，第328页。
② 同上，第328页。

如睡忽觉”的，正是元琏“本来无事”的临济禅法。

杨亿的作品大多已佚失，所幸的是尚存有一部《武夷新集》，收录了他自咸平元年（998）知处州（咸平三年被召回京，即1000年）起共十年的作品，对我们了解杨亿早期的佛学思想有很高的参考价值。咸平四年（1001），独子云堂不幸早夭，杨亿甚为悲痛，作《殇子述》，以佛理自遣。[①]文中写道：“轮回起于爱，必断必除；烦恼归于空，何执何着。一切虚幻，万化纷纶。又安能触类增悲，缅怀舐犊之爱；积毁成疾，自贻丧明之戚哉！”[②]可见，杨亿将舐犊之情也视作尘世间的贪爱，而贪爱正是种种烦恼兴起的根本，故必须在了达空性的智慧中断除。他选择用佛法来排遣丧子之痛，这也可以被理解为是对世间苦难相的逃避，表现了对出世的向往。

这种对出世的追求还体现在对查道“簪组非累身”的反驳中。查道也是一位虔诚的士大夫居士，认为朝中事务与禅学修为不相违背，但杨亿不以为然。在《答史馆查正言书》中，杨亿写道：“前尘外境，如棼丝乱绳；本觉妙心，殆秋毫野马。举为牵制，动即沦胥。先德亦云道力尪微，必处静而能照；宗门所谓悟解超顿，须渐修而乃成。”[③]杨亿首先指出人之无明深重，世间烦恼繁多，因而只有“处静”才是真正的解脱之道。他进一步说，查道“簪组非累身”的思想只会令人更加沉湎于世间的爱欲，增长无明。在世间随方设教、度化众生是登地证果之后的佛、菩萨之行，对于凡夫而言，自身的解脱才是修行的第一要务。若仍执迷不悟，

① 李一飞：《杨亿年谱》，上海：上海古籍出版社，2002年，第83页。

② （宋）杨亿、杨载著，徐德明、余奎元、邱文彬、翁亚红校：《武夷新集·杨仲弘集》，卷十一，福州：福建人民出版社，2007年，第179页。

③ 同上，第286页。

则如“涉川救人，未免俱溺。哺糟处世，何能独醒。”[①]可见，杨亿对世间法和出世间法有着严格的区分。

在另一篇《答钱易书》中，杨亿对钱易戒杀生和断肉的观点表示了赞许。钱易即钱惟演从弟，吴越王之后，曾著有一篇《杀生戒》，[②]杨亿写此信之缘起当是读到了这篇文章。信中杨亿指出，“强弱相吞”的杀贪之心使众生沉沦苦海，又说：“我佛所以为一事因缘而出世，设十二分教以化人。诱掖群迷，首举兹事。乃著五戒，以杀戒而为先；乃标三毒，本贪毒之所摄。”[③]不难看出，在杨亿对佛教的理解中，此世之身已受无明之染污，只会带来痛苦，因而必须彻底摒弃。杨亿对涅槃的实在性和超越性价值予以肯定，认为它能够使人克服此岸世界中沉沦的自我，达到清净的彼岸境界。为实现这种超越，学人必须遵从佛陀制定好的修行路径，以戒净身，以禅定心，由智发慧，一步步地获得解脱。这种对世间法和出世间法的严格区分、对修行手段和过程的强调，相比于禅宗的精神，则更接近“传统”经教的追求。

杨亿后期的思想却发生了较大的转变，主要是在受到元琏的影响之后，表现出临济宗的禅法特点。《天圣广灯录》杨亿章收录有几则“论话”，可作为例证。因谈及拈花微笑的典故，杨亿说：“我道释迦是败军之将，迦叶是畏身失命的人。汝等诸人且怎生会？不见道：‘涅槃生死俱梦言，佛与众生并为增语。’直须恁么

① （宋）杨亿、杨载著，徐德明、佘奎元、邱文彬、翁亚红校：《武夷新集·杨仲弘集》，卷十一，福州：福建人民出版社，2007年，第286页。

② （元）脱脱：《宋史》卷三百一十七，北京：中华书局，1985年，第10344页。

③ （宋）杨亿、杨载著，徐德明、佘奎元、邱文彬、翁亚红校：《武夷新集·杨仲弘集》，卷十八，第289页。

会取，不要向外驰求。”[1]在传统的禅宗史图式中，佛陀传法迦叶代表禅宗法脉在此世的开端，杨亿却斥责他们是“败军之将”“畏失身命底人”，大有呵佛骂祖的作风。他进一步否定了解脱的超验价值，认为涅槃与佛也无非是人为建立的言相，它们和生死、众生之间并不存在本质的区别，因而不值得追求。这样就消解了清净与染污的对立，将此岸的经验世界和彼岸的佛性等同起来。

之所以会发生这样的思想转变，在于杨亿认识到了“一切万法，不离自性”。他说：“直下尽十方世界是汝一只眼，一切诸佛、天人、群生类，尽承汝威光建立，须是信得乃方得。”[2]诸佛、天人、众生，乃至世间万法，无论染净、凡圣，无一不是自性清净心的作用化现。并非诸佛、祖师能成就众生，诸佛本不在众生心之外，须依众生的心性方可存在。确立了自性清净心的根本性，它所幻化出的智慧和无明也就失去了存在的独立性，其价值的对立便无从谈起了。

杨亿临终前，曾作偈一首寄给李遵勖，可作为他禅学思想的总结。偈曰：“沤生与沤灭，二法本来齐。欲识真归处，赵州东院西。”[3]“沤生与沤灭”指生死，亦可引申为世间万法；“赵州东院西”来自赵州从谂禅师的一则公案，意谓无分别对待的清净自性。此偈意在说明，诸法无论可爱与可怖者，皆是本心化现的假象，而凡夫不明其理，执取为实有；若能了悟自性，便可认识到万法齐一的道理。杨亿的这种强调佛性的根本性、全盘接受经验

---

① （宋）李遵勖辑，朱俊红点校：《天圣广灯录》卷十八，第330页。

② 同上。

③ 同上，第331页。

世界的思想，与临济宗“即心是佛”“性在作用”的主张高度一致。

尽管杨亿转向临济宗的时间尚无定论，[①]但毫无疑问，杨亿思想最终形态所表现出的临济宗思想特色，直接来自于广慧元琏。作为临济宗士大夫居士群体中的一个代表，杨亿的形象也在灯录中经历了符号化的过程，这一过程多与元琏绑定在一起。[②]例如，关于杨亿在元琏门下的觉悟经历，《联灯会要》中就出现了一个全新的版本。杨亿出守汝州初见元琏时，因话语投机，至深夜仍在讨论禅法。此前，他曾向一位云岩谅监寺请教“两个大虫相咬时如何”，但未能契悟，故请元琏另下一转语。元琏没有正面作答，而是“搊杨鼻孔云：‘这畜生更蹦跳看’”，直接地斩断了杨亿落在“大虫”上的疑情，使杨亿当下觉悟。[③]元琏的回应很难不让我们联想到禅门著名的“野鸭子”公案：马祖道一通过肢体的痛感启发弟子百丈怀海将关注点从认识对象拉回到当下的自己身上，这种接引方式后来成了临济义玄的禅风特点之一。在这个全新的故事里，杨亿和元琏的形象都变得更符合临济宗禅者的理想化标准：杨亿原本在元琏门下长达半年的学习过程被缩短至一日之内，由“渐修”转为“顿悟”；元琏的回答则模仿了前贤古德的凌厉手段，显得更具禅机。这并非孤例。事实上，有关元琏的记载，近半数都与杨亿相关。由于杨亿地位显赫，二人间表现出一种“父以子贵、师因徒显”的现象，共同在禅史中留名。这种捆绑关系恰是元琏“平常无事”的临济宗思想对杨亿形成影响的

---

① Albert Welter：*Monks, Rulers, and Literati*：*The Political Ascendancy of Chan Buddhism*, p.177；冯国栋：《〈景德传灯录〉研究》，北京：中华书局，2014年，第113页。

② 李曈：《禅宗文献中杨亿形象的变迁》，《学术研究》2017年第4期，第36–42页。

③（宋）悟明集，朱俊红点校：《联灯会要》卷十三，第397页。

绝佳证据。

在汝州期间，杨亿不仅向元琏学习了佛法，还通过他结识了其他临济宗、特别是省念一系的禅师。与杨亿共同探讨禅理的还有宝应法昭，他嗣法叶县归省，后者和元琏是同学，都师出首山省念。[①]省念的另一位弟子汾阳善昭得知了杨亿和元琏、法昭的禅会，派弟子法兴、智深携自己语录一部前来拜访，求为作序。[②]可见，汝阳一会使杨亿无论在思想上还是人际关系上，都真正进入了临济宗的世界。

三、广慧元琏与其他士大夫的来往

在《禅林僧宝传》"广慧元琏传"中，惠洪感慨道："广慧机缘语句虽不多见，然尝一脔知鼎味，大率如刀斫水，不见痕缝，真可谓作家宗师也。平生说法如云雨，暮年止得一杨大年，鲁国儒生，何其少哉！"[③]他惋惜元琏门下花果飘零，特别是士大夫中与之相善的仅有杨亿一人，使元琏的机缘法语未能广泛流传下来。惠洪此语并不准确。晓莹在《罗湖野录》中曾言："景德间宗师，为高明士大夫歆艳者，广慧而已。"[④]尽管元琏的禅法并未留下很多，但其中却有不少与士大夫来往的记载，足以见得他在俗家檀越中的影响。《罗湖野录》"汝州广慧琏禅师"条便提到多位士大夫，以补《僧宝传》之阙。[⑤]

---

① （宋）晓莹：《罗湖野录》卷三，《全宋笔记》第五编第一册，第250页。
② 李一飞：《杨亿年谱》，第194页。
③ （宋）慧洪撰，吕有祥点校：《禅林僧宝传》卷十六，第113–114页。
④ （宋）晓莹：《罗湖野录》卷三，《全宋笔记》第五编第一册，第246页。
⑤ 同上，第246页。

晓莹首先写道，景德甲辰岁，元琏在广慧开法，“是时王参政署由给事中出知汝阳，琏入州治，见其判事次，便问：‘作么生是郡主一管笔？’王曰：‘来者便判。’琏曰：‘忽然总不恁么来时如何？’王作掷笔势。”[①]文中的“王参政署”即指王曙，字晦叔，谥文康。《禅林僧宝传》记载曹洞宗禅师大阳景玄临终前曾作偈遗王曙，[②]《续传灯录》将他同时归为大阳景玄和谷隐蕴聪的弟子。[③]另外，《建中靖国续灯录》“润州金山达观禅师”条提到“丞相王文康公曙，夏文庄公竦，节度使李公端懿、端愿，咸扣玄关，敬以师礼”。[④]达观昙颖为谷隐蕴聪法嗣，后者与元琏同出于首山省念门下，王曙应当与省念一系的临济宗禅师来往密切。此外，文中李端懿、李端愿皆为李遵勖之子，而李遵勖又嗣法蕴聪，这父子三人的学禅经历体现出宗派倾向在士大夫家族中的传承性。

元琏首先向王曙发问，其“郡主一管笔”自然是佛性之喻。王曙回答“来者便判”，大意为佛性在面对经验现象时发生功能，即“性在作用”之谓。元琏进一步追问，如没有经验现象时则如何？王曙“作掷笔势”，表明在没有经验现象时佛教亦无法可知，而此时更不可执着于“佛性”这一概念，认为它比见闻觉知更有其优越性。这与前文所见元琏“（禅）如手中扇子，举起便有风，不举一点也无”的思想如出一辙。由是当知，王曙所代表的，同

① （宋）晓莹：《罗湖野录》卷三，《全宋笔记》第五编第一册，第245页。

② （宋）慧洪撰，吕有祥点校：《禅林僧宝传》卷十三，第96页。

③ （明）居顶：《续传灯录》卷三，《大正藏》第51册，台北佛陀教育基金会1990年影印本，第488页，第498页。

④ （宋）惟白辑，朱俊红点校：《建中靖国续灯录》卷四，海口：海南出版社，2011年，第110页。

样是临济宗“平常无事”的思想。

王曙与杨亿有诸多交集。景德元年（1004），吴越法眼宗僧人道原进上《佛祖同参集》，宋真宗命杨亿、李维、王曙三人加以刊定，此书即后来的《景德传灯录》。景德二年（1005），杨亿受诏与王钦若修《册府元龟》，编修官共十八人，其中就有王曙、李维、刘筠、查道、夏竦等。[①]又《景祐新修法宝录》中有“《注释释典文集》一部，三十卷，《总录》一卷”，该书由“翰林学士杨亿、刘筠、晏殊，枢密直学士王曙同详覆。又诏宰臣丁谓都大参定”。[②]王曙与杨亿有着这些往来，我们便可以大胆假定他们之间的佛学思想也相互发生过影响。

接下来，《罗湖野录》说到“又许郎中式漕西蜀，经由谒琏”，并记载了二人间的一段对话。[③]许式为咸平三年（1000年）进士，宋仁宗明道间（1032–1033）出守洪州时，[④]参访云门宗禅师洞山晓聪，得正法眼藏。[⑤]首山省念的法孙、汾阳善昭的弟子石霜楚圆曾请益杨亿，向其发一百问，在晓聪处有所记录；[⑥]且许式与李遵勖之间有过禅偈的唱和酬对。[⑦]如此看来，若言许式曾间接受到过杨亿和李遵勖的影响，这种可能性应当也存在。

李遵勖是杨亿在参禅学佛后期最亲密的法友，二人间互动颇多。

① 李一飞：《杨亿年谱》，第131页。
② （宋）吕夷简等：《景祐新修法宝录》卷九，赵城金藏本，第227页。
③ （宋）晓莹：《罗湖野录》卷三，《全宋笔记》第五编第一册，第246页。
④ 黄启江：《泗州大圣与松雪道人——宋元社会菁英的佛教信仰与佛教文化》，台北：学生书局，2009年，第61页。
⑤ （宋）正受、秦瑜点校：《嘉泰普灯录》卷二十二，上海：上海古籍出版社，2014年，第586页。
⑥ （宋）慧洪撰，吕有祥点校：《禅林僧宝传》卷十一，第80页。
⑦ （宋）晓莹：《罗湖野录》卷四，《全宋笔记》第五编第一册，第267页。

《正法眼藏》“唐明答二居士”条载有他们和唐明嵩禅师之间的长篇对答，[①]唐明嵩即三交智嵩，为省念弟子，同样是临济宗传人。智嵩称赞杨亿“知见高，入道稳实”，指点楚圆前去参访，这才有前面提到的“百问”。杨亿认为楚圆“真河西师子”，又将其引荐给李遵勖。[②]《国老谈苑》云：“李遵勖、杨亿、刘筠常聚高僧，论宗性。遵勖命画工各绘其像成图，目曰禅会。”[③]刘筠亦是宋初著名文人，与杨亿齐名，时有“杨刘”之谓。刘筠与杨亿、王曙等人同修《册府元龟》，编修期间唱和而成的《西昆酬唱集》以杨亿、刘筠及钱惟演为主，并有李维、丁谓等人的加盟，足见杨、刘二人间的交往。天台宗祖师四明知礼发愿燃身时，杨亿、李遵勖分别致书请其住世。[④]甚至在杨亿临终时，还作禅偈给李遵勖。二人关系之亲密，可见一斑。李遵勖与杨亿交好，又和元琏是师叔侄，他理应接触过元琏。虽然由于材料的匮乏，目前尚未见到他们之间直接来往的证据。但《正法眼藏》“唐明答二居士”条将杨亿李遵勖和三交智嵩的问答分为五个小节，每小节之后都有元琏一句简短的转语。[⑤]或可说明元琏至少应对李遵勖有所耳闻，二人间也可能发生过间接的互动。

《罗湖野录》中提到的第三位与元琏交往的士大夫是丁晋公丁谓，他曾以极贵重的“龙”字团茶送元琏，并作《以诗送宣赐进奉红绡封龙字茶与琏禅师》称赞他“品字至高谁合得，双林树下

① （宋）大慧宗杲著，董群点校：《正法眼藏》卷五，第213–217页。
② （宋）慧洪撰，吕有祥点校：《禅林僧宝传》卷二十一，第141页。
③ （宋）王君玉：《国老谈苑》卷二，《全宋笔记》第二编第一册，郑州：大象出版社，2006年，第182页。
④ （宋）宗晓：《四明尊者教行录》卷五，《大正藏》第46册，台北佛陀教育基金会 1990 年影印本，第898–903页。
⑤ （宋）大慧宗杲著，董群点校：《正法眼藏》卷五，第213–217页。

上乘人”。[①]丁谓从大中祥符五年(1012)开始，前后共在相位七年，乾兴元年(1022)被封为晋国公，可谓位高权重。丁谓与杨亿的交集，除前文所说他们共同参与《西昆酬唱集》和《注释释典文集》的创作、编修之外，《杨文公谈苑》还言及两则有趣的故事。景德三年(1006)，杨亿结识了日僧寂照，将他引荐给宋真宗，而后“三司使丁谓见寂照，甚悦之……谓分月俸给之”。[②]几年之后，“大中祥符初，有西城僧觉称来，馆于传法院，其僧通四十余本经论，年始四十余岁。丁谓见之，嘉其敏惠，遣人送至予(杨亿，引者注)处，与译同来，设茶果。”[③]同楚圆一样，这两位外来僧人在世俗檀越中的流动都得到了来自士大夫的助力。相互介绍僧人是士大夫居士间交往的重要形式，这对促进佛教在士人阶层中的传播起到积极作用。

《宗门武库》也记载了一则轶事：“吕公……犹子夷简申国公，每遇元日拜家庙罢，即焚香发广慧琏禅师书一封，加敬重之。”[④]申国公即吕夷简，他主持了《景祐新修法宝录》的编纂，其后又在译经院中任润文官。而在他之前，杨亿、丁谓、王钦若、王曙、李维、夏竦等人也曾担任过这一职务。[⑤]此外，《天圣广灯录》和《联灯会要》还提到了元琏与其他几位士大夫的对话，他们分别是刘太保、王比部、张员外和一位无名官人，只可惜其具体身份

① (宋)晓莹:《罗湖野录》卷三,《全宋笔记》第五编第一册，第246页。

② (宋)杨亿、陈师道著，李裕民、李伟国校:《杨文公谈苑·后山谈丛》，上海：上海世纪出版社，2012年，第17页。

③ 同上，第61页。

④ (宋)道谦:《大慧普觉禅师宗门武库》卷一,《大正藏》第47册，台北佛陀教育基金会1990年影印本，第948页。

⑤ 黄启江:《北宋佛教史论稿》，台北：台北商务印书馆，1997年，第74页。

恐怕已难以考证了。

在元琏为数不多的存世法语中，与士大夫的交流占了很大比重，其受名公之景仰可见一斑。这些士大夫相互之间又多有直接或间接的联系，呈现出一个以杨亿为中心的士大夫居士网络。但这一网络并非因元琏或杨亿才得以形成，恰恰相反，这些士大夫之间本已存在着多种多样的佛学往来，元琏只是进入了这一网络，借助它将临济禅法传播开来。

结 语

元琏和杨亿之间的交往被传为禅门中的一段佳话。从禅宗史的角度来看，这对师徒关系[①]具有更为深远的意义。元代赵友钦曾言，“杨翰林之礼广惠琏，则广惠琏之道振于西京”，道出了杨亿对于临济宗传播的重要性。元琏和杨亿，表面看去是两个个人，实则代表了两个群体、两种势力：元琏背后是善昭、法昭、蕴聪、智嵩、楚圆等临济宗省念系禅师，杨亿周围有李遵勖、王曙、丁谓、许式等对临济宗抱有好感的众多士大夫，他们各自的内部已存在交错的联系——禅宗僧人以法脉为纽带结合在一起，士大夫之间通过交流佛法、引荐僧人、互赠礼物、共同参与佛教译经工程等方式，建立起士大夫居士间的网络。当这两个群体接触、交流时，就会以个体之间的关系作为节点，并借助对方内部的网络迅速扩大影响。因此，元琏与杨亿的师徒关系不应该被简单地理解为一对一的关系，而是宋初临济宗僧人与士大夫

① （元）赵友钦:《仙佛同源》，涵蟾子编《诸真玄奥集成》卷八，明万历刻道书全集本，第7页。

群体互动的一个通道、一个缩影。在这冰山一角之下，隐藏着士大夫内部、士大夫与僧人之间错综复杂的联系，这有待我们进一步挖掘、探索。

一口通商时期海幢寺特殊地位原因考述

华南师范大学　兰　磊

提要：一口通商时期（1757–1842）广州海幢寺，成了中外交流实际上接待外使的非官方地点。这一职责也是海幢寺在一口通商时期乃至清代中叶以后都保持兴盛的重要原因。本文将以海幢寺的兴盛变迁来探寻一口通商时期海幢寺拥有特殊地位的原因，从侧面展示一口通商时期广州佛寺在中外交流中所扮演的角色。

关键词：海幢寺；一口通商；中外交流

一、海幢寺及其变迁

《旧中国杂记》记载："到商馆对岸河南的大庙一游，总是很有意思的。这座庙宇是华南各省中最大最漂亮的寺庙之一。"[①]亨特（William C.Hunter）笔下的华南各省中最大最漂亮的寺庙就是海幢寺，海幢寺现位于广州海珠区同福中路和南华中路之间，因在珠江南岸又称河南寺。王令《鼎建海幢寺碑记》记载其前身："当郡城都会，大河之南，昔日卢城，今日河南。考古迹，盖万松岭福场园地也。旧有千秋寺，址地颇旷，相传为南汉所建。久废为

① ［美］亨特著，沈正邦译：《旧中国杂记》，广州：广东人民出版社，1992年，第188页。

居民产。前有僧光牟、池月募于长耆郭龙岳，稍加葺治，成佛堂、准提堂各一。”[①]海幢寺前身相传为南汉时期的千秋寺，后废为民居，明末成为富商郭龙岳的后园，僧人光牟、池月向郭氏募得此地建寺，取名为“海幢”，来源于《华严经》：“海幢比丘在昔能修习般若波罗蜜，入百万阿僧祇劫，了无障碍。”起初海幢寺规模较小，只有佛堂和准提堂两座建筑。

清朝建立后，平、靖两藩请曹洞宗第三十三世空隐和尚在寺驻锡，此后相率礼请其嫡嗣雷峰天然和尚继席，后阿字无和尚、古云和尚先后在此住持，再加上平、靖两藩的鼎力支持，海幢寺的发展也进入了一段全新的时期。康熙十二年（1673），平南王开始大规模支持重修海幢寺。《清稗类钞》记载：“阿字故与平南王尚可喜善，康熙壬子，展拓寺基。为求心中安宁，尚可喜建寺立钟，超度亡魂。”[②]在平南王尚可喜的号召下，遂于丙午之夏，首建大殿、地藏之阁、四大天王殿、韦驮、伽蓝两殿、丛现堂、香积厨、斋堂、大悲阁、药师佛母堂、持福堂等建筑，寺内遍布园艺绿植，大大小小的建筑依次排列。王令形容海幢寺犹如一座村落，“环院而拱列者，若寮舍，若闲房，乃不可殚述。而墙外弥望，率为艺植圃，圃之尽处，为普同塔。圃之中区，泥垣草屋，斜散萧疏，宛然烟村篱落景况，令人轩冕之想都忘。”[③]其中海幢寺所使用的绿色砖瓦均是由福晋舒氏所施，此砖瓦原本为营造平南王府，但朝廷以“民爵与宗藩制异”为由不准其使用，故

---

① 黄任恒撰，罗国雄等点注：《番禺河南小志》卷七《金石》，广州：广东人民出版社，2012年，第300页。

② 徐珂编：《清稗类钞》祠庙类，北京：中华书局，2003年，第238页。

③ 黄任恒撰，罗国雄等点注：《番禺河南小志》卷七《金石》，第301页。

而只能尽施佛寺。康熙十八年（1679）王令为此写下《鼎建海幢寺碑记》，认为海幢寺“丛林创建之盛，至是盖无以加矣”。[①]海幢寺最盛时期北至珠江之滨，南靠万松岭、宝岗，东起现在的前进大街、牛奶厂街，西边与海幅寺、伍家花园为邻。坐北朝南，拥有前后两座山门，连接珠江的前山门是进出寺院的主要通道。当时海幢寺内建筑的布局仍是仿明代一般寺院布局，即沿中轴线兴建，沿中轴线兴建的依次为山门、天王殿、大殿、塔殿、藏经阁、观音殿等；中轴线东侧依次为茶房、香积厨、祖堂、佛楼等；中轴线西侧依次为客房、房舍、云水井、云水楼、诸天阁等，次列依次为房舍、禽畜舍、沙地、放生池等。

二、海幢寺在广州的特殊地位

一口通商时期的海幢寺被誉为“广州丛林之冠”，在一口通商时期兴盛不衰，并且在市民生活、对外交往中扮演重要的角色，在广州地区的佛教寺院中拥有着特殊的地位。

海幢寺自新建之时就决定了其特殊的地位，几乎整个广州官僚系统都参与了寺庙的修建。平南王尚可喜捐资修建了天王殿；福晋舒氏捐赠绿色砖瓦，总兵许尔显捐资修建了韦驮、伽蓝两殿，广东巡抚刘秉权捐资修建了山门。并且掀起了一股募捐的风潮，王令《鼎建海幢寺碑记》记载：“上而王公大人，下而贩夫稚子，莫不泥首皈命，发大欢喜，随地布金。”[②]官府的鼎力支持加

① 黄任恒撰，罗国雄等点注：《番禺河南小志》卷七《金石》，第301页。
② 同上。

上充足的资金，修建完成的海幢寺占地面积近1000平方米。王令形容海幢寺："如是而海幢之壮丽，不独甲于粤东，抑且雄视宇内。"①此外众多的文人士大夫为海幢寺撰写碑记，内阁学士兼礼部侍郎金甡撰写《海幢寺诗石碑刻》《鼎建海幢寺毗卢阁功德碑记》《重游海幢寺诗八首石刻》，广东布政使司按察使司按察使张朝缙撰写《重建观音殿碑记》等。此后多次对海幢寺的建筑进行修葺、增添。在乾隆三十一年（1766）增建毗卢阁，乾隆五十五年（1790）重建观音殿，道光年间（1821–1850）重建韦驮、伽蓝两殿，道光二十七年（1847）重修监斋大圣像及斋堂厨房两廊僧房。

海幢寺作为一口通商时期唯一向外国人开放的佛教寺院，成了来粤外国人的必去场所之一。奥古斯特·博尔热（Auguste Borget）通过对比基督教堂的建筑来描写海幢寺："当中国人想要建造一座寺庙时，他们与我们不同，他们从来不把地面弄平整，也不把里面的所有植物清除掉；相反，他们充分利用各种不平衡的事物，而把他们的建筑造得很别致，因此也把这个建筑置身于美丽树木的保护之中，他们可能把这样的建造方式看作最美妙的创造之一，他们尊重造物主的成果，以此来向他致敬。"②亨特也记载了一些在海幢寺的生活："我们跟这位'首席僧人'混熟了，有几次他请我们共进早餐或吃晚饭，吃他那无与伦比的食物——斋菜和水果。餐桌上总是摆满各种鲜花，而且总有人很好

---

① 黄任恒撰，罗国雄等点注：《番禺河南小志》卷七《金石》，第301页。

② ［法］博尔热著，钱林森等译：《奥古斯特·博尔热的广州散记》，上海：上海书店出版社，2010年。

地侍候。”[①]通过这几段描述可以清楚地看到海幢寺不仅是一座佛教寺庙，同时也作为一口通商时期世界认识中国佛教文化的窗口，成了外国人认识中国佛教文化的唯一地点。而且海幢寺也成了清代外销画中唯一出现的寺庙，成了中国佛教文化走向世界的传播平台。

对比同一时期的其他岭南丛林寺院兴衰，也可以看到海幢寺的特殊地位。千年古刹光孝寺，在前朝曾多次接待西方传教士，成为西方传教士学习中国礼仪的场所，按理应当在之后的中外交流、市民生活中扮演最重要的角色。但在顺治年间遭受炮击，寺庙大部分受损，此后虽有一定规模的重修，但其宗教特色过于浓厚，且地理位置过于特殊，不适合担此重任。这也直接导致光孝寺在清代的发展不及海幢寺。同样为千年古刹的净慧寺，直到民国年间才复为广州一大丛林。大佛寺在清初大规模的新建，大有成为丛林之冠的趋势，但其护法人平南王势力的衰落直接导致大佛寺衰落。而佛寺新贵长寿寺在其住持石濂大汕被押返江南原籍后迅速衰落，同治年间更是被直接拆毁。而华林寺直到咸丰元年（1851）才建成其标志性的建筑五百罗汉堂。清代广州丛林寺院，其中光孝寺、长寿寺、大佛寺、华林寺虽有兴盛的时刻，但最后都不免衰落的结局，唯有海幢寺长盛不衰，拥有极高的地位，并且在市民生活、政治方面的作用愈加明显。

① ［美］亨特著，沈正邦译：《旧中国杂记》，第189页。

三、海幢寺特殊地位的原因分析

海幢寺自新建到兴盛用了不到一百年，并且在一口通商时期保持着独特的地位，而这种地位又为其在中外交流中留下了浓墨重彩的一笔。因此探究一口通商时期海幢寺特殊地位的原因亦能探究那一时期的中外交流。

（一）地方官员在应对涉外事件中的矛盾心态

海幢寺的特殊地位来源于其特殊的责任，为何海幢寺会承担这种特殊的责任呢？首先是对外交往中地方官员的矛盾心态所致。明清两朝在较长的时间内厉行海禁政策，在对外交往中实行严格的管理政策。而明末清初以来，大量的西方传教士来到中国南海，中央政府如何对待这些外国人也是一种两难的选择。他们对西洋技艺表现出了极高的兴趣，允许利玛窦、南怀仁、汤若望等耶稣会士活跃于宫廷之上传播欧洲的科学技术，但对于其传教的目的两朝皇帝却有着不同的想法，明代皇帝就曾颁布谕旨禁止天主教在中国的传播，而康熙三十二年（1693）允许传教士在中国公开传教，此后雍正又明令禁止。因此在面对这些远人之时，地方官员的应对之策便显得尤为重要，稍有不慎则仕途尽毁。从《利玛窦中国札记》的记载中，可以看到中国官员在处理对外接触中的矛盾心态：“1582年，肇庆知府王泮送来一封总督批准的信，邀请耶稣会的神父们去肇庆接受国家赐予的一笔财产，修建一所教堂和房屋（并允许可以在可利用的地皮中挑选一块）。”允许传教士们进行传教，并愿意把他们置于他的保护之下。而等到广西巡抚刘继文接任总督之时，对待传教士的态度又发生了改变，据记载："他（刘继文）说，他们（传教士）继续要新的花招和手段来勾引无知百姓，利用谈话和书籍以达到那个目的，他们甚至把一个不用人接触就能报时的金属钟拿出来公开展览。"[①]在经过合法调查后，要收回传教士建造的房屋并且要求传教士尽快返回澳门或者监禁在韶州城内。此外，传教士在南京、南昌等地都遭遇了这种事情，同样的地方不同的官员对待传教士的态度截然不同，这同样也反映出在对待外国人之时地方官员并没有一个统一的对策。而官员决定定点海幢寺还有另一个原因，马嘎尔尼使团来华进京面圣，乾隆皇帝选择在承德避暑山庄接见他们，而不是传统的北京紫禁城。上行下效，故在地方官员看来，传统的官府衙署并不适合接待远人，所以海幢寺等非官方的地点变成了接待外番的首选。此外自明朝以来，外番觐见就有习仪的传统，而习仪的地点一般安排在寺庙。据《明史》记载："于天界寺习仪三日，择日朝见。"而在岭南，也有外番来华"令光孝寺习仪三日"的记载，所以佛教寺庙自古以来就有参与中外交流的传统。这也是一口通商时期海幢寺拥有特殊地位的重要原因。

（二）海幢寺特殊的地理区位

此外海幢寺特殊的区位也是其拥有特殊地位的一大原因。海幢寺位于河南地区，山门坐落在珠江南岸，成了珠江沿岸的地标

---

① ［美］利玛窦（Matteo Ricci）、金尼阁（Nicolas Trigault）著，何高济等译：《利玛窦中国札记》，北京：中华书局，2010年，第222页。

性建筑，与十三行隔江相望，交通便利，与十三行及新城等新兴的工商业区域保持着密切的联系。此外海幢寺亦寺亦园的风格，王令留有《海幢八景》一文写下了海幢寺内花田春晓、古寺参云、珠江夜月、飞泉卓石、海日吹霞、江城夜雨、石磴丛兰、竹韵幽钟等景色，[①]被誉为“海幢八景”，极负盛名，海幢寺也成为当时有名的景点之一，将海幢寺作为接待外宾的场所亦能凸显大清的礼仪。此外更重要的原因是河南地区自古属外城，人口密度、工商业发展程度远不及珠江北岸，将海幢寺作为外人闲散的场所并不会影响广州城内的市民生活，也能够防止外国人与内地奸民勾结。

（三）独特的政治作用

海幢寺不仅是弘扬佛法之所，作为官方的外交场所见证了中外的交流。海幢寺曾多次作为接见外使的场所，一次是英国的马嘎尔尼使团，一次是荷兰的德胜使团，最后一次是英国的阿美士德使团。据记载，乾隆五十八年（1793）马嘎尔尼使团由北京南下到广州，两广总督长麟就在海幢寺为使团接风，并且将使团安置在海幢寺旁边的花园。使团副团长斯当东曾在《英使谒见乾隆纪实》中记载了这段安排：“广州城及其近郊大部分位于北江东岸。使节团被招待住在西岸。馆舍共有庭院若干进，非常宽敞方便。其中有些房间陈设成为英国式样，有玻璃窗及壁炉。广州虽然接近热带，但现在气候已经快到冬至，对英国人的生活习惯来

① 黄任恒撰，罗国雄等点注：《番禺河南小志》卷七《金石》，第303页。

说，在屋里升一点火感到特别舒服。馆舍四周是一所大花园，有池塘及花坛多起。馆舍的一旁是一所神庙，另一边是一个高台。登台远望，广州全城景色及城外江河舟楫俱在眼前。”[①]文中所说的“神庙”便是海幢寺。此后，乾隆五十九年（1794）两广总督长麟又在海幢寺接待了荷兰的德胜使团，并验看国书，为此诗人王文诰留有诗《长牧庵制府带同荷兰国贡使诣海幢寺接诏恭纪八首》云：“荷兰贡船虎门收……龙象花宫涌海幢……”[②]嘉庆二十一年（1816）英国阿美士德使团到达广州，两广总督蒋攸铦在海幢寺接见阿美士德。

在一口通商时期，海幢寺还成了外国人在广州的唯一的闲散之处，这也是为何能在亨特的笔下见到海幢寺的原因。随着来粤的商船剧增，停留在广州的外国人也越来越多，停留在十三行的商馆区。为了体恤外国人，防止其生病，两广总督蒋攸铦请示嘉庆皇帝，将海幢寺与陈家花园作为外国人闲散游玩之处。据《粤海关志》记载：“嘉庆二十一年七月，总督蒋攸铦示：英吉利夷人从前禀求，指一阔野地方行走闲散，以免生病。曾准于每月初三、十八两日，令赴关报明，派人带赴海幢寺、陈家花园内，听其游散，以示体恤，但日落即须归馆，不准在园过夜，并责成行商严加管束，不许水手人等随往嘈杂，滋生事端。兹查近年已无陈家花园，各夷人每有前赴花地游散之事。从前原定每月两次准该夷人出外闲游，兹酌定于每月初八、十八、二十八日三次，每

① ［英］斯当东（George Staunton）著，叶笃义译：《英使谒见乾隆纪实》，北京：群言出版社，2014年，第479页。

② 纪宝成主编：《清代诗文集汇编》，上海：上海古籍出版社，2010年，第380页。

次十名，人数无多，随带通事，易于约束，添以次数，则夷人可以轮替前往，于俯顺体恤之中，仍寓稽查防闲之意。准其前赴海幢寺、花地游散解，夷人每次不准过十人以外，着令通事赴经过行后西炮台各口，报明带同前往，限于日落时仍赴各口报明回馆，不准饮酒滋事，亦不得在外过夜。如不照所定日期名数，或私行给予酒食，一经查出，定将行商通事从重究治，夷人即不准再去闲游。"①

承担了一定的政治任务也是海幢寺在一口通商时期拥有特殊地位的最重要原因。海幢寺在政治上承担了一系列的责任，作为实际上的外交场所见证了一口通商时期的中外的交流。而在朝贡体制成熟的明清时期，在对外交往、对外贸易中，华夏王朝向来注重礼仪，例如，以上下、尊卑有序来规范对外交往，以厚往薄来指导朝贡贸易。因此，海幢寺的特殊地位在于其特殊的作用，只要海幢寺一直作为一口通商时期的对外交往中的外交场所，那么其特殊的地位依旧不会改变。

结 语

中国传统的儒学在与西方基督教的互动中，将佛教的寺院作为二者交流的场所，这表明在两种文化的交流中（西方的工业文明与中国的农业文明）中国王朝并没有完全地拒绝西方文化，相反他们希望将一定的西方文化纳入自身的管理之下，使之规范

① （清）梁廷枏撰，袁钟仁点校：《粤海关志》，广州：广东人民出版社，2014年，第514页。

化，让其成为维系统治的有利因素。故在一口通商时期，海幢寺成了中外政治文化交流的非官方场所，海幢寺在两种文化的交流中扮演着重要角色，在这一时期海幢寺拥有独特地位。

中印文化交流的桥梁：罗香林研究光孝寺的观点及方法

香港树仁大学　区志坚

提要：岭南一地多为沿海城市，与海外诸国海舶交往频繁，经济贸易长足发展，宗教文化事业大为兴起，而谈及中外贸易及文化交流，不能不谈及岭南发展，尤以岭南一带的佛教文化更自具特色。此外，自印度佛教文化在广东流播，与广东的华夏文化相融合，促成禅宗南派的兴起及发展，其后与儒家文化融合，促成中国文化“理学化”。唐代中叶，禅宗六祖惠能禅师，也于其时法性寺，即日后光孝寺弘法“即心即佛”，把自天竺传入佛教与华夏文化相融合，禅宗思想及文化是宋明理学的组成部分，故学者罗香林（1906–1978）认为谈中国思想，要多谈及岭南一带的禅宗，而谈及禅宗文化，要多注意广州光孝寺的历史文化地位，他又研究广东与唐中叶的中国文化复兴关系，旋于1948年、1949年研究六祖惠能与广州光孝寺，广州光孝寺唐代大悲心陀罗尼经幢考等，于1960年把研究光孝寺的文章，收入《唐代广州光孝寺与中印交通之关系》，予以出版。本文主要引介罗香林先生于20世纪30年代已从人地关系，中外文化交流的角度研究光孝寺，在研究方法上，除了历史文献的考订外，也注意“实地调查与亲炙所获”，在20世纪30年代末，香林研究佛教文化，非只从经文文献，更注意佛教造像、教寺建筑、经幢文字考察的研究方法，实开一代之先。

关键词：光孝寺；罗香林；《唐代广州光孝寺与中印交通之关系》

引 言

自秦代在岭南立郡，历代均有很多官员、商人及僧侣自中原南下，一方面把中原文化传往南方，一方面更与广东一地历史文化相融合，一起推动华夏文化的传播。[①]而且，岭南一地多有沿海城市，与海外诸国海舶交往频繁，经济贸易长足发展，宗教文化事业大为兴起。[②]谈及中外贸易及文化交流，不能不谈及岭南发展[③]，尤以岭南一带的佛教文化更自具特色。同时，自印度佛教文化在广东流播，与广东的华夏文化相融合，促成禅宗南派的兴起及发展，此更成为发展宋代理学者的知识资源之一，促成中国文化“理学化”，壮大华夏文化的内涵。[④]自南北朝时，已有达摩祖师往南越，止于诃林，即已到广州的光孝寺，及后辗转北上，乃至唐代中叶，禅宗六祖惠能禅师，也于其时法性寺，即日后光孝寺弘法“即心即佛”，更把自天竺传入佛教与华夏文化相融合，

---

① 蒋祖缘、方志钦：《简明广东史》，广州：广东人民出版社，1993年，第67–71页。

② 李庆新：《濒海之地——南海贸易与中外关系史研究》，北京：中华书局，2010年，第86–99页。

③ 张开城、张国玲：《广东海洋文化产业》，北京：海洋出版社，2009年，第25–43页。

④ 罗香林：《世界史上广东学术源流与发展》（香港大学图书馆藏P6024 no.8）；罗香林：《中国民族史（增订本）》，香港：中华书局，2010年，第94–97页。

禅宗思想及文化是宋明理学的组成部分，故学者罗香林[①]（1906–1978）认为谈中国思想，要多谈及岭南一带的禅宗，而谈及禅宗文化，要多注意广州光孝寺的历史文化地位，“是光孝寺乃禅宗所由发展之据点，其事迹不容忽略”。[②]香林早于1937年已发表《大颠惟俨与韩愈李翱之关系》，又研究广东与唐中叶的中国文化复兴关系，[③]旋于1948、1949年研究六祖惠能与广州光孝寺，广州光孝寺唐代大悲心陀罗尼经幢考等，而于1960年把研究光孝寺的文章，收入《唐代广州光孝寺与中印交通之关系》，予以出版。他更认为“广州自昔为中外文化交流之所，而光孝寺又为广州四大丛林之首，法雨早施于六朝，禅风尤彰于唐代。气象万千，代有名迹，亦治中印文化传播史实者，所宜特为注意者也”，[④]“光孝寺为唐代佛教传演重心，而广州为中外海舶聚集之所，国内僧侣赴印求法者，多于此升舶，西方僧侣来华传法者，亦多于此登陆。此类僧侣，经行广州，必至光孝寺巡礼，或暂为寄足。于中印文化之交流，关系亦巨”，[⑤]既阐述了光孝寺对佛教文化事业的发展，也注意其“法弘化阐，熏及儒流”，与儒家文化的相互影响。[⑥]罗

---

① 有关介绍罗香林的生平及研究成果，见苏宗仁《罗公香林教授行述》，余伟雄《恩师罗香林教授研究史学之伟大成就》，此二文载余氏主编：《罗香林教授纪念集》（香港：罗香林教授纪念集编辑委员会，1979年，第79–80，117–121页）。赵令扬：《罗香林教授》（《联大历史学刊》1998年第1期，第3–12页）林天蔚：《罗香林传略》（载珠海文史研究所学会编：《罗香林教授纪念论文集》，台北：新文丰出版社，1992年，上册，第1–7页）。对罗氏著作的介绍，见林友兰：《罗香林教授的治学及著作》（《书目季刊》1966年1卷2期，第89–92页）；参李扬盛：《罗香林与香港史学》[香港：香港浸会大学历史系文学士毕业论文，1991（未刊稿），第5–11页]。

② 罗香林：《唐代广州光孝寺与中印交通之关系》，香港：中国学社，1960年，第73页。

③ 罗香林：《大地胜游记》，香港：亚洲出版社，1960年，第28–43页。

④ 罗香林：《唐代广州光孝寺与中印交通之关系》，第27页。

⑤ 同上，第115页。

⑥ 同上，第89页。

香林尤注意从人地关系，中外文化交流的角度研究光孝寺，至于研究方法上，除了历史文献的考订外，也注意“实地调查与亲炙所获”，用今天学术界所言，即注意田野调查，结合文献。今天而言，田野调查与宗教文化甚为普遍，然而，于20世纪30年代末，香林研究佛教文化，非只从经文文献，更注意佛教造像、教寺建筑、经幢文字考察的研究方法，实开一代之先。

二、从民族文化交流的角度研究宗教史

民族发展有赖各国民族间的文化交流，彼此影响甚为重要，若民族不与外界接触，闭关自守，物资便会日感缺乏，民族未知列国时事，终致民族发展局处一隅，甚至为他国所灭。而中外文化交流的现象，成为推动中华文化发展的重要因素之一。

罗香林从以下两点认为中外文化交流才是中华民族自强的动力。

一、在《民族生存论》中，认为民族壮大，有赖文化的传承与开拓，任何民族文化均要在已有的民族文化基础上，不断与外界接触，吸收及融合外来文化，中华民族也不例外，特别是鸦片战争以后，中国已有的传统文化不得不与外界文化交往，从而出现中外文化交融的情况，不断学习及融汇中外文化，由是形成中国民族文化的“新运”，了解罗氏对中外文化交流的观点，要先看他对中国文化发展的看法。[①]

---

① 罗香林:《民族生存论》；参氏撰:《民族与民族的研究》,《文史学研究月刊》1932年1卷1期，第49–53页。

二、按人类“互助”思想衍生而成为中外文化交流。人类社会由草昧至文明文化，就是人类互助的成果，民族国家彼此了解，知识互相，依彼此所需，互相了解，从而减少人类冲突，人类的社会就是“由于不断的”互助，而不由于“竞争”，不同民族国家，文化互相交流，才是人类社会大治的要素，社会进化的目的，也是促使各国人类达到和平的景况。

因此民族发展与民族间的文化交流甚为重要，尤以近代中华民族文化的发展，更有赖于各国的文化交往，但这种文化交流的形式，是在已有的中国文化之基础上，吸收外来文化，从而建立以中国文化为本位的特色，故先介绍他对历代中国文化发展的观点，由是得见他认为中外文化交流是十分重要的。

罗香林在《中国民族史》中，指出中国文化是道器并重、情理交融及中庸并包的特色。这种文化的特色在中国经历以下阶段：远古至西周为中国文化植根期，东周至秦汉为中国文化发育期，自汉至前清为中国文化儒化期，在儒化期中，细分为儒家阴阳五行化的阶段，儒家南学化的阶段，儒家理学化的阶段，儒家文词化的阶段；自晚清至新文化运动，为中国文化终获道器双溶期。[①]

中国文化始自道器并重的精神。夏商周三代国君，已培养人

① 罗香林认为文化的内涵是：“人类社会的生活表现，凡是物质的运用、研究、发明和制作；与精神的寄托，思维的表达，情感的表现，学术的研讨，团体的组合，制度的运用等，总合起来，就是文化。在人类社会中，文化的范畴，非常广泛，无所不包。而高度的文化，却是以学术思想为核心。”见氏著：《中国民族史》，第51页；此分期方法，不同于他对中国通史的分期观点。罗氏在《高中本国史》把中国自先秦至1949年，分为猿人时代至铜器初期是史前史时期，夏至战国为上古时期，秦汉至明为中古时期（细分为中期、后期），自清入关至亡国为近世时期，民国成立至1949年为现代时期。按：暂见此书编次上，不同罗氏撰写的《中国通史》，如前者在每课后有“问题讨论”及图画，而后者则没有。见氏著：《高中本国史》，台湾：正中书局，1949年，上中下册；《中国通史》，台湾：正中书局，1977年，上下册。

们的精神文化，所谓“形而上者谓之道”，也注意人们物质的运用和制作，所谓“形而下者谓之器”，教民耕稼、制衣、运用铜器等科技知识，并确立礼乐文化。自春秋至秦汉，孔、孟加强人伦道德教育，丰富道器并重的内涵，教民守中庸，不偏不倚，兼融并包。汉代表彰儒学，罢百家，独尊儒学，儒学入于主导，但自此之后，“道”的内涵，不是先秦孔孟的伦理及道器并重的特色，而是流于阴阳五行化的儒学，“变了质的儒家，而不是孔孟时代的儒家”，所谓“变了质的儒家”，就是“不能恢复早期儒家道器并重的精神”及“演变而成为道器分离的境地”。清代对汉人行“抑其道器，扬其文词”的政策，道器分离的现象更为明显，终造成“中国文化的蹇塞状态”。幸获“国父出来，以致知力行正德厚生的方法，领导革命救国，这才使中国文化走上更生的阶段”，中国再次重建道器并重的特色，近代文化也是重拾道器并重的发展方向。

除了道器并重外，罗香林认为中国现代化的内涵，包括其他方面。罗氏在1961年发表的《中国现代文化的动向》中，指出人类若只知生存演进，容易陷入“人我皆损”，战争日生，现代文明受到破坏；所以现代文化的重要使命，应具有“生存协进”与“道器双溶”“权能同重”“理法并治”“业艺同兴”及“保育并举”的六种特色，其中以“生存协进”与“道器双溶”尤为重要。民族生存，有赖多个民族国家相依，更要文化交流，就罗氏所处20世纪四五十年代的中国政局而言，不独要输入西方科技智识、物质文明，更要培养及发扬国民的精神文明，“一方面努力于科学的研究与发明和运用，一方面要努力于道义的发扬与操持”。而且，现代化社会也是要建立以民众为主体的文化，使人民与政府官员也要守法，明权力分际，使各人守规律，达到选贤任能的目的。故要使中国现代化，必向外吸收知识，输入科学及精神文化的智识，并保持中国传统道德文化，及建立一套法律及民众参政的系统，现代化就是以上六点“圆满运用”及“计划化，执中化、长治化的前进”，达到现代化重要使命的整体发展：“道器双溶”及“生存并进”的特色；进一步，把中国现代化的特色，扩至世界，彼此了解，减少纷争，中西文化交流，物质与精神协进，自可成存全体人类生存发展，“使全人类共跻于幸福之域”。而在现代化及中国文化第四期的发展中，以实践孙中山思想为主要目的。罗氏认为孙中山思想就是中国道器并重，传承中国传统文化，又力倡修身治平与利用厚生开物成务，融合西洋民主思想、仁爱互助精神，自然科学与政治经济制度的配合结果，人类“知易行难”“物质文明”与“心性文明”相持并进，此代表了“国父在新文化的领导上所以伟大，就在于‘道器双溶’和‘知行并进’等方面有伟大的开创和发扬。中国文化今日所以能走上更生的阶段，也就在此”。换言之，发现孙中山的思想就是中国的学术文化第四期的发展，也是“更生于道器的双溶与知行并进”的思想。因罗氏认为文化的更生，是一种兼容并进的过程。

三、中印文化交流与光孝寺

20世纪60年代以前，学界研究佛学，多文献考订、经文字义及注释，而罗香林更注意从中外文化交流的角度，研究光孝寺。他在《唐代广州光孝寺与中印交通之关系·序》中，指出佛教从印度传播地区及时间均有不同，传入华的时间及道路也不一，“在华流传所受各地历史与文化之影响，亦多歧异，故其表现于在华教理之流别，故仪之繁简，及并艺术造诣与作风者，亦往往错综分合”，提醒学者不可以执一时一地的表现，把一些地区的研究概括为整个中国佛教艺术的全体义蕴及纵观整个中国佛教艺术，实为“胶柱鼓瑟，述论失当者”，[①]应注意“分区研讨，以究其空间播荡所届者”，学者要注意不同地域的空间与思想、艺术发展的互动关系。自汉至唐，印度佛教及艺术传入中国，学者多注意印度佛教自敦煌道、永昌道、交广道、青州道传入中国的情况，罗氏更强调自印度传入的佛教与中国文化相结合，“其艺术作风，本自有其原先之殊异；而其中途所受别种文化之混合，与入华传播所受各地历史与环境之影响，亦各有若干后起之殊异”，罗氏关注各交通孔道传入佛教思想及艺术均有相异，故要多注意佛教“在华流传之分区研究”。

香林研究岭南佛学与进行考察唐代粤桂佛教遗迹，甚有关系。于1941年，中山大学因战乱，迁往广西，香林至广西，观察桂林佛像遗迹，经衡阳回雁寺归粤，感到桂林佛像艺术甚具特色，同时也注意到广东佛像，由是认为佛教自天竺传入敦煌，自西汉始，经天山南麓，大宛、大月氏传往，但交广道，即在广东及广西传入中国，三国时传入建邺的佛学也是经交州传入。东晋以后，原由苍梧广信的佛教重心，移往广州番禺及广西桂林，因为三国以后，交州已为交、广二州，广州地位，“日形重要，且多海舶”，因为商旅及

① 罗香林:《唐代广州光孝寺与中印交通之关系》，香港：中国学社，1960年出版，第1页。

僧侣多由广州番禺进出，由是促成印度佛教也由广州传往中原，而当然不少僧侣就是居在番禺制旨王园寺。依香林考察，番禺制旨王园寺即为光孝寺，香林更指出唐时广州一带，有专为梵僧客居的梵寺，日僧元开在《大和尚东征传》已有记载东渡日本的僧人鉴真，在番禺得见开元寺多住梵僧。另有很多史料证明自东晋以后，佛教直接自印度传入，如义净《南海寄归内法传》记初唐僧侣往印度求法者众，也有自中国内地或广东传入佛学，如达摩在华三传弟子即僧灿弟子梵僧毗尼多流支往越南法云寺传法，“演为禅宗之普遍发展，及禅宗南派六祖惠能之四传弟子无言通禅师至越南北宁传法，演为越南南禅之普通发展”，可见广东佛教及广东一地佛寺，成为中国禅宗与越南禅宗交流的桥梁。

广州的光孝寺，自东晋昙摩耶舍创建后，至南北朝时的刘宋朝，已有印度僧侣求那跋陀罗自锡兰岛至广州，并于光孝寺立戒坛，并立制旨道场，禅宗初祖达摩也在光孝寺求法，传《楞伽经》宗旨，达摩自海外至广州，以光孝寺为弘法，故民国时的光孝寺仍有达摩井等遗迹。随后，达摩传教于金陵，达摩的弟子慧可、僧副、昙林，均以求那跋陀罗译四卷本《楞伽经》为本，可见传承求那跋陀罗在光孝寺传教一脉，僧灿传梵僧毗尼多流支，毗尼多流支后往光孝寺，弘法度众，又把求那跋陀罗经义传回广东。同时，居光孝寺时，又往越南东京法云寺及普宁寺，并在越南译经《大藏方广总持经》，传授禅教。“广州光孝寺，传至唐代，则光辉尤盛”，禅宗六祖惠能，“辨论风旛，薙发受戒”，并在寺内“传演”“即心即佛”，成为禅宗南派传播的重心，虽然惠能移席至曲江曹溪，民国时惠能高僧的肉身仍存在曹溪南华寺，乃自光孝寺“转化之成果，不能以曹溪法乳之发扬，而反忘光孝寺之始基也”，[①]而禅宗南派之所以成功传教往越南，主要是交广区域，交通畅达。

光孝寺的佛教造像艺术，亦自成风格：“其最足引为区别雕刻技术与作风特征者，首为佛像之眼鼻雕刻，次之则为衣褶与其他装饰雕刻”，并引证光孝寺佛像：“则交广区域受南印度之影响者为较巨，西北中原等区域，似受印度与中亚如古大月氏大夏等地影响者为较巨”，而自刘宋之后，禅宗日渐发展，至六祖惠能门户敞开，“禅风弥煽，而中国佛教遂全为南禅所笼盖矣，明夫刘宋以后佛教由南而北之局势，即交广区域关系于佛教发展之深切”，即在结合史料的研究，指出广东的禅宗自刘宋，经唐代，自成体系，又影响全国，故不能忽视南禅的地位，而南禅的发展与光孝寺的弘法甚有关系，故学者要多研究光孝寺。

香林在佛教经典翻译学上，指出光孝寺的重要地位。在香林之前言译经，多注意西北与中原等地译经事迹，多未谈及广州一地翻译佛经的情形。香林在书中第二章“六朝至唐梵僧在光孝寺之译经”，指出光孝寺初称为制旨王园寺，首创于东晋安帝的梵僧昙摩耶舍（Dharmayasas），为南越王建德旧宅遗址，昙摩耶舍在此地传《毗婆沙律》经，徒众八十五人，并译出《差摩经》，其后有梵僧求那罗跋陀，在光孝寺立制止道场，译《五百本经》《伽毗利律》经，也有西印度优禅尼国高僧波罗末陀，即真谛，至光孝寺译《佛阿毗昙》《般若金刚经》《无上依经》《(俱）舍论》《佛

① 罗香林：《唐代广州光孝寺与中印交通之关系》，第21页。

性（论）》，至唐代，更有禅宗六祖惠能在光孝寺祝发，有梵僧多罗律师为证戒，僧人在广东及光孝寺译《涅槃经论》，可见广东一地译经与日后宗派唯识宗、俱舍宗均有关系，惠能不立文字，趋向解法门“其曾受真谛所译《涅槃经论》，盖无疑者”[①]。此外，光孝寺有译经台、笔授轩，二地为宋代知军州蒋之奇为唐代宰相房融建，因房氏曾在光孝寺笔授《楞伽经》，历宋至明多本疏解本，香林更认为唐代译本有“先悟一心，依之建立三观，修此三观，还证一心”，相通“宋人尝称之曰观心说，虽宋明理学家，间亦受其影响”。[②]

香林更从地域交通及译经关系，表述光孝寺与摄论宗传授的情况。他特别指出东晋之前，印度佛教经典由陆路敦煌道，传入中土佛教各宗派，“至于由海道先传入广东，由广东传入长江流域，或更达于中原各地者，则仅注意达摩禅法可能先已于广州传授”，南朝梁陈之时，已有梵僧真谛已于光孝寺等地译《摄大乘论》及《唯识俱舍》，[③]但因为“唐时玄奘法师等新译所掩，宗风寖替。后人震于玄奘所译之显赫，遂不省广州光孝寺等地尝与《唯识俱舍摄论》等早有其翻译与传授之关系”，禅宗南北派托始于梵僧达摩，也是先由广州出发，推及于中原各地，乃至六祖倡“诸法唯心”，乃源自陈隋以来，广州曾盛扬《摄论》，南禅的发展既与广东有关，也与光孝寺弘法有关。[④]

香林研究光孝寺佛法传承，不只是从佛学义理入手，更注意

---

① 罗香林：《唐代广州光孝寺与中印交通之关系》，第46页。

② 同上，第106页。

③ 同上，第49页。

④ 同上，第69页。

“除达摩与惠能等重要人物因素外，亦颇藉其他因素之配合。如无其他因素配合，则人物作用，亦无由显现”①，研究唐时往来南海的高僧，多寄足在光孝寺，如高宗时的义净，于671年，由扬州达广州寄居光孝寺，后往波斯舶出海印度，再于689年往室利佛逝，返抵广州，寄居在光孝寺，再往北上洛阳，并在光孝寺招聘译经人才，如贞固、道弘、法朗、孟怀业均因光孝寺多官商及信众礼佛，以上四位僧侣也在光孝寺筹海舶费用，广州也有大舟及很多船只方便出海，也方便海舶停泊，也方便僧侣出海及往广州，并进各省，故香林认为：“与在室利佛逝及洛阳等地译经，关系于佛教在唐代之发展者甚巨，然苟无光孝寺以为寄居及物色协助译经之缁侣，则其成就能否如是巨，亦未可知。”②

更重要的是，香林已注意印度佛教传入，与中国文化相融合。他在《南朝至唐光孝寺与禅宗之关系》中，指出中国文化以人文思想的圆通广大为主，因为圆通所以容忍性大，没有剧烈思想与宗教纷争，因广大便能“涵育功深，而能混同其相与接触之民族与文化”，禅宗由达摩演进，相与发生的经论，如《楞伽经》《三论》《金刚经》《涅槃经论》《摄大乘论》，“固皆自印度所传入译行，而其一经中国文化之位育，遂能融会贯穴，而诞生为六祖惠能一派之南禅”。“即心即佛”，“当机顿悟”，极高明而简易，而广州光孝寺就是这种圆通广大的宗教文化发展之要地，终成为南禅五宗，而南禅的发展说引证了“中国文化，有容乃大，平和故

① 罗香林：《唐代广州光孝寺与中印交通之关系》，第73页。

② 同上，第117页。

久之征”。[①]中唐以后，遂有李翱《复性书》一派倡“儒表佛里”，受禅宗南派解放思想的影响，“《复性书》所说的诚明之性，与惠能所说的心，大致相通。”

香林研究光孝寺，除了广引文献外，也注意实地考察。他在《光孝寺之唐代大悲心陀罗尼经幢》一文中，指出《大悲心陀罗尼经》幢幢身为八面圆柱体，高三尺，青石刻成，上有宝盖，高一吹，盖底为斗栱式，幢上刻有《千首千眼观世音菩萨广大圆满无碍大悲心陀罗尼神妙章句》等文献，香林以《新唐书》《广东通志》《光孝寺志》等，证明经文义理，为佛教密宗唐时盛行于广州的事实，更引证了：“今得此寺宝历二年《大悲心陀罗尼经》幢，实物为证，益知密教在广州实有其源远流长之历史。世第知此寺为禅宗演法之所[②]，及房融曾在是笔授《首楞伽经》之翻译，岂知亦并与密宗传播有相当关系”，藉考证文物的经幢刻文，以见光孝寺不只是传禅宗义理，也传播密宗教义。又在《光孝寺之唐代木雕小型罗汉等像》中，指出光孝寺有大雄宝殿，有泥塑大佛像三尊，为成于唐代肃宗至宣宗时代，木雕小像与供人像，依香林考证，得知木雕小型是自印度传入中国，但在唐时在粤工匠“自加体会，融入若干中国因素而成者。……供养人像，面貌与发髻，已属中国风格，而其各罗汉像，与二信士像等，则仍具海外人物风格”，更有木雕小型罗汉像藏于大佛像腹内，并见唐人雕塑佛像，初依西域或南海传作法，光孝寺佛像也受海外作风的影响，而不用于敦煌佛像雕塑形貌，至于光孝寺内佛塔建筑，“其塔础

① 罗香林：《唐代广州光孝寺与中印交通之关系》，第89页。

② 同上，第137页。

所刻双龙，已染中原作风，其铭文所云：‘保龙躬有庆’，亦带中朝吉语意味……其时铸造千佛塔之风气，更由广州治地，而传至东莞与梅州及南雄等地。”[1]香林又在《光孝寺与自印度传植之诃梨勒树及菩提树》一文，指出光孝寺内有以诃子树，曾为惠能在树下祝发，致历代不少文人学士，多爱此树。香林指出“菩提树为桑科植物，学名TicusReligiosa，原产地在东印度，而恒河流域尤盛，佛成道处的菩提伽野，菩提树传至中国的实物种植，自南北辅萧梁时智药大师，自西竺移植于光孝寺，更用作治疫”，“其叶则可浣洗为纱，以作灯帷笠帽，亦为雅致物品”。[2]

小 结

钱穆（1895–1990）先生在《中国学术思想史》中也盛誉禅宗南派为：“六祖这些说法，已把佛学大大转一弯，开始转向中国人的传统精神，即完全是现世人文的精神。也可说到六祖，中国人的传统精神[3]始完全从佛教里得解放”，“佛教中有禅宗，实在可说是中国的宗教革命”，禅宗不只是改变了佛教文化义理内容，也壮大了佛教文化对中国人心灵及文化的影响，六祖及禅宗南派的弘扬也得力于广州一地，尤在光孝寺的弘法。中国学术文化源远流长，高明博厚，早已向海外流播，而古代印度佛教文化也循交通孔道传往中国，广东为中外水陆交通接触的尖端，早已

① 罗香林：《唐代广州光孝寺与中印交通之关系》，第170页。
② 同上，第157页。
③ 钱穆：《中国学术思想史》，台北：台湾学生书局，1993年，第157–158页。

成为中外学术思想交流的总汇，印度佛学思想传往广东，与广东蕴藏华夏文化融合，以交流总汇而发生新的作用，由新的作用，发生新的影响，由广东传入的印度佛教文化影响了广东一带的佛教造像、佛典翻译文化，也推动禅宗南派文化大盛，渐渐北上，影响整个华夏文化，甚至成为推动中国理学思想的发展，而促成禅宗南派文化的发展，与光孝寺甚有关系，而罗香林就是从中印文化交流的角度辟述光孝寺的地位，光孝寺在佛教文化及学术上的地位也由是彰显。

惠能禅学对福建禅宗的影响

福建佛学院　释本性

提要：闽粤比邻接壤，兴起于广东曹溪的南禅宗，首先法雨福建，六祖惠能大师弟子中有众多闽籍僧人，禅宗五家七宗祖师亦多为闽籍僧人或以福建为弘法基地的祖师大德。此后，禅宗通过福建而流布海外，南亚、东南亚禅宗道场更是多为闽僧所创。福建禅宗文化在自己的发展中形成了都市性、森林性、海洋性三大特点，为继承闽粤禅门间互相滋养促进的优良传统，当代两地更应加强闽粤禅文化的交流与合作，特别是要利用两省丰富的海外资源共同推进宗教文化的对外交流。

关键词：禅学；祖师；闽粤；文化交流

佛教传入中国后，经过魏晋南北朝三百年间的发展，到隋唐时形成三论、天台、华严、唯识、净、律、密、禅等佛教宗派，完成了佛教中国化的历程。汉传八宗多形成于北方，却以孤悬岭南的六祖惠能禅师所传之曹溪禅法传播最远、影响最盛。近代高僧太虚大师曾言：中国佛教的特质在禅。粤闽两省毗邻而居，“近水楼台”的福建自然成了惠能禅学发展、传承、对外交流的最重要地区。

一、惠能禅学对福建禅宗祖师、祖庭、宗派之影响

禅宗自佛陀与迦叶的拈花一笑而始，至达摩祖师传入东土，并以传法偈预言："吾本来此土，传法救迷情。一花开五叶，结果自然成。"及至六祖惠能禅师在广东说法，"以一味法雨普润学徒，信衣不传，心珠洞付，得道之者若恒河沙，遍满诸方，落落星布。"

福建与广东相邻，闽中僧人前往受教者自然不在少数。惠能开法广东，四方僧众云集，得法后又散处各地传灯。福建地方志中就有惠能弟子莆田僧人正干、千灵二禅师入闽弘法的记载。惠能再传弟子中，有著名的马祖道一禅师，入闽弘化，在建阳佛迹岭大行禅法，开福建禅宗之滥觞。

而传承惠能禅法的闽籍禅门宗匠，尤其南岳系百丈怀海与青原系雪峰义存二禅师最有影响。百丈怀海禅师，福州长乐人，嗣法马祖道一，亦即惠能的三传弟子。师睹禅宗自曹溪以来，多居律寺，于是创意别立禅居，建方丈、法堂等，丛林规模由是初具，禅门由是独行，其功甚伟！雪峰义存禅师，泉州南安人，嗣法德山宣鉴，亦即惠能的六传弟子。师为唐末五代时期中国禅宗之巨擘，在闽弘法近四十年，法嗣众多，宗风远播全国各地及朝鲜半岛，被学者称为"雪峰禅系"。千年以来，来雪峰慕名礼祖之人纷沓不绝。

惠能及门下徒众将中华禅宗构建而成，宗门崛起，一花开五叶，而成沩仰、临济、曹洞、云门、法眼之五宗，阅诸僧史传录，五宗祖师大都与福建有关联。宁德霞浦人沩山灵祐禅师，嗣

法百丈怀海，居沩山敷扬宗教凡四十余年，达者不可胜数，弟子中最著者为仰山慧寂，其宗后称沩仰宗。福州人黄檗希运禅师，嗣法百丈怀海，弘化江表，开黄檗门风，弟子临济义玄禅师开创临济宗。莆田人曹山本寂禅师，嗣法洞山良价，居江西曹山弘化，为曹洞宗宗祖。福州人玄沙师备禅师，参雪峰义存得法，开法接众，天下丛林，皆望风而礼，其再传弟子清凉文益开创法眼宗。浙江嘉兴人云门文偃禅师入闽参学，嗣法于雪峰义存，入广东云门山开法，创立云门宗。以上诸师，都是禅门开宗立派之祖师，佛之慧命，赖其传续。

此后数代间高僧辈出，闽中禅宗祖庭名刹亦相继而起。宋代福建佛教达于极盛，丛林有上千座之多，其中堪称祖庭者，如福州之雪峰、鼓山、西禅、林阳、开元、黄檗、龙泉，泉州之开元、承天、崇福，莆田之广化、光孝、慈寿，宁德之支提、建善，厦门之南普陀，漳州之南山等，比比皆是。祖师常住祖庭，祖庭常出祖师。明末有建宁人曹洞僧永觉元贤踞狮子座，擂大法鼓，振一宗雄风，开创鼓山法系，后传播至影响东南亚及台湾地区；又有福清人临济僧隐元隆琦，布教东瀛，开创日本黄檗宗，为中日佛教交流史上的一位重要人物。

及于近现代，佛教界亦有令人高山仰止之四大高僧——虚云禅师、太虚大师、弘一律师和圆瑛禅师。他们悲心真切，誓愿宏深，以福建为主要道场，立大法幢，救正法于危厄，济民生于倒悬。尤其古田人圆瑛禅师，先后出任中国佛教会理事长、中国佛教协会会长，为近现代中国佛教界之领袖，一生高举爱国爱教旗帜，积极献身中国抗日运动和新中国建设事业。其门下弟子有明旸禅师、赵朴初居士、白圣禅师、慈航禅师等，分别在大陆与台湾弘化，影响当今之佛教界。总言之，可道是：禅宗一脉，花开于广东，滋养于福建，而果成于中华。

二、惠能禅经由福建禅宗对海外佛教之影响

鲸波东海，震旦流光，中国成了佛教的第二故乡，十多个世纪以来，由福建等沿海地区不断向海外各地输出，造就了覆盖东亚、东南亚的汉传佛教文化圈，影响远及南亚及欧美澳各国。在这之中，又以禅法的传播最具代表性，禅文化也往往被视为汉传佛教文化的代表。

日本与朝鲜半岛是最早受中国佛教影响的地区。早在唐代，就有高丽、日本诸僧来福州依雪峰义存、玄沙师备等禅师处参学。宋代，日僧庆政等人入闽，将福州东禅寺《崇宁藏》与福州开元寺《毗卢藏》带回日本，包含了大量禅宗经论语录。明代，漳州僧人觉海赴日任福济寺住持，福州僧人超然赴日创崇福寺。清初渡日的福清僧人隐元禅师，更可以说是中国渡日禅僧中最具代表性的一位。

佛教历史悠久的东南亚与南亚也是汉传佛教最活跃的地区之一。厦门南普陀寺太虚赴斯里兰卡，与兰卡摩诃菩提会创始人达摩波罗交流频繁。古田籍高僧圆瑛多次赴泰国弘法，与泰国佛教互动密切。泰宁庆云寺僧人慈航与优昙入缅甸弘法四年多，在仰光成立仰光中国佛教会与中缅文化协会。而东南亚各国之禅宗法脉，更是几乎尽出八闽。如菲律宾首刹马尼拉信愿寺法系，由厦

门南普陀寺性愿创。新加坡首刹双林寺法系，由福州西禅寺微妙弟子泉州贤慧与性慧兄弟共创。名刹光明山普觉寺法系由厦门南普陀寺转道创，泉州承天寺宏船中兴。马来西亚首刹槟城极乐寺法系，由福州鼓山涌泉寺妙莲创。印尼首刹雅加达大丛山西禅寺法系，为福州西禅寺谈禅弟子创。印尼另一大法系即广化寺法系，亦为莆田广化寺僧人所创。越南古刹二府庙与观音庙法系，由福州西禅寺永心与醒觉创。

及当代，福建法脉繁衍至欧美及澳洲等地，如霞浦灵祐禅师创立的沩仰宗，在美国加州万佛城经宣化上人师徒等弘扬，得到大力发展，许多弟子为西方人。福州开元寺法系在美国洛杉矶创立美国汉传佛教国际文教中心，举办中华禅的修学活动。福安籍僧人妙净于澳大利亚阿德莱德、墨尔本、堪培拉和悉尼创普陀寺等四座寺院。福安籍在台湾僧人净良，法脉亦延及欧美澳等大洲。

我国港澳台地区的佛教，也与福建法缘深厚，一脉相承。台湾地区佛教的法脉、戒脉、学脉，可以说百分之七十源于福建，尤其源于福州鼓山涌泉寺、厦门南普陀寺。台湾僧侣修行受戒长期有回谒鼓山的传统，台湾传统上的五大法派均受福州鼓山涌泉寺戒法传承，即使在日据时期，台湾僧人依然有增无减地前往鼓山受戒。关于香港佛教，首创香港佛教联合会、香港佛教僧伽联合会的发起人优昙和觉光，皆为古田籍高僧圆瑛法系。

惠能禅师于广东曹溪传法时，有偈云：“心地含诸种，普雨悉皆生。顿悟华情已，菩提果自成。”一千多年来，灯灯续焰，奕叶相承，禅宗法脉绵延不绝，永住正法。禅之法雨，亦早已随着以福建禅宗为主力的历代高僧大德的足迹，在世界众生识田中种下如来法种，使正法眼藏流布世界各大洲。

三、福建禅宗之特色

惠能禅法传入福建后，经过千年的发展，形成了福建禅宗的鲜明特色。因缘使然，拙衲在福建住持有三处道场：福州开元寺在繁华闹市，泰宁庆云寺居深山茂林，霞浦留云寺处秀美海滨。每座道场，都给了笔者学修上新的营养与感悟。这里，笔者也想以都市性、森林性、海洋性三点，来归纳比拟福建禅宗之特色。

（一）都市性

所谓都市性，是就其文化影响而言。都市是人文荟萃之处，“观乎人文，以化成天下”，即所谓文化。而正法之教化，便为法化。《华严经》有言：“独居其上，宣布法化。”可见，佛法于文化有引导辅正之功能。

福建禅宗对福建文化的形成与发展可谓影响深远。福建尤溪人朱熹充分吸取佛教理论补充儒家形上学之不足，用近四十年时间撰成《四书集注》，为理学集大成者。其学说被称为闽学，又称为朱子学，后来成为明清时期的官方正统哲学思想，开创“四书时代”。

福建禅宗之精神也深入福建人的生活实践。清代福州籍名臣林则徐早年进入仕途，有缘得闻佛法，即深信不疑，亲书小册经咒，随身携带，虽宦海浮沉，政务繁冗，但他仍坚持课诵，行持诚笃，终生不变。林公名言“苟利国家生死以，岂因祸福避趋之”，可以说是佛教“不为自己求安乐，但愿众生得离苦”精神在世间法的写照。

同时，都市也因人声鼎沸，人心易浮躁，因此成为最需要安心之法的地方，而禅法便是此安心之良药。福建百姓普遍信佛，深具佛缘，虔心向善，每逢初一、十五和佛教节日，广大信众蜂拥而至寺院礼佛、斋僧、听经。甚至连福建流行的妈祖、临水夫人等民间信仰的善神品格都有鲜明的佛教特征，可见福建佛教已成为当地社会生活中极其活跃的文化因素。

（二）森林性

所谓森林性，是就其修行而言。福建是中国最早建立禅宗道场的地区之一，马祖、百丈先后弘化于闽地，在禅宗史上有“马祖建道场，百丈立清规”之说法。佛教称修道人禅修的寂静处为“阿兰若”，其本意便是森林，而禅宗寺院也常被称为丛林。

人在山林，本身就易入静，修行者要离群索居，远离喧嚣，封闭根尘，绝缘世俗，不为外物所染，也就是要如《西方确指》中所说：“有口若哑，有耳若聋，绝群离俗，其道乃崇。”《华严经》中也说：“阿兰若法，菩提道场。”阿兰若住的目的在于摆脱人事与是非等世间烦恼。

福建禅宗向来崇尚持戒谨严，修行如法，古德众多，及至近代，还有鼓山涌泉寺虚云，福州开元寺宝松、泰宁庆云寺慈航等禅师以闭关苦修名著于世。虚云老和尚山中一闭关就是数年，他曾在泰国入定九天，惊动王室，以至上自国王，下至百姓，咸来礼拜。宝松和尚多次闭关，祈祷世界和平，晚年于马来西亚抗议战争，自焚己身，以警世人，人们信为药师佛之再来。慈航禅师一生三度闭关，死后肉身不坏，成就台湾第一尊肉身菩萨。

（三）海洋性

所谓海洋性，是就其传播而言。福建自古“舟行四海，货通天下”，是中国海洋文化最突出的省份之一，与世界上最重要的海洋交通要道——海上丝绸之路的发展有着千丝万缕的联系，故而佛法由海洋进入福建，禅法又经海洋由福建流向海外各地。

佛教中常以“海”为比喻，称智慧海、功德海，《维摩诘经》有云：“当礼法海德无边。”其中所谓海德有八，一者汪洋无涯，二者海潮不愆期，三者不容死臭，四者有七宝珍珠，五者五河俱入而无旧名，六者霖雨注来亦无增减，七者众鱼有巨身，八者盐味边中如一。所谓千河入海，同是咸味，有此广大无边之海德，福建禅宗才能得以在世界各地传扬，成为汉传佛教向东洋及南洋传播的祖庭。

“法海无量无有边，众方便门悉入中，分别一切诸法界，最胜示现无穷尽。”此海洋性，推而广之，亦可概言之为慈悲、智慧、忍让、包容、自省、忏悔、中道、圆融、和合、共生等精神。这些必将助益新时代国与国之间的敦亲睦邻，必将促进新时代人与人之间的和合共生。这十点既是佛教的核心理念，亦是基于人性的具有共性的全球伦理。

四、加强闽粤禅文化的交流与合作

鉴古而知今，自六祖惠能曹溪开法算起，闽粤禅宗已传衍千载，凝聚着无数佛教前辈大德高僧的心血与智慧，终于有现今之局面。在全球化影响日益广泛、人们普遍呼吁灵性回归的今天，闽粤禅文化加强交流与合作，推动中华禅文化走向世界，已是提升两省佛教界的必然要求。为此，个人浅薄，试提出以下三种途径。

其一，加强佛教祖庭间的交流。闽粤禅宗同根同源，同声同气，共饮曹溪水，弘法利众生。福建禅宗源自开法广东的惠能禅师，而后两省禅宗交流不绝，禅僧往来参学于闽粤间，大弘法化，名山鼎出。至近代，福建鼓山僧人虚云大师重振广东曹溪祖庭，更是影响沿传至今。宗教政策落实三十多年来，闽粤两地佛教快速复兴，并再次取得长足发展。而今的闽粤禅宗，法脉之兴盛，名刹之林立，信众之广泛，均在全国居于前列。两省佛教界理应携手并进，积极实践，为中国佛教界的发展贡献应有的力量，这既是历史的传承，也是时代的要求。

其二，加强泛佛教文化的交流。宗教是文化的重要载体，离开了宗教，文化往往无处扎根。闽粤两省共沐佛恩，构建出相似的文化性格，形成了相近的民风民俗。佛教的传入，既为闽粤社会和文化带来如此深刻的影响，自然也成为闽粤文化不可剥离的一部分。同样的，谈闽粤佛教之交流，亦不可脱离闽粤文化之广泛交流。佛教的初心与使命，就是为了拯救危机，突破困境，解决难题，消除苦难，福州开元寺以致力“以佛教导正人心，回归信仰；以佛道辅正世道，重建道德”为办教理念之一，亦是由此而来。通过佛教文化交流，推动心灵文化之影响，改善社会文化之习气，借佛法之力协助众生解决苦忧，即是佛教价值的重要体现。

其三，加强合力共同推进对外交流。闽粤两省的人文在对外交流上有着悠久的历史传承，开放与包容是其性格，闽粤佛教，尤其是禅宗也是一样。早在汉晋之际，佛教就通过海上丝绸之路从闽粤地区传入中国。隋唐之后，闽粤地区又成为中国佛教，尤其是禅宗，对外输出的窗口。近代以来，随着闽粤华人大规模移民海外，闽粤僧侣信众相互护持，使闽粤佛教再成为中国佛教对外交流的急先锋。东亚、东南亚、南亚、大洋洲、欧美各国及港澳台地区的佛教发展，追溯其源流，大多有着闽粤佛教的传承。今天，福建话与广东话成为海外华人使用最多的语言，闽粤佛教的海外交流可以说有着其先天的优势，巧用其潜力，巧用其优势，必然助力闽粤两地与海外各地区间的文化认同、信仰共鸣与民心相通，更好地服务于国家“一带一路”的倡议。闽粤佛教界也应有着充分的认识与意愿，并有着相当的自信与担当。

略论清代丹霞天然禅师法系的形成及其在粤港澳地区的传承

香港中文大学　释觉海

摘要： 天然和尚是明末清初佛教的法门砥柱，也是曹洞宗第三十四代传人。丹霞山别传寺是其弟子澹归和尚创建，其本人是第一代开法祖师，丹霞法脉自此开始。其门下弟子众多，多为龙象之才，著名的"十今"弟子曾有五位住持过丹霞法席，为丹霞法脉的传承奠定了坚实的基础。丹霞法脉传承于粤港澳等地，为岭南禅宗的中兴作出了重要的贡献。本文主要通过梳理天然和尚及其丹霞法脉的创立传承情况，探寻粤港澳佛教同根同源的传承源流，以加强对祖庭的认同感，共同为粤港澳大湾区建设贡献佛教的力量。

关键词： 清代；曹洞宗；丹霞天然法系；粤港澳；传承

广东韶关丹霞山别传寺是清代岭南曹洞宗的重要祖庭。天然禅师（1608–1685）是曹洞宗第三十四代传人、丹霞山别传寺第一世开法祖，被誉为南粤法门砥柱，他住锡丹霞开法，为丹霞山奠定了千百年的基业。天然禅师一脉主要流传于广东、江西、福建、香港、澳门等地，虽历经历史磨难，衣钵传承依然不绝，乃至对近代粤港澳三地佛教复兴具有十分重要的传承意义。

天然和尚既是佛门一代高僧，也是明末岭南遗民的精神领袖。自20世纪以来，学界和教界对天然禅师的研究做了大量工作。20世纪初期，汪宗衍编制了《天然和尚年谱》，这是目前有关天然禅师行迹考证最为详备的著作，陈垣的《释氏疑年录》考证了天然和尚及其法徒生平年月，冼玉清《广东释道著述考》与丁原基《明代遗民隐于僧者著述考》对天然和尚的著述方面进行了考辩，蔡鸿生《清初岭南佛门事略》对天然和尚有专题的论述，姜伯勤《石濂大汕与澳门禅史——清初岭南禅学史初编》其中提到了丹霞山法脉与澳门普济禅院的渊源，普济禅院现存有天然禅师和澹归禅师的书法、《澹归日记》等珍贵史料。21世纪以后，在学界和教界的共同努力下，由中山大学中国古文献研究所、哲学系、历史系以及其他高校学术机构学者一同把天然和尚及其门下弟子的著述进行了整理研究出版，经本焕长老、印觉法师、顿林法师等教界的大德发起筹办，至今已经召开过四场有关天然禅师的学术研讨会，出版了三本论文集。[①]以仇江、杨权、钟东等为首的学者对清代岭南佛门史料研究整理，特别是以天然禅师为核心的曹洞宗天然法脉的研究做了大量工作，出版了《岭南古寺志系列》《清初岭南佛门史料丛刊系列》及《华严丛书系列》，其中《华严丛书系列》出版了经整理点校的天然和尚系列，如《瞎堂

① 这四场研讨会，第一次是2002年11月6—9日在韶关别传寺举行的“别传寺开山三百四十年研讨会”；第二次是2005年12月18—19日在别传寺举行的“海云寺历史文化研讨会”，出版了钟东主编的《悲智传响——海云寺与别传寺历史文化研讨会文集》；第三次是2008年11月7—10日，在别传寺举行了“纪念天然禅师诞辰四百年学术研讨会”，出版了杨权主编的《天然之光——纪念函昰禅师诞辰四百周年学术研讨会论文集》；第四次是2012年8月15—17日，在广州华严寺举行了“首届华严论坛——天然禅师与岭南文化”，出版了释印觉主编的《天然禅师与岭南文化——广州华严寺首届华严论坛论文集》。

诗集》《海云禅藻集》《天然和尚年谱》《天然函昰禅师语录》《天然禅墨》等。[①]仇江教授在对天然和尚法系的研究上做了大量工作，如他《清初曹洞宗丹霞法系初探》一文就是根据清代雍正版《丹霞山志》及碑刻等材料整理了丹霞山历代住持及法嗣的传承情况。仇江教授《曹洞宗番禺雷峰天然和尚法系》一文则是以实地考察和文献为基础，对天然和尚所住持的寺院以及其法嗣弟子在这些寺院的传承状况做了系统梳理。李君明、聂文莉《明末清初天然函昰和尚及其法属合传》一文根据古今文献，将天然一系僧俗弟子的传记进行合编。[②]

本文旨在通过文献和田野调查的方法，在前人研究的基础上，对清代曹洞宗丹霞天然函昰禅师一系法脉的形成以及其在粤港澳地区的法系传承的情况进行再梳理，试图厘清天然和尚法脉在三江（珠江、香江、濠江）流域的传播历史以及近代本焕长老重兴丹霞后，其法脉传承粤港澳的情况，以增强粤港澳三地佛教同宗同源，法乳一脉的认同感。

一、天然禅师出家始末及其曹洞宗丹霞法系的开创

天然函昰禅师（1608-1685），字丽中，别字天然，俗姓曾，名起莘，字宅师，生于明万历三十六年（1608），是番禺县慕德里司迶迳村人（今广州市花都区花东镇吉星村）[③]。天然禅师生于邑

① 杨权主编：《天然之光——纪念函昰禅师诞辰四百周年学术研讨会论文集》，广州：中山大学出版社，2010年，第344页。

② 同上，第348页。

③ 汪宗衍：《天然和尚年谱》，《大藏经补编》第22册，第891页上。

中望族，于明崇祯十三年（1640）在江西庐山归宗寺礼道独和尚（1600–1661）剃度出家。根据今辩的《天然昰和尚行状》和汪宗衍的《明末天然和尚年谱》等文献记载，曾起莘自幼聪明好学，以孔孟为楷模，以天下为己任，专研世典，饱读儒家典籍。他虽处佛教氛围，起初并不认同于佛教的因果道理，并认为是虚诞之论，甚至不愿意见到僧人。[①]明天启四年（1624）十七岁的起莘考中秀才，成为"博士弟子员"，开始了他科举入仕的儒家正途。他对佛教逐渐"知慕宗乘"源于天启五年（1625）某日，因追荐亡友，他与友人入寺，有一老僧劝说持咒可以求得功名。起初他对此嗤之不信，后经同学陈学佺开解："随人志愿耳，求功名，得功名，求慧性，得慧性。"之后他按老僧的方法朝暮持咒，"一夕静坐，忽觉向所扰者，当下冰释"。后来他又读诵《圆觉经》，见经中的道理与自己的见解相合，因此对经中十二位菩萨的法门各作一首偈颂，展示给同学，无不推服。后来在朋友处偶然看到《楞严经》，虽不解经中奥义，但还是把书借回去，读完十卷后"所见十习因，六交报，一一皆从心生，不由外铄，乃不敢以虚诞及浅近事诬谤因果。自此由教乘入宗趣"。[②]又后来阅读禅宗的《传灯录》，因"不解其旨，并失却从前所得，疑情大发，恳亲学出世法"。[③]此时他即萌生了出家的想法，只是因缘尚未成熟，父母不允许，亲曰："汝欲出世，待名成偿所学未晚。"[④]遵从父母之命的曾起莘，只能发奋努力精研世典，继续追求仕途报国。崇祯六年（1633），

① （明）释函昰：《刻牟子辩惑叙》，《天然昰禅师语录》，香港梦梅馆，2007年，第211页。

② （清）释今辩：《庐山天然禅师语录》，《嘉兴大藏经（新文丰版）》，第38册，第193页上。

③ 汪宗衍：《天然和尚年谱》，第897页上。

④ 同上。

时年26岁的曾起莘在乡试中考得第二名中了举人，但是他“坐念功名富贵，与己无预”。[①]因为他内心已渴望于出世。中举后的第二年崇祯七年（1634），他与诸友人北上参加会试，考试失败。与友人南还路过吉州，病倒在金牛寺，“医不下药，和尚（起莘）起坐祷十方佛，曰：‘倘得不死，即一心学道，自为为人，于诸声利无所图也。’是夜感异梦，汗透重襟而病顿愈。”[②]得到佛菩萨加持身体恢复后，他越加对佛教有信心，于是“还家后，断欲长斋，参究弥切，衣不解带者两月，大悟玄旨，向所谓《传灯》不解者，如数黑白，嗣是阖门益耽信佛”。[③]至此他出家的心更是坚定，恐怕只是时间因缘。崇祯九年（1636），他与好友张二果北上庐山黄岩寺拜访道独和尚，二人一见如故，他两次往返黄岩，道独和尚对他也甚为欣赏，并以偈相赠：“风旛一颂解投机，千里同风事亦奇，三上黄岩问端的，实知野老不相欺。”[④]崇祯十二年（1639），朝廷选拔人才，他曾受举荐为郡守候选人，别人都以为他当得美官之时，他却认为：“选官不如选佛，弃犹敝屣。”[⑤]同年冬天，他去赶考时，父亲对他期望很高，祝福说：“此行当得官帽归。”他说：“帽子倒有一顶，只恐不是乌纱。”[⑥]此答已表明他即将出家的心意，其实他并没有去考取功名，而是去了庐山归宗寺拜见道独和尚，请求出家。崇祯十三年（1640）春，时年

---

① 汪宗衍：《天然和尚年谱》，第900页上。

② 同上，第901页上。

③ 同上。

④ 汪宗衍：《天然和尚年谱》，第902页。

⑤（清）汤来贺：《天然昰和尚塔志铭》，《天然昰禅师语录》卷十二，《嘉兴大藏经》第38册，第199页中。

⑥ 汪宗衍：《天然和尚年谱》，第907页上。

三十三岁的曾起莘，在庐山归宗寺礼道独和尚剃度出家。天然和尚“盛年孝廉弃家，人颇怪之，越数年而国变，始服其先见也”。此处需要说明，天然和尚在明朝江山易手之前就已经出家，后来虽与反清复明之士往来频繁，甚至给他们提供安身之处，但他从未与清朝发生正面对抗，并非因国破家亡的政治原因而出家，是“遗民僧”但他不是“逃禅者”。[①]

天然和尚的剃度恩师道独宗宝禅师是曹洞宗高僧。曹洞宗是洞山良芥禅师在唐代咸通年间在江西洪州开创，其弟子本寂禅师在江西吉水曹山传播，曹洞宗在江西形成了云居、寿昌、青原三大系。寿昌系无明慧经禅师门下弟子又开出江西博山、福建鼓山和武夷山东苑三系。其中博山一系是无异元来禅师所创，天然和尚的师父道独禅师就是博山元来的传法弟子，道独禅师把寿昌一脉从江西传到了广东，开创了南粤曹洞宗风。

崇祯十四年（1641）天然和尚随道独和尚来粤，受请至罗浮山华首台寺，天然禅师潜心禅法，道独和尚请为首座。[②]天然和尚出家后即承担起弘法利生重任，他住持的首座寺院和接法地都是在家乡广东广州。据《天然和尚年谱》记载：崇祯十五年（1642）天然和尚省亲广州，陈子壮等率诸人士延请开法诃林（今广州光孝寺）。十月朔日，入院。越日，道独命函可持送拂子并传法偈，云：“祖祖相传祗一心，青原南岳不须分，三玄照用非他立，五

① 逃禅：原为“逃出佛戒，免受束缚”之意，后来“逃禅”的“逃”却转为“逃而入”，明末清初，政权交替，有一些人因为逃避世事，遁入佛门出家，人们管这些僧人叫“遗民之逃禅”者。

② 首座是禅寺东西两序的首领，四大班首之首。其职掌是代住持统领全寺僧众。《百丈清规》卷四：“表率丛林，人天眼目。分座说法，开凿后昆。坐禅领众，谨守条章。斋粥精粗，勉谕执事。僧行失仪，依规示罚。”

位君臣为此陈。棒下无生凡圣绝，临机不见有师僧，诃林重竖风旛论，却幸吾宗代有人。”[①]接法后的天然和尚正式成为曹洞宗第三十四代传人，为日后创立丹霞法脉奠定了传承的正统。天然和尚在诃林应机施教，大振宗风。顺治五年（1648），他受雷峰隆兴寺主今湛邀请，开法隆兴寺（后改名为海云寺），成为岭南一大丛林。顺治九年（1652），今释澹归（1614–1680）在桂林剃度出家后到海云寺礼天然和尚受具足戒，师赐法名今释，字澹归。

澹归和尚是丹霞山别传寺的直接创建者、开山祖师。自明崇祯皇帝自缢后，明朝遗民李永茂、李充茂兄弟隐居丹霞山多年，伺机反清复明，后因李永茂去世，复明一事更无望。弟弟李充茂礼天然和尚祝发受具，法名今池，字一超。顺治十八年（1661）把仁化丹霞山舍于今释，严事三宝，创建别传寺。康熙元年（1662）澹归和尚初入丹霞开山建寺，此后数年，澹归和尚多方募化，胼手胝足，辛苦经营，并陆续撰写文稿以纪人事因缘，据仇江老师考据，有《丹霞营建图略记》《丹霞山新建山门记》《丹霞大悲阁记》《兜率阁记》《准提阁记》等。[②]康熙五年（1666）经澹归和尚多年营构的丹霞山别传寺终于建成，初具规模，澹归和尚撰写《请雷峰天然老人住丹霞启》前往海云寺恭请天然和尚入主丹霞法席。当年腊月，天然和尚正式进院丹霞，并升座上堂说法，为曹洞丹霞法系第一代开法祖。

天然和尚入主丹霞法席后不久，澹归和尚病重，与天然和尚

---

① 汪宗衍：《天然和尚年谱》，第910页上。

② 仇江：《清初曹洞宗丹霞法系初探》，见《悲智传响》，北京：中国海关出版社，2007年，第20页。

诀别，天然和尚说：“汝前所得，到此用不着，只恁么去，许汝再来。”澹归和尚听后，回光返照，生大惭愧，端身正坐，万念俱息，出了一身冷汗，身体逐渐恢复，从此入室，师资契合，顿忘前所得者，得到了天然和尚的认可。[①]康熙七年（1668）元旦，天然和尚付澹归今释大法，并示偈，曰：“自到雷峰十六年，掣风掣颠，今日丹霞捉败，推向人天，不教总靠着那边。咦！直举无这回护，途绝正遍。休言，只这是难赚豆皮禅，要天下古今，尽溟涬乎豆皮长处，而不知所以然。”是为和尚天然第四法嗣。[②]次年（1669）元旦，天然禅师请澹归和尚为别传寺西堂，康熙十年（1671），天然和尚退院丹霞赴庐山归宗寺。康熙十三年（1674），澹归和尚在归宗寺拜谒天然禅师后回丹霞晋院上堂说法。天然和尚离开丹霞后往来于归宗寺、栖贤寺、海云寺等诸寺。康熙二十四年（1685）八月二十七日酉时，天然和尚圆寂于海云寺丈室，亲书偈别众，曰：“生也如是，死也如是，如是不是亦如是，是不是亦如是。星宿经天，霜风帀地，汝诸人到者里，大须仔细。七十八年老道翁，翻转面来，不知是我是你，信手拈来，犹较些子。”[③]次年四月众弟子为天然和尚葬于丹霞山佛日山麓。康熙五十三年（1714），今但禅师把天然和尚真身塔迁葬于罗浮山，建塔于黄牛迳下。时任别传寺住持古奘禅师则把天然禅师的衣钵重葬于丹霞山。

① 李明山：《天然禅师与丹霞山别传寺》，《天然禅师与岭南文化》，巴蜀书社，2014年，第212页。

② 汪宗衍：《天然和尚年谱》，第953页上。

③ 同上，第973页上。

二、丹霞天然法系在粤港澳地区的传承

曹洞宗第三十四代、丹霞山别传寺第一代的天然和尚及其法脉，是清代岭南禅宗的中坚力量，禅宗的发展达到了唐代六祖惠能大师以来的第二个高峰。[①]根据仇江老师的研究，天然和尚一脉主要传承于江西庐山、广东、福建及澳门、香港。其中江西庐山主要是黄岩寺、归宗寺、栖贤寺、净成寺、巢云庵；广东主要有华首台寺、光孝寺、海云寺、别传寺、海幢寺、开元寺、芥庵、莪庵、无著庵；福建福州西禅长庆寺；澳门观音堂普济禅院；香港大屿山宝莲寺等。本文则试图简要介绍丹霞一脉在粤港澳地区的情况。

（一）广东地区天然和尚法脉传承情况

天然和尚入主广东丹霞法席，为别传寺乃至岭南禅宗培养了大批的传法宗师和宗门大德。其著名弟子有“十今”：今无、今覞、今摩、今释、今壁、今辩、今葸、今遇、今但、今摄。其中今释、今辩、今葸、今遇、今但五位，更是丹霞山的传法宗师。天然和尚师父道独禅师制定了其法脉传承的传法号偈语：道函今古传心法，默契相应达本宗，森罗敷衍谈真谛，此印亲承永绍隆。据仇江老师研究，自天然禅师入主丹霞（1666）到澹归和尚因文字狱案发（1775），天然丹霞一系被逐出丹霞山之间，曹洞

① 仇江：《曹洞宗番禺雷峰天然和尚法系初稿》，《天然之光》，中山大学出版社，2010年，第7页。

丹霞法脉最少传过今、古、传、心、法五代。其历代住持分别是：天然函昰——澹归今释——乐说今辩——泽萌今遇——角子今莀——圆音古梵——愿来古奘——尘异今但——密因古如——继祖传炉——太虚心包——法基。[①]清代徐作霖等辑的《海云禅藻集》是天然弟子的诗文集，该文集附有天然弟子的略传，所以也被称为《雷峰海云志》，据其中记载，与丹霞山有直接关系的天然和尚弟子有："澹归今释，其创立丹霞名刹，又充当西堂、监院，前后勠力十六年。今壁，康熙七年（1668）解夏，天然和尚付与大法，分座丹霞，后主法海云、海幢两山。今堕，诃林（光孝寺）监院，后随澹归开山丹霞别传寺，勇于办道，诚为宗门爪牙。新会今二，平生豪举，人亦罕近之者，一见天禅师即戢身皈命，往来匡卢丹霞。今端，为丹霞下院龙护园主。今龙，随入丹霞参请益切，石鉴分座怡山，以监寺辅行。往参天童，得木陈和尚付与大法，道风倾于东南。今鸷，丹霞化主。今普，丹霞化主。古正，历居归宗、丹霞、雷峰诸山。古义，出世丹霞，历诸上刹，皆典重职。古证，出世丹霞，以柔忍摄众。今身，登具丹霞，侍天然和尚于归宗，晚归苍梧龙化七寺，多致儒生之慕。"[②]

此外广东地区的罗浮山华首台是由天然和尚、其师道独和尚和法弟三人开博山法门，中兴华首台，道风远播。其后更有今无、今遇、今但等大德住锡于此。1642年，天然和尚受陈子壮等延请住持开法诃林（今广州光孝寺），缁素礼足凡数千人。1648年，

① 仇江：《清初曹洞宗丹霞法系初探》，《广东佛教》2004年第6期，第23-31页。

② 陶迺韩：《大乘菩萨道精神在明末清初的落实与发展——以天然一系在岭南（广东）的发展为例》，《中华佛学研究》第五期，台北中华佛学研究所，2001年，第405-410页。

天然和尚出任番禺隆兴寺（1658年改名海云寺）开山第一祖，其门下弟子与海云寺结缘者众多，如今无、今覞、今摩、今释、今壁、今辩、今堕等百五十余人。1655年，道独禅师应邀住锡海幢寺，此后天然和尚、今无、今释、今辩、角子、古奘、今但、古云、传严等名僧先后住锡于此。1659年，澹归今释禅师复还载庵。1663年天然和尚在其师道独和尚圆寂后，继其法席主持东莞芥庵。今覞、今佛、今但、今释等俱在芥庵住锡修行过。在天然和尚的引导下，天然和尚俗家的亲眷父亲、母亲、两个妹妹、俗妻、儿子、从弟、侄子都皈依佛门出家修行。其中广州无著庵是天然和尚胞妹今再来机比丘尼创建的。1736年，天然和尚徒孙密因古云应邀前往潮州开元寺出任住持，是该寺传曹洞宗第一任住持，1749年退居，在任14年。[①]因篇幅有限，以上是为天然和尚一脉在广东的简单介绍，有兴趣者可参阅《天然和尚年谱》等相关文献。

（二）港澳地区天然和尚法脉传承情况

港澳佛教与内地佛教同根同源，关系密切。澳门古称濠镜澳，与广东省香山县的历史关系极其密切。唐代咸通年间（860–872）初年，真教禅师（又名法果）就到香山地区传教。宋代圆明禅师、惠慈普济禅师等大德来此建寺弘化，可见宋代佛教在此地区已比较流行。至元代佛教寺院大都毁于兵燹。但到明末，由于内地的高僧大德来此弘法，佛教又才再度兴起。其中澳门历史最悠久的佛教寺院是普济禅院。据《普济寺普同塔铭》记载，普济禅院始

① 仇江：《曹洞宗番禺雷峰天然和尚法系初稿》，《广东佛教》2004年第6期，第17–23页。

于明朝天启三年（1623），崇祯五年（1632）建普同塔，几毁几建，屡经沧桑。[①]

普济禅院是明清之际“遗民”“流人”的聚会之地。[②]与天然和尚同时期的大汕禅师更是中兴普济禅院的关键人物。据《大南实录》记载：石濂和尚号大汕，清浙西人，博雅恢奇，凡星象律历衍射理数篆隶丹青之属，无有不会，而尤长于诗。[③]大汕禅师出家后南下广州，出任广州长寿寺住持，后经商人介绍前往越南弘法，1696年回到广州后，出巨资修复澳门普济禅院。由于大汕禅师对普济禅院的发展发挥了极其重要的作用，今普济禅院祖师堂的祖师谱称大汕为“洞宗第二十九世开建长寿、飞来石濂大汕太祖太老和尚”，开创“大汕宗风”。[④]

在现存的《普济禅院西方东土历代祖师菩萨莲座》的谱牒中，可以看到继大汕禅师之后，有不少内地的大德曾来澳门弘法，其中天然和尚一脉有：

> 洞宗三十五代法嗣、广东丹霞海幢寺僧默潭和尚，曾来澳门普济禅院，并担任妈阁庙住持。
>
> 洞宗三十五代法嗣、广东番禺海云寺主席道果和尚，曾来澳门普济禅院弘法。
>
> 洞宗博山广东丹霞山海幢寺第十二代法嗣合初，曾来

① 何建明：《略论清代澳门与内地的佛教文化关系——以普济禅院为主的个案研究》，《文化杂志》1999年第38期，澳门文化司署出版，第37页。

② 姜伯勤：《澳门普济禅院藏澹归金堡日记研究》，《文化杂志》1999年第38期，澳门文化司署出版，第19页。

③（清）大汕撰：《海外纪事》附录九，北京：中华书局，1987年，第139页。

④ 章文钦：《澳门与中华传统文化中的航海保护神》，载刘月莲、黄晓峰编：《妈祖信俗历史文化研讨会论文集》，第199页。

澳门普济禅院弘法。[①]

可见天然和尚法系曾住锡于普济禅院，成为普济禅院的弘法中坚力量之一。此外在普济禅院藏经阁中，现存有天然和尚墨迹《咏百合花之二》的行书诗轴，澹归禅师的亲笔《丹霞日记》和行书条屏。[②]虽然目前尚无相关史料表明天然和尚和澹归和尚曾到过澳门，至于他们的书法作品是何时经何人流传到澳门并收藏于普济禅院，还有待进一步研究。但是，天然和尚与澹归和尚的墨宝珍藏于普济禅院，以及天然一脉曾住锡普济禅院，表明了他们与澳门佛教有紧密的联系，天然禅师的宗风对于普济禅院乃至整个澳门佛教文化的重要影响力。

香港佛教早在1500多年前就由中国内地传入，据邓家宙《香港佛教史》引用《新安县志》云："元嘉五年（428）三月，（禅师）憩邑屯门山，后人因名曰杯渡山。"[③]表明杯渡禅师是把佛教传入香港的最早期大德。现在屯门青山禅院后还有杯渡岩遗址和杯渡禅师石像以及杯渡洞、杯渡井等遗迹。香港地区有关丹霞山天然和尚法脉传承的资料相对较少，有"香港第一禅林"之称的大屿山宝莲禅寺却与丹霞法脉有密切联系。大屿山宝莲寺始创，是由释大悦、释悦明、释顿修三位禅师于1911年从罗浮山来港开山，三人最初只是盖了一小茅棚，后来得到十方善信的捐助，建成大木屋一间，被称为"大茅蓬"。[④]

1924年，纪修法师在定佛尼师的介绍和帮助下来到香港大屿山。纪修法师（？—1938），出生年代不详，是广东四邑人，光

① 郑炜明、黄启臣：《澳门宗教》，澳门基金会，1994年，第16–17页。
② 何建明：《略论清代澳门与内地的佛教文化关系——以普济禅院为主的个案研究》。
③ 邓家宙：《香港佛教史》，中华书局（香港）有限公司，2015年，第6页。
④ 叶文意：《香港早期之佛教发展》，香港佛教法相学会，1992年，第16页。

绪年间到广东丹霞山别传寺出家，后前往罗浮山华首台受具足戒，此后在丹霞山修行多年，光绪末年前往江南名刹参学，民国三年（1914）挂搭在镇江金山寺，任夜巡打更工作。纪修法师到香港后在鹿湖紫竹林遇大茅蓬释心空、释明新、释悦明诸位法师，据《大屿山志》记载：诸师见纪修法师敦厚持重，见闻广博，又是丹霞门下，参学于金山禅寺，诚为法门龙象，恳邀其上山，创建一座十方丛林，并且愿捐出大茅蓬并入十方丛林。纪修法师无法推辞，只能随顺因缘，一同发心修建道场。他们建木屋作禅堂，跑香坐禅，振宗风，转法轮，领众匡徒，十方丛林规模渐具，改名为宝莲禅寺，大众公推纪修法师为开山第一代祖师。[①]1925年宝莲寺首次传戒，纪修法师为得戒和尚，妙参法师为传戒监寺。1928年，纪修法师大兴土木，大雄宝殿及其他殿堂陆续落成。1930年，纪修法师任满两届方丈法席，坚决辞位退居，请筏可法师继任。1938年，纪修法师圆寂于宝莲寺。至于天然和尚法脉在香港的其他传承，暂时还没发现有更多史料的支持，有待进一步研究发现。

丹霞山天然和尚法脉自乾隆四十年（1775）澹归和尚文字狱事件，几近断绝。1980年，广东韶关仁化县政府礼请本焕长老（1907—2012）到丹霞山恢复别传寺，本焕长老看到一片残垣断壁，佛像被毁，几近荒废的祖庭，不禁黯然泪下。经过四年多的苦心劳作，重修殿堂，修复了澹归墓、浮屠塔等重要文物，1984年4月8日别传寺举行了落成暨佛像开光典礼。本焕长老恢复丹霞山后一方面与学术界一起重新

① 叶文意：《香港早期之佛教发展》，香港佛教法相学会，1992年，第16页。

整理有关天然和尚的资料，如上面所提到的学术研讨会和相关文献出版；一方面把丹霞山的法脉重新续起来，禅堂开单接众，跑香坐禅，打禅七，同时把禅宗法脉传于后人，并遥续了丹霞法脉，其为重兴丹霞第一代，其传法弟子为重兴丹霞第二代，以期代代相传把丹霞法脉重新发扬光大。本焕长老法嗣弟子近千人，特别是粤港澳等地很多大丛林方丈、知名法师皆是其接法弟子，如新成长老、明生法师、心静法师、印觉法师、妙净法师、印顺法师、济群法师、顿林法师，香港的智慧长老、泉慧长老、融灵长老、宏勋法师、宽运法师、澳门健钊长老等诸多佛门大德均继续传承着本焕老和尚以及丹霞天然和尚的法脉。

三、结 语

由上述可知，丹霞山别传寺是天然和尚开法的道场，在清代岭南地区具有十分重要的地位，其门下“十今”有五位先后住持过别传寺。天然和尚与澹归和尚及其门下法嗣弟子把曹洞宗博山一脉发扬光大，岭南禅宗出现了唐代六祖大师以来的第二个高峰。丹霞山别传寺在天然和尚、澹归和尚等大德的胼手胝足、苦心经营下，与韶关的曹溪、云门鼎足而三，成了岭南一大梵刹。丹霞法脉虽历经磨难，几近断绝，但在改革开放落实宗教政策后，丹霞山迎来了重兴的曙光，特别是在当代佛门泰斗本焕长老的苦心重建下，丹霞一脉重兴并传承于华夏大地乃至于国外，丹霞更是成了粤港澳等地大多数佛教丛林的祖庭。

岭南佛教的核心精神探讨

北京师范大学　徐文明

摘要： 岭南佛教是中国佛教的重要组成部分和杰出代表，六祖惠能是富于创新精神的思想家，也是岭南佛教的代言人。六祖强调摩诃般若波罗蜜，主张心量广大，做大做强。大，是六祖思想的核心，也是岭南佛教的真精神。弘传岭南佛教，做大做强湾区，是时代的使命。

关键词： 岭南佛教；六祖惠能；摩诃般若波罗蜜

岭南佛教历史悠久、源远流长，宗派众多、大师辈出，不仅遍及华南两广，还影响全国、辐射东亚，是中国佛教非常重要的一个分支和组成部分。岭南佛教的地位和作用众所周知，那么其核心精神究竟是什么，其区别于其他地区的特殊性到底在哪里？这一问题可能是一个永久性的话题，也是需要不断深入研究并且结合时代进行新的阐释的重要命题。

说起岭南佛教，首先会想到其代表人物六祖惠能大师。虽然岭南佛教大师辈出，群星灿烂，但毫无疑问他是其中最为杰出的代表，是最亮的那颗巨星，是岭南佛教的代言人。他是中国佛教史上最具创造力的思想家，贯穿东西，融合南北，将中印两国的文化精髓熔入一炉，创造了一个崭新的富有特色的佛教思想体系。

诚然，在六祖惠能前后，都出现了不少有影响的佛教大师，他们都对岭南佛教的发展做出了很大贡献，早期如牟子、康僧会、昙摩耶舍、菩提达摩、求那跋陀罗、求那跋摩、僧敬、智药、真谛等，后期如义净、不空、鉴真、仰山惠寂、云门文偃、大慧宗杲、山翁宗宝、憨山德清、天然函昰等，我们可以列出一长串的名字。为什么以六祖惠能为岭南佛教代表人物呢？

一则很多佛教大师，特别是早期的人物，都是印度人，作为中国佛教的重要分支，虽然我们并不排外，也承认印度佛教的东传是岭南佛教产生的源泉，印度佛教的大师为其发展做出了重大贡献，但是选择岭南佛教代表，还是以本土佛教大师为宜，这也符合倡导中国佛教本土化、中国化的新形势。

二则岭南特别是广州，是南来北往的交通枢纽，是传法、求法的中转站，堪称世界佛教的重要驿站，过往人物特别多，主要代表有义净、鉴真等，他们多数人并非长期在岭南弘法，而是在一个阶段路过这里或暂时在这里弘化。

三则影响力和代表性不足，有些大师从某一个阶段或某个局部地区来看十分重要，然而放在整个历史时期和全国乃至世界佛教的大格局下来看，重要性和代表性就显得有些不足了。

综合上述三个条件，六祖惠能既是地地道道的中国人，又是确确实实的岭南人，虽然其籍贯可能属于北方范阳，家族属于赫赫有名的范阳卢氏，但是他本人却生在岭南，长在岭南，除了短期到黄梅求法之外，一生基本上都在岭南，除了得法地点在黄梅，出生、出家、受戒、传法、入灭都在岭南。因此，他是岭南本地的佛教大师，一生与岭南密不可分。

六祖惠能是中国禅宗的第六代祖师，是岭南佛教主体宗派禅宗的代表。岭南佛教宗派众多，百花齐放，禅宗、密宗、律宗、净土宗、成实师、涅槃师、摄论师等都有，中国佛教的主要宗派基本上齐全了，然而多元一体，一主多从，不可否认的是，禅宗始终是岭南佛教的主流。选择六祖惠能，也代表了其前后的禅宗大师。

六祖惠能既是岭南佛教的代表，也是中国佛教的代表，还是世界佛教的重要代表之一，早在唐朝末期，就呈现了“凡言禅，皆本曹溪”的局面，曹溪一滴水，润泽天下人，从中国到朝鲜、日本，到越南，再到近代的欧美，六祖惠能已经走向了世界，影响了世界。

六祖惠能还影响了中国文化的格局。六祖之前，中国文化主要以黄河流域的儒家文化和江淮流域的道家文化为代表，六祖则提升了岭南地区的地位，形成以珠江流域为中心的佛教禅宗文化，从而实现了三足鼎立的新格局。六祖以前，岭南地区总是被认为是未开化之地，是南蛮、獦獠盘踞之处，也常常是被贬官员流放的首选地区，六祖本人出生于岭南，也得益于这一政策。后来岭南地区的开发与发展势头越来越猛，与日俱增，乃至今天成为改革开放的首善之区和桥头堡，成为中国经济文化发展的排头兵，与极具创新精神的禅宗文化有一定的关联。

作为岭南佛教的代表，六祖惠能的思想奠定了岭南佛教的基因，代表了岭南佛教的核心精神。

《六祖坛经》是六祖惠能思想和禅法的集中体现，是中国历史上唯一一部被公认的佛经，可谓空前绝后。这是继《牟子理惑论》之后岭南佛教对于中国佛教做出的更加重要的贡献，是佛教中国化的一部里程碑式的著作。

六祖惠能十分重视《金刚经》，这是般若类经典中的代表和精华，这不仅是南禅的特色，更是体现了对于“摩诃般若”即“大智慧”的重视。

据《六祖坛经》：

摩诃般若波罗蜜，
最尊最上最第一，
无住无往亦无来，
三世诸佛从中出。

这是六祖大师最喜欢的一首偈颂。他认为摩诃般若波罗蜜法是至高无上的法门，是超越三世、遍及十方的妙法，是诸佛之母，是诸佛成道的必由之路。

六祖倡导摩诃般若波罗蜜法，强调“摩诃”的本质是有一颗大心，认为大心才能包容一切，大心才能获得解脱。他指出：

何名摩诃？摩诃是大。心量广大，犹如虚空，无有边畔，亦无方圆大小，亦非青黄赤白，亦无上下长短，亦无嗔无喜，无是无非，无善无恶，无有头尾。诸佛刹土，尽同虚空。世人妙性本空，无有一法可得。自性真空，亦复如是。

善知识，莫闻吾说空，便即著空。第一莫著空。若空心静坐，即著无记空。善知识，世界虚空，能含万物色像。日月星宿，山河大地，泉源溪涧，草木丛林，恶人善人，恶法善法，天堂地狱，一切大海，须弥诸山，总在空中。世人性空，亦复如是。

善知识，自性能含万法是大。万法在诸人性中。若见一切人，恶之与善，尽皆不取不舍，亦不染著，心如虚空，名之为大。故曰摩诃。

六祖把摩诃解释为心大，这是一个创造性的解释，抓住了其本质。摩诃，般若，波罗蜜，这是一个层层递进的关系，心大，才能产生智慧，有了智慧，就能到达涅槃彼岸，成就无上佛果。大心产生大智慧，大智慧产生大果，达到究竟涅槃。这也是一个因果关系，大因大行，才能成就大果。

大是核心，大是根本，种大因，才能得大果。发大心，起大愿，行大行，证大果，这是一个必然的逻辑顺序。大心，首先是发菩提心，直趣菩提，誓愿成佛。六祖本人便是一个最好的榜样，他在到达黄梅之后，五祖便问他是哪里人，欲求何物，他则回答弟子是岭南人，但求成佛，不求余物，体现了以佛果为目标的决心，而在五祖故意打压他，直言他是未开化的獦獠时，他又体现出了强烈的自信心，认为佛性人人皆有，南人也有成佛机会。

六祖还强调“心量大事，不行小道”，心中要思考大事，不要斤斤计较，老是琢磨一些鸡毛蒜皮的小事；要行不由径，直道而行，专行大道，不能老想着如何占小便宜，走捷径，老是谋划如何投机取巧、事半功倍。

心量广大，首先是格局要大，不能只想着自己这一亩三分地，要立足岭南，胸怀世界。岭南佛教的发展要与大湾区的整体规划相契合，世界一流湾区，不仅要有世界一流的经济与科技等硬实力，更要有世界一流的文化宗教等软实力。岭南佛教的定位应当调整，不能满足于国内一流，必须是国际一流，必须为建设世界一流的大湾区贡献力量。

心量广大，胸怀要大，要有海纳百川的胸怀与气度，要善于包容，对人宽容。有容乃大，心如虚空，才能大。大湾区建设遇到的一个重要挑战便是两种制度、两种模式的兼容问题，两地同属中国，多大的矛盾都属于国内矛盾，主要是人民内部矛盾。因此化解矛盾的关键是双方要有包容之心，要协商解决，不要把内部矛盾外引，使之上升为国际争端。两地都是中国，两边都是中国人，都是自家同胞，什么事都可以商量。制度没有绝对的优劣，要看能不能发挥体制的优势，避免和弱化劣势。两种制度、两种模式，恰恰是大湾区的优势和特色所在，因为这是其他经济带或城市群没有的特点，处理好了，就能够同时发挥两种制度的优势，避免两种体制的弱点，做到扬长避短。要相互鼓励，相互学习，不要过多地相互批评，相互指责。

在这方面，岭南佛教正好可以发挥自己的优势和特长。众所周知，佛教是最善于化解矛盾的宗教，是最主张和平的宗教。在历史上，岭南两次遭遇外族入侵、国破家亡之痛，而清朝南下导致的二次屠城比南宋之末更加可怕惨烈。比起政治上的占领，清朝早期的“留发不留头”的文化征服更加野蛮，但是也留下一个活路，允许剃发出家，佛教的剃度恰恰成为这一野蛮政策的润滑剂和缓冲器，既让一部分爱国知识分子保留了最后的尊严，也让清朝统治者保住了面子。可以说，佛教的剃度制度保住了很多爱国知识分子的脑袋，也为中华文化的复兴保留了火种。

清初大佛寺的兴建便是一个很好的例证，尚家父子一方面可以说是杀人魔王，是汉奸，另一方面又是虔诚的佛教徒和大功德主，这两种角色是完全矛盾的，然而又是同一的。通过兴修大佛寺，尚家一方面表现了内心的赎罪意识，一方面又借此表明自己并非十恶不赦之人，心中还是有向善的追求，其攻城略地、杀人如麻也是局势使然，情不得已，希望能够获得广东人民的理解和谅解，让自己的统治能够比较安稳。

尚家为代表的统治阶层通过佛教表达善意与和解，另外一方的佛教人士也给予了回应。有人指责澹归今释与尚家合作，甚至参修《元功垂范》，认为这是其一生的污点。这一看法其实可能是不公平的。首先佛教的宗旨是众生平等，并不站在某一特定人群立场上反对另一人群，其根本目的是化解矛盾而非制造甚至激化矛盾。在当时情况下，和解是必须的，如果刻意渲染民族与文化冲突，处在劣势与被统治地位的汉族就不仅面临亡国、还要面临灭种问题，这当然不可能是佛教徒的选项。与统治者进行某种程度的合作，是为了佛教的生存与发展，更重要的是为了生存。澹归今释如是，无可大智也如是，“莫把是非来辨我，刀刀只砍无花果”，不仅表现了澹归今释的无奈与牺牲，也彰显了他的伟大与无私。

总而言之，佛教是化解矛盾的利器，是民族团结的催化剂。心量越大、胸怀越大、气度越大，相互矛盾就越少，彼此理解就越多，社会就越和谐，双方就越团结。岭南佛教是一个更大范围的地域佛教，其核心是大湾区佛教，而大湾区佛教之中，香港佛教与澳门佛教是有机的组成部分。首先要进一步加强与港澳地区佛教的团结与合作，使大湾区佛教成为一个整体；其次要发挥其社会作用，特别是调解冲突、化解矛盾的作用，使双方减少喊打喊杀的不和谐之杂音，突出两边一国、同胞一体的共识。

心量广大，开放是大。岭南是最早开放的地区，没有对外开放，没有东来西去的传法与求法高僧，就没有岭南佛教。过去的岭南佛教主旋律是引进来，今天的主旋律则是传出去，要把包括岭南佛教在内的先进的优秀的中国文化传播到世界各地。比起中国产品的向外输出，某些国家对于中国文化的向外传播更加敏感，甚至刻意打压，这恰恰说明兴办孔子学院是完全正确的。我们不仅要办孔子学院，还要办老子学院，还要办惠能学院或者六祖学院。岭南佛教应该率先在世界各地举办六祖学院，把岭南佛教的精华传播出去，让世界人民分享。特别是让那些本民族优秀文化早就放弃不用，还大言不惭地号称文化软实力比中国优越的傲慢无礼的人受受教育，多存一点谦卑与恭敬，少一点盲目自大与穷兵黩武。

心量广大，创新是大，效仿古人与学习他人只是知识的量变，并不增加新理论与新思想，只有创新、创造才会增加有价值的新理论，才会使人类知识宝库真正变大。岭南佛教也是如此，应当结合新形势，解决新问题，应对新挑战，创造新思想，不能故步自封，陈陈相因。六祖大师是最有创造力的思想家，是岭南佛教的榜样，我们应当多向六祖学习，打破思想禁区，克服思维定势，创造出更多的符合时代要求的新理念、新知识，使岭南佛教走上一个新的台阶。

心量广大，务实是大。岭南佛教特别重视实际，不尚空谈，在佛教发展与寺院建设方面重视经济力量的培植，既强调农业，又重视商业，不仅不反对经商，还积极参与，很多寺院不仅有大量寺田，还有长生库、质库等，这就壮大了寺院的实力，扩大了佛教的话语权。

心量广大，无诤是大。六祖惠能特别重视无诤法门，以无诤为根本，他在《定慧一体品》中指出：

若心口俱善，内外一种，定慧即等。自悟修行，不在于诤。若诤先后，即同迷人，不断胜负，却增我法，不离四相。

六祖强调要表里如一，心口皆善，就是存好心、说好话、办好事、做好人。要定慧一体，有悟有修。人的境界高低要看实修功夫，不在于诤。如果争论先后，执着是非，就同迷人，不能断绝胜负之心，不离我相、人相、众生相、寿者相四相。喜欢争论，就容易失去平常心，义理之争就会变成意气之争，只想着强词夺理，压人一头，以获胜为目的，而不是以明理为目的，这样的争论没有想着明辨是非，没想着获得真理，只会增加矛盾，没有正面价值。

六祖有一《真假动静偈》，再示无诤：

报诸学道人，努力须用意。
莫于大乘门，却执生死智。
若言下相应，即共论佛义。
若实不相应，合掌令欢喜。
此宗本无诤，诤即失道意。
执逆诤法门，自性入生死。

六祖强调不要执着于生死是非，不要沉迷于分别二见。对于言下相应、有共同语言者可以讨论佛理，激扬大义；而对于志趣不一、话不投机者，则合掌礼敬，令其欢喜。禅宗本来无净，一产生诤论，就与佛法和合精神相违，入生死门，离菩提智。

六祖思想符合时代要求。空谈误国，实干兴邦。挑起矛盾、制造仇恨，就不仅是误国，而是害国、祸国了。

无诤才能团结，团结才能强大，岭南佛教文化及其他优秀传统文化完全可以成为两个地区的黏合剂，民族团结的催化剂，振奋人心的强心剂，为建设大湾区贡献最大的力量。

《楞严经》与南宗禅的因缘

华南师范大学　夏志前

提要:《楞严经》出自广州，南宗禅亦发轫于岭南。在广州光孝寺出现的六祖惠能、宰相房融、西僧般刺密谛，以及与之相关的风幡台、译经轩、滩哥砚，似乎将《楞严经》与南宗禅紧密地联系了起来。与之相应的诸如译经、解经等历史“事件”，也以特殊的方式呈现了南宗禅发展的思想史脉络。

关键词:《楞严经》；南宗禅；滩哥石砚；风幡之议

作为通常被列为“中国撰述”的佛教经典，《楞严经》如何跻身于佛教圣典之列，又如何在中国佛教传统中占有一席之地乃至被推崇备至，这本身就是一个非常有意思的思想史议题。而《楞严经》在晚明的流行并于当时的佛教复兴运动中发挥重要作用，更是值得我们讨论的课题。从福柯的《知识考古学》关于话语与权力关系的讨论来看，《楞严经》的流行过程，就是其话语权力在“言说”——诠释中被建构起来的过程。《楞严经》成立之后，很快在汉地流行起来，对中国佛教的诸宗派均产生了深远的影响。无论是天台宗、华严宗还是禅宗，都将《楞严经》作为本身宗派的重要经典加以诠释和应用，即便是禅宗的南北两派，对

《楞严经》都有各自的诠释与发挥。[①]本文拟通过对滩哥石砚与房融笔授《楞严经》的关系问题的考察，以及对《楞严经》在蜀地的流传与保唐禅之楞严学的分析，初步讨论《楞严经》与南宗禅的特殊因缘。

一、滩哥石砚与房融笔受《楞严》

在关于《楞严经》的传译的讨论中[②]，我们就已经发现，《楞严经》扑朔迷离的历史源流多少使得这部经典带上了神秘的色彩。但正是在众多怀疑的目光之中，《楞严经》却堂而皇之地成立了，而且很快就成为中国佛教的“圣典”之一。

且不说天台智者大师“悬记”《楞严》的历史真实性，即便是房融笔受《楞严》的事实也遭到了怀疑。吕澂提出的证伪依据之一就是，“智升《续译经图记》录传闻之辞，《楞严》是神龙元年五月二十三日极量所译，房融笔授。按融以神龙元年二月甲寅（四日）流高州，州去京师六千二百余里（《旧唐书》四十一），关山跋涉，日数十里，计百数日，几不达贬所，安能从容于广州笔授

① 关于《楞严经》与北宗禅的关系，见拙文《楞严经与北宗禅》，《华东师范大学学报（哲学社会科学版）》2011年第3期，第92–97页。

② 关于《楞严经》传译的讨论，参见拙文《从天台悬记到楞严百伪——以〈楞严经〉的诠释史为中心的佛教中国化问题研究》，载觉继、学愚主编：《人间佛教的理论与实践》，北京：中华书局，2007年，第233–249页。

而即成其所译耶？”[①]但据《番禺县志》载：

光孝寺藏殿楼阁五十三参之上有经函一，上刻十字云“欲要此经开，须同慈氏来”。此秘文也，寺僧不敢启。宋咸淳戊辰（1268），藏殿失火，皆为灰烬。又《法华莲华经》七卷，金丝栏，卷首图诸天佛像，银体而金饰。此西蜀益州本。又《佛顶楞严经》，乃唐相房融笔授，胡僧所译者。宋绍兴间（1131–1162），薌林居士向子諲、初寮王安中及向蒋粲、李僇、刘岑、吴说、严博文，[②]是观道人，共书之姓名，名具见于经卷之首。又有大砚，刻云“大唐神龙改元七月七日，有天竺僧般剌密帝自广州译经回”。出示此砚验之，乃滩哥石也。其坚实可爱，置几案间，如厚重君子。因识于后，以永其传。前正谏大夫同中书门下平章房融书其后，长乐林衢有诗纪实云：“开池曾记虞翻苑，列树今存建德门。无客不观丞相砚，有人曾悟祖师幡。旧煎诃子泉犹冽，新种菩提叶又繁。无奈益州经卷好，千年金缕未消痕。”今砚不存。[③]

这则记载将译经的日期推迟了数月，对于译经时间的进一步考证，或可释吕先生之疑。

① 见吕澂：《楞严百伪》，《吕澂佛学论著选集》，济南：齐鲁书社，1991年，第371页。另据何格恩所说，“唐代流贬官员，均驰驿发遣。……跋涉五千里之长途，平均每日七十里计算，大约需七十余日，便可到达。据罗振玉《纪元以来朔闰考》卷三，神龙元年二月辛亥朔，甲寅当为初四日。假如房融于二月初四由东都启程，则四月中旬可抵广州，与《佛祖历代通载》所言偶合。”（见何格恩《房融笔受〈楞严经〉质疑》，张曼涛主编《现代佛教学术丛刊》第35册，大乘出版社，1978年，第320页。）

② 此中所列诸子，多为宋代书法名家。

③ 见同治《番禺县志》卷五十三《杂记》，《中国地方志集成》“广东府县志辑”《同治番禺县志》，南京：凤凰出版社，2003年，第633页。林衢为五代（907–960）时人，生平事迹不详。

据笔者所见，现存文献中关于房融在光孝寺译《楞严经》所用滩哥石砚的最为翔实的记载，当属明初文臣宋濂所作的《滩哥石砚歌并序》。文曰：

朱舍人芾，雅士也。近见滩哥石砚禁中，遂摹拓一本，装褫成轴，悬之书斋，命予作歌填其空处。歌曰：朱君嗜古米黼同，三代彝器藏心胸。滩哥古砚近获见，惊喜奚翅逢黄琮。研煤敷纸巧摹拓，访我一一陈始终。有唐四叶崇象教，梵僧航海来番禺。手持贝叶写健相，翻译华竺谈玄空。辞义幽深众莫识，当时笔受唯房融。砚中淋漓墨花湿，助演真乘诚有功。爱其厚重为题识，七月七日元神龙。鬼工神斧琢削古，天光电影生新容。袤将四尺广逾半，作镇弗迁犹华嵩。涉唐入宋岁五百，但见宝气浮晴虹。南渡诸公竞赏识，氏名环刻萦秋虫。朔元虽已实内府，弃置但使烟埃封。方今圣人重文献，毡蒙舟载来江东。风磨雨濯露精彩，奉敕升入文华宫。宫中日昃万几暇，侍臣左右咸云从。紫端玄歙尽斥去，欣然为此回重瞳。重瞳一顾光照日，天章奎画分纤秾。有才沉薶恨已久，石如能语夸奇逢。唯昔成周全盛日，兑戈胤衣并大弓。藏诸天府遗子孙，用以镇国昭无穷。愿将斯砚传万世，什袭不下古鼎钟。上明文德化八极，下书宽诏苏疲癃。君方执笔掌纶诰，愿以此言闻帝聪。老臣作歌在何日？洪武戊午当严冬。[①]

宋濂（1310–1381），字景濂，浙江金华人，为明朝“开国文

① （明）宋濂：《宋濂全集》，杭州：浙江古籍出版社，1999年，第1631–1632页。

臣之首”。洪武初年，明太祖朱元璋征宋濂入朝，“命授太子经”。朱芾，字孟辩，自号沧州生，华亭（今上海松江）人。洪武初以征聘至官编修，改中书舍人。工词章、翰墨之学。[①]宋濂及其子与朱芾一朝为官，而且同在“禁中”共事，交往甚密也有可能。宋濂在朝之时，“郊社宗庙山川百神之典，朝会宴享历律衣冠之制，四裔贡赋赏劳之仪，旁及元勋巨卿碑记刻石之辞，咸以委濂，屡推为开国文臣之首。士大夫造门乞文者，后先相踵。……四方学者悉称为太史公，不以姓氏”。[②]朱芾所拓滩哥石砚，请到宋濂作歌，亦在情理之中。以宋濂所作《滩哥石砚歌》为中心来讨论房融于光孝寺笔受《楞严经》之历史事件，似乎可以发现《楞严经》真伪之争过程中的一些关键问题。

滩哥石砚乃砚中珍品，世所罕见，即便在专业收藏家那里，似乎也难得一见。在宋濂之前，关于滩哥石砚的记载也并不多见。而在文献中所提及的滩哥石砚，似乎多与“译经大砚”有关联。

高似孙（1158–1231，字续古，号疎寮，南宋鄞县人）在《砚笺》里曾谈到滩哥石砚，他写道：“神龙改元，天竺僧示滩哥石砚。王燮西人，习知西州，言滩哥石黳黑，在积石军西。”

由此可见，滩哥砚早在1300多年前就已经问世，具体产地为积石军西。积石军是唐朝时的边防军驻地名称，在当时的廓州宁塞郡达化县境内。[③]历经数百年之后，此砚辗转到了北方，存于元

① 事见《明史》“列传”第一百七十三。

② 参见《明史》“列传”第十六。

③ 孙文芳：《中国名砚揽胜》，中华书局，2006年，第56页。

代“内府”，元吴莱[①]当见过此砚，其《南海山水人物古迹记》云：

南越王弟建德故宅，在西城内，虞翻移交州时有园池，唐六祖惠能剃发受戒寺，有坛，坛有菩提树。房相国融译《楞严经》，有笔受轩大砚，融自刻“大唐神龙改元七月七日，天竺僧般剌密谛自广州译经出此砚”。坚润可爱，藏殿内。[②]

《光孝寺志》卷一“法界志”亦载：

房相国译经于此，今废。有译经大石砚，铭云：厚重君子。久失去。今志并入古迹。

房融笔受《楞严经》的历史“证据”，除了史书的记载，就是广州光孝寺的这些古迹了，包括笔授轩、译经台、洗砚池，最为重要的应该是滩哥砚。阮元援引宋人方信孺（1177–1222）编纂的《南海百咏》，对笔授轩与石砚进行了描述：

笔授轩，卞山老人作记云：“昔制止钵剌密谛、弥伽释迦对译《楞严经》于此，唐相国笔授之。后蒋颖叔以笔授名其轩。有石砚，乃祁寮得于张季方家，至今尚存。轩今在光孝寺中，盖芗林向公子諲所复，且有云龛，李公�书牓及画，相国、胡僧刻之于石。”[③]

交光真鉴在其《楞严经正脉疏》中曾提道：“旧记番译时年

① 吴莱，字立夫，浦阳（今浙江金华浦江县）人，《元史》卷六十八有传，时人称之为“绝世之才”，为宋濂之业师。“（莱）再传而为宋濂，遂开有明一代文章轨辙”，宋濂辑其“有关学术议论之大者”而为《渊颖集》，“渊颖先生”乃吴莱之私谥。

② 《渊颖集》卷九，《四库萃要》，吉林出版集团，第169页。罗香林：《唐相国房融在光孝寺笔受〈楞严经〉翻译问题》，亦论及此（见张曼涛主编：《现代佛教学术论丛35》，第324–325页）。

③ 阮元：《广东通志》卷二百二十九“古迹略”十四。

乃云神龙元年五月二十三日译出，或纪其开笔之时，非译成之时也。”[①]看起来不经意的一句话，倒是在《番禺县志》的记载中得到了印证，更从宋濂的《滩哥石砚歌》中得以确认。至于“旧记”为何将译经时间记为五月，或许正如交光所猜测，只是记录者并未料到这一记载上的差别会造成千古谜案和一时纷争。

二、“益州经卷”与《楞严经》的流布

值得注意的是，林衢的“纪实”诗虽然不能作为房融笔授《楞严经》的历史依据，但诗中提及的“益州经卷”却提示我们去探讨《楞严经》早期的传布。

《楞严经》在广州译出之后，首先是传到京城长安（今西安），极量（般剌密谛）与怀迪的传记都记载，该经译出之后，“因南史附经入京”，但入京的具体时间并不确定。[②]到达京城之后，《楞严经》很快就在教内传扬开来。但还是有两种不同的说法：一说惟悫在旧相房融家中得遇《楞严经》，并于大历年间（766–779）为之作疏，勒成三卷；一说《楞严经》“初是荆州度门寺神秀禅师在内时得本，后因馆陶沙门慧震于度门寺传出，悫遇之，著疏解之”。[③]这两种说法都曾遭到史家的怀疑，但惟悫与慧震为《楞

① 见《卍新纂续藏经》第12册，第191页。其实钱谦益也曾怀疑“五月二十三日”为“译经下笔时”，但“辍简讫功，未知何日”。（见钱谦益：《大佛顶首楞严经疏解蒙钞》，《卍新纂续藏经》第13册，第520页。）

② （宋）赞宁：《宋高僧传》卷二“唐广州制止寺极量传”与卷三“唐罗浮山石楼寺怀迪传”，T.50.2061。“极量传”没有说明经本入京的具体时间，而“怀迪传”却指出经本入京的时间是在开元（713–741）中。

③ （宋）赞宁：《宋高僧传》卷六“唐京师崇福寺惟悫传”，T.50.2061。慧震，诸本多作“慧振”。

严经》作注解却是事实。在记述了这两种说法之后,《惟悫传》继续写道:“后有弘沇法师者,蜀人也,作义章开释此经,号《资中疏》,其中亦引震法师义例,似有古今之说。此岷蜀行之,近亦流江表焉。”[①]赞宁之《宋高僧传》撰于宋初太平兴国年间(976-984),端拱元年(988)撰成并表奏宋太宗。[②]按照赞宁的记述,《楞严经》在中唐以后主要的传布地区是“岷蜀”(今天四川地区)。

《楞严经》在蜀地的流传,或可在一则“野史”史料中得到一些讯息。托名“西竺达摩祖师著、西竺圣僧般剌密谛译义”的《易筋经》,其《序》记载,达摩传《洗髓经》于慧可,并与衣钵一起作为秘传:

> 但惟《易筋经》留镇少林,以永师德。第其经字皆天竺文,少林诸僧不能编译。……众中一僧……怀经远访,遍历山岳。一日抵蜀,登峨眉山,得悟(晤)西竺圣僧般剌密谛,言及此经,并呈来意。圣僧曰:“佛祖心传,基先于此,然而经文不可译,佛语渊奥也。经义可译,通凡达圣也。”乃一一指陈,详译其义。[③]

若依以上记述,《楞严经》的译者般剌密谛曾在蜀地活动,并参与了《易筋经》的翻译。饶有趣味的是,对于《易筋经》的翻译并非语言文字上的“直译”,而是对经文的“义译”。而且,正是在《易筋经》“义”之中,我们发现了《楞严经》的一些信息。《翻译洗髓经总义》有这样的文句:

---

① (宋)赞宁:《宋高僧传》,《大正藏》第50册,第738页B栏。
② (宋)赞宁:《进高僧传表》,《大正藏》第50册,第709页A栏。
③ 《真本易筋经秘本洗髓经合刊》,台北:自由出版社,1976年,第39页。

见见非是见，无明本能息；若能见非见，见所不能及。[①]

又《洗髓经·凡圣同归篇第三》：

纵或星灯灭，见性终不没。[②]

这些出现于武功秘籍中的思想显然来自《楞严经》，而且非常巧合的是，这看上去与般剌密谛也有关联。当然，我们并不想在此讨论武学思想与《楞严经》思想的关系，而只是以此揣测蜀地《楞严经》流传的可能性。

三、“风幡之议”的历史叙事与保唐禅的楞严学

虽然我们不能以此判断弘沇所注释的《楞严经》是不是流传于蜀地，但《历代法宝记》的有关记载透露出《楞严经》在唐代即流传于四川、湖北（古代所谓的益州和荆州）一带的讯息。

《历代法宝记》亦名《师资众脉传》，亦名《定是非摧邪显正破坏一切心传》，亦名《最上乘顿悟法门》，是敦煌文献中留存的早期禅宗史书之一，现收录于《大正藏》中。从孙寰所述的“大历保唐寺和上传顿悟大乘禅门门人写真赞文（并序）”，可以推测该书记述的是唐代禅宗保唐派的历史。从书的内容来看，保唐禅的主要人物是智诜（609–702）、处寂（648–734？）、无相（684–762）与无住（714–774），而保唐禅法的特点就是所谓“三句”：“无

① 《真本易筋经秘本洗髓经合刊》，台北：自由出版社，1976年，第40页。

② 同上。

忆是戒，无念是定，莫妄是惠。”[①]值得我们关注的是，书中多次引用《楞严经》的内容以阐述各种思想，只不过他们称之为《大佛顶经》或《佛顶经》。[②]

从《历代法宝记》的记述中，我们可以看到关于《楞严经》在蜀地的流传，还可以从中发现一些佛教思想史的有趣的记述。比如，关于六祖惠能当年在广州光孝寺的“风幡”论的公案，《坛经》的记载如下：

遂出，至广州法性寺，值印宗法师讲《涅槃经》。时有风吹幡动，一僧曰风动，一僧曰幡动，议论不已。惠能进曰：“不是风动，不是幡动，仁者心动。”[③]

一般的禅宗史传关于此段历史的记载，多循《坛经》“不是风动，不是幡动，仁者心动”之说，而《历代法宝记》却提供了另一个版本：

后至海南制心寺[④]，遇印宗法师讲《涅槃经》，惠能亦在座下。时印宗问众人：汝总见风吹幡，于上头幡动否？众言见动，或言见风动，或言见幡动，不是幡动，是见动。如是问难不定。惠能于座下立答法师：自是众人妄相心动与不动，非见幡动，法本无有动不动。[⑤]

此番问答，与《坛经》所记差别甚多。其中“见动”之说，

---

① 见《历代法宝记》，《大正藏》第51册，第184页C栏。其实，书中对“三句”的表述方式还有很多，而且反复强调的就是“无念”法门。

② 自唐至宋，对此经的称谓，似乎有一个由《佛顶》到《楞严》的转变，这个细节明显地表现于文献之中，个中原因还有待考察。

③ 宗宝本《六祖大师法宝坛经》“行由第一”，《大正藏》，第48册，第348页。

④ “制心寺”，疑为“制止寺”之误，广州光孝寺，曾名“制旨寺”或“制止寺”。

⑤ 《历代法宝记》，《大正藏》第51册，第182页。

见于《楞严经》中佛陀与阿难的问答之中。佛陀“曲指飞光”之后，征询阿难所见，随即指出：

阿难头自动摇，见无所动。又汝观我手自开合，见无舒卷。云何汝今，以动为身，以动为境。从始洎终，念念生灭，遗失真性，颠倒行事。性心失真，认物为己。轮回是中，自取流转。(《楞严经》卷一)

惠能所答“自是众人妄相心动与不动”，也是《楞严经》的意旨所在。类似的情形在《历代法宝记》中多次出现，如无住和尚与杜鸿渐的问答：

相公闻说，白和上：见庭前树否？和上答：见。相公又问：向后墙外有树见否？和上答：见。非论前后，十方世界悉见悉闻。庭前树上鸦鸣，相公又问和上：闻否？和上答：此见闻觉知，是世间见闻觉知。……《佛顶经》云：阿难汝举心，尘劳先起。又云：见犹离见，见不能及。[①]

这里的问答内容和方式，都出自于《楞严经》，而且无住禅师于此还直接引用了经文。对《楞严经》经文的引证，是无住和尚演说佛法的重要内容：

和上说法时，有无盈法师、清凉原法师。僧中俊哲，在众而坐。和上引《佛顶经》云：阿难，一切众生，从无

---

① 《历代法宝记》,《大正藏》第51册，第186页。《景德传灯录》对此有类似的记载：

于时庭树鸦鸣。公问：“师闻否。”曰：“闻。”鸦去已。又问：“师闻否。”曰：“闻。”公曰：“鸦去无声，云何言闻。”师乃普告大众：“佛世难值，正法难闻，各各谛听。闻无有闻，非关闻性。本来不生，何曾有灭。有声之时，是声尘自生。无声之时，是声尘自灭。而此闻性，不随声生，不随声灭。悟此闻性，则免声尘之所转。当知闻无生灭，闻无去来。”公与僚属大众稽首。(《景德传灯录》卷四“保唐无住”)

宋念常云：“无住说法，妙合《楞严》闻无生灭之旨。”(见钱谦益：《蒙钞》，第890页。)

始已来，种种颠倒，业种自然，如恶叉聚。诸修行人，不能得成无上菩提，乃至别成声闻缘觉，及成外道诸天魔王眷属，皆由不知二种根本，错乱修习。犹如煮沙，欲成嘉馔，纵经尘劫，终不能得。云何二种？阿难，一者无始生死根本，则汝今与诸众生，用攀缘心为自性。二者无始菩提涅槃，无清净体。则汝今者，识精无明，能生诸缘。缘所遣者，由失本明。虽终日行，而不自觉，在入诸趣。

于法不修行，多闻亦如是。《法句经》云：说食之人，终不能饱。《佛顶经》云：阿难纵强记，不免落邪见。思觉出思惟，身心不能及。历劫多闻，不如一日修无漏法。[①]

和上说无念法：法本不自。又云：知见立知，即无明本。智见无见，思即涅槃，无漏真净。

和上云：不忆不念，一切法并不忆。佛法亦不忆，世间法亦不忆，只没闲。问得否？律师咸言得。和上云：实若得时，即是真律师，即是见性。正见之时，见犹离见，见不能及，即是佛。正见之时，见亦不自。[②]

从文中记述的诸禅师说法时所引用的《大佛顶经》的内容来看，他们显然接受了《楞严经》的思想并将其应用到自己的禅法体系之中。[③]从时间上来看，此时距《楞严经》译出还不到半个世纪的时间。由此推断，《楞严经》最初的传布，当在四川地区的禅宗保唐派中。回过头来联系赞宁的记载，我们似乎可以说，自

① 印顺法师在考察保唐禅学时，也注意到："无住曾受《楞严经》影响，他的呵毁多闻，与《楞严经》是不无关系的。"（见印顺：《中国禅宗史》，南昌：江西人民出版社，1999年，第300页。）

② 《历代法宝记》，《大正藏》第51册，第186页。

③ 至于《楞严经》思想与保唐系禅法的关系，可以进一步探讨，本文从略。

唐代至宋初,《楞严经》的传布路线大致是广州—长安(洛阳)—荆州—岷蜀—江表,至于何时重新回到岭南地区,暂时还无法判断。

四、结论

清初诗人王森的诗句或可表达出《楞严经》与六祖南宗禅的因缘:

> 招提郡西北,旧是虞翻苑。祝发来南能,禅林契深眷。兹维风与幡,心动随所转。见道发高言,宗风垂一线。我来趁媛(燠?)凉,徙倚石栏遍。池荷已萧索,倒影开镜面。东为菩提坛,夭矫虬龙见。遗植传齐梁,修条郁葱蒨。霜皮经雨缁,露叶迎风颤。想当结子时,累累若珠串。闲登卧佛楼,梯级绝攀援。为感法门衰,津梁岂应倦。岿然铁浮图,千像孰锻炼。舍利知有无,恒人罕流眄。藏经在一室,贝叶堆千卷。缅怀唐相授,莫睹滩哥砚。日永钟磬闲,深林坠花片。暑气不侵人,临流撤纨扇。尘事苦匆迫,佳游谢谈宴。渐觉暝烟生,徘徊有余恋。[①]

《楞严经》出自广州,南宗禅亦发祥于岭南。在某种意义上可以说,《楞严经》的成立与流行,与南宗禅传统的建立有着密切的关联。作为《楞严经》译出之地的光孝寺,也是六祖惠能剃度弘法开始以及南禅宗风初现之处。在广州光孝寺出现的人物六祖

① 汪森诗《光孝寺》,见《晚晴簃诗汇》,退耕堂刊本,卷四十。汪森(1653–1726),字晋贤,号碧巢,桐乡籍休宁人。贡生,历官户部郎中。有《小方壶存稿》。

惠能、宰相房融、西僧般剌密谛，以及与之相关的风幡台、译经轩、滩哥砚，似乎将《楞严经》与南宗禅紧密地联系了起来。与之相应的诸如译经、解经等历史“事件”，也以特殊的方式呈现了禅宗思想史的发展脉络。

憨山大师对岭南佛教的影响和贡献

灵山书院 张 磊

内容提要：晚明四大高僧之一的憨山德清大师，宗说兼通，提倡禅净双修，调和三教关系。一生著述丰富，文采斐然。名动公卿，望重朝野，而能阴翼治道，冥庇民生。以入世之菩萨道精神，弘法利生，振兴佛教。尤其是晚年，因弘法罹难而被发配雷阳，大师身着囚服，冠巾说法，救粤民于水火，重兴曹溪祖庭，促进了佛教在岭南的发展，厥功至伟，被尊为曹溪中兴祖师。

关键词：憨山；岭南佛教；影响

一、憨山大师的生平简历

明代高僧憨山德清，安徽全椒人，生于明世宗嘉靖二十五年，即公元1546年11月15日，字澄印，别号憨山，法号德清，谥号弘觉禅师。

据《憨山老人年谱自叙》记载，憨山大师父亲为蔡彦高，母亲洪氏生平奉观音菩萨。7岁开始读书，后看到行脚僧人遂发起出家之志气。12岁时候，到南京报恩寺依从西林永宁和尚学习经教以及子、史、四书五经、古文、词、赋等。

19岁时候，得云谷大师的警策，放弃赴试求取功名之念，遂专志做出世事，依西林大和尚披剃，在无极大师前受具足戒。专心念佛，不久观境现前。后听无极大师讲《华严悬谈》，而了悟法界圆融无尽之旨。冬天跟从云谷禅师学禅，随众参究三个月。

隆庆五年（1571），憨山大师26岁时候，离开南京，先游庐山，又北上参学，过扬州，秋天到北京，听讲《妙宗钞》《法华经》和唯识等，参拜遍融（真圆）、笑岩（德宝）二位禅门大师，请示法要。次年，游五台山，见到北台有憨山甚佳，风景奇秀，就默取此山名为自号。不久又回北京，东游到盘山，和一隐居修道者，同坐过夏。后回北京，这期间和诸多名士交游，以诗文相酬唱。

万历二年（1574）他又离京行脚，游嵩山、洛阳，至山西蒲州会见妙峰，校阅《肇论》而了悟诸法本无去来，乃做偈曰："死生昼夜，水流花谢。今日乃知，鼻孔向下。"第二年，在五台山北台之龙门，专事参禅，曾入定于大光明境界中，出定则见釜中生尘，已不知入定多少时日，说偈曰："瞥然一念狂心歇，内外根尘俱洞彻。翻身触破太虚空，万象森罗从起灭。"

万历五年（1577），和妙峰法师共发心刺血泥金写《华严》。四年后写经圆满，拟建无遮法会回向，恰逢慈圣太后圣母遣官五台祈皇嗣，憨山大师便将无遮大会与皇家祈嗣合二为一。大师认为："沙门所作一切佛事，无非为国祝厘，阴翊皇度。今祈皇嗣，乃为国之本也，莫大于此者。愿将所营道场事宜，一切尽归并于求储（求生皇太子）一事，不可为区区一己之名也。"[①]

① 曹越主编：《憨山大师梦游集》，北京：北京图书馆出版社，2005年，第564页。

万历十年（1582）春天，憨山讲《华严悬谈》百日，听众不下万人。翌年，憨山大师避名而赴东海牢山（山东崂山）那罗延窟结庐安居，自此正式易号为憨山。次年，皇太后为憨山大师五台祈嗣的功劳，拨内帑三千金赐给憨山大师，为修庵居。当时山东遭灾年，憨山大师建议将费用全部转施舍灾民。万历十四年（1586），慈圣太后送一部《大藏经》与东海牢山，憨山大师因建海印寺以储经供奉。

万历二十三年（1595），神宗因不满意皇太后为佛事耗费巨资，迁罪于憨山，被捕下狱审讯，后以私创寺院罪名充军去广东雷州，以此开启憨山大师弘法岭南的因缘。

大师在岭南十八年，其间，戍雷阳，入南韶，兴复曹溪南华寺，于万历四十一年（1613）十月，离开广东到湖南衡阳。第二年，闻圣母宾天，随建报恩道场。有恩诏，乃对灵主披剃，谢恩，还僧服。此间为众讲法，游南岳，庐山、九华山以及黄梅禅宗四祖、五祖道场。次年又游历江浙一带，复回庐山，修建五乳寺。在此处讲经说法数年。期间，广东缁素多次祈请憨山大师重返曹溪法席。

天启二年（1622）农历十二月十五日再入曹溪，天启三年（1623年）农历十二月十二日，78岁生日，大师泊然迁化。

二、成就憨山大师岭南弘法的因缘

（一）晚明的社会环境为佛教复兴提供了机缘

晚明时代，是一个思想较为开放的时代，商品经济不断发展，各种思潮活跃。宫廷不和，党争激烈。但是“王纲不振，大臣无权，其掌大权者，皆是无知无识之太监。奸恶者，倚权以作弊，愿谨者，无智以设法，故致民困国危，无可救药”。[①]

“晚明是中国历史上一个有着独特风貌和特别意义的时代。这是求变与保守、新异与混乱、政治黑暗和思想活跃、个性解放和放纵自我、天崩地裂和别开生面相交织的时代。……晚明是明代政权即将覆亡的前夜，同时又是文化异彩纷呈的高峰，思想空前活跃，各种学派、思潮交汇成一首宏大的文化交响乐。作为这支大乐曲的一个重要声部，晚明佛教也打破了近百年的沉寂，呈现出中兴、繁荣的局面。”[②]

“士人急于找到一种既适应社会变化的需求，又适合自身生存需要的新的人生态度和处世哲学，集合了儒释道三教义理的王学正是在此机缘下产生，佛教也是在这种背景下，重新为士人所发现。台湾学者龚鹏程提出：晚明士人的参禅学佛，并非随顺风气，或好奇呈异，也不是要以此对抗什么封建礼教、程朱官学，而是为着解决他们自己存在的焦虑。这种说法应该说相当深刻，解决生命的焦虑才是这一时期士林最关注的问题，这也是大多数晚明士人乐于接近佛道两教的最直接原因。”[③]

---

① 江苏省佛教协会：《印光法师文钞三编》卷三《憨山大师年谱疏序》，苏州：弘化社出版，2005年，第231页。

② 王红蕾：《憨山德清与晚明士林》，北京：中国社会科学出版社，2010年，第8页。

③ 同上，第19页。

（二）法门凋敝已久，亟待出现能够振兴佛教、矫正革除沉疴流弊的大德

佛教从明代中期以来，已经沉寂了很久。“佛教在明代初比较兴盛，明中衰寂无闻，明末又勃然而兴。”[①]“唯独禅宗各系和净土宗仍然畅行，其他各宗或者囿于一方稍弘，或仅数家弘传，自宣宗至穆宗100多年间，各宗都呈枯萎之状。而到神宗万历年间，各派稍有转机，名匠渐出，形成佛教的复兴气象。”[②]“计明自宣德以后，隆庆以前，百余年间，教律净禅，皆声闻阒寂，全中土如此。”[③]

佛教内部也积弊已久，佛教有志之士，无不对法门的衰微痛心疾首。“万历时释圆澄曾批评道：执政者尽禁讲经论道，而资彼无名者流狂悖懒惰，致使末法浇漓，真风坠地，吾教之衰，莫可振救”。一方面是香火鼎盛，“另一方面又是宗风衰息、积弊已久。商业风气对明代佛教寺院的影响同样巨大，有不少寺院僧侣从事经商活动，生产贩卖香蜡神器等宗教用品，有的通过占卜、做法事、化缘等手段来聚敛钱财。”[④]

憨山大师也对一些不如法现象做过抨击：“先是寺僧多不受斋戒，畜养孳牲，以恣宰杀，故凡上司府县入山，当里甲供应者，必责寺僧，而差役恃此，以利其口腹。即上用其一，而下十倍之，故所伤生命，及所费资财，岁不胜纪，而本寺之累，亦无

① 王红蕾：《憨山德清与晚明士林》，北京：中国社会科学出版社，2010年，第60页。

② 黄卓越主编：《中国佛教大观》，哈尔滨：哈尔滨出版社，1995年，第561页。

③ 陈垣：《明季滇黔佛教考》，石家庄：河北教育出版社，2000年，第246页。

④ 王红蕾：《憨山德清与明晚士林》，第106页。

底止。”[①]

（三）憨山大师本身天赋超群，颖悟过人。有不少高士异人都预言过憨山将来必定大有作为

《憨山老人年谱自叙实录疏》记载：憨山大师“出家报恩寺后，一日在舍利塔前，遇一梵僧，僧曰：‘此小师后日大转法轮，口如仰月，即佛口也。’又在本寺廊下遇一人曰：‘尧眉八彩，公眉五彩，有三教（儒、道、释）之任。’后在五台山，过大塔院寺，时为头陀，遇一僧甚伟，手拉师曰：‘师是大人再来，满头发皆绀色，后必大作佛事。’十二岁时候，报恩寺西林和尚一见到憨山，就欢喜地说‘此儿骨气不凡！’赵大洲见到憨山也说‘此儿当为人天师也’”。[②]

司马公曰：“信哉！予观印公（澄印公，即憨祖）道骨，他日当入大慧、中峰之室，是肯以区区文字为哉！一日，见予与次公扇头诗，有‘身世蜩双翼，乾坤马一毛’之句，乃示次公曰：‘此岂文字僧耶？’他日，特设斋请予与妙师同过。坐中，公谓予曰：‘禅门寥落大可忧，小子切念之。观公气度，将来成就不小。’”[③]

---

① 曹越主编：《憨山老人梦游集》，第498页。

② 同上，第550页。

③ 同上，第557页。

（四）憨山大师自小志向高大，抱负不凡，年轻时候，文章学问已经成就。在晚明四大高僧中，是最富有文学才华的人物。且遍历讲席，云游参究，于宗于教，皆造诣非凡。素以振兴佛教、续佛慧命为己任，终成法门栋梁

憨山大师，小时候就立志“作佛”，不爱做官。“适赵大洲（礼部尚书，武英大学士）在，一见喜曰：‘此儿当为人天师也。’乃抚之，问曰：‘汝爱做官，要作佛。’予即应声曰：‘作佛。’赵公曰：‘此儿不可轻视，当善教之。’及听讲，虽不知言何事，然心愤愤若有知而不能达者。”[①]“憨祖学问文章，俱已造成，又见佛法衰残，思欲为公美楚材之事业，佛法世法一肩担荷。故因众友赴试之劝，亦萌弋取功名之心，以期满已弘扬大法之愿。然仕途危险，稍一不慎，便致陷溺。幸得云谷大师之警策，遂专志办出世事，而焚弃其窗稿。”[②]

报恩寺失火后，大师刚二十出头，即和道友雪浪法师发愿兴复。“时，雪浪恩公（雪浪法师，名洪恩）长予一岁，同归依无极大师，甚契之，时以为同胞云。即与恩公俱决兴复之志，且曰：‘此大事因缘，非具大福德智慧者，未易也。尔我当拼命修行，养以待时可也。’是时，即发远游志。”[③]

憨山大师云游遇到衰败的道场，即慨然思复兴之。“予二十六岁。同雪浪恩兄游庐山，至南康，闻山多虎乱，不敢登。遂乘风至吉安，游青原，见寺废，僧皆蓄发，慨然有兴复之志。乃言

① 曹越主编：《憨山老人梦游集》，第550页。

② 福徵：《憨山大师年谱疏》，台北：新文丰出版公司，2003年，第15页。

③ 曹越主编：《憨山老人梦游集》，第553页。

于当道（执掌政权的人），选年四十以下者，尽剃之，得四十余人。”①

在山东崂山时候，憨山大师度化外道，教化百姓，连三岁孩子也知道念佛。“予四十岁。东人从来不知僧，予居山中，则黄氏族最大，诸子渐渐亲近。方今所云外道罗清者，乃山下之城阳人，外道生长地，故其道遍行东方，绝不知有三宝。予居此摄化，久之，凡为彼师长者，率徒众来归，自此始知有佛法，乃予开创之始也。”②“佛为一众生，不舍三途。此东海，乃蔑戾车地，素不闻有三宝（佛宝、法宝、僧宝）名。今予教化十二年，三岁赤子，皆知念佛。至若舍邪归正者，连乡比户也。予愿足矣，死复何憾。及离即墨，城中士民老少，涕泣而送，足见人心之感化也。”③

（五）憨山大师在发配岭南之前，已心向宝林，有重兴曹溪之愿

汉地禅宗虽起源于达摩大师，到六祖大师，才开始真正兴盛和广泛传播，因此，惠能大师主要弘法之地曹溪，便被看作是禅宗真正意义上的源头。憨山大师认为要重兴禅宗，必须从源头做起，因此，憨山大师和达观紫柏尊者，在数年前，已经开始筹划重兴曹溪。达观大师已经先到曹溪去过一次。因此，即使憨山大师没有被发配岭南，也必定会主动到广东弘法。后来憨山大师充军被释后回江南弘法八年，后以77岁的高龄，又重返曹溪，足以说明曹溪在憨山大师心中的重要地位。适逢被诬而谪戍雷州，因

① 曹越主编：《憨山老人梦游集》，第555页。

② 同上，第566页。

③ 同上，第571页。

此岭南弘法的因缘自此而成熟。

“初与达观师过石经山，因思禅门寥落，谓曹溪源也，必源头壅阏，乃志同往以浚之。以予事未果，达师先往，候予匡山（江西省的庐山）。予被难时，师正居天池，闻报，大惊曰：‘憨师已矣，则曹溪之愿未了也。’师遂先至曹溪，然后至京相报。”① “又闻之五乳侍者云：‘壬辰，两师遇于都门西郊园中，相对兀坐，四十昼夜，目不交睫。计修明代传灯录，因约往浚曹溪，以开法脉，云云。’兹止云‘生平之奇’，而不详，或此未足奇，更有奇特。”②

三、憨山大师充军在岭南时期的弘法成就（1595–1613）

从汉代佛教传入中国开始，岭南一直是佛教的兴盛之地。真谛三藏、惠能大师、仰山慧寂、云门文偃等许多高僧大德都在此驻锡弘法。特别是禅宗法脉，自曹溪而勃然兴起，在惠能大师圆寂后入灭百年，禅者非曹溪已经不足以谈禅。柳宗元撰《赐谥大鉴禅师碑》说：“凡言禅，皆本曹溪。”唐武宗灭法之后，曹溪禅即位居中国佛教的主流地位。岭南也成为佛教的兴盛之地。但是到千年以降的晚明时期，禅宗在岭南已经若存若亡。特别是曹溪宝林，几乎已经法脉无存。

黄宗羲云：“万历以前，宗风衰息，云门、沩仰、法眼皆绝；曹洞之存，密室传帕；临济亦若存若没，什百为偶，甲乙相授，

① 曹越主编：《憨山老人梦游集》，第571页。

② 福徵：《憨山大师年谱疏注》，第142页。

类多堕窳之徒。紫柏、憨山别树法幢，过而唾之。紫柏、憨山亦遂受未详法嗣之抹煞。”[①]憨山大师也说：“由宋迄我明万历中，又将五百年，道场之坏尤甚于宋，僧徒不遑其居，而法窟皆栖狐兔矣。”[②]“夫何近代以来，祖道衰替，丛林凋敝”，曹溪“山门寥落之甚，殆不堪看，为之徘徊泣下者久之”。[③]

（一）憨山大师在岭南仁民爱物的慈善事业

憨山大师作为大乘佛教的高僧，处处实践佛教大慈大悲、救苦救难的精神。

万历二十四年（1596），憨山大师刚进入广东翻越大庾岭时候，看到翻山的行人汗出如雨，便嘱咐一个行者，在岭上设立“舍茶庵”，为路人解渴。看到道路崎岖难走，便令当政的官员修葺山路，几年后就成为一条坦途山路。“因见行人汗血，乃嘱一行者（居住佛寺但留着头发修行的人），立舍茶庵于岭头。见路崎岖难行，令道者劝修之，不数年为坦途。”[④]

在雷州时候，掩埋万数的尸骨，并做超度，感得天降大雨，瘟疫和干旱同时解除。“万历二十四年（1596）时，岁大饥，疫疠（瘟疫）横发，经年不雨，死伤不可言。时旱，井水枯竭，得一滴，如天甘露也。城之内外，积骸暴露。秋七月，予与孝廉柯时复，劝众收拾，埋掩骴骼，以万计。乃作济度道场，天即大雨，

① 陈乃乾编：《黄黎州文集》，北京：中华书局，1959年，第287页。
② 曹越主编：《憨山老人梦游集》，第531页。
③ 同上，第501页。
④ 同上，第572页。

平地水三尺，自此厉气解。”[①]

1597年，省城广州也同样因瘟疫旱灾而死伤众多。憨山大师发动众人掩埋尸骨几千具，并开超度法会七天七夜。因此而影响了许多广东人皈依学佛。“万历二十五，予五十二岁。春正月，时会城死伤多，骸骨暴露，予因令人收拾埋掩，亦数千计。乃建普济道场七昼夜。丁右武，身为之佐。先是，粤人不知佛，自此翕然知归。”[②]

（二）憨山大师平定叛乱、辅政佑民的事业

万历二十八年（1600），皇上派出的矿监税使多假借名义搜刮民间财产，四处横行，扰乱天下，民心惶惶，大师于是散众闭关绝迹。当时广东的税使早已蓄谋打击大将军，散布谣言，挑起民变，数千民众，打公子舟，几破。围帅府，持戈相向。大将军派人向憨山大师求教，大师一身不顾安危，劝说税使，开晓民众，解除了民变。

年谱上记载：“遂破关往诣税使者，从容劝化，开晓其意。使者闻予言，果悟，乃令自行招安，以散乱民。时予先往，大言于众曰：‘诸君今所欲，食贱米耳。今犯大法，当取死，即有贱米，谁食之耶？’众闻之，愕然，顷令至，帅府围即解，会城遂以宁。父老感予，欲尸祝（祭祀）之。时三司正在军门饭，闻报民作乱，皆投箸而起。及回，业已安堵，然皆知予之意也。时观察任公闻之，乃以书报予曰：‘憨师不出，其如地方何？憨师既出，其如

① 曹越主编：《憨山老人梦游集》，第573页。
② 同上。

憨师何？’予亦自知，此后无宁日矣。”①

万历二十九年（1601），在制台大人戴公的辅助下，憨山大师把曹溪山门两边的铺点尽数拆除。但是制台大人告诉憨山，当政者派遣宦官收取矿税、采珠等，横征暴敛，滋事扰民，生灵涂炭，望憨山大师慈悲救护。憨山大师劝说来寺进香的太监李公，罢采船，撤矿差役。李公言听计从，一方百姓于是安宁。

年谱载：“制台戴公曰：‘六祖腥膻，予为师洗之矣。目前地方生灵涂炭，大菩萨有何慈悲以救之乎。’予曰：‘何谓也？’公曰：‘珠船千艘，率皆海上巨盗。今以钦采，资之以势。罢采之日，不归，横行海上，劫掠无已，法不能禁，此其一也。地方开矿，采役暴横，掘人之墓，破人之产，在在百姓受其毒害，甚于劫掠，由是民无安枕矣，为之奈何？’予曰：‘此未易言也，姑徐图之。’采使者李公，颇有信心（信佛之心）。是年秋，至曹溪进香于六祖，留山中数日，闻法甚喜。予因劝为重兴祖庭之布金檀越，慨然力荷之。徐密启之曰：‘开采为害于地方，甚矣，非圣天子意也。采船，急设约束期，往来过限以罪。矿罢开采，尽撤其差役，第令所司岁额助解进，秋毫无扰于民，可乎？’采使唯唯力行之。由是山海地方，一旦遂以宁。公深感之，以书谢予曰：‘而今乃知佛祖慈悲之广大也。’以此，护法之心益切。”②

万历三十六年（1608）冬十一月初，安南贼攻破钦州，制台大人戴公无计可施。憨山大师入洞说降，贼兵退去，钦州百万民众得以活命。“冬十一月初，安南猺獞攻破钦州，大师以幢幡宝

① 曹越主编：《憨山老人梦游集》，第575页。

② 同上，第576页。

盖为仪仗，庄严若天人，入洞说降。于是贼退，得安定，全活钦州百万生灵。”[①]

憨山大师虽不在政，但是以方外之人之身份，而能阴翼治道，冥庇民生。印光大师评价憨山大师说：“憨山以弘法遭诬，谪戍广州，其救粤人而延社稷也，深且远矣。使憨山不戍广州，广州之民，早已铤而走险，为国家忧。其撤采船，定民变，和钦州等大事，均以一席话而了之。非乘愿示生，救民于水火者，其孰能之？”[②]

（三）憨山大师讲经说法、接引士庶的事业

憨山大师对儒释道思想都很精通，因此能够契理契机接引各个层次的人士进入佛门。在发配广州前，京城许多达官贵人、儒学名士都和他有来往，甚至慈圣皇太后李氏也皈依在他门下。到广东后，依然有众多的士庶被大师道德学识的魅力所折服，而亲近大师，相率进入佛门。

1597年制台（总督）大司马陈大科（字如冈）携带茶食，拜访憨山大师于舟中，坐谈到三更。“后对诸当道，极称之，曰：‘僧中麟凤也。’即谕三司（指挥使司、布政使司、按察使司）往拜之。自是，岭南皆知僧为重矣。”[③]

“万历二十四年（1596）大参（参政的别称）周鼎石公，讲阳明之学，率门生数十人过访”，[④]憨山大师为他们解答出自《易

① 曹越主编：《憨山老人梦游集》，第579页。

② 江苏省佛教协会：《印光法师文钞三编》卷三《憨山大师年谱疏序》，第232页。

③ 曹越主编：《憨山老人梦游集》，第574页。

④ 同上，第573页。

经》的一句话，一座叹服。“粤士子，向不知佛，适周公阐阳明之学，及集诸子问道于予。有龙生璋者，闻予议论，心异之。归谓其友王生安舜，冯生昌历，曰：‘北来禅师，说法甚奇。’二子俱来请益，予开示以向上事，谛信不疑，切志参究。二生素有德业者，相率归依法门者日益众，自是始知有佛法僧矣。此后法化大开。”[①] 从周公以及他的几位弟子开始，广东儒者学佛的人越来越多。

士农工商、贩夫走卒，甚至小孩子，也是憨山大师的教化对象。“又外纪有云：在岭南时，人情未熟，崖岸在，不能使人狎（亲近），无可亲者。有小孩儿，欲近之，辄畏我去。一日，学狮子调儿法，勉自倒身昵狎之，与之果蓏，日狎一日，遂不我畏，自此人不我避忌，日来亲也。”[②]

憨山大师还经常举办超度法会、盂兰盆会以及讲经法会，提倡放生素食。“万历二十七年（1599）粤俗固好杀，遇中元，皆杀牲祭先。至时，市积牲如积薪，甚惨也。予因作盂兰盆会，讲《孝衡钞》(《佛说盂兰盆经疏孝衡钞》)，劝是日斋僧、放生，用蔬祭，从者甚众。自后，凡丧祭大事，父母寿日，或祈禳，或拜忏，放生斋素。未几，则放生会，在在有之，而为佛法转化之一机也。”[③]

“万历二十六年（1598）其夏，始构禅室于垒壁间，将拟大慧冠巾说法（学大慧禅师当年削去僧籍时，身穿儒生衣着而说

① 曹越主编:《憨山老人梦游集》，第574页。
② 福徵:《憨山大师年谱疏注》，第120页。
③ 曹越主编:《憨山老人梦游集》，第575页。

法)。乃集远方旧依弟子，性融、如干等，法性菩提树下弟子通岸、超逸等数十人。诵《法华经》，为众说之至‘现宝塔品’，忽悟佛意，要指娑婆人人目前即华藏也。”[①]

“万历三十五年(1607)，予六十二岁。春三月，予告回籍(恢复僧籍)，制府檄韶州府，安置曹溪。予住山中时，得为诸弟子说法。”[②]“万历四十年(1612)壬子，予六十七岁。居长春庵，为诸弟子说《起信论》，八识(《八识规矩颂》)，百法(《大乘百法明门论》)，请述直讲。”[③]“万历四十一年(1613)，予六十八岁。为诸弟子于长春庵结夏，讲《圆觉经》。”[④]

(四)憨山大师在岭南时期的著述

憨山大师刚到雷州，就开始注《楞伽经》，憨山大师在岭南时期的著作有十几种，憨山大师一生中的大部分著述都是在这个时期完成的。

“万历二十四年(1596)三月十日抵雷州，着伍，寓城西之古寺。夏四月一日，即开手注《楞伽经》。”[⑤]“夏四月，《楞伽笔记》成。因诸子有归依者，未入佛理，故著《中庸直指》以发之。”[⑥]

万历二十六年(1598)，年著《法华击节》。[⑦]“后成《曹溪通志》四卷，陈制府大科、杨少宰起元、周大参汝登、候都督继高，

① 曹越主编：《憨山老人梦游集》，第574页。
② 同上，第578页。
③ 同上，第580页。
④ 同上，第580页。
⑤ 同上，第573页。
⑥ 同上，第573页。
⑦ 同上，第574页。

并有序跋。万历二十七年（1599年），予五十四岁。春，刻《楞伽笔记》成，为众讲一过，乃印百余部，遍致海内法门知识，并护法宰官。"[①]"万历三十二年（1604），因忆达师云：'《楞严》说七趣因果，世书无对解者。'予曰：'《春秋》乃明明因果之书耳。'遂著《春秋左氏心法》。"[②]

用功十五年，注解老子。"万历三十五年（1607），予幼读《老子》，以文古意幽，苦艰涩。切究其旨，有所得，俗弟子，请为之注，始于壬辰。属意，每参究透彻，方落笔。苟一字有疑而不通者，决不轻放。因此用功十五年，携于行间，至今方完。"[③]

万历三十七年（1609），"春二月，予自端州运木回，阻风于羚羊峡，游端溪，有《梦游端溪记》。……忽然大悟，遂著《金刚决疑》。"[④]"万历三十九年（1611），春三月，时诸士子相依请益，遂述《大学决疑》。"[⑤]"万历四十年（1612），向以《法华击节》，文义联络不分，学者难会，乃著《品节》（《法华品节通议》）。"[⑥]

（五）憨山大师中兴曹溪的事业

憨山大师进入广东，就先入山礼祖，饮曹溪水。看到祖庭如此凋敝，内心非常痛苦。年谱记载："万历二十四年（1596）至韶阳，入山礼祖。饮曹溪水，偈曰：'曹溪滴水自灵源，流入沧

① 曹越主编：《憨山老人梦游集》，第575页。
② 同上，第577页。
③ 同上，第578页。
④ 同上，第579页。
⑤ 同上，第580页。
⑥ 同上，第580页。

溟浪拍天。多少鱼龙从变化，源头一脉尚泠然。’见祖庭凋敝不堪言，遂凄然而去。”[①]

万历二十八年（1600）秋七月，南韶观察惺存祝公请憨山大师住持曹溪，并且愿为护法，辅佐大师重兴曹溪。年谱记载：“南韶观察惺存祝公延予入曹溪。予乘兴，遂入山，为六祖奴郎矣。时新制台戴公，知予安乱民，深德之，意欲一见，谕大将军将予往。诣之，及见，礼遇甚优，即留款斋。因辞往曹溪，公遂愿为护法。且令有事即白，予始得安心焉。”[②]

从万历二十九年（1601）春正月开始，憨山大师开始着手重建和整顿曹溪祖庭。年谱载：“予因是，得以安心曹溪，开辟祖庭。改风水道路，选僧授戒，立义学，作养沙弥，设库司，清规，查租课，赎僧产，归侵占。一岁之间，百废具举。”[③]

大师重兴曹溪的功业，《曹溪中兴录》[④]中列为十则：（一）培祖龙以完风气；（二）新祖庭以尊瞻仰；（三）选僧行以养人才；（四）驱流棍以洗腥秽；（五）复产业以安僧众；（六）严斋戒以励清修；（七）清租课以裨常住；（八）免虚粮以苏赔累；（九）复祖山以杜侵占；（十）开禅堂以固根本。这里面包含了改善风水、修建殿堂、培养人才、安置产业、制定规则等一系列有效措施。大师在八年中，拼舍身命，一一综理，次第建立。虽然还没有全部完成寺院建设，但大师认为：“其所建者，皆可为恒规。僧徒苟能自此谨守勿失，亦可保此道场，世世无虞矣。”近代的

① 曹越主编：《憨山老人梦游集》，第572页。

② 同上，第576页。

③ 同上，第577页。

④ 同上，第491页。

虚云老和尚在重建南华寺时候，也是处处遵循憨山大师几百年前的定规。

其间，憨山大师还在广州修建了长春庵，作为曹溪在省城的办事处。年谱记载：“万历三十三年（1605）秋七月，至曹溪。去时，祖殿已拆修造，工未止，归则完者十之六七。所负工料，将千金，毫无出。予化两内使施，尽偿之。复修五羊青门长春庵，为曹溪廨（xiè）院，为六祖办供之所。”[①]

万历三十九年（1611）十月，憨山大师离开广东回湖南。憨山大师在发配岭南的十八年中，不敢一息忘于度生之事，终于成就了在岭南振兴佛教、中兴曹溪的事业。年谱记载憨山大师誓以法王忠臣自居的决心：“实欲以九鼎一丝之秋，以程婴公孙杵臼之心，匡持佛祖之命脉，庶不失为法王之忠臣，是故当捶楚之。余掷此瘴疠之地，不敢一息忘于度生之事。一入瘴乡不数日，即以《楞伽》为佛事。三年之内手著诸书，在干戈壁垒间，不敢一息懈息。”[②]

四、憨山大师重返曹溪和示寂南华

憨山大师在江南一带弘法十余年，因为广东士庶以及曹溪僧众的多次殷勤祈请，在天启二年（1622）农历十一月十日，以七十七岁高龄，离开庐山，再赴岭南。年谱记载：“腊八度岭，

① 曹越主编：《憨山老人梦游集》，第578页。

② 同上，第257页。

望日（旧历每月十五日，这里是指农历十二月十五日）入曹溪。”[①]

“天启三年癸亥（1623），师七十八岁，居曹溪禅堂。韶阳郡守张公，洎合郡宰官人士，入山请师说法。春三月，五羊法性诸弟子至。师时专以法施为心，先为说大戒，次说起信、唯识、楞严。”[②]

十二日，乃师诞期，缁白弟子云集。日午，张公别去。即唤侍者取净水漱口，云：“今日乃截断葛藤。”仍唤汤沐浴更衣，大众围绕念佛。嘱云：“汝等勿得惊惶，当依佛制，不得披麻服孝，勿得悲哭，一心念佛。”正申时（下午三点），师端坐而逝。是夜，毫光烛天，群鸟悲鸣，缁素哀恸，声撼山谷。化去，端坐三日，面白唇红，手足绵软，如入禅定。

憨山大师圆寂后，灵龛运回庐山，二十年后，癸未（1643年）九月，重归曹溪。开龛后，“见双趺如生，爪发俱长，其色鲜红。衣履尚新，见风始敝碎，显露五体。忽一僧至，请依天竺法，用海南旃檀末，涂其体，如漆。涂毕，竟去。因就旧塔院地供养，号为憨山寺，去南华寺宝林堂半里许。”[③]

每岁曹溪香客，于二八两月，通省人群入山拜谒，进香六祖毕，即云进香七祖，于是有曹溪七祖之称。憨山大师临终圆寂于曹溪，并且留下不坏肉身，和惠能大师以及丹田尊者一起，端坐在南华寺。如同九华山的地藏菩萨不坏肉身一样，曹溪三位大德的不坏肉身，同为南华镇寺之宝，彰显着佛法修行的奇迹，在代

① 曹越主编：《憨山老人梦游集》，第585页。
② 福徵：《憨山大师年谱疏注》，第138页。
③ 同上，第140页。

代传续中默默发挥着影响力，成为岭南佛教文化遗产的一个重要组成部分。

五、后人对憨山大师的评价

憨山大师一生中先后近二十年在岭南度过，通过讲经著述、弘宗演教、革除时弊、中兴曹溪、留下肉身等一系列大手笔，积极推动佛教在岭南的发展，功德巍巍，增辉佛日。后人对憨山大师的评价都非常高。

明朝末代皇帝崇祯曾为其作《御赞憨山老和尚法像》云："耆老和尚，何等行状？撑持法门，已作栋梁。受天子之钳锤，为佛祖之标榜。"①

释真可（紫柏）尊者在《康僧会尊者像赞并序，寄憨山大师》赞叹憨山大师说："迩来曹溪涸矣，瑶林萧然，又借憨师以谪戍为波澜，而曹溪复活。"

印光大师《题憨山大师六咏手卷》云："憨山大师，大权示现。宏法功深，忌者诬陷。谪戍广州，以御祸乱。幸有大吏，另目相看。宏法曹溪，慧命续断。相机说法，巨弊消散。护国安民，功高文宪。没后肉身，不坏不变。粤赣相争，归曹溪畔。六祖七祖，彰诸时谚。增辉佛日，为法城堑。著述宏博，日月光灿。"②

梁启超在德清作品上题跋："憨山大师以法事因缘谪戍吾粤，中兴曹溪，晚岁虽一度逾岭，入衡庐诸岳弘法，然卒归示寂于曹

① 福徵：《憨山大师年谱疏注》，第143页。

② 江苏省佛教协会：《印光大师文钞三编》，第523页。

溪，盖师与吾乡胜缘深矣。”

国学大师南怀瑾先生在其《重印足本憨山大师年谱疏证前言》说：“憨山大师者，以不世之才，居僧伽领袖，言行攸关朝野，著述影响士林，尤其苦节修持，精勤向道，求之末世法门耆宿，并不多见。……明末憨山大师因牵涉立储而遭遇忌贬，而终不失律仪，砥砺道业于造次颠沛之中，较之先贤，并无逊色。”[①]

① 南怀瑾：《南怀瑾选集》第六卷《中国文化泛言》，上海：复旦大学出版社，2003年，第496页。

唐代岭南的僧踪与诗迹

——文学视域中的佛教中国化例说

中山大学　钟　东

提要：在讨论佛教中国化问题的时候，唐代岭南僧人的活动已经被学术界投以较多目光。其中一个侧面，也即唐代僧人的行踪与诗迹，如何体现了佛教在南粤岭海的在地化，是这篇文章关注的问题。本文试图探讨海上丝绸之路视域下唐僧人在岭南吟诗的行迹，其中主要是依据六祖惠能大师的法脉传播所体现出来的僧人活动，来考察僧人诗作的发生、禅学和佛心。该文的研究，是由地及僧、由僧及诗、由诗观地，注意三者的相互生发关系、与禅宗传承的关系。总之，僧踪与诗迹，在佛教中国化中是一个较小的问题，该文做了一些特别的观照和研究，对于佛教中国化的话题，试图努力提供新的视角。

关键词：唐代岭南；僧踪；诗迹；佛教中国化

引　言

佛教的中国化，是一个历史的过程，又是多层面的、立体的文化现象。学术界已经讨论到与中国本有的政治、经济、文化都有着不可分割的机缘。但是，中国化都有一个“本土化”的共同特性。本文即从僧踪与诗迹的角度切入，去探讨唐代广东佛教本土化在文学中的现象与实质。

需要说明的是，本文是取区域与地方的视野，来探讨全国的问题。首先是研究的史料，是一般地方文献的范畴，也即文献的作者、出版、内容与这个地方有关，皆归之于这个地方的文献。其次是岭南区域这样的视野，有着佛教传入与传出的路径问题，也有相关的僧人和佛事的问题，这些问题虽是区域的，也是全国的，所以取岭南为视野，是为了讨论的方便。

再一个要说明的是，中国在佛教传入之前早已经是诗国。佛经翻译，又带来了佛经的文学。其中佛经文体中的偈颂，与中国本有的诗歌，在魏晋以后，有交融的趋势。我们可以笼统地把佛教的偈颂看作是义理表达的诗歌形式。

于是，岭南、僧踪与诗迹，就成了本文的关键词，借以观察佛教传播的中国化（本土化）的形式表征与文化内涵。关注的问题大概是：岭南代表僧人与诗偈写作有哪些，这些诗偈的大体内容与艺术的情况如何，偈颂与诗歌究竟可否合二为一抑或是分道扬镳，岭南僧家的诗偈在佛教中国化的位置如何。今试述如下。

“我本来兹土”：海上之路与僧诗之迹（唐前广东的僧踪与诗迹）

早在达摩初祖浮海来华，从广州上岸，向中国传播佛法，既有海路通达之证明，也有僧踪，更有诗迹。据宋释普济的《五灯会元》卷一有传，述达摩大师乃东土初祖，来中土之初，达于南海："师念震旦缘熟，行化时至，乃先辞祖塔，次别同学。后至王所，慰而勉之曰：'当勤修白业，护持三宝。吾去非晚，一九即回。'王闻师言，涕泪交集，曰：'此国何罪？彼土何祥？叔既有缘，非吾所止。惟愿不忘父母之国，事毕早回。'王即具大舟，实以重宝，躬率臣寮，送至海壖。祖泛重溟，凡三周寒暑，达于南海，实梁普通七年（526）庚子岁九月二十一日也。广州刺史萧昂具主礼迎接，表闻武帝。"①

不过，达摩非为广州而来，是为整个中国而来。来中国之前，他的上师西方二十七祖般若多罗尊者，曾经嘱达摩在震旦之"南方勿住"，尊者示达摩之偈，也是海路至羊城："路行跨水复逢羊，独自栖栖暗渡江。日下可怜双象马，二株嫩桂久昌昌。"需要说明的是，尊者对达摩来华，已经预知不能大兴佛法，而要等达摩之后二百二十年，也就是初祖的儿孙，才能大兴。当时般若多罗尊者的偈说："震旦虽阔无别路，要假儿孙脚下行。金鸡解御一粒粟，供养十方罗汉僧。"②

达摩奉师之命，十月一日入于梁，因武帝唯好功业，不见佛理，故转而赴江北。十一月二十三日，届于洛阳，时当魏明帝孝昌三年（527），寓止嵩山少林寺，面壁而坐。后来僧神光来求法，达摩更其名为慧可，初祖传之衣钵并法印。示偈曰："吾本来兹土，传法救迷情。一花开五叶，结果自然成。"③偈中的土、花、

① 普济著，苏渊雷点校：《五灯会元》卷一，北京：中华书局，1997年，第43页。
② 同上，第38–39页。
③ 同上，第45页。

叶、果，都是比喻语，后人读此，当明祖师西来之意。

据严耕望《魏晋南北朝佛教地理稿》[①]等成果，可知唐前，岭南之僧踪历历，想来如果文献足征，则与僧相关的诗迹亦必非寥寥。而罗香林在《唐代广州光孝寺与中印交通之关系》[②]一书中，对于古代交广道佛教传播的孔道有清晰的描绘。当代的研究，则更加深入细致，广州举办过魏晋南北朝佛教研讨会，成果甚多。

“本来无一物”：无念无相无住的佛心（六祖大师心行与诗偈）

六祖大师惠能（638–713）的生平，见《旧唐书》卷一九一在《神秀传》[③]内有附传、《五灯会元》卷一[④]有专传、《六祖坛经·自序品第一》《六祖大师缘起外纪》[⑤]、清阮元（道光）《广东通志》[⑥]等书。大师乃南海之新州人，闻《金刚经》而悟，遇无尽藏尼读《涅槃经》，问字即不识，心通佛妙理。在唐咸亨二年（671）造黄梅之东山，参五祖弘忍。《坛经》录六祖呈偈而得传衣钵故事，其偈有二首：“菩提本无树，明镜亦非台。本来无一物，何处有

① 严耕望：《魏晋南北朝佛教地理稿》，上海：上海古籍出版社，2007年。

② 罗香林：《唐代广州光孝寺与中印交通之关系》，香港：中国学社，1960年。

③（后晋）刘昫等撰：《旧唐书》卷一百九十一《列传》第一百四十一《方伎·神秀》附《惠能》，北京：中华书局，1975年，第5110页。

④（宋）普济著，苏渊雷点校：《五灯会元》上册卷一《六祖惠能大鉴禅师》，第53–58页。

⑤《坛经》《外纪》，俱为（唐）释法海集记，同见郭朋校释：《坛经校释》一书的正文与附录，北京：中华书局，2004年。

⑥（清）阮元修，陈昌齐等纂：《（道光）广东通志》，嘉庆二十四年（1819）成书，道光二年（1822）刻本、民国二十三年（1934）上海商务印书馆影印本。

尘埃。”“心是菩提树，身为明镜台。明镜本清净，何处染尘埃。”[①]得法之后，大师隐于怀、会之间十数年之久，至法性寺即今光孝寺，剃发出家，又在韶州开法弘化。其中的说法偈颂，散落在灯录、年谱、公案、史述的各种资料中，据中山大学古文献研究所编纂的《全粤诗》[②]多达六十余首、几近七十首。这么多的偈颂，如果从韵文文学的创作来看，六祖大师无疑有很多作品。此处不能备录全部作品，只能说六祖大师善于说法，既用散体言语，也用韵语，所谓韵散结合，使六祖大师的无念、无相、无住，定慧等持，种种妙法，皆说得圆融美妙。

六祖大师众多的说法诗偈，大部分作于岭南，这是因为大师在此地说法之因缘如此。后晋刘昫《旧唐书》在为神秀作传时候，称神秀为北宗，而惠能为南宗，也有因地名命名的含义。正是由于有这样的地缘，所以六祖大师和他的说法诗偈，我们通通当作是岭南僧踪与诗迹。但是，人虽在岭南说法，法却为中土众生，故此是岭南的也是全国的。今试拈大师为中国当时之人说法示以正道的诗偈，以供参考。

比如大师的《灭罪颂》[③]，是七言的，与此前翻译的佛经多四言与五言不同，出现七言古诗的形式，乃是在唐代的时代特征，中国的诗歌进入唐代之后，形式上解决了此前积累的许多问题，比

① （唐）惠能著，郭朋校释：《坛经校释》，北京：中华书局，2004年，第16页。

② 中山大学中国古文献研究所编：《全粤诗》第一册，广州：岭南美术出版社，2008年。

③ 前揭《坛经校释》第六二页录《灭罪颂》全文：“愚人修福不修道，谓言修福而是道。布施供养福无边，心中三恶元来造。若将修福欲灭罪，后世得福罪元在。若解向中除罪缘，各自性中真忏悔。若悟大乘真忏悔，除邪行正即无罪。学道之人能自观，即与悟人同一类。大师令传此顿教，愿学之人同一体。若欲当来觅本身，三毒恶缘心中洗。努力修道莫悠悠，忽然虚度一世休。若遇大乘顿教法，虔诚合掌至心求。”

如声病、格律等，艺术上也探讨过了述与论、情与景、直与曲、隐与秀、事与语、言与境的种种关系，所以无论四言、五言还是七言，都已经相当成熟。《灭罪颂》在内容上针对当时修福不修慧的中国人来说法，指示所谓修福就是造恶，应当忏悔才能除邪修正。又指示修正之路，就在于修习顿教法门，所以末后四句谆谆恳切地吟道："努力修道莫悠悠，忽然虚度一时休。若遇大乘顿教法，虔诚合掌至心求。"顺便提及，六祖的偈语，七言的比此前五位祖师皆要更多。

六祖大师的诗偈，大多是五言，其中与师的七言、四言、三言相比，都为数很少，这可能是受六朝经典的影响。不过，大师的艺术表达方式，除了直奔主题的直说、简洁明了之外，其实是非常有技巧的。大师诗偈在艺术上最明显的是善用比喻，使抽象变为具象，例如《为使君说偈》："除邪心，海水竭。烦恼无，波浪灭。毒害除，鱼龙绝。"这里的海水、波浪、鱼龙都是比喻；又如《无相颂》十四首中的"说通即心通，如日处虚空""烦恼暗宅中，常须生惠日"用日作喻；[①]又如《六祖惠能和尚颂》："心地含情种，法雨即花生。自悟花情种，菩提果自成。"[②]用地、雨、花、果为喻。大师的诗偈另一个明显艺术方法，是正反对举而取中义，以破人之相执与法执，比如《真假动静偈》八首的"一切无有真，不以见于真。若见于真者，是见尽非真"[③]。《见真佛解脱三颂》之一：

---

① （唐）惠能著，郭朋校释：《坛经校释》，北京：中华书局，2004年，第71–72页。

② 初祖至于六祖，在《坛经》中皆有颂，见（唐）惠能著，郭朋校释：《坛经校释》，北京：中华书局，2004年，第103–104页。

③ （唐）惠能著，郭朋校释：《坛经校释》，北京：中华书局，2004年，第100–101页。

“迷即佛众生，悟即众生佛。愚痴佛众生，智惠众生佛。”[①]都是能即能离，亦中亦空。

最值得注意的是，六祖所开示之偈，是本土化与中国化的，其中诗体与教义，两方面都有明显迹象。诗体则如上文所述，教则可举《无相颂》为例，“心平何劳持戒，行直何用修禅”开头，让中国之人莫执于戒与修的外相，而要明白“菩提只向心觅，何劳向外求玄”。其中说的“恩”“义”“让”“忍”“苦口”“逆耳”“忠”“贤”“改过”“饶益”全是中国本土儒家的日用、常行，六祖大师言外之意，这些就是修心的佛法，不在外面。所以他最后收结说：“听说依此修行，天堂只在目前。”句中的“此”指的儒行，“天”指的佛境。可见，既悟大道真秘，何妨儒佛一炉！凭此一偈，就可判定六祖大师是佛教中国化的大师。

“我知定慧因”：定慧等持之修证妙用
（六祖大师上首弟子的诗偈）

在六祖大师的《坛经》中，已经专门开示过“即心是佛”“定慧等持”的法要，这可以看作是全本《坛经》的中心，也是六祖大师自《金刚经》悟入，而对中国大众开示的顿悟法门，也是般若法门，即不假外求，直指人心。这在《坛经》中已经有十分深细而详尽的阐明。

不过，后人未必真知其了义，同时六祖大师的法也需要有受

① （唐）惠能著，郭朋校释：《坛经校释》，北京：中华书局，2004年，第108页。

付嘱之门弟子弘传，所以我们在看灯录、公案的时候，时常会看到六祖大师的影子。这在六祖的门弟子中，尤其明显。这里先举释法海为例。

据《五灯会元》卷二，释法海，曲江人，六祖惠能的上首弟子。又据《坛经》，知法海曾为惠能大师把所说法辑集成书，遂有《六祖大师法宝坛经》流传于世。法海传记，除见于《五灯会元》之外，还见载于释道原的《景德传灯录》卷五。今节录《五灯会元》传如次：

> 韶州法海禅师者，曲江人也。初见六祖，问曰："即心即佛，愿垂指喻。"祖曰："前念不生即心，后念不灭即佛。成一切相即心，离一切相即佛。吾若具说，穷劫不尽。听吾偈曰：'即心名慧，即佛乃定。定慧等持，意中清净。悟此法门，由汝习性。用本无生，双修是正。'"师信受，以偈赞曰："即心元是佛，不悟而自屈。我知定慧因，双修离诸物。"①

由此可知，法海作为六祖大师的上首弟子，得定慧等持之心要，此义在上文所录文字的诗偈中历然分明。

"东西密相付"：参破四大而一归性真（石头希迁禅师的诗偈）

据《五灯会元》卷五，南岳石头希迁禅师（700–790）乃是

① （宋）普济著，苏渊雷点校：《五灯会元》第一册卷二《六祖大鉴禅师旁出法嗣》之《韶州法海禅师》，北京：中华书局，1997年，第84页。

端州高要陈氏子，读《肇论》而梦与六祖大师同乘一龟，醒来领悟出了得智性海的关系，遂作《参同契》偈："竺土大仙心，东西密相付。人根有利钝，道无南北祖。灵源明皎洁，枝派暗流注。执事元是迷，契理亦非悟。门门一切境，回互不回互。回而更相涉，不尔依位住。色本殊质象，声元异乐苦。暗合上中言，明明清浊句。四大性自复，如子得其母。火热风动摇，水湿地坚固。眼色耳音声，鼻香舌咸醋。然依一一法，依根叶分布。本末须归宗，尊卑用其语。当明中有暗，勿以暗相遇。当暗中有明，勿以明相睹。明暗各相对，比如前后步。万物自有功，当言用及处。事存函盖合，理应箭锋拄。承言须会宗，勿自立规矩。触目不会道，运足焉知路。进步非近远，迷隔山河固。谨白参玄人，光阴莫虚度。"①

这首长长的偈语，有几个地方要提出来注意，因为这些跟佛教中国化的历程有关。第一方面就是所说的东西南北，是用以指称达摩初祖与六祖大鉴两位大师，这是在前四句里面，竺土大仙就是祖师西来，心指传佛心印，密相付指的是禅宗的中土传承；而人根利钝，指的是所谓顿渐方法，是权宜的方便，应根机乃施为，道无南北，就是概述《六祖坛经》中，应五祖弘忍之问的答语，佛性并无南北，同时也响应了所谓的南宗与北宗，也并不是要紧的，一个"无"字，略去了南北，一个"付"字，贯通了东西。

至于"灵源"与"枝派"问题的引出与讨论，则知道唐代由盛转衰时期的佛教，已经出现了派别过多，迷失本源的趋向。希

① （宋）普济著，苏渊雷点校：《五灯会元》卷五《青原思禅师法嗣第一世·石头希迁禅师》传，北京：中华书局，1997年，第254页。

迁禅师把一切言说，归为“理”“事”二相，认为“执事元是迷，契理亦非悟”，就是理事皆有缘起、无常、无生，正因如此，一切理、事，各有位住，而互相回互。所以他告诫“参玄人”：“事存函盖合，理应箭锋拄。承言须会宗，勿自立规矩。”千万不要走错了路，光阴莫虚度。

和尚又有《草庵歌》：

吾结草庵无宝贝，饭了从容图睡快。成时初见茅草新，破后还将茅草盖。住庵人，镇常在，不属中间与内外。人住处，我不住，世人爱处我不爱。庵虽小，含法界，方丈老人相体解。上乘菩萨信无疑，中下闻之必生怪。问此庵，坏不坏，坏与不坏主元在。不居南北与东西，基上坚牢以为最。青松下，明窗内，玉殿朱楼未为对。纳帔幪头万事休，此时山僧都不会。住此庵，休作解，谁夸铺席图人买。回光返照便归来，廓达灵根非向背。遇祖师，亲训诲，结草为庵莫生退。百年抛却任纵横，摆手便行且无罪。千种言，万般解，只要交君长不解。欲识庵中不死人，岂离而今这皮袋。[①]

此处的歌题“草庵”，就是六朝以来山林修行人的居处，是一个中国人的佛教修行传统，也叫茅蓬。本歌借草庵来写修行人处于中道，草庵也就是居心之斋，暗用了庄子的“心斋”词的表象，实质是佛道的中空之观。又借草庵写修行之人，与世俗人生的区别，世人爱处指“爱取有”，我不爱指归心大乘。参破四大，放

① （宋）释道原撰《景德传灯录》卷三十，常熟瞿氏铁琴铜剑楼藏宋刊本《四部丛刊三编》中第380–389册。

下皮袋，信心永固，绝不退转，则是此歌的后半部分意思。全诗以古风歌行的形式，写修行人的心志，气韵流转，而意志高远，堪称上乘之歌诗。

“拨火见浮沤”：不执外相始为正修行（承传六祖法脉的禅师诗偈）

六祖大师法脉下，有许多高僧皆是粤产，这个事情本身，就说明岭南在六祖大师的化导，而向佛者多，出家亦不少。今举禅师如会、善会、慧寂三位，以作例证。

先说如会禅师（744–823）。《五灯会元》卷三有如会禅师传。如会禅师乃始兴曲江人，为马祖道一禅师法嗣，住湖南东寺。因为从学者众，禅床为折，时称“折床会”，唐长庆癸卯岁示寂，谥为传明大师。如会禅师曾以门徒谭诵“即心即佛”为患，故开示曰：“佛于何住，而曰即心；心如画师，而云即佛。”又有《示众》曰：“心不是佛，智不是道。剑去久矣，尔方刻舟。”[①]可见如会禅师善能以赞颂破人之迷执。

再说善会禅师。《五灯会元》卷五，青原下四世船子诚禅师法嗣，有夹山善会禅师传。传记称，禅师为广州廖氏子。禅师曾示人“眼前无法，意在目前”之理，并示从生死中参破而作偈曰：“劳持生死法，唯向佛边求。目前迷正理，拨火见浮沤。”教人不要认浮沤为真相，误为执假认真，而要心通佛理，了脱生死。又

① （宋）普济著，苏渊雷点校：《五灯会元》卷三《南岳下二世·马祖一禅师法嗣·东寺如会禅师》，北京：中华书局，1997年，第151页。

示人以无佛无悟，不取不舍，作偈曰：“明明无悟法，悟法却迷人。长舒两脚睡，无伪亦无真。”此用以破人法执。又示人以老不老偈，欲人以无住为用，曰：“青山原不动，涧水镇长流。手执夜明符，几个知天晓。”[①]天自然会拂晓明亮，而迷人只会执着夜明符，就像执住为用，不知无住为用一样，其实青山不动、涧水长流，都是动与不动之间，何劳把捉！

又说慧寂禅师。《五灯会元》卷九有慧寂智通禅师传。禅师俗家乃韶州怀化叶氏子，九岁至广州和安寺投智通禅师出家。《坛经》中六祖开示有说“心平何劳持戒，行直何用修禅”，学人有疑，慧寂禅师曾作偈示人“不坐禅”“不持戒”曰：“滔滔不持戒，兀兀不坐禅。酽茶三两碗，意在镢头边。”[②]此即大道在日常，平常心是道之意也。

“因指见其月”：以指喻指与因指见月

（广东其他禅师诗偈）

唐代岭南还有其他高僧，或者不在珠江流域与北江流域，但是一样影响深远。他们因为散在岭南大地各处修行，每有诗偈传世。今亦举数例，如释元、释宝通、释本空与释了拳。

先说释元。释元，广东冈州（今属江门）人，《广东通志》有传，是释一行的弟子。僧一行曾来冈州圭峰山住持，山有黄云之瑞，

① （宋）普济著，苏渊雷点校：《五灯会元》卷五《青原下四世·船子诚禅师法嗣·夹山善会禅师》，北京：中华书局，1997年，第292–296页。

② （宋）普济著，苏渊雷点校：《五灯会元》卷九《沩仰宗·南岳下四世·沩仰祐禅师法嗣·仰山慧寂禅师》，北京：中华书局，1997年，第526–536页。

故又叫黄云山。释元等五百人从之，又称黄云元。释元有《玉台寺》诗一首："好个玉台天上月，夜深圆待老僧看。分明照出须弥路，可惜人间烟树寒。"见录于道光《新会县志》卷二《舆地志·山川》，诗借山月，写出家人心境，真是放怀佛路，一尘不染。

次说释宝通（732–824），禅师号大颠，生于潮州，为青原下二世石头希迁禅师的法嗣，在《五灯会元》卷五有传。韩文公被贬潮州，与禅师有游处，至今还流传二人佳话。而在南唐释静、释筠《祖堂集》卷五，录有《欲归山留别韩潮州愈偈》，曰："辞君莫怪归山早，为忆松萝对月宫。台殿不将金鏁闭，来时自月白云对。"可见僧、俗之间，交往率真。在清人陈兰芝的《岭南风雅》一书中，还收录了一首《即事》，亦作大颠和尚作，诗曰："岩前独静坐，圆月当天耀。万象影现中，一轮本无照。廓然神自清，含虚洞玄妙。因指见其月，月是心枢要。"然亦有人以为是寒山之作而窜入为大颠诗，究竟是否，存疑待考。不管如何，大颠既为唐僧，与诗家如韩文公既有交往，不能不善为诗，显然。

又次说释本空。据清人周硕勋《潮州府志》[①]卷三十，知从大颠禅师学，住潮州马颊山。传中，录释本空《心性颂》："心是性体，性是心用。心性一如，谁别谁共。妄外迷源，低者难洞。古今凡圣，如幻如梦。"观颂而知，亦得心印，承六祖一脉。

又次说释了拳（817 — 861）。明末李士淳《阴那山志》[②]卷首有传。禅师俗姓潘，别号惭愧。原籍闽之沙县。初生，左手拳曲，

① （清）潮州府知府周硕勋纂：《潮州府志》，乾隆二十六年辛巳（1761）重修。

② （明）程乡邑人李士淳（1585–1665）纂，钟东点校：《岭南古寺志丛刊·阴那山志》，广州：广东教育出版社，2016年。

一旦有游僧至，抚之，书“了”字于拳，指忽伸开，更名“了拳”。后驻锡于程乡阴那山，三十年后，谓其徒未能自度度人，圆寂后建塔当颜“惭愧”，而临寂留偈，见录于周硕勋《潮州府志》卷三十，曰：“四十九年，无系无牵。如今撒手归空去，万里云开月在天。”清温汝能《粤东诗海》[①]卷一百录此诗首二句为：“山青青，水泠泠。”一以述行起，一以写景兴，亦诗亦偈，令人玩味。

结 语

据丁福保居士所编《佛学大辞典》[②]，有“偈”这一条目，释曰：“（术语）Gāthā，译曰颂。定字数结四句者，不问三言四言乃至多言，要必四句。颂者，美歌。伽陀者，联美辞而歌颂之者，故译曰颂。伽陀，又偈训为竭，竭也，摄尽其义之意。《天台仁王经疏》中曰：‘偈者，竭也。摄义尽，故名为偈。’”可知偈为佛经本来有的文学形式，译为颂，义取竭。

中国的诗，与偈颂有类似的形式，一是字数，结四句。二是讲音韵，有声文。然而偈颂在于摄义，诗歌在于言心。至佛经翻译之后，诗偈合体，文学与佛心，混融合一。学界探讨已经丰富而深入，此处不赘。

若举不是僧人的其他记载或者题咏，广东唐代的僧踪与诗迹，将视野更广，比如刘言史的诗写到唐代广州的王园寺，见录

① （清）温汝能纂，吕永光整理：《粤东诗海》，广州：中山大学出版社，1999年。

② 丁福保（1874－1952）编纂：《佛学大辞典》，北京：中国书店，2011年影印。

于顾光、何淙修纂《光孝寺志》。[1]若是联系僧人的参禅、译经、修律之事，比如见于宋僧赞宁的《宋高僧传》[2]所载的唐代广州制止寺极量、唐代罗浮石楼寺怀迪，则对于僧踪、诗迹还会有更多的认识。况且，唐代广东的僧踪与诗迹与西北陆路佛教传播有着东西往来、南北交汇的历史事实，而禅宗盛行，在佛心（义）与诗偈（体）两方面，深刻地影响着中国的文学。本文所述，聊作例话。

① （清）顾光、何淙修纂，仇江、曾燕闻点校：《光孝寺志》，广州：广东教育出版社，2016年。
② （宋）释赞宁纂，范祥雍点校：《宋高僧传》，上海：上海古籍出版社，2017年。

《历代三宝记》对岭南佛教发展盛况的忽视和低估

华南师范大学　周永卫

摘要： 隋翻经学士费长房所著的《历代三宝记》一书（以下简称《房录》），是中国佛教史上十分重要的目录著作。与梁僧祐《出三藏记集》仅详于南朝诸经的记载不同，该书对北朝诸经的记载也颇为详尽。对此，史学大家陈垣先生曾有精辟的论述。但是，由于种种原因，《房录》对汉魏六朝岭南佛教发展盛况存在忽视和低估的现象，对沿海上丝绸之路取经弘法的中外僧侣群体的贡献也存在许多认知上的误解和盲区。《房录》抹去了安世高在广州活动的记载，并杜撰出安世高沿西北陆上丝绸之路来华的历史。这些偏见和错误，亟待后世有识之士辨别纠正。

关键词： 费长房；安世高；海上丝绸之路；岭南佛教史

佛教东渐，无疑是中西交通史和中外关系史上的重要内容。佛教在中国早期传播问题，一直是学术界关注和研究的一个热点问题。近一个世纪以来，中外学术界围绕汉明帝感梦遣使真伪问题、《四十二章经》真伪问题、《牟子理惑论》撰写年代问题、佛教输入中国路线问题等，进行了持久而深入的讨论。时至今日，这些问题虽然没有定论，但在一些问题的看法上，主流意见已经趋于一致，比如《牟子理惑论》撰写年代问题，绝大多数学者认为是撰写于汉末三国时期。

一、海上丝绸之路以及岭南地区在佛教东渐中的作用不可低估

在佛教输入中国的路线问题上，长期以来，陆路输入之说占据上风。荣新江先生认为："综合已有的历史文献及80年代以来的考古图像资料，特别是考虑到阿富汗最近新发现的公元1世纪早期的佛教文献，我认为佛教从西北印度大月氏（今阿富汗和巴基斯坦）经陆路传入中国的说法最为合理。"[①]季羡林先生指出："佛教从这里（按：至川缅甸路）以及海路传入中国，也是历史事实。只不过在最早的时期只能通过中亚而已。"[②]

佛教海路输入说，也不乏其人。梁启超在20世纪20年代初完成的《佛教之初输入》一文，认为："举要言之，则佛教之来，非由陆而由海，其最初根据地，不在京洛而在江淮。"[③]冯承钧先生指出："中国之识天竺，天竺之识支那，源来已久，贡献虽始于汉和帝时，两地交通为时必更古也。当时通道有二：一为西域道，一为南海道，南海道之开辟或更在西域道之先……由是可以推想及于佛教输入问题，交通既不限于一道，输入之地则不应仅由西域一途……可见南海一道亦为佛教输入之要途；南海之交趾犹西域之于阗也……是欲寻究佛教输入之故实，应在南海一道中

① 荣新江：《陆路还是海路？——佛教传入汉代中国的途径与流行区域研究述评》，《北大史学》2003年1月。

② 季羡林：《中印文化交流史》，北京：中国社会科学出版社，2008年，第24-25页。

③ 梁启超：《佛学研究十八篇》，上海：上海古籍出版社，2001年，第32页。

求之。”[1]曾长期致力于西域史地文物研究的马雍先生综合汉文文献以及佉卢文字资料，认为在东汉中期以后，特别是在灵帝时期，中亚地区的居民，包括月支人、康居人、安息人以及一部分北天竺人，陆续不断地移居于中国境内，成为一股移民的热潮。他们来华的路线分为海、陆两道。取海道者经印度航海来到交趾，一些人留居交趾，一些人继续北上，到达洛阳取陆道者越过葱岭来到敦煌，一些人留居敦煌，一些人继续东进，到达洛阳。[2]

伴随着这股中亚人移民中国的浪潮，佛教也同时沿海上丝路和陆上丝路传至中国境内，从而大大改变了中国历史的面貌。古今中外，宗教文化的传播与发展，并非按部就班，循序渐进，而往往呈现出跳跃式传播，跨越式发展的态势。佛教东渐之初，洛阳、彭城一带的佛教可能比于阗、交趾要早。

海、陆两条丝路共同构成中外交往的重要通道。汉魏两晋南北朝时期，敦煌与岭南虽然相隔万水千山，但由于弘法护法僧人的不懈努力，使得两地之间的交通更加畅通，交流更加频繁。敦煌、西北丝路与岭南之间以僧人群体为主体的这种频繁的往来和交流，十分引人注目，远远超出了后人的想象。在西行泛海求法的僧人当中，有许多僧人出生于敦煌和西北丝路沿线，很值得关注，也彰显出海上丝路和岭南地区在佛教东渐中的重要作用。

魏晋南北朝时期，是中国僧众群体西行求法活动最为活跃、最为频繁的时期。而西凉州（今甘肃武威一带）人智严，是这一

① 冯承钧：《中国南洋交通史》，上海：上海古籍出版社，2005年，第5-6页。

② 马雍：《东汉后期中亚人来华考》，《西域史地文物丛考》，北京：文物出版社，1990年，第57-58页。

群体中的杰出代表，其贡献完全可以与法显比肩。智严少年出家，为求法，翻越葱岭，到达佛法繁盛的罽宾国，即今天的阿富汗一带，并遇到著名高僧佛陀跋陀罗，在智严执着诚恳的邀请下，佛陀跋陀罗和他一起，经过三年时间，克服重重困难，最终沿海上丝绸之路回国。佛陀跋陀罗，译名觉贤，他将系统禅法传入中国，并首次将《华严》大部翻译出来，使华严学在中国开始兴盛，对中国佛教发展做出了巨大贡献。①而在中国佛教史上，智严的名字是和佛陀跋陀罗的名字连在一起的，没有智严，就没有佛陀跋陀罗来华。

由于材料有限，时至今日，佛教传入中国的路线问题，依然没有真正解决。但毫无疑问，佛教海路传播的可能性不容置疑，佛教东渐中海上丝路以及岭南地区的重要性不容置疑。

二、费长房抹去了安世高在广州活动的记载

《历代三宝记》与《开元释教录》所载的汉魏22位译经人士，其来华路线，是陆路还是海路？或西南丝绸之路？大都语焉不详。对安世高的记载也是如此。但从《出三藏记集》和《高僧传》关于安世高传记的字里行间里，还是可以分辨出他诸多海路来华的信息。

其一，知识结构。古代海上航行者一般要掌握一定的天文、星象、水文、气象等知识。而安世高除了精通佛法，还洞晓医术，

① 徐文明：《广东佛教与海上丝绸之路》，广州：羊城晚报出版社，2015年，第111页。

同时“七曜五行之象，风角云物之占，推步盈缩，悉穷其变”[①]这些知识，无疑与海上活动有千丝万缕的联系。

其二，行踪轨迹。《出三藏记集》和《高僧传》中关于安世高的记载，充满许多荒诞离奇的叙述。

> 初，世高自称：“先身已经为安息王子，与其国中长者子俱共出家。分卫之时，施主不称，同学辄怒，世高屡加呵责，同学悔谢，而犹不悔改。如此二十余年，乃与同学辞诀云：‘我当往广州毕宿世之对。卿明经精进，不在吾后，而性多恚怒，命过当受恶形。我若得道，必当相度。’既而遂适广州，值寇贼大乱，行路逢一少年，唾手拔刀曰：‘真得汝矣！’世高笑曰：‘我宿命负卿，故远来相偿，卿之忿怒故是前世时意也。’遂申颈受刃，容无惧色。贼遂杀之。观者填路，莫不骇其奇异。既而神识还为安息王太子，即今世高时身也。”
>
> 世高游化中国，宣经事毕，值灵帝之末，关洛扰乱，乃杖锡江南。云：“我当过庐山度昔同学。”行达邾亭湖庙。[②]

传记中多次提到安世高曾到过广州。广州作为地名出现较晚，吴黄武五年（226），将原交州刺史部一分为二，析分出广州刺史部。安世高登岸是公元147年前后，当时仍叫番禺，称为广州是沿用习惯用法，用以后的地名称呼以前的地方。关于他何时到广

① （梁）僧祐撰，苏晋仁、萧錬子点校：《出三藏记集》第十三卷，北京：中华书局，1995年，第508页。

② 同上，第508-509页。

州，一般认为是公元184年黄巾起义，“关洛扰乱”以后。实际上，更为合理的推断应该是，安世高是从海路来华，最先在广州登岸，后来北上经九江庐山到达洛阳，在遭遇黄巾起义后，为躲避北方战乱，“乃振锡江南”，再次流落到广州。

安世高在中国的译经活动，“以汉桓帝建和二年（148）至灵帝建宁中二十余年，译出三十余部经。”[①]汉桓帝元嘉元年（151）译出“《五十校计经》二卷，《七处三观经》二卷”；元嘉二年（152）“世高此年译《普法义经》一卷，《内藏经》一卷”；永寿二年（156），“译《人本欲生经》一卷”；永康元年（167），“译《修行道地经》七卷或六卷”。[②]

但费长房的《历代三宝记》关于安世高的事迹，却抹去了安世高在广州活动的记载，这一点非常值得注意。

三、费长房杜撰出安世高沿西北丝路来华

关于安世高的事迹的记载，与僧祐、慧皎的大相径庭的是费长房。

> 安息国王太子，名清，字世高，次当嗣王，让位与叔，既而舍国，剃落出家，怀道游方，弘化为务。孝桓帝世建和二年（148），振锡来仪，至乎洛邑。少时习语，大通华言，慨法化微，广事宣译。到灵帝世二十余年，其

① （梁）释慧皎撰，汤用彤校注：《高僧传》第一卷，北京：中华书局，1992年，第7页。

② （隋）费长房撰，张春雷、王春阳等校注：《历代三宝记》第二卷，郑州：河南人民出版社，2013年，第23页。

释道安录，僧祐《出三藏记集》、慧皎《高僧传》等止云世高翻三十九部，义理明析，文字允正，辩而不华，质而不野。凡在读者，皆亹亹然而不倦焉。房广询求究检，众录纪述，世高互有出没，将知权迹隐显多途，或由传者颇致乖舛。量传所载三十九部，或但路出自敦煌，来届止京邑。灵帝之末，关中扰攘，便渡江南，达人见机，在所便译。得知他处阙而未传，又其传末果云，而古旧录所载之者，此并世高删正前译，不必全翻。今总群篇，备搜杂记，有题注者，多是河西江南道路随逐因缘，从大部出。录目分散，未足致疑，彼见故存，此宁不缵，敢依集编，缉而维之。冀广法流，知本源注，欲识其迹，具诸传详。①

这个记载，剔除了荒诞不经的传说，把安世高的来华路线也明确描述为“或但路出自敦煌，来届止京邑”，“多是河西江南道路随逐因缘”，也就是西北丝路。

笔者发现，这些描述并不可靠。费长房记载与僧祐、慧皎记载最大的不同，除了成书的年代比后两者晚80余年以外，我们特别要注意和强调的是，费长房是长期生活于北方地区的北朝学者，对西北丝路较为熟悉，而僧祐和慧皎均是生活于南方地区的南朝学者，对海上丝路更为熟悉。作为长期生活于北方的成都籍的翻经学士，费长房对北朝时期的佛教状况十分熟悉，但对南朝统治下的东南沿海地区，特别是岭南地区的佛教发展状况显然缺

① （隋）费长房撰，张春雷、王春阳等校注：《历代三宝记》第四卷，郑州：河南人民出版社，2013年，第59页。

乏深刻了解。僧祐、慧皎均提到安世高曾两次到广州，在他那里，全部被忽略了。

无独有偶，费长房对东吴僧人康僧会的记载，竟然完全删除了康僧会“其父因商贾，移于交趾”[①]的关键性文字。因此，笔者得出结论，费长房关于安世高西北丝路来华路线的言论不可信。

出生于交趾的东吴高僧康僧会，是安世高佛学思想的传人，又与安世高同文同种，他的《安般守意经序》云：“有菩萨名安清字世高，安息王嫡后之子，让国与叔，驰避本土，翔而后进，遂处京师。”[②]没有一处提及安世高是从西北陆路来华。这个记载比300余年之后费长房的记载更为可信。相比于北方丝路，安世高来华路线以海路更为合理。以上分析，也是对马雍先生主张安世高海路来华观点的一个补充。[③]

由于种种原因，《房录》对汉魏六朝岭南佛教发展盛况存在忽视和低估的现象，对沿海上丝绸之路取经弘法的中外僧侣群体的贡献也存在许多认知上的误解和盲区。《房录》抹去了安世高在广州活动的记载，并杜撰出安世高沿西北陆上丝绸之路来华的历史。这些偏见和错误，亟待后世有识之士辨别纠正。

---

① （梁）僧祐撰，苏晋仁、萧錬子点校：《出三藏记集》第十三卷，北京：中华书局，1995年，第514页；（梁）释慧皎撰，汤用彤校注：《高僧传》第一卷，北京：中华书局，1992年，第14页。

② （梁）僧祐撰，苏晋仁、萧錬子点校：《出三藏记集》第六卷，北京：中华书局，1995年，第244页。

③ 马雍：《东汉后期中亚人来华考》，《西域史地文物丛考》，北京：文物出版社，1990年，第46–59页。

第三部分
都市佛教与社会责任

心灵疏导的新路径

——笛卡尔的“我思”与自我参究之路

西南政法大学　陈　进[①]

摘要：卡巴金提倡的正念减压疗法在西方大行其道，也开始风靡中国。正念作为疏导人的心理压力有其效果，但不能代替禅修。中国传统的禅修方式看话头能迅速直接解决人的心灵问题，但固定的话头公案已经僵化，作为具有科学脑的现代人发不起疑情，不能激发人的心灵，需要寻找适合现代人的新话头。从作为近代科学鼻祖的笛卡尔的“我思-我是”切入，能够适合现代人的科学脑，是一条新的自我参究之路。

关键词：正念减压；话头；笛卡尔；我思；自我参究

现在西方流行的内观禅修，对其产生最重要影响的就是西方的心理学。

西方著名的心理治疗与禅修实践者杰克·康菲尔德，以自己的亲身经历指出：

> 我生命中绝大部分的难题，即使是深刻的禅修也无法

① 陈进，副教授，哲学博士、法学博士后（在站），研究方向：佛教哲学、德国古典哲学、周易哲学、中西哲学比较。

触及到。比如孤独、亲密关系、工作、童年的伤痕以及各种的恐惧。经历过多年禅修的大部分的人，在生活中仍继续面临着相当大的困难和明显的执着，以及无法处理的意识问题，像害怕、工作上的挫折、人际关系的伤痕以及心灵的闭塞。即使是美国内观指导老师，也有很多已经接受心理治疗以解决这些问题。①

缅甸的马哈希禅师，也承认西方学生必须面对这些新问题，这是各种在亚洲很少见的“心理学痛苦”。②

杰克·康菲尔德指出的这种情况，并不意味着心理治疗可以取代内观禅修，心理治疗没有从破除自我的层面着力，心理学家用的是散心而非定心，其技巧与手段，对现代人的精神疏解有一定的作用，但不能解决根本问题。所以，心理治疗并非根本解决之道，必须从自净其心上入手。康菲尔德认为心理治疗与禅修需要并用，才能解决西方人的心灵问题，这与东方通过禅修解决心灵问题稍有不同。西方人自净其心的心灵疏导有各种治疗方法，如荣格学派的治疗、芮克式治疗、心理综合学、各种超个人心理学、各式呼吸方法等，其典型代表就是现在流行的正念减压疗法。

一、西方心灵疏导的代表——正念减压疗法

与康菲尔德同时代的约瑟夫·戈德斯坦、莎伦·萨尔茨堡、

① Jack Kornfield, “Even the Best Meditators Have old Wounds to Heal.” *Yoga Journal*, September/October 1989.

② ［美］杰克·康菲尔德：《踏上心灵幽径》，深圳：深圳报业集团出版社，2009年，第255页。

卡巴金开始提倡正念减压疗法，同时还有20世纪70年代中期的一行禅师，也开始推广正念和禅修，出版了《正念的奇迹》一书。现在传入中国影响最大的就是印度裔美国人卡巴金的正念减压疗法（mindfulness-based stress reduction，简称MBSR）。1979年，卡巴金创立正念疗法，正念是他从佛教的八正道里抽出来的一个要素，无宗教色彩。正念疗法最早是应用于遭受慢性躯体疾病之苦的病患身上的，包含头痛、高血压、背痛、心脏病、癌症、艾滋病、气喘、长期性疼痛、肌纤维酸瘤、皮肤病、与压力有关的肠胃病、睡眠失调、焦虑与恐慌症，等等，这样的正念减压中心在西方国家有200个以上。近20年来（1998–2020），国内学者研究和实践正念减压的，可说如火如荼，检索“正念减压”的关键词，论文数量达1200多篇。从1980年起至2019年的40年间，国外关于正念研究的论文同样达1200多篇。

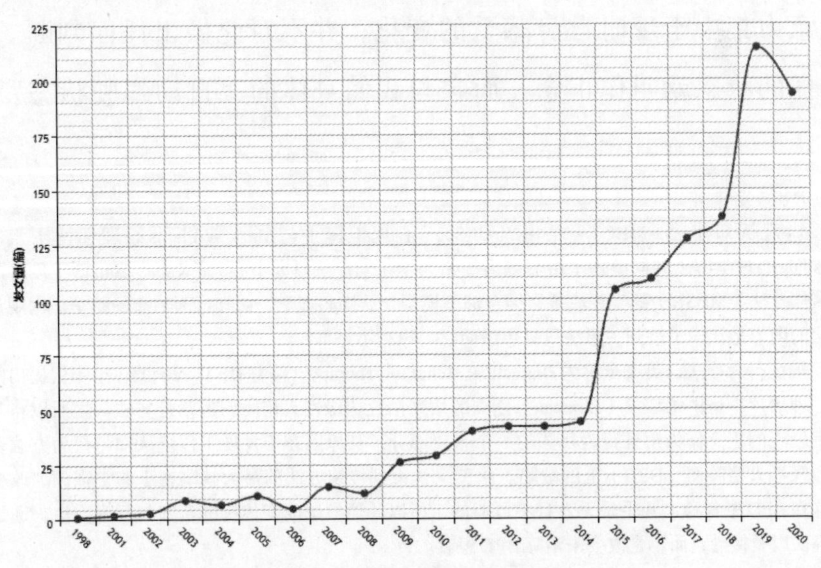

1998–2020国内正念减压研究论文数量（来源：知网）

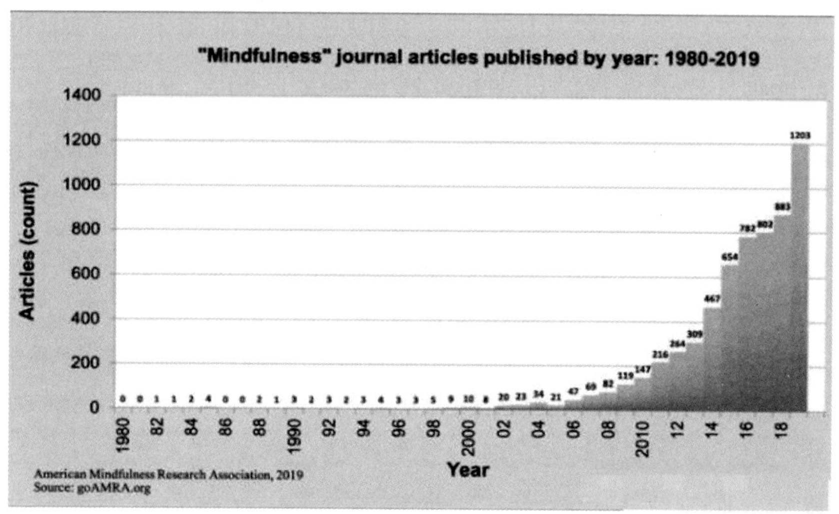

1980−2019年国外正念研究期刊论文数量

（来源：https：//goamra.org/resources/）

后来的内观认知疗法（MBCT）[①]、辩证行为疗法（DBT）[②]都吸收了卡巴金的核心要素“正念”思想。

什么是正念减压疗法？卡巴金给正念下的定义是：“主动将注意力集中于现时自身感受的变化，并不对此做出任何判断。”[③]这样的状态就叫作正念，而它与我们身体的“自动驾驶状态”是

---

① 内观认知疗法（MBCT）是由Zindl Segal心理学博士与Mark Williams心理学博士及John Teasdale心理学博士共同整理了由马萨诸塞州大学正念疗法研究中心Jon Kabat-zinn博士创办的正念减压疗法（MBSR）的实践成果，结合抑郁模型，认知心理学，认知行为治疗的精华。内观认知疗法的内容是让你了解到“想法只是想法而已，想法不是事实”。

② 辩证行为疗法，英文全称为Dialectical Behavior Therapy，简称DBT。20世纪70年代提出的一项心理治疗，是由莱茵汉（Linehan）创立的用来治疗边缘性人格障碍的治疗方法。之所以将基于禅宗思想的正念作为辩证行为疗法的一个重要部分，其原因在于发现了传统认知与行为方法在治疗边缘性人格障碍（BPD）上的缺陷。莱茵汉认识到传统方法的最大缺陷在于非常强调“改变”，而这在BPD患者身上几乎是无效且不可能的。所以，他尝试改变传统的认知与行为方法，通过强调确认以及接受，而不是改变来治疗BPD患者。

③ 卡巴金著，王俊兰译：《正念：此刻是一枝花》，北京：机械工业出版社，2018年，第3页。翻译有改动。

正相反的。

正念疗法需遵守以下要点：

1.不对自己的情绪、想法、病痛等身心现象做价值判断（Non-judging），只是纯粹地觉察它们；

2.对自己当下的各种身心状况保持耐心（Patience），有耐性地与它们和平共处；

3.常保“初学者之心”（Beginner's Mind），愿意以赤子之心面对每一个身、心事件；

4.信任（Trust）自己、相信自己的智慧与能力；

5.不努力（Non-striving）强求想要的（治疗）目的，只是无为地（non-doing）觉察当下发生的一切身心现象；

6.接受（Acceptance）现状，愿意如实地观照当下自己的身、心现象；

7.放下（Letting go）种种好、恶，只是分分秒秒地觉察当下发生的身、心事件。

在此基础上，修习三种主要的禅修技巧：坐禅、身体扫描和正念瑜伽。为将正念修行融入日常生活，MBSR疗程亦教导“行禅”（walking meditation）以及如何在日常生活中培育正念的技巧[①]。

笔者把正念称为被动的无概念的知。什么叫被动的无概念的知？如“我看到了黄色的茶杯”这个事实，如果要尝试将其还原，就需要将“我看到了黄色的茶杯”的概念给去掉。如何去掉？还原如下：

---

① 温宗堃：《佛教禅修与身心医学——正念修行的疗愈力量》，《普门学报》2006年第33期，第9–49页。

我看到了黄色的茶杯

我看到了黄的茶杯

我看到了黄茶杯

我看到了茶杯

我看到了杯

我看到杯

我看杯

看杯

看

根据日常经验，我们所看到的时候，与我们反应出来“这是茶杯”几乎是同时的，不需要过多的思考就能反应出来。我们还原“茶杯”的过程，是摆脱概念的加工。不过这也是不够的，最后还需要将“我”和“到”也给去掉，看就是看，是纯意识的。

只是“看”的时候，不能在口里用语言说出，这是第一步；然后，心里也不能说，不能起一个概念，这是第二步。在沉默的空无中纯粹意识将会显现。此纯粹意识是心的一种空白状态，可称为世俗的清净心、三际托空心、念头之间的空隙处，南传称为有分心。

要注意的是，意识、念头，是非常快速的心流，看到这是一个杯子，我们需要先将它还原，最好做到不用概念，或者说少用概念。但是，人出于需要往往会言明概念，即便我们嘴里不说出“这是杯子”，心里仍然在说，心里仍然在生起念头，心里还是在说：这是“一个”。但心里也不能用“一个”“这是”之类的，要回到事情的本身，面对直接的事实，终止去进行判断，从而达到无概念的纯意识。而一旦使用概念的话，就会又陷入思考，出于最自然的习气，往往都会立马生出判断，判断这是一个杯子，这是一个主动有为的过程，而不是被动的无概念的知的呈现。

而卡巴金正念疗法中对正念的培育，比单纯的心理治疗更进了一步，但只有正念是不够的。杰克·康菲尔德认为，优秀的禅师也有心理创伤，需要心理治疗。他指的优秀禅师也包括从日本到美国去传禅的禅师们：性丑闻被曝光前的佐佐木承周大师，一直以来都被美国人视为最为杰出的禅学大师；还有著名的嶋野荣道（EidoShimano）与女弟子的虐待关系长达50年之久，这一事件引发了美国佛教社区的分裂。两位都是日本临济宗僧人，日本临济宗参禅主要是看“无”字话头。从这两个典型事例可以看到，参究“无”字，并没有让日本的禅僧们远离性，这表明参究“无”字话头，已经不能让人达到心灵上的自由。其原因，在于这些话头已经僵化，无法让人心灵解脱。

二、禅宗日趋僵化的看话头

杰克·康菲尔德在《踏上心灵幽径》一书中，指出即使优秀的禅师，也还在看心理医生，以疗愈过去的心理创伤。康菲尔德的说法打破了禅宗标榜的一悟永悟的神话。真正悟入的心灵，超过世界上所有世俗的心理治疗。所谓开悟了的禅师，还需要经过心理治疗，只能表明所悟不彻底、不究竟。之所以不能彻底，一个可能的历史原因是，传入日本的临济宗，宋以降至现代的参禅门径大都以看话禅为入手，而宏智正觉提倡的默照正禅，后世往往流入默照邪禅。看话禅大多以看某个话头为入手处，如宋代流行的“祖师西来意”“不是心不是佛不是物”“须弥山”“放下著”“狗子无佛性话”“竹篦子话”“一口吸尽西江水话”“庭前柏树子话”“大愚锯解秤锤”“严阳尊者土块”“汾阳莫妄想”“俱胝竖指头”“如何是佛？干屎橛”。明代以后，“念佛是——谁”的话头更是风行禅林。

憨山德清在《答袁沧孺使君》中，对看话禅作了解释：

提公案话头，若大慧禅师极力主张。是知从前禅门悟心者，皆从提话头工夫做出，但于中用心，有多不同。今时说提话头更错，用心甚远，以只知提起，不知放下为要妙。古人放下一着，最为入道要说。是知提之一字，乃是放下处为提，不是只想着话头为提也。马鸣云：“心体离念，等虚空界。”又云：“离念境界，唯证相应。”以心体本来离念，今人不知离念为正念，故执持提起一心，是以转增迷闷耳。何以放下处为提起？只如以阿弥陀佛为话头，当未提佛时，先要将外境放下，次将内心一切妄想一齐放下，次将此放下的一念也放下。放到无可放处，方于此中，着力提起一声佛来，即看者一声佛，从何处来，今落向何处去。把定金刚眼睛，一觑觑定，觑到没着落处。又提又觑，又追到一念无生处，便见本来面目也。初则用心觑追，追到一念两头断处，中闲自孤，更向此孤处，快着精彩直追。忽然迸裂疑团，则本来面目自现，即此便是一念真无生意也。学人但得此一念无生现前，则一切处得大受用，乃是出生死的时节也。近世不知向放下处，求离念一着，死死执定话头，故返增障碍[①]。

憨山德清非常明白地指出看话禅乃是入道门径。“若不着意，则诸缘息矣；若不忘怀，则内心定矣。内心定则自然与墙壁无殊，亦不着将心安排计度，然后得如墙壁也。”[②]看话禅就是为了进入此门径。憨山指出之所以要看话头：

只为学人八识田中，无量劫来恶习种子，念念内熏，相续流注，妄想不断，无可奈何。故将一则无义味话，与你咬定，先将一切内外心境妄想，一齐放下。因放不下，故教提此话头。如斩乱丝，一断齐断，更不相续，把断意识，再不放行。此正是达磨“外息诸缘，内心无喘，心如墙壁”的规则也。不如此下手，决不见自己本来面目。不是教你在公案语句上寻思，当作疑情，望他讨分晓也。即如大慧，专教看话头，下毒手，只是要你死偷心耳。[③]

现代的虚云和尚对看话头也有一说明：

古代祖师直指人心，见性成佛，如达摩祖师的安心，六祖的唯论见性，只要直下承当便了，没有看话头的。到后来的祖师，见人心不古，不能死心塌地，多弄机诈，每每数他人珍宝，作自己家珍，便不得不各立门庭，各出手眼，才令学人看话头。什么叫话头？话就是说话，头就是说话之前。如念“阿弥陀佛”是句话，未念之前，就是话头。所谓话头，即是一念未生之际；一念才生，已成

① 福善日录，通炯编：《憨山老人梦游集》，《卍续藏经》，第73册，第593页下。

② 《示王通判（大任）》，《卍续藏经》，第59册，第962页上。

③ 福善日录，通炯编：《憨山老人梦游集》，《卍续藏经》，第73册，第498页下。

话尾。这一念未生之际，叫作不生；不掉举，不昏沉，不着静，不落空，叫作不灭。时时刻刻，单单的的，一念回光返照这“不生不灭”，就叫作看话头，或照顾话头。①

按照虚云和尚的解释，看话头就是观心，观什么心呢？就是观心之前头，心之前头就是念头与念头之间的空隙处，在空隙处快着精彩直追，一念回光返照这“空隙处”，恰恰是看话禅要达到的目的。看话禅，也不过是观心的门庭施设而已。虚云和尚已经直白地说破了看话头。

来果禅师却对“话头是说话的前头”及话尾的说法破斥：对话头说头说尾，皆是魔说！来果禅师的说法，也只不过为了破除对虚云和尚话头解释的执着。

这些话头刚出现时，新鲜刺激，能够刺激人的心灵，从头脑中跳出来，无杂念、有力量，能够提起道心。随着使用的人越来越多，日趋僵化，又陷入到头脑中，变成无意识的一部分，已经不足以刺激心灵，发起疑情，何来看话头？

看话头作为一种方便法门，首先要发起疑情，僵化日甚的话头，力量不强，无法使疑情持续不断，那么这样的话头只是妄念而不是正念，已经成为头脑的一部分，并不能让人发起疑情，截断意识流。现在中国佛教界参“念佛是谁”的话头，从明代开始流行，也有几百年了，早已变成佛教界无意识的一部分，日本临济宗的“无”字话头同样面临这种情况。参禅之人继续使用已经不容易得力，有一点效果的，也是把它当作了一句咒语在念，这

① 转引自圣严法师：《圣严法师教禅坐》，上海：华东师范大学出版社，2012年，第189页。

只不过是从定上用功，是一种无正念的定。正是朱熹所批评的呆守法、麻了心：

禅只是一个呆守法，如“麻三斤”“干矢橛”。他道理初不在这上，只是教他麻了心，只思量这一路，专一积久，忽有见处，便是悟。大要只是把定一心，不令散乱，久后光明自发。[①]

朱熹虽然对禅宗的呆守法、麻了心有批评，但对于头脑妄念纷纷的学人还是需要此方便工夫：

看他下工夫，直是自日至夜，无一念走作别处。学者一时一日之间是多少闲杂念虑，如何得似他！[②]

人若逐日无事，有现成饭吃，用半日静坐，半日读书，如此一二年，何患不进？[③]

如果已经不再妄念纷飞了，禅宗麻了心的修定在朱熹看来就不够了，需要有“敬”字工夫，以区别禅家之坐禅：

明道教人静坐，盖为时诸人相从，只在学中，无甚外事，故教之如此。今若无事，固是只得静坐，若特地将静坐做一件功夫，则却是释子坐禅矣！但只著一敬字，通贯动静，则于二者之间自无间断处，不须如此分别也。[④]

朱熹以“敬”弥补禅家“呆守法”的不足，以此作为儒家与

① 朱熹：《朱子语类》卷126，载《朱子全书》第18册，上海：上海古籍出版社，合肥：安徽教育出版社，2002年，第3950页。

② 同上，第3937页。

③ 同上，第3674页。

④ 朱熹：《晦庵先生朱文公文集》卷62，载《朱子全书》第23册，上海：上海古籍出版社，合肥：安徽教育出版社，2002年，第2988页。

禅家的区别，实是门户之见。“敬”只不过是正念的另一种表达方式而已，这种麻了心的定，如果没有正念，正是禅家所说的禅病，是病非禅，心灵容易麻木，没有生机，只不过是冷水泡石头，成为死水一潭。不管是朱熹的儒家修养工夫还是禅家的修禅，都有可能犯此弊病。

而看话头定中有慧，是一种动态的定，可说是定慧等持，二者不可同日而语。

由于大部分人参话头不能得力，容易犯朱熹指出的修禅毛病，转向心理治疗是很正常的，正念的培育也是必要的，但寻找能够断除妄想的新话头，让人发起持续不断的疑情，无疑成为参禅看话头之人的当务之急。

三、参禅的新路径：笛卡尔的“我思”

这里要说明的是，笛卡尔的“我思故我在”，是旧译，新译为“我想故我是”，笔者认为应翻译为“我思故我是”。王太庆为什么这么翻译也做了说明，但重点放在翻译成“我是”的说明上，没有说明“我思”为什么要翻译成“我想”。翻译成“我思”还是“我想”恰当？思心所与想心所都属于遍行心所，唯识宗所立五位百法的六位心所之一，指周遍于一切心王、心所而相应之五种心所，即触、作意、受、想、思等。

想有标记、记忆的特点，属于五蕴中的想蕴，不是平时我们说的“我想如何如何”，这是很粗的想，已经是思心所后的寻心所（不是定中的寻）。想心所：“谓于境取像为性，施设种种名言

为业。”（《成唯识论》卷三）

什么叫思心所？思相当于现在所说到的意志行为，属于五蕴中的行蕴。凡是能够造业的这种心理作用就是由思心所承担、负责的。造业的心就是思心所，也就是说能够造作业的心理现象、心理作用，就是“思”在起主导。因为有了思心所才会有身的行为、身的动作，才会有发自于口的语言和表现在内心的意。（玛欣德《阿毗达摩讲要》）

梦和现实的各种固然有心所在起作用，但属于想心所，在笛卡尔这里是被破除的对象，笛卡尔着重在思心所，以属于行蕴的思心所为我，有一个起作用的“我是”，我“是”起来了，是动作行为，有一个作者。笛卡尔也明确指出，在我们做梦时，我们以为自己身在一个真实的世界中，然而其实这只是一种幻觉而已。梦与现实是没法区分的，所以跑到我们心里来的一切都值得怀疑，但有一点是确定的，即我思。笛卡尔把我思确定为哲学的第一原理[①]。笛卡尔在

① 我们醒时心里的各种思想在睡着时也照样可以跑到心里来，而那时却没有一样是真的。既然如此，我也就下决心认定：那些曾经跑到我们心里来的东西也统统跟梦里的幻影一样不是真的。可是我马上就注意到：既然我因此宁愿认为一切都是假的，那么，我那样想的时候，那个在想的我就必然应当是个东西。我发现，“我想，所以我是”这条真理是十分确实、十分可靠的，怀疑派的任何一条最狂妄的假定都不能使它发生动摇，所以我毫不犹豫地予以采纳，作为我所追求的那种哲学的第一条原理。（笛卡尔：《谈谈方法》，王太庆译，北京：商务印书馆，2006年，第26–27页。）笛卡尔的名言“我思故我在”是旧译，在笛卡尔《谈谈方法》第四部分新译里，王太庆翻译为：“我想，所以我是”。理由是，旧译把法文je suis理解为“我存在”，再把现代汉语的“我存在”换成古代汉语的“我在”。但这个“在”字一般读者理解为“在场”或“未死”的意思，笛卡尔却将suis说成“是个东西”“是个本体”。笛卡尔说的“我是”指的是“起作用”的意思，是动词而不是系词。

《第一哲学沉思集》同样有提到类似的说法。[①]

庄周梦蝶、印度教的摩耶、柏拉图的“洞穴寓言”“缸中之脑”是对梦与现实无法区分的另一种故事表达，《黑客帝国》《异次元骇客》《盗梦空间》《源代码》是梦与现实无法区分的电影表达。

在《黑客帝国》中，墨菲斯问尼奥：“什么是真实？你怎么定义真实？如果你说是你能感觉到、闻到、尝到和看到的，那么真实就不过是被你的大脑解读出的电子信号。”

既然我们没法确定世界的真实，按照笛卡尔的理解唯一能确定的就是“我思”故我是。笛卡尔认为已经到达了哲学的开端和终点，不能够继续再追问了。

佛陀在世时，对执着于“想蕴”为我的人，特别加以破斥，“想”不是我。笛卡尔倒不执着于想蕴，他执着在思心所（行蕴）上，以思为我，为主导，这就是追问的终点。这也恰恰是要破除的，行蕴不是我。如果说有我的话，就落入我见了。它不需要有一个主体，心认知对象纯粹只是一个过程，不用一个主体。如果有主体的话，还是邪见。康德在《纯粹理性批判》先验演绎部分，把三重综合归结为先验自我，还是有一个主体，只不过是唯识学第七识俱生我执的部分，仍然没有破除我，还是邪见。康德的我思，一方面通向经验自我，一方面通向先验自我，此我思作为一

① “因此，如果他骗我，那么毫无疑问我是存在的；而且他想怎么骗我就怎么骗我，只要我想到我是一个什么东西，他就总不会使我成为什么都不是……最后必须做出这样的结论，而且必须把它当成确定无疑的，即有我，我存在这个命题，每次当我说出它来，或者在我心里想到它的时候，这个命题必然是真的。”——笛卡尔著，庞景仁译：《第一哲学沉思集》，北京：商务印书馆，2019年，第25页。笛卡尔关于梦与现实无法区分的论证，详见此书16–23页的《第一个沉思》。

个空的表象，恰恰是笛卡尔哲学的开端。

笛卡尔不能再追问的地方，恰恰是自我参究的起点。既然我思故我是，接下来要问的是“我是？”能够说出来的任何东西，都可说不是，在“我是”后面的感觉、想象、概念等，都必须悬置，不是这，不是那。不管你认为是梦也好，还是现实也好，都不能判定它的真实，都不是“我是”。那么我到底是？没有答案，任何回答都不成立。在这里如果能够疑情大发，就进入到自我参究之路。

四、自我参究——“我是？”

在禅宗里，也有“如何是父母未生前之本来面目”等公案，这走的都是自我参究的道路。这些老旧的公案、话头能引发现代人疑情的少之又少，变成了人类无意识的一部分。

经过前面的论证，如果能够发起疑情，参究笛卡尔的“我是？”会更直接，更适合现代人的科技脑。一般的人离不开二元思维，总有能、所二分，持咒、观想、念经、修定，都有能念的人、所念的咒，观想的人、观想的对象，念经的人、所念的经，修定的人、修定的所缘对象，这还是在主客二元思维里打转，效果好的能够得定，如果没有直接回光返照，二元思维的头脑直接在“我是”上用功，并不能发慧，还是在巩固、保存自我。修定压制念头，有一种紧张感，不能放松，容易产生心理问题。正确的定，有欢喜，有快乐，有放松。自我参究直接在慧上用功，同时也有定，是当时非常智慧的禅宗祖师之发明。在梦中、现实当中出现的任何现象，皆可说都是不真实的，皆由“我思”发动所产生，我思故我是，“我是”什么？如果把我是作为世界的开端，就会成为一个哲学家，如果从我是处继续追问，用功，梦与现实都是由于“我是”的念头生起，一生起念头，就立即追问念头从哪里来，是由于有“我是”，那么“我是”回光返照，向内返回，不再向外游走，不断如此练习，安住在“我是”上的力量就会越来越强，直到有一天摧毁我是！由于人的大脑对新鲜的事物感兴趣，新鲜感一过，对大脑刺激作用减小，就可能会变成大脑无意识的一部分，不能再唤醒心灵，必须避免落入到无意识当中。

人类陷入的一种无意识的状态，就是所谓的自动驾驶，行、住、坐、卧、思考、观察，都处于一种自动化反应，这是大部分人类的生活状态。为了避免落入到无意识当中，正念的培育是非常必要的，正念的培育是为了看到三法印。但要警醒的是：

> 人没有意识到自己就是一部机器。人无论内在或外在都没有独立自主的活动。他是一部被外界影响和冲击所驱动的机器。他所有的活动、行为、语言、观念、感受、情绪和念头都是因外界而产生的。人本身只是个自动化装置，储存着一些记忆和过往经验，并保存着一些能量。
>
> ……意识是人的一种特殊觉知，与头脑活动无关。
>
> ……在最为人们所熟知的基督教或《福音书》的教导里，“人活在睡梦中，必须先清醒过来”的观念是用来解释所有人类生活的基础，但却很少能够被人真正地理解，人们只是从字面上来理解它的含义。……如果没有意识到自己在睡觉，他就绝不可能清醒过来。沉睡和清醒的沉睡这两种状态，是

人生活中仅有的两种状态。[①]

正念禅修是从这种像梦一样的状态中醒来，练习“有系统地培养觉醒和当下意识”。有了正念之后，再自我参究，一方面避免了把自我参究当作咒语念的困境，一方面无主客二分思维，在此基础上自我参究会更得力。

结 语

铃木大拙说：“严格来说，世上没有开悟之人，有的只是开悟的活动。”如果陷入有开悟的人的观念，即使新鲜的话头也会变成巩固头脑的养料。对于西方人来说，禅修与心理治疗需要并重，这让人误解以为禅修最后不能超越心理治疗。自我参究作为心灵疏导的新路径，直接破除自我中心，有作、无作者，这种无自我中心的活动，可从根本上解决人的心理问题。心理治疗是在欲界散心的范围，属于烦恼心，根治的心理疾病属于心灵表层。受西方科学影响的东方人，日益陷入二元分裂、主客二分的思维方式中，正念禅修也是非常必要的，正念禅修有定心现前，但这只是基础，不能停留于此，在此之上需进一步看到三法印，不能把它当作根本的心灵解脱之道。西方兴起的用脑科学、神经科学来解释禅修的潮流，也影响到国内哲学界、医学界，这样的道路对于极具科学脑的人，有一定的刺激作用，但还是局限在把脑作为工具的思路里打转，只会走向笛卡尔的“我思”老路，最后是走不通的。大脑只是心灵的工具，要让大脑停止下来，不再喋喋不休，

① ［俄］邬斯宾斯基：《人可能进化的心理学》，郭静、孙霖译，北京：中央编译出版社，2013年，第13、17、31页。

不再自我独白，休息下来，清空大脑，尤其是经过现代科学熏陶的一代人，从近代哲学之父和近代科学始祖的笛卡尔“我是”的自我参究切入，配合“被动的无概念的知”，可能是适合现代人的最直接让心灵自由的道路。

浅谈近现代都市佛教与中国传统文化艺术的传承与推广

释正平[①]

提要： 佛教自传入中国以来，在与儒、道等中国传统文化的交汇中，逐渐融为中国传统文化的一个重要组成部分，而且广泛而深刻地影响到了中国社会与文化的方方面面，对中国美术更是产生了全方位的影响。本文借由讨论佛教与中国传统艺术在历史上的发展以及佛教社会功能的不断变迁与完善过程，来探讨在当前急速发展的社会进程中，如何借用新技术、用新形式阐述佛教文化，使其在社会稳定和谐/文化发展/环境保护/慈善公益等方面发挥更好的社会功能。

关键词： 都市佛教；山林佛教；传统艺术；融合；新技术；社会发展

一、从都市佛教与山林佛教之分野起源之说

“白马驮经进中原，佛陀自此入汉地”，佛教自传入中国以来，在与儒、道等中国传统文化的交汇中，逐渐融为中国传统文化的

① 作者为无锡祥符禅寺禅堂堂主、江苏源缘书画院副秘书长、无锡祥符书画院副秘书长。

一个重要组成部分，而且广泛而深刻地影响到了中国社会与文化的方方面面，对中国美术更是产生了全方位的影响。而在这个过程中，作为伴随中国城市化历史发展产生的都市佛教，也成了佛教各个流派之中的重要一支，本文既然讨论的是都市佛教与中国传统文化艺术的传承与推广，那么就要首先明确何为都市佛教，同时既然有都市佛教，那对应的必然有山林佛教，而山林佛教又是什么呢？

众所周知，当佛教于印度创立后，是不存在所谓的都市佛教以及对应的山林佛教的概念的。最初的佛教僧侣团体为了能更好地修行，必须抛却一切世俗事务的干扰，这就要求修行者有必要避开人群聚居的热闹之处；但是作为生存需求，获得维持日常生活的必需品，修行者又不能完全脱离人群聚居处，因此早期佛教僧团主要生活在城郊地区，既离城镇村落不远，便于出家修行者获得日常生活的基本物质；又可免受日常生活中大量世俗事务的干扰，以便有更多的时间从事修行。据《四分律》等佛教律典记载，佛陀成道后，最先在“鹿野苑”度憍陈如等五比丘。初时与五比丘等住于“阿兰若”处，或树下、空房、山谷窟中、露地、草边、水边、林间、冢间等。其中的“阿兰若”处，即为无诤、空闲处，指的是远离村落或人群聚居的安静而适合修行的场所。但是随着社会经济的发展，世俗权贵阶层，例如，国王、大臣、长者等的皈依，由于他们的捐赠布施，原本多数时间处于风餐露宿居无定所的僧众团体开始有了相对固定的说法修行之处，比如，著名的竹林精舍和祇园精舍便是佛教史上最早的寺院。据佛教史料记载，佛陀在世时经常居住说法的精舍有五处，称为“五精舍”。此五处是：一、舍卫城的给孤独园，即祇园精舍；二、王舍城的灵鹫精舍；三、王舍城附近的竹林精舍；四、毗舍离猕猴池的大林精舍；五、庵罗树精舍。虽然这个时期的精舍所处的区域，按照现代的定义也顶多只能算城乡接合部，但这意味着佛教的传播从游方流浪式的教团传播改为有相对固定据点的聚落式传播，精舍的出现是都市佛教与山林佛教分化的重要标志。

但与佛教在印度发展的先山林后城市的路线不同，佛教从印度传入中国时，走的就是都市佛教的发展路线，相传汉地最早的佛教寺院白马寺，就是建立在当时的东汉都城洛阳城边。此后历经汉唐等朝代，都市佛教逐渐成为主流，此时的佛教一方面遵循着“不依国主则法事不立”的原则，保持着和朝廷的密切关系，一方面担负着“巡民教化”的职责，传播于民间。就影响力而言，立足于世俗重镇的都市佛教远远大于隐居式的山林佛教，当然山林佛教也并不是完全式微，如东晋时活跃在庐山的慧远法师，驻锡于庐山东林寺“影不出山，迹不入俗”三十多年，带领庐山僧团居于山林中潜心修行，成为当时南方地区的佛教中心之一。而同时在长安的以鸠摩罗什为首的长安僧团，在姚秦国主的支持下，翻译佛经，敷衍佛法，一时学者云集，长安成了这一时期北方地区的佛教中心之一。这两大佛教中心呈现出两种完全不同的形态。长安洛阳等大都市作为都市佛教发展的代表性据点，必然是人烟辐辏、商贾云集的通邑大都，而作为山林佛教发展据点代表的以庐山东林寺为首的各大名山古刹，则多为空寂幽静、“乃不知有汉，无论魏晋”的世外桃源之所，简言之，山林佛教面对的是人群之外的山林，都市佛教面对的是山林之外的现代社会。所以都市佛教和山林佛教自然就呈现出一个很有意思的特征，即“盛世都市佛教兴，乱世山林佛教兴”。

二、都市佛教与山林佛教发展兴盛“此消彼长”的原因

简单概括的话，信山林佛教者饮则山泉、食即野果，石为床、草为被，离尘出世，自度自了。从这个层面来说山林佛教的理念更加接近于以“度己”为核心的小乘佛教，是一种“出世”的思想，而人们思想偏向于“出世”时，多半是生而苦却不得解脱的乱世，信众们多半只能明哲保身以求度己而不求度世，所以乱世多山林隐士，自然山林佛教就更有市场。而都市佛教则不然：远离山林郊野，在人烟辐辏的通邑大都，盛世锦簇之时香火鼎盛，信众摩肩接踵，于众生所居之地修行，在俗世之中更加考验修行悟道之心，从这一点来看都市佛教则更加偏向于以“度人”为重要思想核心的大乘佛教，是一种“入世”的思想，故而盛世则都市佛教兴。

三、都市佛教在当代社会的发展优势

在当下的和平年代，人民都安居乐业经济社会飞速发展，人口迅速密集化与城镇化，这个过程天然地就更适合宣扬都市佛教。诚如印顺导师在《妙云集·人间佛教要略》一文中所说：“中国佛教崇尚山林，受了印度佛教中一部分苦行瑜伽僧的影响。到中国来，又与老庄的隐退思想相融合。这才使二千年来的中国佛教与人间的关系，总嫌不够紧密。现在到了紧要关头，是不能不

回头恢复佛教的真精神、深入人间的时候了!”可见佛教在现代都市中的弘传，如上海、香港、台北，那是“恢复佛教的真精神”，以利益众生为念，不弃世间法，不舍众生苦，既在住持三宝、护持三宝的实践中净化自己、觉悟自己，也在积极入世弘法度生的各种佛教文化活动中，契合现代人的根机，引导人们止恶趋善，净化人心，关怀他人，多行慈善，劝发悲愿，广施爱德，共建人间净土。我想，这正是现代都市佛教的众生关怀的宏大主题。

四、都市佛教与中国传统文化艺术的互动与关联

中国的传统文化艺术题材在佛教传入前，基本是以山水花鸟为主，极少以人物、市井为主题，因为在古代的士人阶层，认为书画等艺术形式是用于寄情传思的重要工具，因此书画多以意境为主，而佛教的传入对中国艺术的创作内容是一个很大的延伸，开阔了书画创作的题材范围，佛菩萨、域外风光、佛经故事等成为重要的创作题材。

佛教除了题材上拓展了中国传统书画的创作范围以外，还对中国式美术审美贡献良多，这就是写意画（禅画）的灵感和意境。随着禅宗的兴起，“法自心求”“见性成佛”的禅宗精神帮助一大批中国的知识分子摆脱了思想禁锢，并开启了神奇的想象力。

佛教艺术兴盛的周期和都市佛教的兴盛周期具有高度一致性，原因前文我们有提到，佛教在俗世兴盛的根本原因是得到了统治阶级和上流社会的支持，出于维护社会稳定、巩固统治的考虑，都市佛教的扩张必然伴随着文艺宣传活动，其中就包含有书

画、造像、法会等，而作为宣传佛教的手段，造像绘画等文化活动就必不可少，一方面可以形成上流士大夫阶级的流行文化，另一方面也可以通过民众募捐造像造成更大的影响力。而要达成以上的目的，没有一定的人气度和财力是无法办到的，在这一点上山林佛教与都市佛教相比就有天然的劣势——人员少、财力少、影响力不足，反过来又影响了文化发展的高度；而都市佛教则不然，信徒众多，经济发达，靠近权力中心，这些都是促进文化艺术发展的必不可少的条件，人多钱多人气高，那么佛教艺术的发展自然也就可以达到一个很高的水平。典型例子如晋明帝司马绍的亲自绘制佛像，就表明了上层阶级对佛教美术创作的认可。三国魏晋时期的曹不兴、顾恺之、戴逵等一批士大夫画家便是其中的先行者。他们的绘画成就显著，此后，佛教美术艺术在技法和理论上进一步提高，到了唐代逐渐形成四大流派，促进了中国美术的多元化发展。这四大流派分别是：1.曹派，由北齐曹仲达创立，所画人物衣服紧窄，后人誉为“曹衣出水”。2.张派，由南梁张僧繇创立，运笔时融会书法笔势，明快、潇洒、简淡，骨气奇伟。3.吴派，由唐吴道子创立，笔势圆润，衣着飘逸，自然奔放，人赞“吴带当风”。据说有人看到吴道子画里的天人衣裙翩翩，以为是真人下凡，禁不住伸手去摸。4.周派，唐周昉所创，所画女性形象丰满，衣着简落大方，色彩柔丽，尤其他依照此法创建的“水月之体”所表现的观世音菩萨形象，对后世影响极大。

除了绘画以外，唐代的书法也有长足的发展，诗画皆禅的王维是其中的代表人物，他开创了文人写意画的先河，被尊为文人画之祖，世人称他“诗中有画，画中有诗”，此外还涌现出了张孝师、皇甫轸、杨仙乔等一大批美术大师。他们除了书画之外，还和无数画匠一道，开展起石窟造像艺术的巨大工程。敦煌、云冈、龙门几大石窟，都是在这个阶段打下的坚实基础。

从以上的例子可以看到，佛教艺术的发展高度，很大程度上是需要依靠世俗政权的支持的，而依托世俗政权发展的佛教就只能是都市佛教，当然我们并不是否认山林佛教对于佛教艺术发展的贡献，只是从客观角度来看，都市佛教相比于山林佛教是更符合社会发展规律的。

五、都市佛教与书画在当下社会如何有机融合与发展

在当今社会，随着社会城市化的不断推进，中国的城镇化率和城镇人口正以极快的速度增加，尽管现代都市人口并不代表现代社会全部人群，但现代社会的人群优势、人文优势在现代都市则是最为集中、最为突出的。传统的过去式的隐逸于山林的宗风，恐怕已不适应现代社会的开放性的需求了。当然，我绝不会忽视或贬低山林清修、出世解脱的崇高性，但庞大的都市人群更需要佛法的度化，而作为传统传播佛教文化的媒介的书画作品，如何与都市佛教在当今这个日新月异的社会里有机地结合，并且适应社会发展需求，则是一个很现实的问题。

书画作为传统文化活动之一，多被士人阶级用于抒发情怀，记录生活，针砭时弊之用，而在现代社会，由于社会的不断发展，民智的逐渐觉醒，书画也不再是少数人的“阳春白雪”，而成了大多数人都可以接触到的“下里巴人”，再加上现在科技通

信技术的发展，书画更多地作为一种艺术素养被人们所接受，例如，知名视频网站bilibili上就有很多书画up主，如“李清仪”等，侧面也证明书画这类门槛较高的传统艺术正在不断被现代社会所冲击，急需变化与发展，急需确认自己在科技社会中的发展定位。

都市佛教也面临类似的问题，在封建社会，佛教多是作为稳定王朝统治的政治工具，而在当代中国，佛教多是以一种宣扬正能量的文化风气的形式存在，那么在这个过程中佛教的原生教义也不可避免地会受到当代社会文化发展的冲击，佛教如何重新确认自己在科技社会中的发展定位就必须认真思考。

我认为都市佛教与书画等传统文化形式在当下社会如何有机融合与发展，这个问题的核心是在于如何寻找到合适的方法与途径，发展出适合当下社会发展规律的新思想核心。

都市佛教与书画两者的结合，在封建社会产生了大量的佛教绘画、雕塑、佛帖，这些都是借助于古代社会的信息传播途径而产生的艺术作品形式。而现在社会的文化信息传播已经不限于纸质作品/实体雕塑等形式，呈现出数字化、电子化的新特征，那么我们可以以此为起点，思考新时代的文化载体与传统佛教/书画之间会碰撞出什么样的火花。

在此我们不妨畅想一番以下几个科技结合佛教艺术的场景。

1.用虚拟3D技术还原损毁的佛教雕塑原貌（例如阿富汗巴米扬大佛3D还原），可以采用AI智能还原佛经中的经典场景，让静态的艺术作品活起来，能够被看到，感知到，而不仅仅是让艺术作品活在受众的想象当中。

2.运用但不限于书帖画卷的形式进行创作，例如电子漫画、海报、动漫、舞台剧、游戏等，让看起来距离当代社会比较遥远和高高在上的佛教艺术更加接地气，让更多的新时代的年轻人近距离接触到佛教与传统艺术，而不是拘泥于传统形式，给人一种与现代社会格格不入的违和感。

3.放下身段，积极参与到新兴的社会活动形式中去。不必局限于传统的书画交流会、法会、展览等形式，完全可以考虑与现代的漫展、主题旅游、音乐会等相结合，例如邻国日本就有很有名的佛教歌手药师佛宽邦，用现代摇滚音乐形式演绎《般若心经》，这就是很好的例子。

用众生能听懂的语言解释佛教文化，用众生喜闻乐见的形式表现佛教艺术，用更接地气的行动践行教义，这才是我们，在面对佛教文化与艺术需要适应新时代的时候，努力要去做的事情。

都市佛教慈善类型实证研究

——以民国上海居士佛教慈善为例

华东师范大学　唐忠毛

摘要：民国期间，由于庙产兴学运动、自然灾害以及频繁的战乱，佛教寺院已自身不保，无力从事较大规模的慈善事业。与此同时，由于近代居士佛教的兴起，特别是新兴工商业居士群体的出现，使得民国期间的居士佛教慈善蔚然成风，从而成为近代佛教慈善事业中的一道亮丽的风景线。民国居士佛教慈善的兴起，除了内在信仰动力外，基督教慈善的刺激与示范，也是居士佛教慈善发展的动力来源之一。与传统居士佛教慈善相比，民国时期上海居士佛教慈善不仅规模巨大，而且其在慈善形式、慈善组织模式、慈善资金运作模式、慈善空间覆盖以及慈善理念宣传等诸多方面都有其一定的独特之处。其中，民国以来的上海居士佛教慈善形式，既有对传统佛教形式的继承，如放生、施医、施药、施茶、施粥、施材等；但更多的则是对传统佛教慈善形式的创新与变革，例如，跨地域的临时性赈灾、战时难免救护以及养教结合的慈善办学，等等。通过对民国上海居士佛教慈善具体形式的实证考察，一方面可以让我们了解到佛教慈善事业在近代都市中的新变化；另一方面还可以让人们认识到佛教慈善在社会动荡与转型社会中的抗风险功能，并为当代中国都市佛教积极参与各种社会慈善事业提供借鉴与参考。

关键词：民国上海；居士佛教慈善；放生；赈灾；战时救助；慈善教育

佛教慈善自古以来就是中国慈善事业的重要组成部分，其特点在于将佛教信仰的内在慈悲理念与外在社会慈善实践结合起来，具有一定的内在性与稳定性特征。

佛教的信仰体系是由“悲”与“智”两个层面组成，即所谓“悲智双运”。其中，“智”是指佛教具有的区别于世俗的超越性解脱“智慧”，而“悲”则是指佛教的“慈悲”精神。《大智度论》卷二十七说：“大慈与一切众生乐，大悲拔一切众生苦。”及至大乘佛教的“菩萨道”，其“六度”[①]之中，“布施”则被列为第一位。所谓“布施”就是将自己的东西施予别人，佛教“布施”分“法布施”“财布施”与无畏布施，“法布施”是通过向人宣传佛法使人受益；而“财布施”就是通过物质财富来救济贫穷，做各种福利事业与公益事业。全汉昇在其《中古佛教寺院的慈善事业》中指出，中国佛教寺院的济贫事业在东汉时就已经兴起，如笮融就曾“多设酒饭，布席于路。其有就食及观者且万余人”[②]。古代佛教慈善事业在其形式上相继出现了僧祇粟、无尽藏、药藏、悲田养病坊、福田院、居养院、安济坊、漏泽园等。“僧祇粟”是北魏文成帝时由官府创设的制度，即特划出一部分农户作为“僧祇户”，以其每岁课纳专作济贫赈灾之用。“无尽藏”是南北朝时期

① “六度”是指通往解脱与证果的六种途径，即“布施”“持戒”“忍辱”“精进”“禅定”“智慧”。

② 全汉昇：《中古佛教寺院的慈善事业》，张曼涛主编：《现代佛教学术丛刊·卷九》之《佛教经济研究论集》，第19–20页。

专为支持和发展佛教慈善而进行的财物积累方式，颇似后来的基金会性质，即由众人“各出少财，聚集一处，随宜布施贫穷、孤老、恶疾、重病困厄之人”[①]。“药藏”是免费给药治病的一种慈善方式，其虽主要在僧人中施行，但也泽被民间贫苦百姓。如南朝陈疫灾流行，百姓死亡过半，僧人慧达“于扬都大市建大药藏，须者便给，拯济弥隆”[②]。“悲田养病坊”是唐武宗后长安年间寺院在政府支持下组织的全国性的佛教慈善组织，主要针对贫穷弱势群体与病者的一种福利措施。该慈善机构先由僧人管理，后由政府控制。[③]及至宋朝，由于居士结社的盛行，“福田”思想便在居士中流行。“福田”是一种比喻说法，它将“布施”比喻为种子，认为通过布施，能产生幸福的田地，因此名之“福田”。古代佛教中所谓的“八种福田”，即造旷路美井、水路架桥、平治险路、孝事父母、供养沙门、供养病人、救济苦厄、设无这大会等。[④]宋以后，佛教慈善在各种“福田院”之外，还积极加入到世间的社会公益活动之中，如赈济平民、修桥铺路、开通水利，乃至操办婚嫁丧事等。

---

① 《无尽藏法释》曰：“教贫穷人，以少财物同他菩萨无尽藏施，令其渐发菩提之心。”（见矢吹庆辉:《三阶教之研究・别篇》）

② （唐）道宣撰，郭绍林点校:《续高僧传》卷29之《慧达传》，北京：中华书店，2014年，第1209年。

③ 会昌五年，武宗下诏：“悲田养病坊，缘僧尼还俗，无人主持，恐残疾无以取给，两京量给寺田赈济。诸州府七顷至十顷，各于本管选耆寿一人勾当，以充粥料。”（《旧唐书》卷一十九・本纪第十八上・武宗）

④ 《佛说诸德福田经》中论有“七福田”说：“一者兴立佛图，僧房堂阁；二者园果浴池，树木清凉；三者常施医药，疗救众病；四者作牢坚船，济度人民；五者安设桥梁，过渡羸弱；六者近道作井，渴令得饮；七者造作圊厕，施便利处。”贤首法藏大师在《梵网戒本疏》中开示佛教福利事业为“八福田”，即“一造旷路美井，二水路架桥，三平治险路，四孝事父母，五供养沙门，六供养病人，七救济危厄，八设无这大会”。这些都是开展佛教福利思想的理论依据。

民国以来的上海居士佛教慈善，既有对传统佛教形式的继承，如放生、施医、施药、施茶、施粥、施材等；但更多的则是对传统佛教慈善形式的创新与变革，如跨地域的临时性赈灾、战时难免救护以及养教结合的慈善办学等，都是古代佛教慈善形式所没有的。民国上海居士佛教慈善，已经彻底将佛教实践活动推向了现实生活的诸多层面，使佛教与现实社会的关联更加紧密，集中体现了近代中国佛教的“入世倾向”。

一、佛教慈善的传统承接：放生会与动物保护会

“放生”是中国佛教的一个传统习俗，即将被捕获的鱼、鸟、兽等动物放回山野或池沼江河之中。佛教徒在放生之时依仪式进行的法会，即为“放生会”。就思想渊源来看，佛教的放生受到佛教与儒家思想的双重影响。早在先秦儒家思想中，就有推及动物的“恻隐之心”，而《列子·说符》等也提及戒杀放生的风气。佛教传入中土之后，“放生”思想得到了进一步的阐扬。就佛教的缘起论与因果说来看，一切生物在其“六道轮回”中都存在一定的“互及互入”的相互关系；杀生一则会遭到因果报应，二则被杀生物可能为已前世之亲眷。故《梵网经》云：“若佛子以慈心故，行放生业，应作是念：一切男子是我父，一切女人是我母，我生生无不从之受生，故六道众生皆是我父母，而杀而食者，即杀我父母，亦杀我故身。……故常行放生，生生受生。若见世人杀畜

生时，应方便救护，解其苦难。”[①]南北朝以来，中国佛教的放生习俗就已形成。隋朝天台智者大师就曾大规模倡导放生，而当时浙江临海之民在智者大师的影响下建有放生池60多处。唐肃宗乾元二年（759），曾下诏设放生池81处之多，颜真卿在其《天下放生池碑》中称：“环地为池，周天布泽，动植依仁，飞潜受护。”宋朝以后，僧人常在寺院设置放生池，供民众放生，使放生习俗深入民间。明清以来，放生已制定了一定的仪规，成立了“放生会”。不过，戒杀放生活动也并非是佛教信徒的唯一专利；事实上，放生活动经过广泛传播已经深入到民间习俗之中，甚至一些“善堂”也根据佛教的信条，将从市场上买来的鸟、鱼、动物带到特定的鸟兽禁猎区放生，以求积德。甚至，有的善堂还直接以“放生”作为自己的主要内容，如1974年奚元良在沪南陆家浜路就设有“放生局”，以放生为主，兼施米、施药、掩埋等。[②]

民国上海居士佛教中，“放生”是一种普遍的佛教活动形式。居士佛教组织大都成立了“放生会”，专门定期组织放生活动。如世界佛教居士林与上海佛教净业社都设有“放生会”。“放生会”的活动程序一般是，先统一收取居士信众指定用于放生的钱款，然后统一购买各类被捕获的动物（通常在菜市中购买），再集中举行仪式进行放生。据统计，世界佛教居士林放生会仅在1926-1931年间就集体举办过放生活动50余次，其中前20次所放生物数量与种类大致如下表所示：

① 《大正藏》卷24，第1006页b。

② 参见张仲礼《民国时期上海的慈善团体统计（1930年前后）》图表中所示的“放生局”内容；此外，考察该统计所收集的众多善堂中，不少都将“放生”作为其慈善的内容之一。

世界佛教居士林放生会1~20期放生情况统计表①

期数	时间	牛马羊类	鸡鹅鸭类	鱼鳖类	禽鸟类	蚌螺类	其他
1	1926年2月19日			1096斤		3459斤	
2	1926年4月8日			2876斤	682只	3130斤	田鸡366只
3	1926年6月19日			1329斤		1350斤	
4	1926年7月30日			1006斤		1584斤	
5	1926年9月19日		5只	1152斤		5620斤	蛇2条
6	1926年11月17日	1只	14只	615斤		5530斤	
7	1926年12月8日		4只	525斤		4450斤	
8	1927年4月8日	2只		2955斤		4590斤	蛇500条
9	1927年6月19日	4只		545斤		1365斤	田鸡500只
10	1927年7月29日	12只		401斤		8940斤	蛇300条
11	1927年9月19日	2只	4只	1765斤		5030斤	
12	1927年11月17日	4只	14只	2381斤		9710斤	
13	1927年12月8日			1950斤		6395斤	
14	1928年2月19日			1109斤		15080斤	田鸡300只
15	1928年闰2月19日			150斤		2610斤	

① 本表节选自《世界佛教居士林成绩报告书》(1933)，上海市档案馆，档案编号Y3-1-179，第66-67页的表格。

期数	时间	牛马羊类	鸡鹅鸭类	鱼鳖类	禽鸟类	蚌螺类	其他
16	1928年3月3日			245斤		1700斤	
17	1928年4月8日	2只		1755斤		5245斤	蛇2条
18	1928年6月19日	4只	8只	1220斤		6000斤	田鸡200只
19	1928年7月30日			1135斤			
20	1928年8月15日			180斤			

上表只是截取了世界佛教居士林放生会的小部分活动，由此可见民国上海居士佛教组织的放生活动已具备了一定的规模。上表也可看出，放生活动的举办时间一般都选择在一些佛教重大节日进行。例如，农历二月十九日“观音菩萨圣诞日”、四月八日的“释迦牟尼圣诞日”、六月十九日的“观音菩萨成道日”、十二月八日的“释迦牟尼成道日”等佛教重大节日常常成为举办大型放生活动的最佳时间。放生方法一般是牲畜送至大场放生处，其余飞者归林，沉者归海，各随其适当之处而举行之。

佛教净业社也专门设有放生会，定期进行放生活动，并且其规模也颇大。如1926年7月，净业社举办的一次“菩萨圣诞放生会”，就收到居士用于放生的捐款共计299洋元之多，而这些捐款都全部购买用于放生的动物。[①]除了居士林与净业社定期举办的放生活动之外，其他居士佛教组织也大都有类似活动。如1939年由沪上居士胡松年、乐慧斌等发起成立的、附设于净业社法宝馆的

① 参见《净业月刊》第6期，第166–167页。

"上海佛教同仁会"也经常从事放生活动。1944年冬，该会于会内设立放生园，收养鸡、鸭、鹅、兔。1945年，该会成立第二放生园于浦东杨思桥海会寺后院内。该放生园面积较大，至1948年，该园收养鸡100余只、鸭20余只、鹅30只、猪一头、牛2头，每月食粮10余石[①]。

除了居士组织附设的各种放生活动，民国上海的居士们还专门组织了规模庞大的"中国动物保护会"。该会由上海佛教界知名居士叶恭绰、王一亭、关纲之、黄涵之、施省之、朱石僧、李经纬、沈彬翰、吕碧城等23人发起，设筹备处于闸北新民路世界佛教居士林内。1933年5月，该会召开了第一次发起人大会，决定将会址设在云南中路35号仁济堂内，同时发表《中国保护动物会宣言》，指出当时国家多难，农村破产，都市萧条，经济垂竭，弥补为难，国计民生，不堪设想。认为倘能保护动物，各戢贪饕，不特有益卫生，实于国家、社会、经济三方获益。为此，特发起成立中国保护动物会。1934年2月25日，该会举行成立大会，通过了会章，选出了理事及各组负责人。根据简章规定，该会以仿照各国保护动物会之办法，阻止虐待或残杀各种动物为宗旨，不涉及各教教义。该会成立之初，会员达300余人。同年10月，该会举行动物节宣传大会，并于《佛学半月刊》发行《特刊》。当时决定，要广征会员，广设分会，以增力量，而利宣传。同时设立放生部，举办放生事宜。1934年，该会还向法租界公董局呈文，并获准于1934年10月4日动物节通会全市民众禁止屠宰各种动物

① 胡松年:《上海同仁会近年工作报告》,《弘化月刊》第83期。

一天[①]。1935年10月，该会又在《佛学半月刊》发行《世界动物节暨征求会员宣传大会特刊》，撰文宣传保护动物。其时，还在陕西西安成立了中国保护动物分会，北京、长沙、苏州、如皋、东台等地则先后成立了分会的筹备处。为了广泛宣传该会的宗旨，又特地在《新闻日报》上刊行《护生专刊》。同时还筹设了动物治疗所和组织动物掩埋队等。为了使该会的活动有充裕的经费，当时上海佛教界著名人士圆瑛、王一亭、黄涵之、屈映光、兴慈、赵朴初、丁福保、狄平子、关絅之、江易园、朱石僧、蒋维乔等，特地发起成立“放生弘法基金会”。这个基金会以放生及弘扬佛法为宗旨，以募足10万元经费为满额。此项基金，由上海佛学书局代收和保管，以后按年由书局提出利息，交给中国保护动物会，专作办理放生事业之用。此后，由于基金充沛，中国保护动物会的放生事业愈办愈兴旺。1937年秋，该会曾在吴淞杨行镇保安寺，建放生园一座，占地二三十亩，作为该会放生的专门场所。[②]

戒杀放生之举是中国佛教的传统习俗，也是居士佛教经常参与的宗教实践活动。这种宗教性较强的行为也许会被非宗教人士所诟病，斥其为“伪善”，或者反问为何不用这些动物来救济处于饥饿边缘的灾民。但是，深信佛教因果法则的虔诚居士们则真诚地坚信，通过放生可以消除由自己或众生过去所造的种种“恶业”，从而获得种种善报与社会祥和，而这正是当时灾害与战乱

---

① 相关情况可参阅档案资料“上海动物保护会关于动物节、动物宰杀问题给上海法租界公董局的信件”，上海档案馆档案，卷宗号：U38-1-2359。

② 参见《佛学半月刊》第149期。

不断的中国社会所最需要做的首善之举。这种理念诚如“放生弘法基金会”成立之《缘起文》所说：“夫大悲之化，救厄为端；弘誓之心，济生为本。众生何咎，岂堪枉间其刑残；含识无辜，忍令横遭于菹醢。况怨魂之不断，即苦报之相寻；欲止戾以致祥，必全生而救死。是以，仁者以远杀为戒，菩萨以慈悲为怀。戒杀放生之善举，实吾人植德造福之要务也。”[①]若从慈善而言，“戒杀放生”在主观上确有助于人们在内心中孕育培养“慈悲向善”的情怀，在客观上也有利于生态伦理的建设。当今之时，佛教的“放生”习俗通过恰当的现代诠释与科学施行，也能对环境保护与生态多样性的维护起到一定的积极作用。

二、面向社区的慈善服务：施医、施药、施茶、施粥、施材

民国期间，上海不仅存在大量从各地涌入的难民，而且还存在为数众多缺乏稳定收入来源、需要靠社会救济维持最低生活的居民群体——城市贫民。这些贫民不仅无钱治病，甚至衣食也成为问题，因此面向社区的慈善救济非常急需。据1931年上海市关于霍乱流行的报告中，提到当年华界患者286人，死亡30人；公共租界患者96人，死亡10人；法租界患者2人，死亡2人。其中，华界286名患者均未注射预防针，且华界患者的经济状况分别是：贫困者276人、中等收入者11人，富人无一患者。[②]民国期间上

① 参见《上海佛学书局股份有限公司第四、五、六届报告书》，第30页；另参孟令兵：《老上海的奇葩——上海佛学书局》，上海：上海人民出版社，2003年版，第46页。

② 引自熊月之主编，罗苏文、宋钻友著：《上海通史》第九卷之《民国社会》，上海：上海人民出版社，1999年版，第87页。

海的众多慈善团体都具有施医、施药、施衣、施粥、施材等社区慈善服务内容，居士佛教组织也将这些服务形式纳入自己的慈善范围之中。“上海佛教净业社”和“世界佛教居士林”都在多个地点专门设立了施医、施材和施衣、施米处，经常性地提供一些社区服务；1927年，世界佛教居士林在其林址沿街街市设立了施诊给药处惠及社区贫民，1930年夏，又在新林所大殿前面再造7间平房，中间设大门，左侧为佛学书局总发行所，右侧作为施医、施材、宣讲、读经之用。当时聘请的医生分两种，一种是特聘的专门医生，一种是聘请的义务医生。收费情况也分两种，一是全部免费，一是减免部分费用。居士林专门设置的施诊给药处一般费用全免，其所需费用由各方捐助维持；义务施诊给药点凭居士林出具的介绍信可获得半价或全免的待遇。居士林施诊给药处刚成立时，主任为沈润秋居士，特聘医生有内科、外科、儿科三人，聘请的义务医生有中西医10余人。这些带有慈善性质的义务施诊给药点，分部在上海的不同街道，如下图所示。

世界佛教居士林聘请的义务医生及其施诊给药点分部示意图[①]

医生姓名	所属科别	行医具体地址
黄宝忠	内外科	北浙江路宁安坊
吴彝珠	西医	西成都路威海街路口
陆顺宝	专治癞子头	四马路547号得胜唱机公司内
姚惠安	内幼科	闸北大统路永祥里6号
葛谦儒	妇孺科	南成都路威海路街路口

① 该表为笔者依据相关资料绘制而成，相关资料参见《世界佛教居士林成绩报告书》（1933），上海市档案馆，档案编号：Y3-1-179，第60页。

医生姓名	所属科别	行医具体地址
徐丽洲	痧痘科	老闸桥北新小菜场对面
李冠申	内外科	闸北国庆路益兴里隔壁
丁福保	内科	梅白克路121号医学书局
任农轩	推拿、痧痘科	西藏路宁波同乡会对面福源里1号
张尔梅	内外科	南阳桥新乐里2号北福建路新唐家弄钱江公学内
叶鉴清	内外科	厦门路尊德里22号

由上表可知，世界佛教居士林的施医施药点已经分布到上海的不少街区。世界佛教居士林的施医施药在1937年抗战爆发前基本上进入到常态化，并且随着规模的扩大，前来就诊的贫病者人数也逐渐增多。据统计，1929–1931年中，居士林共施医给药13705人次，其中1929年2365人，1930年5437人，1931年6003人[①]。而到了1934年，1–3月施医挂号的人数就有756人，6月一个月就达到744人，7–9月即达到3093人。

净业社在其社里设置了施医施药处，聘请了中西医，并于每日上午10时至下午3时坐堂问诊。费用方面，规定酌情收取号金或免除号金。就诊病人需用药品除本部酌备外科用药数种外，均应自行向药铺购买；如实在无力购买者，或由本部随时给发，或由本部给予免收药资凭证向本部指定药铺照方领药。实在无钱看病的贫苦求医者可完全免费。此外，净业社还办理常年施药事宜，净业社慈善部制定的《佛教净业社慈善简章》规定：每逢夏令，酌送各种暑药；凡施送中西药品时，须由本部主任于药方上加盖小章，以昭郑重；施送中西医药品之医方，需备两联单，并

① 参见《世界佛教居士林成绩报告书》(1933)，上海市档案馆，档案编号：Y3–1–179，第60–61页的统计表。

编定号数，一联交病人持向本部指定之药铺领取药品，一联归本部存根。每逢月底由药铺开具发票，注明某药号及药资数目向本部算取价钱。[①]据《净业社第一届征信录》报告称："丁卯年（1927）施诊6217人，施医4121人，计划药价洋1520元，西药价洋259元。外种末药360元，药膏暑天急救各种药品77元。"[②]

"佛教同仁会"自成立后，就设有施诊所，为贫病者施医给药。1941年7月12日，该会又在南市另设佛教施诊所，全日施医给药，常年无间断。1943年起，再在金家巷设立施诊所，每年夏季开办，聘请内外科医师4人，每日前来就诊者平均达150人以上。秋季结束后，其他救急药品、时效单方等，均长期施送。此外，上海居士还联合沪上的名僧一起创办了"上海佛化医院"，以供养僧人、优待居士、救济贫病者、普利大众为宗旨。该医院成立于1936年12月，创办人陈其昌居士，赞助者有印光、圆瑛、宝静、李觐丹、江易园、聂云台等。该院地址设在霞飞路（今淮海中路）金神父路（今瑞金二路）口的乐善堂旧址。1936年12月16日开幕。院内设有内、外、妇、眼、喉、肺痨、戒烟、针灸、按摩等9个科。该院无论门诊、出诊，都只收挂号费。[③]

施粥、施米、施茶、施衣、施材也是民国上海各慈善组织的普遍形式，居士佛教慈善组织也大都举办此类形式的慈善救济。净业社慈善部就在其《慈善简章》中规定了施衣、施米、施材的具体措施："每逢冬令酌派本部事务员调查最为贫苦者酌情给棉

---

① 参见《净业月刊》第11期，1927年3月，第417–419页。
② 《净业社第一届征信录》，上海图书馆近代文献阅览室（索书号：263108），第2页。
③ 参见游有维：《上海近代佛教简史》，上海：华东师范大学出版社，1998年版，第320–322页。

衣衣裤。此项棉衣裤或由本部自行购制，随时施送，或向殷实可靠之衣庄，接洽妥协寄存棉衣裤若干套领取。领取凭单若干本以便本部加盖图章，发给贫民凭以向衣庄每逢旬日由该衣庄将已付之棉衣裤原单送部核对。每逢冬令酌备米票，由本部派员查明确系贫民酌量施送。本部对于冬令粥厂或独自设立，或与其他慈善机构合办，或酌量辅助。……本部量力备办棺木以便施送。"[①]据统计，净业社在1926年就发放棉衣数百套，同时还将200多套交闸北慈善会，由他们代为赠送；1926年冬，净业社备款5000元，委托王一亭交沪南慈善会代为购米散发。同时还补助南京、苏州等地的粥厂经费1600元。[②] 1927年共施衣891套。[③]

世界佛教居士林还专门设立了"施材处"，于施材外，兼代办理除了定期施米、施衣、施茶等事项。该处在其创立概况中记述道："本林鉴于沪上人口繁密，贫苦之家遇有死亡无以为殓者比比皆是。遂于民国十八年（1929）春间筹备施材处，以为救济。当推举陈佐明、王邵平、陈慧根、黄海山、朱石僧、柯振武等组织筹备委员会。至8月正式成立。推定王邵平居士为主任。是年冬，会员加入者数百人，捐款近5000元。每月底由本处编定施材报告单，分发全体会员。每年终，又印征信录一册，以昭大信。是时，本处经费充足，故于施材外复办理施医、施衣、施米、施茶各项事业。"[④]该"施材处"还制定了专门的章程，接受各方面的捐款。该处1929—1931年间，用于施材、施衣、施米、施茶情况如下表

① 参见《净业月刊》第11期，1927年3月，第419–420页。

② 参见阮仁泽、高振农：《上海宗教史》，上海人民出版社，1992年版，第199、204页。

③ 《净业社第一届征信录》，上海市图书馆近代文献阅览室（索书号：263108），第2页。

④ 《世界佛教居士林成绩报告书》（1933），上海市档案馆，档案编号：Y3-1-179，第61–62页。

所示[①]：

世界佛教居士林部分慈善支出表（1929—1931）

（计算单位：洋元）

类别/时间	棺材、石灰、炭屑等施送	经办施医给药	经办施衣施米	经办施茶	其他慈善支出	合计
1929年6–8月	385.94	134.89	401.32		250.50	1172.65
1930年	1603.96	637.87	600.00	55.16	407.33	3304.32
1931年	1623.14		1100.00		412.41	3135.55

此外，佛教同仁会自1940年2月起，就设有专门的“施粥处”，发放施粥票。其办法是印制粥票（票面开始为5分、6分，后随物价调整为1元5角，乃至中储卷150元），向社会各界善士劝募认购。同时又特约全市热心善举的粥店，作为供应点。全市贫民或流落街头的流浪者，由该会发给粥票（亦可由施主购买后直接施给贫民），然后可持票到粥店吃粥。此举创行后，前后5年，全市得免费吃粥的贫民，总数达千余万人。1940年起，该会还于每年的冬季施送寒衣，均多达千套。[②]

在佛教的慈善传统中，早在北魏时就有了“僧祇户”“僧祇粟”“药藏”“悲田养病院”等施米、施医制度。但古代寺院的这些慈善活动并不普遍，只像蓄水池一样“俭年出贷，丰年收入”。近代以来，施医、施材、施米、施衣、施茶等，则已成为各大慈善组织中普遍实行的救济形式。究其原因，是因为近代中国社会处于一个急剧变化的转型时期：一方面近代中国社会遭遇到历史

① 根据《世界佛教居士林成绩报告书》第64页内容整理而成。

② 阮仁泽、高振农编著：《上海宗教史》，上海：上海人民出版社，1992年版，第323页。

上罕见的天灾与人祸；另一方面近代中国社会发生了急剧分层，出现少数人通过各种手段掌握了社会大部分财富，而大量下层百姓只能靠出卖劳动力来艰难维持生存。在此背景下，还出现了一个特殊的社会弱势群体，他们是难民、灾民、孤儿、流浪者、老年人、儿童、妇孺以及乞丐与无业人员。事实上，这个规模庞大的弱势群体已经成为近代中国社会中一个严重的社会问题，而政府部门则无力应付。民间慈善组织的施医、施材、施米、施衣、施茶等面向社区的慈善活动，就是针对城市的底层贫困人群，这些慈善活动对于缓和社会矛盾、维护社会治安以及促进公共卫生事业都有一定的积极意义。

三、临时性赈灾：跨地域的慈善救灾活动

临时性的赈灾活动，主要是针对突发性灾难而临时进行的赈灾救济活动，这类慈善活动往往具有突发性、跨地区性特点。同时，由于灾情往往比较严重，这类赈灾活动需要不同慈善组织之间的协作与配合。民国期间各地大规模灾害频发，沪上赈灾活动也一波接一波。在上海居士佛教组织尚未正式成立之际，沪上居士们就尽己所能积极投身于赈灾活动之中。例如，1917年的顺直大水灾，京、津、冀、鲁、晋受灾严重，近千万灾民流离失所。消息传到上海，沪上居士纷纷展开各种赈灾活动。素以护法居士自居的罗迦陵在哈同花园进行了数次赈灾活动，如1917年9月“开放爱俪园，以游资助京直水灾义赈会”，同年10月“开放爱俪园，以游资助汴晋湘鲁秦鄂水灾义赈会”。在9月初哈同花园举办的

“京直奉水灾义赈筹备会”上，当时的淞沪护军使卢永祥亲自主持，各大官员悉数到场，而沪上知名居士如王一亭、关絅之、黄涵之等也都前来慷慨解囊。关于这次赈灾活动，哈同花园管家姬觉弥在其《罗迦陵年谱》中特作说明道：“时哈同先生秋痁，会务均由夫人裁定，先后获赈款二十余万元，分解灾区，直隶督军曹锟、奉天督军张作霖、京兆尹王达等均赠额纪念。”①

关于1917年的赈灾，沪上居士们还相互联络，与僧界一起组织了“佛教慈悲义赈会”。先是沪上居士狄楚青、王一亭、程雪楼及谛闲、印光等听闻北方大水灾后，即电告时在终南山隐居的高鹤年居士出山共同办理赈灾事宜。对此，高鹤年记述道：“连接谛闲、印光二老及狄楚青、王一亭、程雪楼诸老邮电，云京津水灾严重，各教纷往拯救，惟我教无人，望火速出山，发菩萨心，设法救济云云。余惭再四思维，业重福轻。谛老函云：‘救人一命，胜造七级浮屠。’是否能救，决定下山一行业。”②高鹤年下山后与沪上居士商讨救灾事宜，并在印光、谛闲的协助下成立了“佛教慈悲义赈会”，地址设于玉佛寺，由狄楚青居士综理一切事物，高鹤年分赴各地组织赈灾分会、劝募赈灾。后经过半年多时间，在各地佛教人士的帮助下，募得大量善款。1918年3月，高鹤年受“佛教慈悲义赈会”的委托，亲自前往京津一带实地勘察灾情、发放赈灾款。放赈情形，高鹤年在其《由终南山往京津堪灾放赈回终南略记》一文中记述道：

三月望日，乘海轮抵津，探得新安县最苦，当急施

① 转自夏伯铭：《上海旧事之哈同夫妇》，上海：上海远东出版社，2008年版，第161页。
② 高鹤年：《名山游访记》，北京：宗教文化出版社，2000年版，第168页。

放，旋到北京，略一接洽，复星夜乘车返沪，与诸老商决，恳求冯梦华、魏梅荪二老，转请曹乐均先生，担任查放。往返数次，乃携赈友十余人，一同到京。与冶老商定后，熊（希龄）督办派汪委护送，由保定乘船。曹（乐均）先生谈及放赈是最难办之事，谓“放赈以救命为急，分别受灾轻重之差等，酌量发给票款之多寡，其手续以查灾民户口为第一关键。查户真切，则事事有济；查户含混，则项项虚糜。以救命不就贫为主旨，达到救人须救彻之目的。人既有少壮残疾之差异，赈自有极贫次贫缓急之不同。盖赈款有限，恩难遍施。或相倍蓰，或相什百。只要破除情面，不以公济私，不以缓害急，本诸良心，随机应变，则不均自均。斯得查放之旨矣”。

次日手续办妥，开查时，各县皆来求赈。余复往勘他县。回时，即偕诸友分班施放。诸友皆忍苦耐劳，事必亲躬，而心力交瘁，均染时邪，齐集天津医治。余堪得坝县最苦村庄。冶老及诸友皆病，先行南归，余回津相送。熊秉老邀余与曹君会商，将赈余拨助湖南，余电商诸老允许。余专候坝县查放完毕，乃拟入山休养。①

高鹤年居士（1872–1962），江苏兴化人，近代著名的佛学家、慈善家与旅行家。高鹤年居士一生行脚天涯，足迹遍布全国各地，中年之后又奔走四方以赈灾救难为己任。民国时期沪上居士佛教慈善，特别是重大赈灾活动中，都有高鹤年居士的身影。

① 高鹤年：《名山游访记》，北京：宗教文化出版社，2000年版，第170页。

由于高居士对各地情况熟悉，富有赈灾经验，且在佛教界、慈善界声誉极佳；故此，他不但经常成为沪上居士佛教的穿针引线之人，还常常亲自考察灾情、亲往灾区放赈救灾。与此同时，高鹤年自己在家乡苏北所举办的各种慈善赈灾事业，也都得到沪上居士们的大力支持。如1921年，高鹤年从外地云游回归家乡江苏兴化，设立“贞节净土安老院”就得到沪上居士简照南、简玉阶、沈惺叔、王一亭、黄涵之、聂云台、赵云韶、关絅之、魏梅荪等人的大力捐助。此安老院夏施药材，冬办粥赈、寒衣，并兼办其他种种慈善事业。[①]此后，高鹤年在江苏的慈善事业经常受到沪上居士的援助。高鹤年在《山中归来略记》中记述道：“十九年（1930），春荒紧逼，大赈缓不济急……余在舟中，彻夜焦思，如待大赈之来，则遍地之生命难保，多填沟壑。考虑之下，非多粥厂，不能渡此危机开头。无奈乏点金之术，只有舍命救命之法，舍我一命，而能救千万人之命。宗旨既定，随即发电至简玉阶、沈惺叔、聂云台、李柏农诸公肯借万元急款，汇东转刘，以便增加粥厂。”[②]“二十年（1931）春，堤东十三灶旱荒，曾设粥厂二处，事后结束。……旬余，又接王一（亭）老电召，以江北洪水为灾，嘱即到沪，相助水灾义赈会。余复赶回，催加各圩堤岸，不料运堤崩溃二十余处，洪水漫下，大地陆沉。刘白诸上善友来商，乃设救命团，并设救生会十余处。立即雇舟四出救护。……（此后），沪义赈会嘱往大丰公司视察，开口出水，与民合作，互助利益极

① 高鹤年：《山中归来略记》，载《名山游访记》，北京：宗教文化出版社，2000年版，第352页。

② 同上，第353页。

大。回将我救命团所办各处难民收容所，移交二会接办，度过寒冬。”[①]事实上，高鹤年在江苏兴化兴办的种种慈善事业，其资金来源主要靠沪上居士的大力捐助。

及至1919–1920年间，沪上居士佛教组织“上海佛教居士林”成立，于是居士佛教社团组织化的赈灾活动也得以开展。上海佛教居士林成立之初，就设立了“慈善布施团”。1920年，华北北五省大旱灾，其他各省也先后多次发生水灾、兵灾。上海佛教居士林的慈善布施团，即向各界劝募赈灾基金，专供赈济灾区难民之用。为了更多筹得善款，慈善布施团甚至假上海大舞台义演赈灾，并承诺凡捐款10万元以上者，上海佛教居士林将“为铸铜像顶戴于公共游艺场所”。[②]1922年，原上海佛教居士林一分为二，世界佛教居士林与上海佛教净业社分别成立，这两大居士组织随即各自设了“慈善部”，专门负责办理各种慈善事业。世界佛教居士林还在其“慈善部”下设立“赈灾协会”，该林在对其“赈灾协会”的概况介绍中特载道：“本林协济灾赈盖始于民国十三年（1924），鉴于各地水灾奇重，特成立博济团。辛未（1931年）江北水灾时，是时本林因闻江北高邮各地水灾惨状，王一亭林长爰派朱石僧居士前往视察，并携带棉衣、痧药水等，随处散发；而本林同人亦积极向社会各界劝募赈灾，汇交各地赈灾机关，妥为散发；而朱居士更极力将江北灾情报告各方，并代表呼吁。由是各方群起赞助，捐品四集。计是役也，共收赈灾款一万另七百余元、棉衣千

① 高鹤年：《山中归来略记》，载《名山游访记》，北京：宗教文化出版社，2000年版，第354–355页。

② 《海潮音》第2卷第5期，1921年5月20日；转引自阮仁泽、高振农编著：《上海宗教史》，上海：上海人民出版社，1992年版，第190页。

余套、旧衣数百套、锅巴十三麻袋、痧药水一万余瓶、膏药四千余张，概运前方赈给灾民。”[①]在此次赈灾活动中，世界佛教居士林、上海佛教净业社都在自己的刊物上刊登各类劝募文，极力为灾区劝募善款以及锅巴、衣裤等实物。募得的善款，除直接购物发放灾区外，还将部分善款分别转交给江苏水灾义赈会、中国济生会、灾民办事处、红卍字会上海分会等慈善机构。

除世界佛教居士林与净业社之外，沪上其他居士组织也大都积极参与各种慈善赈灾活动。如1940年，皖南各县发生大旱灾，灾民流离失所，情况危急。上海佛教同仁会随即展开赈灾活动，由董事长范成亲自率队前往赈灾，赈灾款额达7万余元，并募捐大量药品。1940年，上海本市法华东镇陆家路棚户区，白日起火，多数贫民外出营生，归来时住房已成灰烬。为了救济露宿街头的灾民，上海同仁会当即施发粥票，制发棉被60余条，以解危困。1942年冬，沪西金家巷棚户区不慎失火，难民达100余户。该会一面施发粥票，一面筹款搭建瓦顶竹屋125间，并取名为“同仁村”。1943年，沪西余姚路牛奶棚西首棚户区发生火灾，受灾难民400~500户，达1000多人。该会随即发起大规模的募捐活动，所得款项搭建起瓦顶竹屋250间，并附设义务小学一所，免费招收学生100余人。1946年，苏北灾情严重，该会先后拨出用于上海本地救济的寒衣290套，转送灾区。[②]此外，1948年，苏北大灾，屈映光、黄涵之等人随即发起成立了“苏北邳县急赈会”，分任正副主任委员，积极组织赈灾。可以说，沪上每次重大的赈灾活

① 《世界佛教居士林成绩报告书》（1933），第69页。

② 引自《上海宗教史》，上海：上海人民出版社，1992年版，第322–323页。

动中，都有广大居士与居士组织的积极参与。

民国上海居士佛教组织的赈灾活动不仅辐射到国内各地，甚至还跨出了国门，如1923年日本东京大地震发生之后，沪上居士就积极参与了相关慈善赈灾活动。1923年9月1日，日本东京发生的关东大地震震级达到9.7级之高，是人类历史上的空前灾难。据统计，此次地震的遇难者达91344人，失踪者13275人，房屋倒塌128266户，经济损失超过日本全年财政预算近3倍。[①]东京大地震发生之后，激发了中国人的仁爱赈灾之心。虽然当时的中日之间已有隔阂，但沪上工商界人士还是达成如下共识："吾国德化甚深，素能力行仁义，推物与民胞，断难坐视。今吾奋救日本地震灾，有两要义：一则贯彻实行救灾恤邻之明训；二则救济侨日同胞。"[②]此后成立的"中国协济日灾义赈会"，由王一亭居士负责具体事务，并于9月8日将募集的白米6000担、面粉2000包，以及木炭、药品等生活急需品，由轮船招商局的"新铭轮"运往东京紧急赈济。随后，在王一亭的组织号召下，中国佛教界又专门成立了"佛教普济日灾会"，在佛教各大名山圣地举行各种"息灾法会"。同时，该会还决议铸造"幽冥钟"一座赠送日本灾区人民，以示表达佛教徒对遇难者的特有慰问。在此活动中，世界佛教居士林与净业社也都积极配合，广大居士积极认捐，而认捐居士的名单在《世界佛教居士林成绩报告书》中均有记录。此后，王一亭又联合30多位书画家，征得大量书画作品进行义卖，以捐

① 转引自陈祖恩、李华兴：《白龙山人王一亭传》，上海：上海辞书出版社，2007年版，第211页。

② 《中国协济日灾义赈会成立》，《申报》1923年9月16日。

助日方建设放置“幽冥钟”的纪念馆。1930年10月1日，在日本东京新落成的“幽冥钟”钟楼前举行了梵钟“始撞仪式”，并同时为地震中中国侨民举行追悼仪式。当时的日本外务大臣币原喜重郎致辞道：“中华民国曾于大正十二年（1923）关东大震灾发生之时，深表同情，向我国罹难同胞赐赠巨款与物品，尤其该国佛教界组织‘中华普济日灾会’呼吁全国善男信女征求义捐净财，并为罹难死亡者祈念冥福铸造梵钟一座赠东京市使用。现今震灾纪念堂及钟楼相继竣工落成，举行‘始撞仪式’，至感欣慰。忆念此一梵钟，即经过中国多数佛教徒修行多日回向法事，持以虔诚态度祈念死者冥福后铸造而成。有此梵钟后才有此钟楼。两种相依为命，造福冥阳，足以解救罹难死亡者亡灵之呻吟哀哭于幽都苦海。可谓凡我同胞当铭记邻邦友谊，流传万世之适好纪念物象。内含意义实为至深且远！企望贵我两国人士，今后愈益发扬此一善邻精神，相互维系敦睦，实为感幸！”[①]然而不幸的是，日本外务大臣感恩中国、永誓敦睦的话声还在耳边，“九一八”事变的枪声就已响起，日本军国主义者的屠刀毫不手软地砍向了向其施善的中国人民。几个月之后，沪上“一·二八”事变再起，那些曾捐款建造“幽冥钟”、为日人祈福的上海居士们也同样面临着日本人的刺刀与铁蹄。

① 转引自陈祖恩、李华兴：《白龙山人王一亭传》，上海：上海辞书出版社，2007年版，第224页。

四、战时救助：难民收容所与救济战区难民委员会

所谓战时救护，是指对因战争所导致的伤残病兵员以及难民进行救治和赈济。这是近代中国社会慈善家借鉴和学习外国慈善事业后的新创举。早在1864年，国外专门性的战事救护机构“国际红十字会”就已经成立，1894年甲午战争，日本的红十字会令我国慈善家和清廷耳目一新。1900年，八国联军侵华，为救护各国伤兵，周济战争难民，当年9月江浙地区最著名的一批慈善家严信厚、施则敬、陆伯纯、庞元济等人，在上海发起中国救济善会。该会虽套用旧式善堂之名，而实具红十字会性质。1904年，日俄战争在我国东北地区爆发，清廷派船接运逃难的难民，遭到俄国拒绝，于是上海绅商乃联合各国驻沪领事同意后，设立“万国红十字会上海支会”①。辛亥革命后，“中国红十字会”正式成立。从此以后，近代中国慈善家们开始了战事救护活动，在此影响下，民国上海的居士与居士组织也积极参与了各种战时救助活动。

1924年9月3日，酝酿已久的第一次江浙战争（“齐卢之战”）爆发，齐燮元、卢永祥两军在安亭、黄渡间开打。9月18日卢永祥亲至上海督师，将浙沪联军总部移至上海南站。9月25日孙传芳由桐庐进杭州，经嘉善抵枫泾，10月16日占领松江。第一次江浙战争未终，第二次直奉战争已起，奉军随即南下。此后，江浙及两湖等地区战事不断。1926年以来，国民革命军从广东出师北伐，于是

---

①《中国红十字会》，南京：行政院新闻局，1947年，第1页。

南北大战点燃东南半壁。[①]由于江浙及两湖闽赣等地区的战事频繁，使得沪上涌入了大量的难民。为了救助因战乱逃到上海的难民，上海佛教净业社在1927年就成立了“净业社难民收容所”。有关此间的难民收容情况，《净业社收容所纪略》有较为详细记述：

民国肇造，于今十有六年，兵祸连连，生灵涂炭。初时东南半壁尚幸安全，慨自往岁齐卢战争，江浙两省乃亦卷入旋涡。嗣后，每岁辄有军事行动，局势屡变。然大都一瞬即过。至于此次南北大战，湘鄂闽赣而后浙江继之，旬及江苏。战区之广、战事之烈非畴曩之比。新正两军相距于沪杭路线之石湖荡。松江人民纷纷迁避来申。于是佛教净业社大居士，悯念战地贫苦妇孺之无以脱离危险也。谋设收容所以救济之。松绅吴存甫居士，固亦净业社社员，闻之大喜曰：“此真功德也。事亟矣，宜速为之。某归当告松江邑红十字分会。将所收避难妇孺送请留养也。”既定议，诸大居士乃向静安寺住持谷云和尚商借寺屋十余间，并于大庭张盖席蓬，地面高铺竹木，以便多所收容。布置甫经就绪，避难人即陆续而来。三四日间，收容至五百余人，已有人满之患，乃谋于他处更设分所，然一时苦不得相当之屋。嗣后，经盛庄太夫人慷慨舍借静安寺路一二一号及一二一号半宽大租屋两所。由是净业社救济妇孺第二收容所遂告成立。为时党军队前队已至上海而鲁军犹据闸北火车站以相抵抗，一时枪声大作，未几

① 有关“第一次江浙战争”及1925年、1926年江浙沪的战事情况，详参《上海地方史资料》（一），上海社会科学院出版社，1982年版，第110–119页。

宝山路一带房屋被焚，火光烛天。因在战线之内，救火会无法施救。计自二月十九日下午起，至二十晨间，鲁军始溃散。车站乃入党军之手。战事既了，余火犹未熄，闸北精华，悉成灰炉，不胜浩叹。当战争方亟时，净业社派遣救护人员，分头乘坐汽车，于枪林弹雨中冒险前往救护。更番接出多人，亦大幸矣。其受伤者，随即分送各医院。男子之隶外籍者，分别给资送往轮船，俾得回归故里。今虽沪地暂定，而各处战事未了。犹未得高枕而卧也。呜呼！兵凶战危，出生入死。得全性命宿福已深。况复衣食之教之诲之。颠沛流离之中，儿童犹得饱受高尚之教育，馀闻佛法，此则尤为净业社收容所特殊之点。而其主任者之规尽周详，与夫办事者勤能辛苦，因以造成此莫大之功德，均足令人欢喜赞叹焉。①

据相关统计资料显示，当时净业社设立的“第一难民收容所”共收容503人，主要来自“松江”，少数来自江苏浙江；“第二收容所”共收容204人，主要来自上海、绍兴以及少数外籍；此外，红十字会送到净业社避难的人149名，多为山东籍，江苏次之，安徽少数。净业难民收容所当时得到了红十字会、工部局卫生处以及一些个人的钱物资助。②对于这两个收容所的管理，净业社还制定了详细的“收容所规则”，保证收容所的正常秩序，同时还明确组织领导，由关絅之、黄涵之任主任，由穆家樑、刘翰如、黄伯禹等负责总管理。净业社位处公共租界之中，因而在难民收

---

① 《净业月刊》第11期，第414–416页。

② 参见《净业社第一届征信录》，上海市图书馆近代文献阅览室（索书号：263108）。

容工作方面常常当仁不让。在1927年前后的难民安置中，净业难民收容所受到社会各界的一致好评。特别是闸北火车站附近战火激烈，净业社的居士们冒着危险，抢救出不少难民，确实表现了舍己救人的佛教慈悲情怀。此外，收容所虽然是临时救助，但相关的后续工作却也是非常棘手而艰巨。

民国期间，沪上最大的一次难民救助工作莫过于1937年的“八一三”淞沪会战期间。淞沪会战爆发后，沪上不少地区一片火海，就连世界佛教居士林在闸北的林所也毁于炮火之中。此时，上海郊区宝山、吴淞、罗店、大场、江湾、浦东和市区闸北、杨树浦、北四川路一带的农民、工人和居民成批逃进租界，躲避战火。据当年的《立报》所载，1937年10月初，上海的难民不下130万，这些难民大都露宿街头、无家无食。[①]由于难民成灾，沪上各种收容、救济难民的组织纷纷成立。资料显示，当时主持难民工作的大都是非政府慈善机构，其中主要有慈联会、中国救济会、中国红十字会、黄十字会、中华慈幼会、宁波同乡会、浦东同乡会、基督教青年会、国际救济会等14个团体。[②]难民救济工作的内容有：募捐救助、安置难民、设立难民医院、掩埋尸体等。当时沪上佛教居士主要依托于“上海慈善团体联合救灾会”

① 参见上海宝山区史志学会、上海宝山区佛教协会编：《雪地红旗飞吼——从净业教养院到上海少年村》之《综述》，第1页。

② 任建树主编：《现代上海大事记》，上海：上海辞书出版社，1996年版，第691页。

（简称“慈联会”）①下设的“救济战区难民委员会”积极开展难民救助工作。“慈联会”成立于1936年西安事变以后，会址在仁济善堂，该会主任为许世英，副主任为黄涵之、屈映光，赵朴初为常务委员驻会办公，实际负责该会的救济工作。黄涵之、屈映光、赵朴初都在当时的中国佛教会兼有职务，赵朴初是中国佛教会的主任秘书，可见“慈联会”的骨干成员实际上都是当时沪上的知名居士。1937年“七七事变”后，国民党社会局以潘公展为首，派人到“慈联会”工作。“八一三”淞沪会战甫一爆发，“慈联会”就组织10辆卡车运送难民。但在第二天，日军炸弹就炸中了“慈联会”的办公室，国民党的人员都逃跑了。赵朴初与吴大琨等人采取紧急措施，一夜之间设立了十几个临时收容所安顿难民。8月15日，黄涵之、屈映光等都来到仁济会堂，鉴于国民党都逃跑不管，上海佛教界商决在“慈联会”下设立“救济战区难民委员会”，以屈映光为主任，黄涵之为副主任，下设收容、给养、派遣、医务等股。赵朴初以“慈联会”常委身份，任收容股主任，负责收容所的设立、迁并、人员任免、教育及行政工作。当时，上海各界包括工人、文艺界、教育界、工商界、宗教界等都很关心难民工作，给予“救济战区难民委员会”各种支持。此后4年多时间里，赵朴初和同仁们坚持收容工作岗位，先后设立了50多

① “慈善团体联合救济灾会”简称“慈联会”，成立于1936年西安事变以后，主任为许世英，副主任为黄涵之、屈映光，赵朴初为常务委员驻会办公。该会应该区别于“上海慈善团体联合会”。“上海慈善团体联合会”创始于1927年。最初有沪上各慈善团体主要负责人王一亭、关絅之、黄涵之等联合发起组织。凡沪上慈善性质之团体均可加入该会。该会依据互助精神专事推进改善与维护各会员所办一切救济事业，并联络沟通各会员相互间的情感为主旨。该会事务所设于云南中路35号仁济善堂内，并于同年5月向上海市社会局登记备案。另外，“慈善团体联合救济灾会”是否为“上海慈善团体联合会”的下设机构，尚需进一步核实。

个收容所，收难民50多万，除供给衣服食物外，还进行教育。如赵朴初曾在难民营中与沪江大学刘堪恩校长、儿童教育家陈鹤琴等一起办教育。此外，据相关文史资料与当事人的回忆，在抗战收容所工作期间，赵朴初接触了共产党人，对共产党的革命事业表示认同与支持。为了把更多的人团结到抗日救亡统一战线上来，赵朴初与一些同仁还在收容所倡办了“益友社”，并担任理事长，以唱《义勇军进行曲》等形式来鼓励民众抗日决心。在此期间，赵朴初一面在收容所里安置了一大批共产党人和进步人士，如曹荻秋、刘述周、陈国栋、韩念龙、杨堤等；一面将收容所里的青壮年送往新四军参加抗日救亡。[①]当年在送进步青年去参加新四军时，赵朴初曾作《黄浦江头送别》一诗云：

挥手汽笛鸣，极目楼船远。
谈笑忆群英，怡怡薪与胆。
雄风舞大旗，万流归浩汗。
同弯射日弓，待看乾坤转。

1997年，91岁高龄的赵朴初先生回忆当年抗战收容工作时，并为该诗作注曰：“抗日战争初期，余负责上海战区难民收容工作。集中青壮年、少年予以文化教育及抗战救亡教育。部分参加淞沪抗战部队。及国军西撤，乃于1938年遣送其中优秀者及收容

① 以上内容参见《上海宗教史》，第320–321页；《上海宗教志》中的《大事记》；沈去疾：《赵朴初年谱》，上海：上海辞书出版社，2008年版，第3–16页；余世磊：《关于〈冰玉影传奇〉中的人与事》；上海宝山区史志学会编：《雪地红旗飞吼——从净业教养院到上海少年村》（2001年）中的相关当事人回忆录等资料。

所干部经温州前往皖南参加新四军。此为黄浦江头送行之作。”①

此外，上海佛教同仁会等也积极参与了抗战期间的难民收容以及救助工作。日本侵占上海后，经常封锁某一地区多日，断绝一切交通，以致造成封锁地的人员伤亡严重。1941年8月，上海南市区难民被封锁7昼夜，情况非常危急。当时，沪上慈善团体备粮前往救济，均遭拒绝。经佛教同人会一再交涉，才被允许送粮进入封锁区。于是各界人士纷纷募捐馒头、大饼、面包、饼干等食品，交给佛教同仁会，再统一送往灾区，避免了人员大量饿死。此外，1945–1947年间，上海佛教同仁会还受上海联合救济总署上海分署委托，组织难民收容以及为难民提供施粥、施衣等事项②。

居士之外，抗战期间上海僧侣的战时救护工作也可圈可点。“七七事变”后，太虚、圆瑛等教界领袖纷纷倡导僧侣积极参加抗日救亡运动，上海随即成立了由圆瑛任队长、由宏明（圆瑛弟子）任副总队长的“僧侣救护队”。淞沪会战期间，该救护队即驰往前线救护伤员和难民。“沪战三个月中，这一群菩萨僧，活跃在东战场上，出动工作百多次，来回于浏行、大场、昆山之间，在枪林弹雨中，实施救护众生法事，造成惊人成绩。根据慈联会民国二十七年报告书，我们这个‘僧侣救护队’所救护的伤病及难民，总共有八千二百七十三人。”③ 1938年，中国佛教会在上海各

① 该诗及赵朴初为该诗所作的注释，参见《赵朴初韵文集》（上卷），上海：上海古籍出版社，2003年版，第2页。

② 《上海宗教史》，上海：上海人民出版社，1992年版，第323页。

③ 参见乐观《佛教在抗战期间的表现》一文，见张曼涛主编：《现代佛教学术丛书》86之《民国佛教篇》。有关僧侣救护队的更详细情况，可参阅该文。

寺庙组织了“僧侣掩埋队”，参加僧侣不下200人，专事掩埋上海郊区战场上的尸体。3月底及4月初，该队先后在大场、江湾、蕴藻浜、吴淞、宝山、罗店、广福等战区，掩埋尸体6000余具。5月，该队又分别在沪宁线的昆山、常熟、苏州、无锡各地，掩埋尸体400余具。[①]实际上，抗战期间，上海居士与僧侣之间经常密切配合，共同参与战时救护工作。首先，上海佛教会、上海佛教同仁会就是僧人与居士共同参加的组织，他们在救护工作上也是共同参与决议；其次，当时的“上海僧侣救护队”也得到了上海居士以及“救济战区难民委员会”的大力支持。“上海僧侣救护队”的办事处就设在净业社所在地觉园，为了配合上海僧侣救护队的工作，中国佛教会还在觉园内成立难民收容所，先后收容难民至三千多人，并供给全部饮食医药，在此期间，净业社的居士们也积极投身其中。

五、养教结合：民国上海佛教慈善教育的兴起

慈善教育是近代中国社会慈善家对传统慈善事业单一模式进行扬弃的结果，也是在西方教会慈善影响下的一个新举措。早在1879年，经元善、郑观应、李金镛、盛宣怀等人就创立天津广仁堂，收养因“丁戊奇荒”而被遗弃的子女、贫苦节妇，分别教养，令其自谋衣食，这是近代慈善教育的开端。清末新政后，由于大批慈善家积极参与慈善教育事业，沪上慈善教育之风也随之兴

① 参见《佛学半月刊》第157期，1938年5月16日。

起。如1906年李平书、沈缦云、王一亭、高凤池设立的“上海孤儿院”，1909年虞洽卿等设立的“私立上海贫儿院”，1912年杨逸等创办的“贫民习艺所”，1913年陆伯鸿创办的新普育堂等，都是养教结合的慈善教育机构。[①]

民国前后，慈善教育事业也在佛教界兴起，僧界与居士界均积极参与到慈善教育之中，并且两者还有良好的配合。如鉴于当时社会上无父无母、无衣无食的孤儿甚多，1933年上海知名居士关絅之等发起，在上海市佛教会及印光法师等的支持下，开办了一所养教结合的慈善机构——“上海佛教慈幼院”。1933年2月6日，“上海佛教慈幼院”正式开学，地址设在闸北共和新路宝莲寺内，初期招收院生37人。同时公推关絅之任院长，王一亭任董事长，李经纬任教育主任，邹憨心任训育主任。该慈幼院采取养教结合的方法，既供给孤儿们衣食，使其免受冻馁之苦，又教以文化，培养他们成为有用之才。入院的学生既学习文化，又参加一定的劳动。通过一定时期的培养，他们一般都能成为自食其力的劳动者。其后，“上海佛教慈幼院”每年都招收一些新生，并集资扩大校舍。1935年4月，该院庆祝儿童节，由院生表演游艺节目，并放映电影。附近儿童前往观看者，多达200余人。不久，该院又组织童子服务团，由导师带领，逐日出发到附近扫除街道，使之气象一新，受到社会各界的欢迎。1935年6月，慈幼院又附加开办民众识字学校一所，推举曾逸公等为负责人，招收附近失学儿童和青少年入学。[②]

---

① 参见张仲礼《民国时期上海的慈善团体统计（1930年前后）》中的内容所示，载《民国档案》，1996年第3期。

② 上述内容引自《上海宗教史》，上海：上海人民出版社，1992年版，第318–319页。

民国期间，由居士佛教组织出面办理的慈善教育，尤以上海佛教净业社与世界佛教居士林最具代表。其中，世界佛教居士林林长王一亭不但以个人的名义举办过众多慈善教育，还领导世界佛教居士林创办了“第一义务小学”（后改名为“慧仁小学”），净业社先是由关絅之创办了“净业教养院”，后改名为“少年村”，由赵朴初具体负责。这些居士佛教慈善教育，不仅规模较大，而且还形成了自己的养教特色，是民国儿童慈善教育中不可忽略的一道亮丽的风景线。1927年1月，世界佛教居士林在其闸北的新林址开办了“第一义务小学”，所以命名为义务者，“就狭义言，固在不收学费；而就广义言，则兴学育才，实系我辈荷担如来家法者，对于社会上一种应尽之义务。”[①]该小学创办的缘起，是因为林长王一亭等看到闸北居士林周围有许多贫穷失学儿童，遂发心为这些贫苦儿童办一所义务小学，一概免费招收贫苦失学儿童。“第一义务小学”地址初设于居士林林所二楼西屋，后来随着学生人数的增多，1929年又将校址搬至居士林西边的附屋，校舍为西式三层楼房三幢。1928年春，由于经费不足，义务小学不能实现完全免费入学，故改名“世界佛教居士林第一小学”。1930年4月，根据上海市教育局训令重新立案登记，改名为“惠仁小学”。居士林的慈善办学由起初普利贫寒一律不收学费，到后来酌情减免学费；虽然没有贯彻养教结合，但也一直保持了慈善办学的特色。“惠仁小学”成立了董事会，聘请质量较高的有执业资格的教师任教[②]，并制定了详细的学校规章制度和严格的升学制度；在教材的使用上除了通常的国

① 《本林办学之缘起》，载《世界佛教居士林成绩报告书》（1933），第46页。

② 查阅“惠仁小学”教师档案，发现其所聘教师都具有较好的教育背景，其毕业的学校分别有杭州宗文学塾、中国公学大学部、河北陆军特别学校、女子师范学校、浙江工业专门学校、民国工艺学校以及其他各省立中学等。（参见《世界佛教居士林成绩报告书》第51–52页）

文、算术外，还开设英语课和丰富的课外活动课，并特别“采用当时教育部审定各教科书中之含有道德旨趣适合造就新国民者”。由于办学富有特色，以致不少富家子弟也慕名入学，但“惠仁小学”一直坚持招收部分减免学费的贫苦学生，不足的费用则有居士林补贴或由校董募捐。“惠仁小学”历届校董有王一亭、朱石僧、李经纬、曾友生、沈润秋、李荣祥、柯振武等；历任校长有刘传厚、胡惠生、范古农、潘人伟。该校历届学生人数统计如下：

世界佛教居士林“惠仁小学”历届入学人数统计表[①]（单位：个）

入学年份	1927年春	1927年秋	1928年春	1928年秋	1929年春	1929年秋	1930年春	1930年秋	1931年春	1931年秋	1932年春	1932年秋
入学人数	145	150	143	145	165	163	195	203	230	274	189	277

如果说世界佛教居士林的办学还只是半慈善性质，那么净业社创办的“净业教养院”与“少年村”则充分体现了养教结合的纯慈善性质。“净业教养院”正式成立于1940年6月，其创办缘起是与难民收容所的后续工作紧密相关。首先，早在1927年，净业社曾设立难民收容所，收容战争期间的难民妇孺。此后，成年妇女大都逐步疏散、遣送回原籍、合并到其他收容机构；但仍一直剩下20余名难童无法遣送，于是只好留养净业社内。其次，1940年，沪上因淞沪会战收容的难民，青壮年都已疏散、遣返，但由于上海国际救济会结束，该会难民收容所剩下的80多名孤儿也无法遣散，便将这些儿童移送到净业社收养。于是，这80名难童就和净业社原来所剩下的20多名儿童合并起来，建立了“净业

① 《世界佛教居士林成绩报告书》，第50页。

教养院”（亦称“净业孤儿教养院”），院址初设于净业社觉园内。“净业教养院”的院长先后由净业社社长关絅之居士兼任，后由闻兰亭居士继任，而实际负责人则一直是副院长兼总干事赵朴初居士。1946年7月，“净业教养院”搬入郊区大场宝华寺，改名为“少年村”，由赵朴初任村长；同时，租赁惠生慈善社土地80亩、池塘10亩，逐步建设成生产劳动与文化教育相结合的流浪儿童教育“实验基地”。

赵朴初居士留下的《流浪儿童教养问题——净业教养院第一次报告》[①]这份珍贵的资料，为我们提供了净业教养院办理过程中的详细情况，以及关于流浪儿童教育的宝贵经验。

（一）净业教养院收养的儿童，大都是流浪儿童，而且其中不少是因为纯然的经济原因，曾有过失足犯罪的经历。由于经费的原因，净业教养院的经常学员名额只限制在100人，但人员会有进出变化，如有的长大成人后由院方介绍了工作，也有少数儿童经过各方努力获得与家人团聚。这样人数进出流动，至1942年左右，教养院总计前后收容了240余人。其中，由董事或捐款人介绍过来的孤苦儿童占18%，由工部局或其他救济机关转送来的占82%，而这82%的儿童大都是流浪儿童。根据赵朴初居士对这些流浪儿童的流浪原因的统计，其中49%是因为“学徒逃走”，

① 《流浪儿童教养问题——净业社第一次报告书》，后附有《经济报告》以及严景耀博士、雷洁琼教授等“专家意见”与“专家评价”。该报告书曾由净业社印刷流通，并无正式出版；上海宝山区文史志学会与上海宝山区佛教协会编著的《雪地红旗飞吼——从净业教养院到少年村》资料中，附有“文献档案”部分，内有《流浪儿童教养问题——净业社第一次报告书》，但删去其《经济报告》部分。现《流浪儿童教养问题——净业社第一次报告书》的完整资料，藏于上海图书馆近现代文献阅览室（已破损）及华东师范大学图书馆古籍部内部阅读。

21%是因为“幼失怙恃”，12%是因为“父母有不良嗜好”，10%是因为“逃难失散”，8%是因为“尊长虐待”。而在对这些流浪儿童与家庭关系的考察中可知，其中88%的孩子是“父母双亡或不全”。由此可见，这些流浪儿童之所以流浪，不是因为失去依靠，就是因为受到各种虐待，可见这也反映了当时的社会问题与病态。这些流浪儿童的流浪时间不一，多则5年以上，少则1月以下。此外，这些流浪儿童不少都因为经济原因，失足犯过罪。其中，56%是因为“偷窃”，15%是因为“求乞未犯罪”，11%是因为“抢帽子”，11%是因为“卖铜戒子”，5%是因为骗物①。由此可见，这些儿童的收养与教育并非容易，只有深入了解他们的特性，并用爱去感化他们，用科学的方法去教育他们，才有将他们教育成才的希望。

（二）针对这些流浪儿童的特点，赵朴初居士与同仁们精心设计了“劳动与读书并重”的教养计划，并制定了细致的生活作息时间表。教养院具体内容安排是：上午学文化，每日升院旗、早操、唱院歌，然后上文化课。全体院生根据能力分为两教室四组，教授国语、常识和算术，每节课45分钟。下午做工，全体院生根据年龄、能力、兴趣分派在皮鞋、藤工、竹木、成衣、西服、网袋、养兔等7个工场劳动。这种“劳动与读书并重”的方法，一则使流浪儿童掌握一定的文化知识，便于将来的成长；一则锻炼他们的意志力，以便“学习技能用自己的能力换饭吃”（赵朴初语）。在劳动过程中，任何老师傅对待旧式学徒的方法与态度都

① 参见赵朴初：《流浪儿童教养问题——净业社第一次报告书》，载《赵朴初文集》（上卷），华文出版社，2007年版，第1–26页。

是被禁止的。教养院每月根据院生的工作勤惰、工作进展及完成工作数量，来计算他们应得的奖金。所有奖金不能直接花费，必须存入储蓄组，必需时可凭折向院内的消费合作社取物。教养院晚上的生活也是丰富多彩的，如举办军事演习、战地救护演习、文艺表演、唱歌讲故事，等等。从净业教养院的管理组织结构示意图上[①]，我们也能比较清楚地看出其主要的活动内容。

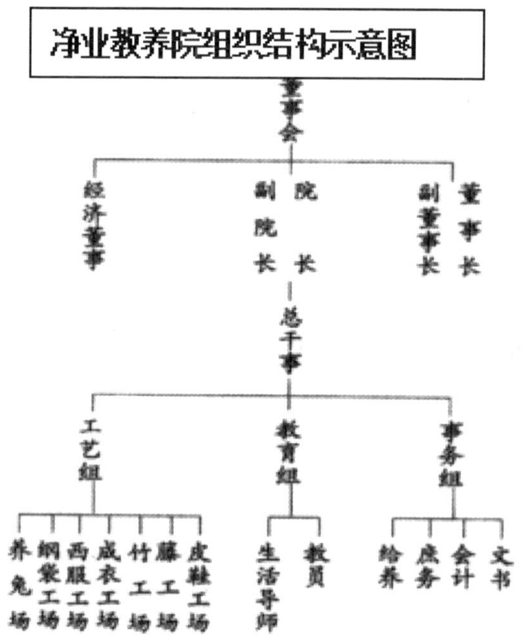

净业教养院在教育过程中，还非常注重院生的集体生活以及日常生活习惯的培养。为了集体生活与管理的需要，教养院把全体院生分成9个小队，每小队有两个小队长，另有分菜的、洗衣的、纠察的各两人，全体又选出总队长一人。总之，院生的日常生活主要由其自己来处理，老师则处于辅导的地位。此外，为了

① 该图表引自赵朴初：《流浪儿童教养问题——净业社第一次报告书》。

培养院生的日常行为举止，赵朴初还将佛教的教育思想与教育原则贯穿到儿童教育之中。他指出："佛教的教育，在行住坐卧四威仪中用功，在言语文字之外着手，这是有着精深意义的。真实的教育，其范围本不应该仅限于书本之中，仅限于课室之内，而是应当广及于生活的每一角落里，一言一动，无不是教育的题材，一时一处，无不是教育的机会。这对于一般人的教育固应如此，而对于流浪儿童的教育，尤应如是。"[①]此外，赵朴初居士还援引佛教的"六和敬"的佛教丛林和睦相处原则，来引导院生之间的友好相处。他指出："出家佛教徒的集团，叫作僧伽，僧伽二字有'六和'的意义，即是在这一个集团里，人人都要做到身和、口和、意和、戒和、见和、利和。这六和的道理，说得浅一点，正是怎样做人的道理。所以我们教育孩子们，即根据六和的原则：身和必须做到同学之间不打架，有礼貌，有困难时相互帮助；口和必须做到不骂人，不口角，态度和气出言谦虚；意和必须做到心地和善，坦白，诚实，不互相欺骗；戒和必须做到服从团体纪律；见和必须做到能明白因果，辨别是非；利和必须做到大家有福同享，有难同当。"[②]在此，赵朴初居士并没有拿佛教的宗教教育来要求孩子，而是将佛教教育思想与教育智慧灵活运用到流浪儿童的教育中，这无疑也给流浪儿童的教育探索带来一些新思想。

（三）除了严格要求教养儿童，在日常生活中，教养院则无微不至地予以关怀。为了孩子们的营养，赵朴初和净业院同仁们尽

① 参见赵朴初：《流浪儿童教养问题——净业社第一次报告书》。

② 同上。

力到处募捐，想尽办法。据当年在净业教养院工作的程莲华女士回忆，由于食物经费紧张，赵朴初曾安排她到净业社邻近的雷士德医院去请教专家，有无少花钱就能使孩子得到必要营养的好方法。经专家指点，程女士回教养院里设法磨豆浆，再到佛教做善事的厨房等处讨取鸡蛋，每周让学生吃两次豆浆。甚至还在赵朴初居士的默许下，向亚细亚食品店募捐牛、羊肉骨头，放在大锅里熬成汤，第二天早晨给学生熬粥吃。由于赵朴初与同仁们的努力，在极其艰苦的情况下，净业教养院的学生没有一个患营养不良症，个个体格健壮。[①]此外，院内的医药卫生工作是由院生6人担任的，教他们以普通医药卫生知识及简单的看护工作，他们都是很热心地为全院服务，疥疮几乎完全消灭（以前患者占80%），至于较重的内科疾病，则由中华医学会及世界红十字会免费诊治。院生生活所需的一切，除了由院方供给外，另外院里还设了一个“消费合作社”，以满足他们生活上更高一点的要求，如牙粉肥皂面盆茶杯铅笔橡皮以至跑鞋布匹之类。消费合作社的资金，全是本院院生在各工场工作所得的奖金的积聚，他们每人每月的奖金必须存入储蓄组，他只执有一张存折，全部储蓄组存款，就充作合作社资金。由此可见，净业教养院在生活上尽量满足院生的合理要求，但也不忽略养成他们吃苦耐劳的精神。

（四）教养院儿童的出路。教养院不是孩子们的永久存身之处，正如赵朴初所说，“教养院是一座桥梁，把孩子们从黑暗的一头，带到光明的一头”。教养院所做的各种努力，目的就是想要让每个

① 参见程莲华：《我人生道路上的转折》，载《雪地红旗飞吼——从净业教养院到少年村》。

孩子都会有个比较好的出路和未来。经过教养院同仁的不懈努力，教养院的多数孩子都有了较好的出路，如有的升学，有的进工厂工作，有的自力更生自谋出路，有的后来参加了新四军，甚至还有的后来成为新中国的领导干部。据赵朴初的《净业教养院第一次报告书》记载，截至1943年左右，教养院在工部局儿童保障科及社会热心人士的帮助下，就曾先后介绍45位院生出院就业，并且其中大多数都能得到雇主的满意。这些院生的就业情况如下表所示：

净业教养院部分院生就业情况表①

就业机关名称	昌明制钟厂	中国科学食品公司	勤业汽车公司	企华实业公司
就业人数	6人	2人	1人	4人
就业机关名称	保丰沙厂	大纶腊线厂	海仓面粉厂	孔雀公司
就业人数	7人	1人	2人	2人
就业机关名称	大陆螺旋钉厂	顺泰铁厂	丙康药厂	康生药厂
就业人数	2人	1人	1人	1人
就业机关名称	大众用品社	泰山堂国药厂	中央机器厂	孔明电料行
就业人数	1人	1人	3人	1人
就业机关名称	皮鞋工场	联兴煤业公司	美纶实业公司	净业养兔场
就业人数	3人	1人	1人	3人

正如赵朴初所言，为这些流浪儿童们找寻出路，并不是一件容易的事情。首先，社会上的一般人往往对流浪儿童抱有成见，不肯轻易试用；其次，当时的整个就业形势就非常严峻，各机关

① 由赵朴初《流浪儿童的教养问题——净业教养院第一次报告》提供的材料制作而成。

工厂都在裁人。可见，教养院能让这么多孩子找到工作，一则说其教育的成功，同时也看出教养院同仁的艰难努力。即便是孩子走出了教养院，教养院也会继续以保护人的资格去关心他们、帮助他们。净业教养院所创办的这种类型的流浪儿童教养工作，在当时的佛教界是绝无仅有的；甚至即使与当时其他慈善机构的流浪儿童教养相比，也极具有其优点与实验特色，实在不应该被人们所遗忘。正如当时的社会学专家严景耀博士、雷洁琼教授评价的那样，“净业教养院已不是一个普通收容流浪儿童的机关，而是感化流浪儿童，养成未来新国民的实验室，同时，也是流浪儿童问题以及许多社会问题的研究室了。”①

抗战胜利后，因考虑到教养院的自力以及净业社内院址空间的有限，在相关人员的帮助下，借得上海惠生社大场宝华寺地产近百亩以及全部房屋；并由当时上海的头面人物、联合广告公司总经理陆梅僧先生等筹集经费2000万，于1946年7月将净业教养院地址搬入大场宝华寺，同时改净业教养院为“少年村”，赵朴初任村长。“少年村”的学生来源，一是赵朴初先生主持的原净业教养院转来的，二是收容街头流浪儿童，三是家境贫苦的孩子，均为男生。该村自建村至新中国成立前先后收容290多人，新中国成立后由于得到人民政府的鼓励和支持，规模扩大，至1950年夏收容的儿童达500名以上。“少年村”在新中国成立前的经费来源主要靠赵朴初募集，也得到过宋庆龄创办的“中国福利会”和“国际战灾儿童义养会中国分会”及“上海临时联合救济委员会”

① 参见赵朴初：《流浪儿童教养问题——净业教养院第一次报告书》后所附的严景耀博士、雷洁琼教授所作的《读净业教养院报告》一文。

等救济团体的资助。1947年9月起，“少年村”得到“国际战灾儿童义养会中国分会”的补助，义养50个孩子，每名每月相当于10美金的货币。“少年村”在教育模式上，继承了净业教养院的“劳动与文化并重”的原则，制订了生产劳动教育、集体组织教育、思想教育、纪律教育、知识教育、文娱教育等系统的教学科目。[①]事实上，从“净业教养院”到“少年村”，其宗教性慈善特征已经逐渐淡化，或者说已经由一个由居士佛教组织举办的慈善组织转变为一个广大社会人士共同参与的慈善与社会公益性机构了。

① 以上内容参见张大卫为《雪地红旗飞吼——从净业教养院到上海少年村》所写的《综述》；周文耕：《上海少年村概况》，载《雪地红旗飞吼——从净业教养院到上海少年村》。

论文学视域下的佛教书写

——佛教书写在广州城市形象塑造中的意义

华南农业大学　吴　琪

提要： 宗教与文学有着密切关系乃世界文学通例，佛教作为中国主流宗教对其文化亦产生了深刻影响，与文学相互渗透相互促进，文学将佛教精神融入书写之中，佛教则将文学手法作为其弘法手段。广州作为佛教沿海路入华的重要口岸，佛教书写不仅影响着文学，影响着城市的文学叙述，而且形成了具有岭南风格的书写格局。在佛教的文学书写背后展现的是对一座城市的城市形象的塑造和城市文化精神的表达，这里也彰显着城市的智慧。

关键词： 文学；城市；佛教；书写

一、文学和宗教的关系

在中国文学发展史上宗教和文学的渊源很深，早在《诗经》就有宗教书写的印记，《红楼梦》的出现把宗教精神再次引入到文学，打通了宗教和文学的关系，“在人类创造的各种文化形式中，宗教和文学恐怕是历史上最能潜移默化大众心灵的两种形式。在有文字之前，就有了宗教，就有了口传文学。……在有文字之后

（文字本身也往往作为宗教活动的工具而产生），识字者爱读诗词小说，但从《诗经》到《红楼梦》，从荷马到托尔斯泰，文学里边都有宗教；不识字者常去求神拜佛，但从佛教的梵呗和变文，到基督教的赞美诗和圣剧，宗教里边也有文学。”[①]

“许多欧美第一流的作品，无论是诗歌、小说、戏剧，或散文，其中密密地交织着《圣经》底引句和典故，我们读者若没有一些关于《圣经》的知识，便不能了解和欣赏这些杰作。”[②]《圣经》故事被认为是最早的短篇小说，有鲜明的人物形象，有生动的故事情节，有环境的形象描写，具备了小说的三要素，文字背后也有深刻的思想和主题，可以说《圣经》是最早的小说。而伊斯兰教作为与基督教、佛教并称的世界三大宗教，与文学的关系也很密切。《一千零一夜》是阿拉伯民间文学的典范，其产生便是在伊斯兰教的上升时期，该作品有深深的伊斯兰教烙印。“《一千零一夜》故事涉及了伊斯兰教、犹太教、基督教、拜火教等四种宗教”[③]，描述了《古兰经》在人们日常生活中的作用，肯定了伊斯兰教的精神。

佛教和文学的关系更是深厚。佛教作为历史最为悠久的三大宗教之一，其思想和教义得到了信众认可，很多文学作品都映射着佛教的理念和信仰。梁启超在《论佛教与群治的关系》中认为“‘舍己救人之大业，惟佛教足矣当之’，他提出佛教有六大特点，

---

① ［英］海伦·加德纳著，沈弘、江先春译：《宗教与文学》，成都：四川人民出版社，1989年，第1页。

② 朱维之：《基督教与文学》，长春：吉林出版集团有限公司，2010年，第57页。

③ 中国社会科学院世界宗教研究所伊斯兰教研究室编：《伊斯兰教文化面面观》，济南：齐鲁书社，1991年，第176页。

即‘佛教之信仰乃智信而非迷信’‘乃兼善而非独善’‘乃入世而非厌世’‘乃无量而非有限’‘乃平等而非差别’‘乃自力而非他力’。”[①]清末民初民主革命家章太炎也肯定了佛教众生平等的思想，推崇佛教的大无畏精神和菩萨的慈悲济世思想。

张恨水作为通俗文学作家的代表，在他的作品中也常把佛学心态引入其中，在《明珠》里对学佛有如下表述：“世界上决不能佛化。唯其如此，就少不了有佛学。佛学只是想在人欲横流中，指出一个空字。好让人悟得万一，稍止夺杀。……中国人学佛最多，正是因为佛学的精神，实在是太慈祥了。我们不可以和尚之俗，藐视佛学。要知道一班尼姑她们正是在诋毁佛学。学佛有什么好处，至少至少，能给人清醒思想安慰心灵。”[②]可以说很多作家受佛学影响深厚，在他们作品中表现出的佛教思想更是比比皆是。

二、文学作品下的佛教书写

“所谓佛教文学，就其特定的意义导向而言，主要是以表现佛教精神、宣扬佛理，与佛教仪式相结合或者以佛教崇拜为目的的文学创作。”[③]而书写的核心要素是通过人物来展现，所以在文学作品中佛教书写的人物塑造也是展现佛教精神的核心要素。

被誉为“中国现代漫画鼻祖”的丰子恺在《为青年说弘一法师》

① 魏道儒：《世界佛教通史》第六卷，北京：中国社会科学出版社，2015 年，第 148 页。

② 张恨水：《张恨水散文全集 · 明珠》，长春：时代文艺出版社，2015 年，第 27 页。

③ 杨理治：《佛性的沉浮——现代小说中的僧尼形象读解》，广西民族大学硕士学位论文，2010 年。

《法味》《缘》等散文中，以真切的师生交往塑造了立体化的弘一法师形象，展现了大师心灵深处和具有宗教情怀的精神特质，“作者传达终极思考、悲智觉受、家国情感等生命体验，自塑性格丰富的现代居士形象。”[①]著名文学家施蛰存出生于佛教盛行的江南，江南佛教文化对他的小说创作产生了潜移默化的影响，施蛰存钟情佛教题材，以僧尼的世俗化改写倡导人性自由，他注重心理分析的叙事也受到佛教影响。《我与地坛》的作者史铁生作品中有浓郁的宗教情怀，其中佛教比较突出，在散文诗《七宝池上的乡思》在悲伤痛苦时阿弥陀佛宽怀她的心灵，轮回与济度的相辅相成，把人间包含的世俗与超越两种品格彰显出来。老舍在散文《宗月大师》中赞扬了宗月大师引人向善的佛教人格，在小说《老张的哲学》塑造了舍己救贫的居士董善人，《四世同堂》塑造了有无我奉献的明月和尚，这些作品通过对人物的塑造彰显出佛性的光辉。

在文学作品中的佛教书写，一方面以佛教元素直接引入，比如会直接提及寺庙、佛堂、僧人等，另一方面以佛教精神间接引入表现佛教的思想。随着时代的发展，文学会越来越注重内化，注重对人内心经验的呈现，心灵意识的流动会呈现文学作品表现的趋势，“视像时代的文学亦须顺势而为，向心灵世界挺进”[②]，因此与佛教的互动也会越来越频繁，楼宇烈指出“佛教人物形象塑造是当代中国作家强化心性审美的有效着力点之一”。[③]

---

① 谭桂林：《20世纪中国文学与佛学》，合肥：安徽教育出版社，1999年，第166页。

② 刘再复、林岗：《罪与文学·导言》，广州：中信出版社，2011年，第16页。

③ 法祇、陈探宇、熊江宁：《宗教研究方法讲记》，北京：北京大学出版社，2013年，第243页。

三、佛教对广州城市形象文学塑造的作用

文学和佛教的渊源很深，书写的内容也多元化、立体化，书写的背后离不开对地域文化的凸显。佛教传入我国，与当地的地域文化和我国传统文化相融，呈现出具有地域特色的佛教文化，而广东由于先天地理位置和交通便利的优势，为西来梵僧从海、陆两路来传播佛教、建立寺院创造了有利条件。因此在岭南地域中佛教文化也形成了具有岭南特色的佛教文化，在文学作品中，佛教元素的涌入也很多时候凸显了岭南地域的特性——务实、开放、兼容、多元。

第一，文学作品下佛教书写助力作家创作，彰显作家叙事技巧，也展现佛教思想对文学创作的影响，也从文学形式中传播了佛学文化，而这里的佛学文化一定是和当地文化相融相依而不断发展起来的。

在张欣的都市文学作品中靓丽的都市文化元素下也依然渗透着佛学的思想。张欣作为广州本土文学作家，塑造了大量的广州城市下生存的都市女性形象，在情节安排上也善用都市元素去打造具有都市风貌的场景，她不太会直接将具有佛教元素的场景写入到文本中，但是情节安排和人物形象的塑造上都会渗入佛性理念。在张欣代表作《锁春记》中就有所体现，作品中的人物名字从碧、芷言、净墨都具有佛韵，尤其是“净墨”，更像一个出家之人的法号，在对他的形象刻画上也有对其出世不落俗套的一种凸

显，他喜欢丛碧，但是默默付出，不争不抢，静静守护着丛碧，而知道丛碧意外死亡后，他也一直心神不宁，希望查明真相，在去丛碧家里查找蛛丝马迹时还在深夜对纸上的丛碧说道“你若有什么冤屈，一定记得托梦给我”，“过了几天，让净墨感到意外的是，丛碧真的给他托梦了，梦中的丛碧嘴角总是挂着一丝幸福的笑意。”①

“托梦”最早是在《地藏经》有提及：“若未来世诸众生等，或梦或寐，见诸鬼神乃及诸形，或悲或啼、或愁或叹、或恐或怖。此皆是一生十生百生千生过去父母、男女弟妹、夫妻眷属，在于恶趣，未得出离，无处希望福力救拔，当告宿世骨肉，使作方便，愿离恶道。普广！汝以神力，遣是眷属，令对诸佛菩萨像前志心自读此经，或请人读其数三遍或七遍。如是恶道眷属，经声毕是遍数，当得解脱；乃至梦寐之中，永不复见。”作家张欣用佛家的“托梦说”从文学叙事的角度把曲折离奇的情节巧妙连在一起，使前后文段故事的逻辑性更严谨，人物关系更丰富，人物形象也更深刻；从兼容务实的人文精神看，这样的方式也把丛碧豁达包容的性格展现，与岭南文化的熏陶相得益彰，在这里岭南佛教文化既服务于文学叙事技巧，又将人物情怀展现，凸显岭南城市的人文风貌，佛教书写在城市形象塑造上有一语双关的作用。

第二，佛教的文化活动，即使佛教融入城市，又推广佛教文化，文化与城市交融，城市的文化情怀会更加凸显，温暖城市。

① 张欣：《锁春记》，广州：花城出版社，2014年，第142页。

在广东最早彰显文学意蕴，又展现地域情怀的佛家书写当属六祖惠能的这句很有禅理的诗句“菩提本无树，明镜亦非台。本来无一物，何处惹尘埃？”它用文学性的诗意句子道出了佛性清净无染的教义，表达的禅意深刻且有共鸣，这种文学的方式展现佛家思想而创作出的禅诗被广泛应用，以文学的方式表达佛境，宣传佛教文化。在禅诗宣传推广上很多寺庙都有开展活动，广州六榕寺举办了“榕荫诗书会”活动，通过讲座、禅诗朗诵交流等形式让更多人认识佛教。而广州大佛寺作为坐落在广州大都市最繁华商业街的寺庙，既要融入大都市，又要彰显佛教特性，因此大佛寺率先创建了现代化图书馆，创办了《如是雨林》佛教刊物，举办佛教读书节，设置“大佛寺心灵与生活咨询中心”，从外向内服务于大众，将佛教文化和城市生活融入，闹中取静，寻求心灵的慰藉，用佛教信念关爱城市，关怀民众。城市是我们居住的腹地，也不单单是简单的生活场域，城市还承载着人文关怀与文化意义，城市丰富的情感情愫是充盈人民心灵和增加人民幸福感的重要场域。

第三，佛教书写对城市诗学构建有积极意义，佛教与文学相融，文化与诗意共融，构建城市文化精神，打造更有诗意的城市。

“一个真正好的城市，应该还要给予人们精神上的愉悦与满足。”[①]广东省作家协会主席蒋述卓教授提出了“城市诗学”的概念，强调人文关怀与人格建设，让人与城市真正融为一体。他指出：“‘城市诗学’，就是要以文化的、审美的眼光去考察城市的独特

① 蒋述卓、宋音希：《文化诗学之路的宽广前程——蒋述卓教授访谈录》，《当代文坛》，2018年第6期，第31页。

时空、城市生活的戏剧色彩，不仅可以在理论上阐释城市生活中的各种现象与观念，而且还能为存有许多生存困惑的现代都市人提供生活方式选择与心理状态调节的指导。”[①]在构建城市诗学这条道路上，佛教与文学的相融相依起到了重要作用，佛教以文学的语言表达诗意的禅理，文学以佛教的禅理表达对人性的终极思考和心灵关怀，而共同指向的便是孕育深厚文思的这座城市。

文字书写的背后是对栖居于此的城市的思考和对城市的关怀，文字背后深层次的意蕴是城市内涵的展现。城市由很多元素组成，宗教与文学记录了社会变迁、书写了城市生活、也体现了城市的情怀，在城市塑造上，宗教与文学有不可估量的作用。广州的城市形象亦是在广州佛教精神与广州文学创作中呈现，以此发展出各种文化活动，他们共同诠释了城市的发展。“社会经济、生活风尚、美学观念的变化与契机，儒家、道家、玄学、宋明理学的观念义理，在不同的时期都成了联结佛教精神与中国文艺美学之间的媒介。”[②]因此，在城市发展中佛教与文学共同承担起城市文化精神传播的角色。

四、结 语

广东是佛教由海路传入中国的必经之路，佛教对广东文学影响至深，特别是禅宗创立以后，很多颇具禅意的禅诗出现在大众

---

① 蒋述卓、宋音希:《文化诗学之路的宽广前程——蒋述卓教授访谈录》,《当代文坛》, 2018年第6期，第31页。

② 同上。

视野，以诗意的方式传达深刻的哲理，给予人思考，将佛教思想不断传入。在文学的样式中佛教元素也不断融入，有直接提及寺庙、佛堂、僧人的直接文学书写，也有从塑造人物形象和表达情感意蕴上间接呈现佛教精神，无论是何种方式的书写，都在拉近佛教和文学的距离，使这两种元素更好地服务于城市的发展。所以，在佛教的文学书写背后展现的是对一座城市的形象塑造和城市文化精神的表达，这里也彰显着城市的智慧。

惠能目标管理思想探析

中国社科院大学　周　艳

摘要： 禅宗六祖惠能虽然起于垄亩、不识一字，但在青年时期即树立了清晰的人生目标，并通过卓越的目标管理实践保持了对目标最初的热情，避免了目标实践过程中的曲折性问题，实现了自我生命价值质的提升。从本质的层面来看，惠能在青年时期所确立的目标的精神实质是“自修自性、自心”，是一种对宇宙人生本质的哲学追问；从实践层面来看，已生起的主观愿望以及众人的帮助，特别是师长五祖的教导，在惠能确立目标并真正认识目标的过程中发挥了重要作用。可以说，正是因惠能将目标建立在“自心”的精神根基上，充分掌握了目标的本质和特性，因而能在猎人队等环境中安心劳作，持续涵养对最初目标的真诚和热情，进而避免主体在目标实践过程中的曲折反复性问题，最终实现最初的目标。

关键词： 惠能；坛经；自修自心；目标管理

引言

近代以来，汉传佛教界着力阐发“人间佛教”理念，使得佛教“发达人生，化解诸苦”的形象逐渐获得了信众的认同和赞扬，深刻影响了寺院道场的信众管理实践。面对日新月异的中国社会，如果从“先以欲钩牵”以及“应机设教”的理念出发，为当代信众提供一种自我管理、自我发展的方案或许能为寺院道场有效服务信众、维持正法久住的事业增添一丝新意。事实上，佛学经典中蕴藏着丰富的自我管理思想，同时，佛教史中也不乏生动的案例，如禅宗六祖惠能便是通过卓越自我管理实现了自我生命价值的提升与飞跃。对于这一提法，以往学者们因极少从自我管理的视角深入研究《坛经》，故学术界对惠能的自我管理思想至今亦不甚了解。反观惠能的人生经历，禅宗六祖惠能最令人印象深刻的是，无论在什么情况下他都没有丧失掉自己青年时期的愿望，反而不断努力最终实现了自己最初的目标。如果对比在目标或愿望实践道路上功亏一篑者比比皆是的情形，惠能始终对自己最初目标保有热情、对目标的践行没有本质偏离的现象则更显稀奇。针对这一现象，在目标管理的视域下，惠能如何开展目标管理以及目标管理的实际成效，都直接影响着惠能最初目标的实现程度以及全部的自我管理过程。而深入分析《坛经》相关记载，我们可以发现惠能将自己最初的目标建立在内心的基础上，进而不断请教专家、辛勤研习，不断巩固完善目标的内在精神根基，这是惠能日后面对各种情形仍不改初心的关键。

一、自修自心：“惟求作佛”目标的精神实质

六祖惠能作为卓有成效的目标管理者，其卓越的目标管理实践开端是以确立“不求余物、惟求作佛”目标为标志的。《坛经》

对这一目标的字面记载主要是，惠能起初不识一字，主要以打柴为生，偶然一次机会在为客店送柴时听到他人念诵《金刚经》，若有所悟，经过一番询问了解后，初步产生了前往东禅寺拜见五祖以“求作佛”的心理动机。其后，惠能在妥善安置母亲后，前后不经三十余日即到达东禅寺拜见五祖，向五祖当面明确表达了自己“惟求作佛”的愿望。双方初次见面的情形则是，“祖问曰：汝何方人，欲求何物？答曰：弟子是岭南新州百姓，远来礼师，不求余物，惟求作佛。”[①]经过一番测试和考量，惠能有幸获得了留住东禅寺参加社会劳动的机会，在此期间惠能工作勤恳并通过以“腰石舂米”等为代表的过程管理实践，最终通过了五祖的考察并获得了五祖的认可，因而为其夜传衣钵，经云“祖……为说《金刚经》，惠能言下大悟”[②]，至此惠能对“作佛”目标可谓获得了更为深刻的认识。可以说，自初步确立“作佛”目标以来，惠能表现出对目标的执着和持续的热情，如在东禅寺时，惠能以“腰石舂米”的执着和诚恳获得了五祖的认可；在猎人队时，十五年与猎人起居相伴，惠能并未在长期的凡俗生活中丧失对目标的渴望，甚至当与猎人相处融洽时，还能果断认识到“不可终遁”而选择离开猎人队，乃至最终在大梵寺获得众人的认可，实现了自己青年时期确立的目标，是惠能对“作佛”目标保有持续热情的表现。

拨开佛学经典语言的纱幔，反思惠能所执着追求的“作佛”目标，我们不可避免地应深入认识这一目标的本质和实际内涵。

---

① 《六祖大师法宝坛经》,《大正藏》第48册，第348页上。

② 同上，第349页上。

《坛经》在文本字面上对此虽未有明确记载，但结合经本语境不难发现，“惟求作佛”目标本质上是“自修自性、自修自心”。如在面对五祖“汝是岭南人，又为獦獠，若为堪作佛？”[①]的质疑时，惠能认为“獦獠身与和尚不同，佛性有何差别？”[②]通过引入“佛性”的概念，消解獦獠身与和尚身的差异，正面指出表“佛性”与“作佛”之间的逻辑关系；《忏悔品》中，惠能亦“劝善知识，皈依自性三宝……经文分明言‘自皈依佛’，不言‘皈依他佛’。自佛不皈，无所依处”。[③]继续提出“自性三宝”概念，并强调“自性三宝”才是真正的皈（归）依对象；此外，五祖更直截了当地说道：“不识本心，学法无益。若识自本心，见自本性，即名丈夫、天人师、佛”。结合五祖和六祖惠能十分清晰的说法，我们可以认为在《坛经》的文本语义中，“佛”本质上是“自心、自性”，“惟求作佛”即是“自修自性、自心”。

若进一步考察“自心自性”的内涵，《坛经》在字面上并无系统的阐释，但若仔细揣摩文本语义，亦不难发现惠能所谓的“心、性”是就本体论意义而言的，具有不生不灭、不动不摇、能生万法的特性，可谓是一切的依据。比如，惠能在完全了解“作佛”目标时，曾对五祖说：“何期自性，本自清净；何期自性，本不生灭；何期自性，本自具足；何期自性，本无动摇；何期自性，能生万法。”[④]阐明了“自性”在惠能思想中所具有的特点；进一步而言，“不二”或是恰当认识“自性”的理论视角和实践方法，

① 《六祖大师法宝坛经》，《大正藏》第48册，第348页上。

② 同上，第348页上。

③ 同上，第353页中。

④ 同上，第349页上。

如在回答薛简的请教时，惠能即认为："明与无明，凡夫见二；智者了达，其性无二。无二之性，即是实性。实性者，处凡愚而不减，在贤圣而不增，住烦恼而不乱，居禅定而不寂。不断不常，不来不去，不在中间及其内外，不生不灭，性相如如，常住不迁，名之曰道。"[①]根据引文含义，在"不二"视角的观察下，万事万物中本不相同的矛盾双方，如明与无明、善与恶、凡与圣、烦恼与菩提等，竟一时失去了本质上的对立与不同，且在"无二之性"中恢复了本来一体的局面。这一局面与所谓的形而上与形而下的分立、精神与物质的对立颇不相同，而与《般若经》"色即是空，空即是色"的思想特质具有一致性，可谓是"涅槃即世间"、事实即真理、万物一体境界的生动反映。

前文虽已初步讨论了惠能"作佛"目标的本质、特性以及认识方式，但对目标本质"自心"具体内涵等问题可能仍有未明之处。对此，《坛经》没有再进一步阐述，我们主要在深刻影响汉传佛教教理教义发展的《楞严经》中发现了相关问题的清晰阐释。根据《楞严经》有关"七处征心"等讨论的记载，"心"不在身内、外及中间等处，亦不潜伏"根"里，亦无分明暗，亦不随物质而存在，由此可知，"心"并非是有固定处所的实体；其后，经过一系列讨论，《楞严经》直接以"灯喻"提出"见性是心"的观点，原文是："阿难！若无眼人全见前黑，忽得眼光还于前尘，见种种色名眼见者；彼暗中人全见前黑，忽获灯光，亦于前尘见种种色，应名灯见，灯能有见自不名灯，又则灯观何关汝事？是故当

① 《六祖大师法宝坛经》，《大正藏》第48册，第359页下。

知，灯能显色，如是见者是眼非灯。眼能显色，如是见性，是心非眼。”[①]根据引文逻辑，“见性”在语义上是比“见”更为深刻的概念，可谓是“见”的动力和依据，就“心生万法”等特性而言，与惠能所谓的“心”属同一层级。其次，“见性”作为动力因其本身为一种可能性，因此从本质上而言，“心”并非谛实存在。综上，惠能“惟求作佛”目标本质上“自修自性”，而“自性自心”则是一切发动生起的依据。具体而言，在本质上，“惟求作佛”目标并非神秘不可捉摸，而是对人心、人性高级境界的一种追问和探索；在认识与实践层面上，“自心”虽具有能生万法的特性，但我们不能认为“自心”是具有处所、大小等特征的谛实存在物，而应从“不二”的角度认识自心、把握自心，进而不断追寻人性境界的升华。因此，惠能所确立的目标是以主体的“心、性”为根基的，在本质意义上则是自主自决、自立自为的。

二、依师教导：“惟求作佛”目标的确立条件

六祖惠能虽然在青年时期即已确立“惟求作佛”的目标，但从实践层面来看，这一目标的确立存在一个循序渐进的过程，有具体的条件和方法。根据《坛经》记载，惠能在客店听人诵《金刚经》若有所悟，进而“不经三十余日”便到黄梅拜谒五祖，而经中对时间的强调不免反映出惠能对“求作佛”目标的主观态度。这一道理正与《论语》中所谓的“仁远乎哉，我欲仁，斯仁至矣！”

① 《大佛顶如来密因修证了义诸菩萨万行首楞严经》卷4，《大正藏》第19册，第109页中。

有颇多相似之处。

如果进一步分析惠能确立“求作佛”目标的主要过程，在惠能主观态度之外，可以发现许多身份各异的人物亦在其中发挥了重要作用，如在客店诵经的客人、给银十两令安置老母的善人、帮助引路的童子、合作写偈的文人等。因此可以说，正是在得到众人帮助的前期下，惠能方能“闻经开悟”并有机会前往东禅寺“求作佛”。不过，在众多帮助者中，师长五祖则是帮助惠能真正认识“作佛”目标的关键人物，如经中记载：“祖以袈裟这帷不令人见，为说《金刚经》……惠能言下大悟。”[①]此外，惠能在《般若品》亦曾说：“善知识！我于忍和尚处，一闻言下便悟，顿见真如本性。”[②]由此可知，惠能曾得到五祖的亲自指导，并获得了“言下大悟”的优异成绩，完全认识了“作佛”目标的本质和实践方法。相比而言，在进入东禅寺学习之前，惠能主观上虽向往“求作佛”目标，不过并未完全掌握这一目标的本质，如惠能在碓房回答五祖提问时也坦白承认“米熟久矣！尤欠筛在”。该段引文在字面上虽为一段禅宗隐语，但根据全文的逻辑与语境，我们也不难看出惠能在尚未得到五祖指导前，对于“作佛”目标的本质及实践方法等的认识仍有提升空间。

从惠能一方来看，惠能本人和弟子对上述现象也有明确认识和具体解释。如其在《般若品》中总结了自己确立“作佛”目标的体会和心得，认为：“善知识！……各自观心，自见本性。若自不悟，须觅大善知识、解最上乘法，直示正路。是善知识有大因缘，所谓化导令得见性。一切善法，因善知识能发起故……不

① 《六祖大师法宝坛经》，《大正藏》第48册，第349页上。

② 同上，第351页上。

能自悟，需求善知识指示方见；若自悟者，不假外求。”[①]由此可知六祖惠能根据人的基本状态讲求学者分为两类，一类为不能自悟“自心自性”的，应在师长善知识的指导下确立目标，即所谓“化导令得见性”；另一类则是能够自觉者，可不需要师长善知识的指导“自觉自悟”。不过，对于这一类人，惠能的弟子玄策却认为“威音王以后，无师自悟纯是天然外道”[②]，又明确否定这种可能性，因而仅留有第一种可能性，即在师长善知识指导下逐渐确立人生目标。综上，从主观和客观等角度而言，惠能确立“作佛”目标的方法和步骤主要是，首先因听客人诵经的“刺激”而产生了“求仁得仁”的主观动机，进而在诸人的帮助下，特别是在师长五祖的指导下，最终获得了对“作佛”目标的完整认识，真正确立了“惟求作佛”的目标。

从另一个角度来看，美国管理学家史蒂芬·柯维曾提出“以终为始”和“以原则为中心”的目标管理理念，对我们更全面理解惠能目标确立过程及其管理实践具有一定积极作用。总体而言，柯维认为主体在确立目标之时，可将对生命的最终期许作为当下自我管理实践的开端，并用以指导未来的日常生活。[③]其后，作者归纳出多种类型的生活原则，如“以金钱为中心、以工作为中心、

---

① 《六祖大师法宝坛经》,《大正藏》第48册，第351页上。

② 同上，第357页中。

③ 笔者注：柯维对此并没有给出一个标准答案，而是希望我们亲自探索。因此，如果你尚未找到自己的人生目标，那么，请你将自己所有想要的东西和事情整齐地写在一张纸上，然后以真诚的、负责的心静静地思维在极端状态下，先前想要的事情是否可以放弃？如果可以的话，你就划掉它。如此反复思维多次，最后那个无论如何都无法舍弃的项目即可能就是你真正的目标。事实上，这一目标确立方法与《论语》的相关记载颇有相似性，如“子贡问政。子曰：‘足食，足兵，民信之矣。’子贡曰：‘必不得已而去，于斯三者何先？’曰：‘去兵。’子贡曰：‘必不得已而去，于斯二者何先？’曰：‘去食。自古皆有死，民无信不立。’”进一步了解，请参阅史蒂芬·柯维：《高效能人士的七个习惯》，中国青年出版社，2016年。

以宗教为中心”等，进而提出“以原则为中心”的目标确立方法与管理原则。运用这一思路分析，惠能在青年时代确立的“求作佛”目标实际是其晚年的人生状态，这一未来的状态又反过来指导惠能当下的思想和行为。可以说，正是将最终的生活状态作为当下的目标，主体才有机会将确立起来的“目标”作为当下生活的“原则”，才能够从本质上转化以“烦”为主要特征的日常生活，能重新定义日常生活中的每分每秒、一举一动。

三、神秀难题：“惟求作佛”目标实践的曲折

随着外部环境与自身内部环境的变化，主体在实践目标的过程中不可避免地会面临诸多考验与挑战，甚至偏离最初的目标，这一现象即是目标管理实践中的难题。根据《坛经》的记载，神秀即曾遭遇了类似难题。这一过程主要是，当惠能在东禅寺务工求学期间，神秀担任东禅寺上首、教授师的职务，寺中僧众多从其受教而有所得，是东禅寺不可多得的人才，尊荣无比。某日，五祖认为寺僧终日只求福德，却不知追求解脱生死的智慧，故有意让众弟子各作一偈，并根据立意深浅决定祖师衣钵的传人。此消息一经传出，东禅寺普通僧众十分不以为意，理由正当地认为“我等众人，不须澄心用意作偈，将呈和尚，有何所益？神秀上座，现为教授师，必是他得。我辈谩作偈颂，枉用心力，诸人闻语，总皆息心”①。据此可知普通僧众未经尝试即告放弃，因而对

① 《六祖大师法宝坛经》，《大正藏》第48册，第348页上。

于东禅寺多数僧人来说，目标实践过程中的曲折反复问题并不存在；相比众僧的消极表现，神秀虽有心追求佛教真义，但在本应作偈“求佛法”之时却又不由自主地想到了“祖位寺产”，因而在两者之间走过了一段十分艰难的心路历程，他说：“我须作偈，将呈和尚……我呈偈意，求法即善，觅祖即恶，却同凡心，夺其圣位奚别？若不呈偈，终不得法。大难！大难！”事实上，神秀所遭受的精神折磨并未到此为止，而是在持续聚集后直接令神秀掉入了更为艰难的局面，甚至一时深陷其中，竟不知如何是好，经中记载：“神秀作偈成已，数度欲呈，行至堂前，心中恍惚，遍身汗流，拟呈不得；前后经四日，一十三度呈偈不得。”由此可知，在五祖提议众僧各作一偈以传衣钵之时，神秀却在“求佛法”与“觅祖位”之间遭遇了极大的困难，反映了神秀本人严重的纠结心理与矛盾心态。

应当取得共识的是，神秀的难题并非个例，其实质是主体在目标实践过程中遭遇的曲折性与反复性问题，究其原因则是所谓“现实”与“初心”的矛盾问题，而若就神秀难题而言，其根本在于违背了“求佛法真谛”过程中的“因果同类”规律。根据《楞严经》的说法，释迦牟尼佛为了勉励尚未真正发起菩提心的弟子们，用肯定语气阐明了目标实践过程中的“因果同类”规律，认为“第一义者……应当审观因发心，与果地觉，为同为异？阿难！若于因地，以生灭心为本修因，而求佛乘不生不灭，无有是处！”[1]根据这一逻辑推演，神秀在发心作偈“求佛法”的同时偶生顾虑，

① 《大佛顶如来密因修证了义诸菩萨万行首楞严经》卷4，《大正藏》第19册，第122页上。

思“觅祖位”，两种心思的牵扯竟让神秀汗流浃背、一十三度呈偈不得，此可谓在因地发心时偶生“二心”，因地即非纯实、真切，因而神秀以并非纯真之心作偈“求佛法”，其结果自然无有是处。对于这一结论，五祖亦曾评价神秀“未得入门”由此可见一斑。

相比而言，惠能似乎严格遵循了“因果同类”规律，成功摆脱了目标实践过程中的曲折与反复性困境。《坛经》虽未明说惠能对于目标的态度，然根据文本记载，比如就《忏悔品》“自悟自修自性功德，是真皈依。皮肉是色身，色身是舍宅，不言皈依也”，即知惠能对于“自心自性”的推崇和认可态度；其次更“劝善知识，皈依自性三宝……自佛不皈，无所依处”，即表明惠能不仅自己推崇“自心自性”，更劝他人“皈依自性三宝”，因而可以看出惠能在“自性三宝”认识上的一贯性，因此，我们或能进一步认识到在惠能“惟求作佛，不求余物”的人生目标中，“惟”“不求”等字眼的实际价值。同时，《咐嘱品》亦具体总结了六祖惠能的一生，认为“师春秋七十有六，年二十四传衣，三十九祝发，说法利生三十七载。”就这些数据而言，我们可知惠能自出家以来孜孜工作、说法利生不断，亦从实践层面表现出惠能对于“求作佛”目标的基本态度。而根据《宣诏品》中的记载，武后曾拟请六祖惠能入宫中供养并随时请教，但当无比尊荣与巨大财富降临之时，六祖惠能却婉言谢绝了这份美意，由此亦可了知六祖惠能“不求余物”的真实性与可靠性。

事实上，神秀难题也直接反映了神秀本人对于“求佛法”目标的疑惑与未解，亦即神秀在认识上尚未完全掌握目标的本质和特征。相比而言，惠能则认为：“世人性本清净，万法从自性生。

思量一切恶事，即生恶行；思量一切善事，即生善行。如是诸法，在自性中，如天常清，日月常明，为浮云盖覆，上明下暗。忽遇风吹云散，上下俱明，万象皆现……于外着境，被妄念浮云盖覆自性，不得明朗。若遇善知识，闻真正法，自除迷妄，内外明彻，于自性中万法皆现。见性之人，亦复如是。”引文亦再次阐明佛法真谛就在人心中，因而神秀“求佛法”的正确方向是“自心自性”。不过，当神秀兼顾“觅祖位”之时，“自性”即被“祖位”浮云所盖覆，在这一意义上，我们认为神秀对“求佛法”目标的一知半解是其陷入难题的主要原因。这一道理与《楞严经》相关记载颇有相似之处，如“第二义者，汝等必欲发菩提心，与菩萨乘生大勇猛，决定弃捐诸有为相。应当审详烦恼根本，此无始来发业润生，谁作谁受？”由此可知，在因地发心之时“求佛法”与“觅祖位”不可兼得，应当清楚地认识到“自心自性”是作佛目标实现的根本，然而神秀似乎并没有完全清晰地认识到这一要点，因而心中恍惚、汗流浃背。

结 论

禅宗六祖惠能在青年时期即确立了“惟求作佛”的目标，并在日常生活的各种情况下均未根本偏离最初的目标，对最初目标表现出极大的热情与忠诚，因而可以说六祖的目标管理实践是成功的、有效的，其目标管理思想是有价值的、宝贵的。而经过对惠能相关经历的研究，我们发现惠能“惟求作佛”目标的精神实质是“自修自性、自心”，而所谓的“自心自性”又是万事万物的依据，同时，“自心”虽能生万法，却不是有处所等特征的实体，其本质是一种潜能或动力。就此而言，惠能“惟求作佛”并非神秘不可捉摸，是一种建立在主体“心、性”基础上，有关宇宙人生本质的追问与探寻的过程。此外，若从实践层面来看，惠能确立“惟求作佛”目标存在诸多便利条件，其中“闻经开悟”是惠能初步产生心理动机的标志，而在师长五祖指导后“言下大悟”，则是其完全认识“作佛”目标的标志。正是因为惠能这种对目标认识的彻底性，因而在“求作佛”目标管理实践中才避免陷入如神秀曾遭遇的难题和窘境，始终保持了对青年时期确立的“惟求作佛”目标的真诚和热情，最终实现自己的目标。

会议综述

何方耀

经过两天的讨论和交流，我们的研讨会即将落下帷幕，感恩各位高僧大德和专家学者在新冠疫情肆虐全球的特殊背景下前来羊城参加我们的学术交流会，并在这么仓促的时间内写出高质量的论文参与讨论、分享心得；同时也感恩各位义工们台前幕后的周到服务，特别是华南师范大学、华南农业大学参与会议筹备、接待工作的同学们，有你们的共同努力才使得我们的学术交流会得以顺利进行！

我们的学术交流会分为2020年12月19日下午的一场名为“生命与医疗”的学术对话会和12月20日一天题为“岭南佛教与宗教中国化”的学术交流会，时间安排得比较紧凑，许多学者或许还有许多论述没有充分展开，还有许多精彩的观点没有来得及与大家分享，可能言犹未完，意犹未尽，但各位专家的基本观点和主要结论还是得到了清楚的表达。19日下午“生命与医疗”的学术对话在黑龙江省佛教协会会长静波法师、广州市佛教协会会长耀智法师、澳门城市大学心理分析院申荷永教授、四川大学尹立教授和云南瑞奇德医院院长徐梅教授之间展开，几位大德和学者就当下生命关照、临终关怀、疾病治疗等社会关注的热点问题进行了讨论和交流，特别是对绝症病人的治疗问题进行了讨论和交锋，同时回答现场和线上的观众的提问，线上线下约有30万人观看了对话交流，引起巨大反响。

虽然由于疫情的原因，我们基本没有邀请港澳台和海外的学者来到会议现场，但香港的三位学者和斯里兰卡、印度两位年轻的博士生也通过视频与大家分享了他们的研究成果，而且，相当可喜的是参加会议的年轻学者相当多，预示着这一领域的研究后继有人。在一天半的交流中，大家坦诚相待，各抒己见，虽然由于时间安排较紧，学者们交流较多，交锋较少，但大家围绕岭南佛教与爱国主义、岭南佛教与中外文化交流以及当代都市佛教社会责任的理论与实践等三方面的主题进行了认真的探讨，取得了不少共识，也提出了许多需要予以关注和进一步深入探讨的问题。

这次会议总共收到论文39篇，从论文的数量来看，海上丝绸之路文化交流，岭南佛教历史、人物、文献仍然是多数学者们关注的重点，有近20篇文章从各个角度讨论这方面的问题；同时，当代都市佛教，特别是都市佛教寺庙的社会责任问题也得到了很多学者的关注和研究，有将近10篇文章讨论与都市佛教相关的主题，并提出了一些发人深省的观点和建议；爱国主义与佛教中国化问题，关注的学者也不少，记得2018年的研讨会只有两篇专文讨论这一问题，这次会议从论文题目上看，虽然只有四篇文章专门讨论这一问题，但实际有七篇文章的主要内容围绕这一问题展开论述，而且还有两位来自印度和斯里兰卡的年轻学者参与了这一问题讨论，可见佛教中国化乃中外学者共同关注的问题，这些文章可以说分别代表以北传大乘佛教为主的中国佛教界、以南传上座部为主的斯里兰卡佛教界和佛教的发源国印度佛教界等三个不同层面的视角对这一问题进行的讨论和交流。

黄夏年研究员可以说是较早从宏观上对佛教中国化进行系统研究的学者之一。记得我们2018年“广州佛教与宗教中国化”广州佛教协会成立六十周年学术研讨会上黄夏年研究员就以专文《佛教“中国化”三题》从总揽全局的高度讨论了佛教“中国化”问题。这次会议他以《佛教的在地化·中国化·民族化》为题对佛教中国化问题进行了更加深入的讨论，并特别指出政府提倡佛教中国化为佛教现代化提供了难得的机遇。把佛教传入中国并逐步中国化的历程分为“在地化”“中国化”“民族化”三个阶段和层次，“在地化”即佛教在中国生根、成长的过程，“中国化”为佛教在中国传播过程与中国固有文化冲突、融合、最后蜕变成为中国文化有机组成部分的过程，“民族化”可以理解为中国佛教逐步发展形成自己独自特色进而走向世界影响世界的过程，因为“任何一种学说理论的推广，首先是来自于民族文化的特色，然后才是代表国家文化走向世界”。这一“三化”说未必尽善尽美，但可以说是佛教中国化问题上一种有创建性的观点。香港大学的学愚教授《重读禅宗经典》一文，讨论了如何应对今天科技发展的最新动态重新解读佛教禅宗经典必要性问题，认为西方部分学者“不认同乃至排斥佛教自己的修学方法论及主体经验（First-Person Experience），也就是印顺法师所说的‘以佛法研究佛法’”的观点是值得商榷的。并从方法论角度，指出重新阅读中国禅宗经典，发现和探讨久被人们忽视的禅法的必要性，借此可以增强我们对中国佛教禅宗整体而全面的认识，从而促进佛教的现代转型。中山大学的龚隽教授和西南大学的张爱林教授不约而同以近代中国佛教改革的先行者和汉传佛教现代化、世界化的推动者太虚大师为研究对象，讨论了太虚大师对中国佛教历史、现状、特点的认识及其佛教改革的相关问题，张爱林教授的文章《太虚大师的三期判教与中国化佛教的重建》重点讨论了太虚大师对中国佛教的三期科判和重建设想，并指出了太虚大师的判教和重建思想对当代佛教发展的意义，龚隽教授的论文《太虚的世界佛教运动与文明论述》则从思想史的角度，以太虚大师20世纪20年代欧洲弘法为案例讨论了其向世界推广汉传佛教的成败得失，通过对当时中国僧界和知识界对西方科学文化认识的局限性进行分析，指出“太虚当时对于近代西方的学术并没有明确概念，特别是对西方19世纪以来东方学的专业化发展所知甚浅”，认为西方物质、科学发展甚优而精神信仰不足，力图用佛教“以补科学之缺陷而促其进步”，向西方社会，特别是精英知识阶层传播佛教，结果其西方传教活动和推动佛教世界化的努力象征意义大而实际成果小。华南农业大学的廖杨教授则从学术史和知识社会学的角度讨论了“佛教中国化”的相关问题，其论文《关于佛教中国化的几个问题的思考》从近十多年有关佛教中国化的学术论文统计数据入手，指出“佛教中国化”的讨论高潮是从2015年开始的，是一个可喜的现象，但也出现了一些应该引起学界注意的问题，即“中国化”的概念没有进行严谨的逻辑梳理，在研究中，特别是在研究佛教史的过程有将“中国化”泛化的现象，作者认为“佛教中国化是新中国成立后的当代话语体系下的表述，不宜无限延伸至封建王朝时期的历史追溯”。“中国化”也不等于“汉化”。“中国化佛教与佛教中国化不能等量齐观，它们存在着语义和时代差别。”因此，“佛教中国化”是一个当代的概念，不能在时空上任意延伸，要谨慎使用，当代佛教中国化的最适当的形式就是海峡两岸暨港澳所推动的“人间佛教”运动。廖教授的观点应该说对今天有关佛教中国化的研究有及时的警醒作用。来自佛陀故乡的博士生拉杰夫（Rajeev Ranjan Kumar）的论文，题目虽为《岭南与印度的佛教文化交流》，以讨论中印之间、特别是岭南与印度的佛教文化交流为主题，但文章的大部分内容实际讨论了佛教的中国化，即中国佛教特别是禅宗对印度佛教的继承和发展，认为惠能在岭南创立禅宗“不仅把岭南佛教文化的发展推向高峰，而且对整个中国佛教思想的发展产生了深远的影响，完成了佛教的中国化”。是一篇以印度文化为本位审视佛教中国化的文章，文章的论证虽然还不是很严密，但以一个印度学人的身份审视印度佛教的中国化也给人带来几分新意。

其次，关于都市佛教社会责任的理论与实践，有10位学者从不同的视角和方面对这一问题做了探讨和交流。唐忠毛教授的文章《都市佛教慈善类型实证研究——以民国上海居士佛教慈善为例》以非常翔实的资料叙述了民国时期上海佛教界，特别是在家居士们的慈善公益活动，从放生环保、医疗救济、赈灾扶贫、战时（抗战）救助、收养孤儿、公益教育等方面详细概述了上海佛教界的慈善公益活动，为今天都市佛教实践自己的社会责任提供了历史的经验和借鉴。释正平法师则从文化传承的方面讨论了现代都市佛教与文化艺术的关系，其论文《浅谈近现代都市佛教与中国传统文化艺术的传承与推广》从都市佛教与传统文化的历史渊源切入，阐述了现代都市佛教与文化艺术创作、传承的关系与互动，并对当下信息时代AI技术日益成熟的背景下，将3D和AI技术用于佛教文化推广的前瞻性设想。陈进教授的论文《心灵疏导的新路径——笛卡尔的“我思”与自我参究之路》从笛卡尔“我思故我在”中我思的概念讨论开始，分析了卡巴金提倡的正念减压疗法在西方心理疏导治疗中的作用和风靡一时的原因，指出传统的禅修法门必须进行适应当代社会的现代转换才能在现代人的心理疏导方面发挥其应有的作用。周艳博士的论文《惠能目标管理思想探析》则从管理学的视角入手，以《六祖坛经》为主要史料，以禅宗六祖惠能大师“唯求作佛”的人生目标管理为个案，讨论了从确立人生目标开始，如何对自己的人生进行科学务实的规划管理，以最为有效的途径达成自己的人生目标的相关问题。以管理学的视角对《六祖坛经》进行研究，虽然尚不太成熟，但也颇具新意。

最后，有关海上丝绸之路与岭南佛教历史文化方面的研究，其涉及面相当广泛，关注的学者相对来说也比较多，参加会议的学者有19篇论文其主要内容是关于岭南历史文化方面的研究。通观这些文章及学者讨论交流的情况，大致包含三方面：第一，海上丝绸之路与岭南佛教的传播发展，大概有六位学者专文讨论了这一方面的问题；第二，岭南佛教历史人物和文献，有六篇文章讨论了这方面的相关问题；第三，禅宗与岭南佛教文化，也有六篇文章讨论了这一问题。

1.关于海上丝绸之路文化交流与岭南佛教的传播发展的研究。学者们既有整体概况的叙述，也有具体时段具体问题的研究。

曹旅宁教授的论文《佛教与岭南》从历史的整体脉络讨论了岭南佛教传播、发展的历程，认为相比陆路佛教的传入，从海上传入的岭南佛教可能时间更早而且是从印度到中国的直接传播，因而岭南传播的佛教可能“更接近印度佛教的本旨”。刘正刚教授和吴正鹏的文章《晋唐时期大湾区的佛教》，则以晋唐时期岭南地区佛教传播、发展为研究对象，讨论了今天所称的“大湾区”佛教传播、演化的情况和特点，指出在隋唐时期“广州不仅成为海丝贸易的中心，也是佛教弘法的中心”。何方耀教授的文章也是从一个历史时段和具体国家为案例，讨论了宋代广州与三佛齐的佛教文化交流及其特点，文章指出在海路佛教传播中今天的印尼诸岛曾是海上商贸同时也是中印佛教文化交流的中转站和集散地，在佛教沿海路入华过程中曾起过不可替代的重要作用，及至宋代，由于印度佛教逐渐走向衰亡，中印间的佛教文化交流也逐渐淡出历史的主流，但三佛齐作为一个崛起于唐末兴盛于两宋的海上商贸强国和佛教兴盛之地，与宋朝特别是岭南地区仍然保持了密切的佛教文化交流，并且形成了商佛互动、佛教搭台，商贸唱戏的特点，广州蕃坊中三佛齐佛教居士的弘法活动也成为当时双方佛教交流的特色之一。林有能研究员的论文《岭南禅宗文化如何重走“海上丝绸之路”》则将海上丝绸佛教文化交流的历史拉回到当代的“一带一路”文化交流，在讨论回顾岭南佛教特别是禅宗文化与海上丝绸之路各国交流历史的基础上提出了“岭南禅宗文化如何重走‘海丝’路”的问题，并对当下岭南佛教如何开展海上丝路文化交流，即发源于岭南的禅宗如何进一步走向世界的问题提出了具体的思路和设想，其所提的六方面的建议具有相当的可操作性，值得教界和学界思考。香港树仁大学欧志坚博士的文章《中印文化交流的桥梁：罗香林研究光孝寺的观点及方法》则从学术史的角度切入，以著名岭南学者罗香林先生及其著作《唐代广州光孝寺与中印交通之关系》为案例，考察了罗先生对光孝寺为代表的岭南佛教寺院与印度等国的佛教文化交流所做的研究，并对其研究的方法、理论、特点进行了分析，对罗先生关于岭南寺院、特别是广州光孝寺的佛教文化交流对岭南禅宗的形成发展具有重要的推动作用的观点予以充分的肯定。黄嘉彦和兰磊两位年轻的后学则将关注的重点放在了近代，黄嘉彦的论文《晚清西方人笔下的广州佛寺——以〈广州七天〉为中心》，以近代西方传教士约翰·亨利·格雷（John Henry Gray）的游记《广州七天》为基本文献，通过西方人的视角所描述的晚清广州寺庙的基本情况以及西方人的记述所反映的广州民众的宗教生活和民情风俗，为海上丝绸之路佛教文化交流的近代考察做了有益的尝试。而兰磊的文章《一口通商时期海幢寺特殊地位原因考述》则以一口通商的历史背景，考察了广州海幢寺在近代中外交通中的特殊地位及其原因，虽然已有许多学者对海幢寺进行了研究，并在前几年举办过专门的学术讨论会，但对海幢寺的研究仍有拓展的空间，兰磊的文章虽然比较粗浅，史料的发掘也有待深入，但对年轻后辈所作的努力也值得肯定。

2.关于岭南佛教历史人物和文献方面的研究，李福标教授、刘玲娣教授、张磊先生、觉海法师分别对岭南佛教史上的几位历史人物进行了研究。李福标教授的论文《论明末清初在犙弘赞禅师对于广州佛门的贡献》论述了广东曹洞博山元来无异两大法系之一的道丘系法嗣（另一系为天然和尚为首的道独法系）在犙法师在广州的弘法因缘，学界大都知道在犙法师乃肇庆鼎湖山庆云寺的开山祖师，其一生行迹主要在肇庆弘法，李福标教授则仔细勾勒了他与广州的法缘及其在广州建寺安僧、著述讲经、弘传戒律之学的事迹，为岭南道丘系的研究拓宽了视野。张磊先生的论文《憨山大师对岭南佛教的影响和贡献》论述了明末高僧憨山大师流放岭南时的弘法利生活动及其对岭南佛教、特别是对曹溪南华寺重建的重大贡献。刘玲娣教授的论文《寄尘法师生平事迹考述》，考察了太虚大师法嗣寄尘法师岭东弘法，特别是创建岭东佛学院，经营《人海灯》杂志的事迹，拓展了对岭东佛教的研究。如果说李福标教授的论文将重点放在了岭南曹洞博山无异两大系的道丘一系，觉海法师则将目光投向了道独一系，其论文《略论清代丹霞天然禅师法系的形成及其在粤港澳地区的传承》主要讨论了丹霞别传寺的开山祖师澹归今释在其师傅天然和尚的提携下开法丹霞、鼎建别传寺的事迹以及丹霞法脉对粤港澳地区佛教发展的影响，指出“丹霞法脉传承于粤港澳等地，为岭南禅宗的中兴做出了重要的贡献”。周永卫教授（因事未能与会）和夏志前教授则分别对隋代费长房的经录《历代三宝记》和译于广州光孝寺的《楞严经》进行了研究。可以说，这一录、一经都是中国佛教史上颇具争议性的文献，学界大都认为《三宝记》记载紊乱不可轻信，而围绕《楞严经》的真伪问题学术界曾发生激烈论战。周永卫教授的论文《〈历代三宝记〉对岭南佛教发展盛况的忽视和低估》则讨论了费长房对岭南佛教的忽视和《三宝记》对岭南佛僧记载的缺失。夏志前教授的论文《〈楞严经〉与南宗禅的因缘》则从宗派史和思想传播史的角度阐述了《楞严经》的翻译及其传播的路径，指出“自唐代至宋初，《楞严经》的传布路线大致是广州—长安（洛阳）—荆州—岷蜀—江表，至于何时重新回到岭南地区，暂时还无法判断。”夏教授对《楞严经》有较为长期的关注和研究，这一《楞严》传播路线的考察可谓有发覆之力。

3.关于岭南禅宗和佛教文化方面的研究。共有六篇文章对相关的主题进行了论述。释本性法师的论文《惠能禅学对福建禅宗的影响》阐述了六祖惠能创立的南禅及其法系对福建佛教的影响，历史上福建乃宗门大师辈出之地，如百丈怀海、雪峰义存等福建禅师，都是开山立派的宗门巨匠，本性法师通过对惠能大师法嗣在闽弘法活动的勾勒回顾了福建禅门的发展脉络及其向海外传播的情况，概括了福建禅宗所具有的都市性、森林性、海洋性的特点，并对加强闽粤两地的佛教文化交流提出了切实可行的建议。徐文明教授的文章《岭南佛教的核心精神探讨》则从总揽全局的高度，综合概括了岭南佛教的核心精神就是“大”，指出“六祖强调摩诃般若波罗蜜，主张心量广大，做大做强。大，是六祖思想的核心，也是岭南佛教的真精神”。“六祖把摩诃解释为心大，这是一个创造性的解释，抓住了其本质。”“心大，才能产生智慧，有了智慧，就能到达涅槃彼岸，成就无上佛果。”“心量广大”即岭南佛教的核心精神，是我们今天要发扬光大的宝贵精神财富。李曈博士的论文《宋初临济宗在士大夫中的传播——以广慧元琏为中心的考察》则以广慧元琏为主要案例考察了北宋士大夫习禅的基本情况，特别是临济宗对以著名文学家杨亿为代表的士大夫群体的影响，从一个侧面展示了佛教对中国士大夫群体影响的广度和深度。蒋海怒教授的《晚唐禅僧行脚及古典化》则从另一个侧面，即禅门参修者“走江湖”，即行脚游方的修学形式进行了论述，概括了晚唐时期禅者“走江湖”的基本特色，即空幻性、无目的性、非功利性和不思议性。钟东教授和吴琪副教授两位学者以文学专业学者的视角对岭南佛教进行了论述。钟东教授的论文《唐代岭南的僧踪与诗迹——文学视域中的佛教中国化例说》对佛典中诗词形式的文献进行了剖析，指出印度“偈颂”向中国“诗词”的融合或过度既有利于佛法的弘扬也为中国诗歌发展增添了新的色彩，同时也导致了文学中禅诗和诗僧群体的出现，这也是佛教中国化的一个重要维度。吴琪副教授的论文《论文学视域下的佛教书写——佛教书写在广州城市形象塑造中的意义》则从文学创作中的佛教书写讨论了佛教文化在广州城市形象塑造中的作用和意义，虽然论证的理路尚可进一步充实，但无疑也为佛教研究打开了一扇新的窗口。

虽然我们会议邀请发出的时间比较仓促，但从总体上看学者所撰写的论文都紧扣了会议主题，且从各自的角度和学术视野进行了较有新意的撰述，整个学术交流会可以说是一场有益的思想碰撞和精神聚餐，为岭南佛教的研究和中国佛教的现代转型做了有益的探讨，必将嘉惠后学，推动相关研究走向深入。

以上是我对这次会议做的一个小小的学术总结，限于自己的学力和眼界，对大家的文章和讲演的理解和领会比较肤浅，再加上时间仓促，一定会挂一漏万，臧否失当，甚至理解错误，还请大家批评指正。最后我要真诚感谢广州市佛教协会、广州市大佛寺为我们提供了这么良好的环境使我们能安心问学、交流心得；

同时也要感恩各位专家学者百忙之中撰写论文参加会议，共襄盛举；更要感谢那些前台幕后为这次会议的策划、组织提供细心服务的义工菩萨，他们的无私奉献，为会议的圆满成功创造了条件。如果有什么服务不周和安排失当的地方，都应由我来具体负责，并在此向大家表示深深的歉意。

学术研讨会虽然结束，但各位高僧大德、专家学者们的探索精神和真知灼见将对既往的研究进一步推进，也将为未来的研究提供新的思路、开辟新的途径。希望在不久的将来我们再次相聚美丽的羊城，交流思想，分享心得，共同探讨广州佛教未竟的问题。